* * * * * * * * * * *

بسم الله الرحمن الرحيم

* * * * * * * * * * *

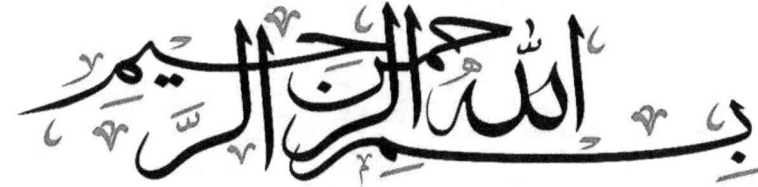

~ ~

یادداشت نویسنده

ایالات متحدهٔ امریکا در ماه آگست سال ۲۰۲۱ میلادی، خروج نظامی خود را از افغانستان تکمیل نمود و هیچ‌گونه فعالیت نظامی یا عملیاتی دیگری در این کشور ندارد. این کتاب، خاطرات تاریخی و شخصی من است که بر اساس تجارب زندگی‌ام نگاشته شده و هیچ‌گونه اسرار نظامی یا جزئیات حساس عملیاتی را در بر ندارد. تمامی نام‌ها و مشخصات شناسایی، به‌جز نام خودم، به‌منظور حفظ حریم خصوصی تغییر داده شده‌اند. برخی از تصاویر استفاده‌شده در این کتاب از گوگل و سایر منابع آنلاین که به‌طور عمومی در دسترس می‌باشند، به دست آمده و به باور و درک من، در حوزهٔ مالکیت عامه قرار دارند. سایر عکس‌ها از مجموعهٔ شخصی من هستند.

«ذبیح رحمانی»

خوانندگان گرامی،

در آغاز، لازم می‌دانم یادآور شوم که تلاش کردم این کتاب را طوری بنویسم که برای همهٔ خوانندگان، در هر سطحی از توانایی خواندن — چه ابتدایی و چه پیشرفته — به آسانی قابل درک باشد و واقعیت‌های آن تأثیری بسزا بگذارد. همچنین در جریان آماده‌سازی این کتاب، از برنامه‌های دیجیتالی برای کمک در بررسی متن و اصلاح دستور زبان استفاده شده است، در حالی که سبک نوشتار و تجربه‌های اصلی‌ام به‌طور کامل حفظ شده‌اند.

با سپاس،

«ذبیح رحمانی»

~ ~

~ ~

خاطرات

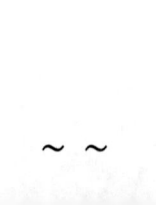

وسوسه‌های دو صد و پنجاه هزار دالری

به قلم:

ذبیح رحمانی

این کتاب، خاطرات شــخصــی و واقعی من را روایت می‌کند؛ با این‌حال، برخی از نام‌ها، مکان‌ها و جزئیات شناسایی‌کننده به‌منظور حفاظت از حریم خصــوصــی افراد تغییر یافته یا بدون اشــاره باقی مانده‌اند. روایت‌ها بر اســاس خاطره یا برداشت من از رویدادهاست. هرگونه شــباهت به افراد زنده یا واقعی، تصــادفی و نه عمدی بوده و با هدف حفظ ایمنی و احترام به آنان صورت گرفته است.

شابک: (ISBN)

چاپی (Print) (ISBN) ٩٧٩-٨-٩٩٨٦٣٠٧-٠-٥

چاپی (Print) (ISBN) ٩٧٩-٨-٩٩٨٦٣٠٧-٢-٩

چاپی(Print) (ISBN) ٩٧٩-٨-٩٩٨٦٣٠٧-٣-٦

الکترونیکی (ebook) (ISBN) ٩٧٩-٨-٩٩٨٦٣٠٧-١-٢

چاپ اول – ٢٠٢٥

چاپ‌شده در ایالات متحدهٔ امریکا

~ ~

وسوسه‌های دو صد و

پنجاه هزار دالری

ازبک
هزاره
ایماق
بلوچ
گوجر
قزلباش
ایماق
تاجک
ازبک
نورستانی
ترکمن
تاجک
پامیری
بلوچ
پشه یی
براهوی
بلوچ
پشتون
قزلباش
پشه یی
گوجر
هزاره
ازبک
بلوچ
ترکمن
پشتون
پشه یی
نورستانی
گوجر
پامیری
گوجر
ازبک
هزاره
نورستانی

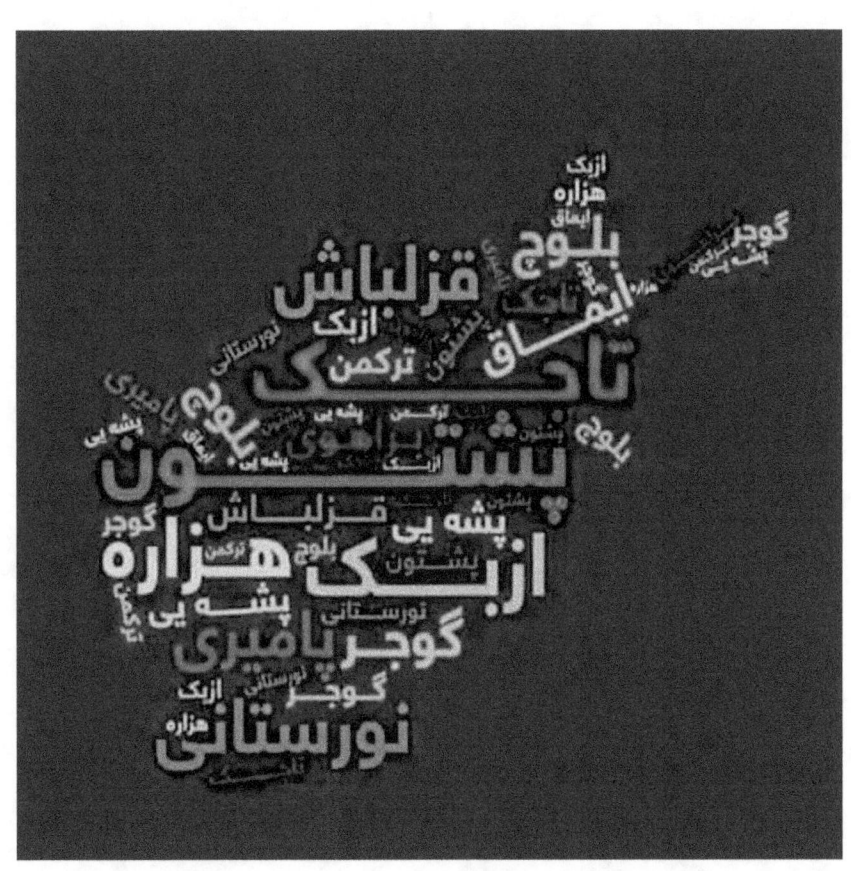

نه تاجیک، نه ازبک، نه پشتونم من

نه هزاره، نه بلوچ، غرقه در خونم من

گاه از قندهار، بادغیس و جوزجانم من

گاه از غور، دایکندی و بامیانم من

گاه از لغمان و بغلان و کاپیسا

گاه ز فاریاب، کندوز و بلخ آسا

گاه هرات وطن است، گاه مزار و کابل

گاه سمنگان، نورستان و هم زابل

پنجشیر، لوگر و بدخشان است جانم

مزار، پروان و تخار است نشانم

یک به یک این ولایات همه پیوند منند

ریشه در خاک همین مرز و وطن بند منند

من نه در قوم نه در تفرقه، محدود شدم

زادهٔ این خاکم افغان و خشنود شدم

رحمانی جگرش سوخت از این تفرقه و جنگ

تا دیر نشده بیرون آیم زین محدوده و ننگ

«ذبیح رحمانی»

برگی از سپاس و قدردانی

* * * * * * * * *

با سپاس فراوان از همه دوستان، نزدیکان و آشنایانی که در مسیر نگارش این کتاب، مشوق من بوده‌اند و با محبت و همدلی، مرا در این راه دشوار به پایداری و استقامت یاری رساندند.

به ویژه از همسر عزیزم، گلالی جان و پسران نازنینم، ضمیر جان، میلاد جان و بنیاد جان، که با صبر و حمایت‌شان، همیشه همراه و همدل من بوده‌اند. از برادرم، بریالی جان، نیز سپاسگزارم که در ثبت دقیق تاریخ هجوم قوای اشغالگر شوروی به میهن ما، مرا یاری داد.

در پایان، عمیق‌ترین سپاس خود را تقدیم میدارم به مهم‌ترین شخص در این مسیر؛ کسی که با تلاشی بی‌وقفه، زحمات خستگی‌ناپذیر و فداکاری از وقت ارزشمند خود، همت گماشت تا ویرایش، تنظیم و بازبینی این مجموعهٔ مستند را، که بازتاب مشاهدات عینی‌ام از رازهای نهفتهٔ زندان مخوف بگرام است، به انجام برساند. قابل تذکر است که این شخصیت والا، همچنان در همان روز کذایی که من بدست حزب خلق و پرچم دستگیر شده و به زندان پلچرخی سوق داده شدم، او نیز در میان تظاهرکنندگان لیسهٔ عالی زرغونه با شهامت راه پیمایی میکرد. با شلیک ماشیندارها و فیرهای پی‌درپی، برای حفظ جان خود و نیفتادن به چنگ روس‌ها و کاسه‌لیسان‌شان، متواری شد. ما، بدون هیچ‌گونه شناخت از یکدیگر در آن زمان، پس از گذشت (۴۵) سال، با دست سرنوشت دوباره به هم رسانده شدیم تا این مجموعهٔ ارزشمند و مستند را به سرانجام برسانیم.

* * * * * * * * * *

همچنین، این کتاب حاصل بیش از یک سال و نیم کار پیوسته و بی‌وقفه است که با بهره‌گیری از تماس‌های تیلفونی، ایمیل، پُست ایالات متحده و دیگر ابزارهای آنلاین تدوین و تکمیل گردید – در حالی که ما هرگز به صورت حضوری یکدیگر را ملاقات نکرده‌ایم، همین موضوع، ساختن این کتاب را حتی ماندگارتر و چشمگیرتر کرده است.

زلیخا جان، با وجود ترک زادگاهش به سن بسیار کم، که تنها پنج سال از عمر خود را در میان دو لیسهٔ نامدار ملالی و زرغونه به آموزش دروس مکاتب سپری کرده بود، اما با تلاش و خودآموزی، لیاقت و ظرافت کاری‌اش را در همکاری با من برای بهبود این نگارش به وجه احسن به نمایش گذاشت.

به‌علاوه، این بانوی نویسنده‌ی خودساخته، دارای سه کتاب تألیفی است که با لطف و حسن نظرش، انتشار کتاب سوم خود را به تعویق انداخت تا من بتوانم نخستین تجربهٔ نویسندگی‌ام را به اتمام برسانم. در نهایت، ایشان ترجمهٔ این اثر را به زبان انگلیسی نیز دنبال کرده است. سپاس بی‌پایان از زلیخا یوسف صمد سدوزی، دوست خوب و بی‌نظیرم.

با ارادت،

ذبیح رحمانی

فهرست مطالب

بسم الله الرحمان الرحیم ____ i

یادداشت نویسنده ____ iii

سخن نویسنده ____ v

حق چاپ (Copyright) © ۲۰۲۵ ذبیح رحمانی ____ xii

نقشۀ افغانستان ____ xvii

سرودۀ ذبیح رحمانی ____ xix

برگی از سپاس و قدردانی ____ xxiii

آغاز قسمت اول:

«۱»

مجادله با بی‌سرنوشتی ____ ۳

نخستین پرواز از مکان امن به اعماق ناپیدا ____ ۹

دید و بازدید با دوستان ____ ۲۸

نزدیک شدن به هدف ــــــــــــــــــــــــــــــ ۳٦

بازرسی و تحقیقات (سی‌آی‌ای) (CIA) ـــــــــــ ٤٠

آغاز همبستگی دوستان ـــــــــــــــــــــــــ ٤٢

آموزش عملیات نظامی ـــــــــــــــــــــــــ ٤۷

آغاز تمرینات ترجمانی ـــــــــــــــــــــــــ ٦۲

میدان هوایی قطر ــــــــــــــــــــــــــــــ ۷۲

عودت به وطن ــــــــــــــــــــــــــــــــــ ۸۰

موقعیت افغان‌های داخل کشور در بگرام ـــــــ ۹٤

پراکندگی دوستان ــــــــــــــــــــــــــــــ ۱۰۱

بازگشت به زندان ـــــــــــــــــــــــــــــــ ۱۱۰

آزاد اما در زندان ـــــــــــــــــــــــــــــــ ۱۱٦

جدایی از دوستان ـــــــــــــــــــــــــــــــ ۱۳٤

افتتاح زندان دلتا ـــــــــــــــــــــــــــــــ ۱۳٦

اخراجم از زندان بگرام ـــــــــــــــــــــــــ ۱۸٦

برگزیده‌ای از کلام و سروده‌های ذبیح رحمانی ـ ۱۹۳

آغاز قسمت دوم:

«۲۱۲»

معرفی با کندک سوم – لوای دوم ــــــــــــــــــــــ ۲۱۴

انتقال مهمات به کمپ سوریک ــــــــــــــــــــــ ۲۲۸

دگروال فیض محمد ــــــــــــــــــــــــــــــــ ۲۳۵

مثبت اندیشی (دگروال چارلی) ــــــــــــــــــــ ۲۴۳

درد بی‌درمان ــــــــــــــــــــــــــــــــــــ ۲۴۸

ایام رخصتی‌ام در امریکا ــــــــــــــــــــــــ ۲۵۵

درۀ مرگ ــــــــــــــــــــــــــــــــــــــ ۲۶۵

ماجرای رساندن آذوقه ــــــــــــــــــــــــــ ۲۸۱

کابل عزیز ــــــــــــــــــــــــــــــــــــــ ۲۸۳

شیوۀ برق دادن ــــــــــــــــــــــــــــــــ ۳۰۳

زندان خوفناک پلچرخی ــــــــــــــــــــــــ ۳۰۶

گالری عکس‌ها ــــــــــــــــــــــــــــــــ ۳۲۵

آغاز قسمت سوم:

«۳۵۷»

بازگشت به مسیر سرنوشت ______ ۳۵۹

آغاز قسمت چهارم:

«۳۷۶»

نتیجه‌گیری نهایی و اندیشه‌ها ______ ۳۷۸

سرود مرگ ______ ۳۸۱

زندگی‌نامه – ذبیح رحمانی ______ ۳۸۵

توضیحات و یادداشت‌های پایانی ______ ۳۹۱

اثر عکاسی نویسنده ______ ۳۹٤

سرودهٔ ذبیح رحمانی ______ ۳۹٦

نقشه‌ای افغانستان ______ ۳۹۷

صفحهٔ یادداشت‌ها ______ ۳۹۹

پایان ______ ٤۰۱

～　　～

آغاز قسمت اول

ذبیح رحمانی

‌‌‌هه مجادله با بی‌سرنوشتی هه

مدتی مدید می‌شـد که آوازهٔ پرداخت پول هنگفت از سـوی امریکایی‌ها جهت اسـتخدام ترجمان‌های امریکایی‌تبار، در سراسر مملکت دهن‌به‌دهن می‌گشت. در هر محفل و ضیافت، صحبت از این موضوع بود و از چند فرد دیگر نیز یاد می‌کردند که هفتهٔ قبل رهسپار افغانستان شده بودند.

من شخصاً انجام این عملکرد را یک خیانت بزرگ به ملت افغان می‌دانستم. حتی به کسانی که به این شغل مصروف بوده‌اند، مهر "جاسوس بودن" را نیز حک کرده بودم و به هیچ وجه حاضر به انجام این کار، که از نظر من (غیرانسـانی) بود، نبودم. بعد از جنگ عراق و افغانستان، ملت امریکا شـاهد یک سـلسله نبردهای اقتصادی، نشیب‌ها و فرازهایی بوده است. این تغییرات اقتصادی به مرور زمان بیشتر و شـدیدتر شدند، تا جایی که فرازها به صورت کلی محو شدند و نشـیب‌ها جای‌گزین آن‌ها گردیدند. میلیون‌ها انسان، به دلیل تأمین اعاشـهٔ دولت برای جنگ‌های پرهزینه در افغانستان و عراق وظایف روزمرهٔ خویش را از دست داده‌اند. میلیون‌ها تن دیگر در سراسر آمریکا، سرپناه — یا به عبارت دیگر، خانه‌های مسکونی‌شان — را از دست داده

و بناچار دست به ورشکستگی (فورکلوژر) (Foreclosure) زده‌اند و خیلی‌ها نیز برای آزمودن شانس خود، کوله‌بار سفر را بستند و به ایالت‌های دیگر رهسپار گردیدند.

در سراسر کشور، همه روزه اعتصابات دسته‌جمعی علیه دولت امریکا و جنگ‌های خانه خراب کن صورت می‌گرفت؛ از محصلین تا کارگران شعبات مختلف و حتی در این اواخر، معلمین نیز دست به اعتراض زده بودند — زیرا دولت برای پرداخت معاشات آنها بودجه‌ای در دست نداشت و برای فرار از این منجلاب، عدهٔ کثیری از معلمین را خانه‌نشین کرده بود. فلذا، این عملکرد خشم تمام فامیل‌ها و والدین بچه‌ها را به انتها رسانیده بود، به گونه‌ای که آنها بناچار دست به راه پیمایی (تظاهرات) زده و با فریادهای اعتراضی، به مسئولین دولت فحش و ناسزا می‌گفتند.

من نیز از جملهٔ یکی از میلیون‌ها قربانی این حوادث بوده‌ام که هر دری را برای استخدام کار می‌زدم، جواب منفی بر رویم می‌خورد. هر روز، از روز پیش ناامیدتر و خاموش‌تر می‌شدم؛ و قرض، به یکی از مسائل لاینفک روزمره‌ام تبدیل شده بود. برای رسانیدن روز به شب، یا برعکس آن، ناچار به قرض کردن بودم، ولی تا چه وقت؟ و از چه کسی؟ به ندرت برای انجام کاری از خانه بیرون می‌رفتم، چون تانکی موترم از خودم تشنه‌تر و نادارتر بود؛ به مشکل می‌توانستم خود را از یک‌جا به جای دیگر برسانم. اکثراً، پسران نازنینم، از پول تولدی، بخشش‌های عیدی، سال نو و فارغ‌التحصیلی‌شان، مصارف روزمره، از آن جمله تیل موتر، را برایم فراهم می‌کردند تا احساس تنهایی و ناداری نکنم — آفرین به این گونه فرزندان! ولی تا به کی؟ این چه طرز و شیوهٔ زندگی کردن است؟ باید پدر مسئول گرداندن چرخ زندگی خود و فرزندانش باشد، نه بر عکس آن.

در همین نبردهای اقتصادی، یکی از دوستان فامیلی خانم نیک سیرت به اسم شکریه بود که مدتی از رفتن شوهرش به افغانستان جهت ترجمانی می‌گذشت. به پای صحبت‌های دوستانه‌اش نشستم و

او راهی جز رفتن به افغانستان چارهٔ دیگری را برایم نمی‌دید. او اسم، شمارهٔ تیلفون و (ایمیل) (email) شخص گردانندهٔ ترجمان‌ها را برایم داد و متذکر شد که خودش همان روز با آن خانم، که بعداً فهمیدم اسمش ماریا بوده است، تماس گرفته و مرا به او پیشنهاد کرده و ضمانت صلاحیت‌های لازم و شایستگی‌هایم را نیز به عهده خواهد گرفت. با فشردن دستش جهت سپاسگزاری، خداحافظی کردم؛ ولی در اعماق قلبم می‌دانستم که به هیچ وجه روانهٔ افغانستان نخواهم شد. دیری نگذشت که ماریا خودش شخصاً با من تماس گرفت تا شرایط را بیشتر برایم توضیح دهد، تمایلاتم را جلب کند و زمینهٔ رفتن را فراهم نماید. وضع اقتصادي ناگوار همچنان بر من تازیانه می‌نواخت، اما من همچنان به تصمیم ثابت قدم بودم تا از رفتن به افغانستان پرهیز نمایم. متأسفانه، هجوم ضعف اقتصادی مرا تا به لبه بام سوق داد؛ تا جایی که برای حفظ جانم، با هر دو دست لبه‌ی بام را محکم گرفته بودم تا به قعر ناداری سقوط نکنم. ولی، ضربات ناداری و ضعف اقتصاد، پیوسته لگدهای محکم و شمرده‌ای به دستانم وارد میکرد، تا جایی که کارد به استخوان رسید و دیگر نیرویی برای مقاومت بیشتر در من باقی نمانده بود. بناچار، تن به پذیرش و اخذ وظیفهٔ ترجمانی دادم و در پی تهیه تدارکات و کاغذهای مربوطه، از جمله مصاحبهٔ تیلفونی از قبل و تهیه مدارک سفر، مانند پاسپورت و ورقه مربوط به امریکایي‌تبار بودن، گشتم. تقریباً با گذشت یک هفته، شخصی از مرجع مربوطه در حالی که رانندگی میکردم، با من تماس گرفت. بعد از معرفی خودش، خواهان گرفتن امتحان سویه از من برای سنجش مهارت در زبان‌های پشتو، دری و انگلیسی شد. گفتم: "بگذارید موترم را در گوشه‌ای متوقف کنم تا بتوانم به سهولت با شما صحبت کنم." چندی گذشت تا موفق شدم گوشه‌ای خلوت در یکی از خیابان‌ها پیدا کنم. سؤالات شروع شدند: از دری به انگلیسی، انگلیسی به دری، همچنین از پشتو به انگلیسی و برعکس آن. آخرین بار که من پشتو خوانده و تکلم کرده بودم، تقریباً سی‌وسه سال پیش بود — یعنی در زمان حزب خلق و پرچم در مکتب. ناخودآگاه، در جریان صحبت‌های پشتو، گاهی واژه‌های

هندی و گاهی دری جریان پیدا می‌کرد و همین مسـئله، خود به خود نتایج امتحان را منفی پایه‌گذاری کرده بود. فلذا، ضـرورتی برای دانسـتن موفق و یا ناموفق بودنم در امتحان زبان پشـتو باقی نمانده بود. او گفت که نتایج امتحان را بعداً از طریق تیلفون به من ابلاغ خواهد کرد.

دو روز بعد، خانم مذکور دوباره با من تماس گرفت و از ناموفق بودنم در امتحان، ابراز دلسوزی نمود و گفت که برای چانس بعدی، دوباره با من تماس خواهند گرفت. همان شـب، خانم شکریه از جریان باخبر شد و خودش را به سرعت به خانۀ ما رساند. پس از احوال‌پرسی و جویای احوالم، بسـته‌ای را که با خود داشـت به من داد و متذکر شـد: "این تمام مطالب مربوط به زبان پشتو را که در ترجمانی در افغانستان استفاده می‌شود، در بر دارد. شوهرم و شوهر خواهرم نیز قبل از رفتن، برای یادگیری زبان پشـتو و آمادگی امتحان، از همین کاغذها اسـتفاده کرده‌اند، پس جای نگرانی نیست؛ آن‌ها دوباره با تو در تماس خواهند شد.

فردای آن روز، ماریا دوباره با من تماس گرفت و به من امید داد تا منفی‌نگر نباشم و دید مثبت را در ذهنم پرورش دهم، زیرا تقریباً همه‌ی افراد یک یا دوبار در امتحان پشتو ناکام می‌شوند. فلذا، برای حل این مشکل، توصیه کرد تا با اسـتاد زبان پشتو به نام سلیم، که او نیز از جمله کارمندان (ام ای پی) (MEP) و در ضـمن همکار خانم ماریا بود، تماس بگیرم. با گرفتن شـمارۀ تیلفون و آدرس ایمیل سلیم از ماریا، از او تشکری کردم و دوباره با خودم در هزار چُرت و خیال در این رابطه غرق شـدم. ضمناً ناگفته نماند که این همه مهربانی از هر جهت، بابت رفتن من به افغانستان به حیث ترجمان، خالی از منفعت‌برداری آن‌ها نیز نبوده است؛ چنانکه شـخصی که مرا به این مرجع معرفی نمود، یعنی خانم شکریه، بعد از اخذ و اعزامم به افغانستان، مبلغ (۳۵۰۰ دالر) دریافت کرده بود و همچنان سـایر اعضـای گروه (MEP) از جمله ماریا، سلیم و سایرین نیز از این حوزه‌ی منافع بی‌بهره نخواهند ماند؛ بلکه هر کدام، براساس رتبۀ خود، یک توته‌ای از این کیک اقتصادی ترجمانی

افغانستان را به چنگ خواهند آورد. به هر حال، از همهٔ آن‌ها مدیونم؛ زیرا بدون کوشش و کمک‌شان، من به هیچ وجه به تنهایی موفق به دریافت این وظیفه نمی‌گردیدم. کار دیگری واقعاً نداشتم ــ صبح‌ها، بعد از نوشیدن چای، پای تیلفون می‌نشستم و از طریق تماس‌های تیلفونی به آموختن زبان پشتو می‌پرداختم. کورس مذکور در نیویورک برگزار می‌شد، اما در سراسر کشور، ما شاگردان از طریق تیلفون به آموزش زبان پشتو مشغول بودیم و معمولاً سؤال و جواب‌ها نیز از همین طریق صورت می‌گرفت. بعضی اوقات، تیلفون دستی قطع می‌شد تا زمانی که دوباره وصل می‌گردید، از درس‌ها یک اندازه عقب می‌ماندیم؛ متأسفانه، چاره‌ای جز این نبود. برای صرف غذای چاشت یک ساعت مشخص تعیین شده بود، به این مفهوم که یا باید در منزل پای تیلفون باقی می‌ماندیم، یا اینکه بعد از غذای آن‌ها ــ که با شهر ما، لوس آنجلس، سه ساعت تفاوت زمانی داشت ــ تماس می‌گرفتیم.

هر روز، بعد از ختم کورس، دروس مذکور را، چه شامل کار خانگی می‌بود و یا خیر، با خودم تکرار می‌کردم. زبان، خیلی شیرین و جالب بود، اما هرچه بیشتر می‌خواندم، به همان قدر مشکل‌تر به نظر می‌رسید. بالاخره، بعد از سه هفته فراگیری زبان پشتو، سلیم از طریق تیلفون از من امتحان شفاهی گرفت و خبر کامیابی و آمادگی‌ام را به من ابلاغ کرد. همچنان، ماریا یک روز مشخص را جهت گرفتن امتحان رسمی پشتو از طریق تیلفون به من یادآور شد. تقریباً سه روز بعد، هنگامی که با یکی از دوستانم مشغول صحبت بودم، تیلفون دستی‌ام زنگ زد. پس از احوال‌پرسی، فردی که تماس گرفته بود، خود را معلم امتحان پشتو معرفی کرد و خواهان صحبت با من شد. با معذرت خواهی از دوستم، روانهٔ موترم گردیدم تا بدون سر وصدا به سؤالاتش گوش داده و جواب بدهم. اولین سؤالش که برای ضبط صدایم مطرح شد، به این شکل آغاز گردید: در صورت امکان، برای داشتن سند و مدرک از این گفت‌وگو، خواهان ضبط صدایت هستم. لطفاً خود را معرفی کنید؛ یعنی اسم، تخلص، شمارهٔ سوشال سکیوریتی (شمارهٔ مخصوص هر فردی که در امریکا بود و

باش دارد)، آدرس، شـــمارۀ تیلفون، آدرس شـبکه‌های اجتماعی یا اینترنیتی و غیره معلوماتی که دقیقاً به یادم نیســت. بعد از طرح ســؤالات ابتدایی، دوباره ترجمه‌ها آغاز شـد: انگلیســی به دری، دری به انگلیسی، پشتو به انگلیسی و انگلیسی به پشتو. یکی از سؤالاتی که هنوز به خاطرم مانده، این بود: "طالبان بالای قطار مهمات عســاکر امریکایي حمله نموده و ســلاح‌های آن‌ها را به غارت برده‌اند." بعد از چند جمله‌ی دیگر، با من خداحافظی کرد و گفت: "جواب امتحان را در زودترین فرصـــت برایت اعلام خواهیم کرد." نمی‌دانم چرا بعد از دادن امتحان از طریق تیلفون، غوغایی درونی و یا یک هرج‌ومرج عجیب در وجودم به وجود آمده بود. واقعاً نمی‌دانســـتم که این احســاس، به خاطر قبولی یا رد شــدن در امتحان پشــتو بود، یا به این دلیل که به هدف آن‌ها، یعنی رفتنم به افغانستان، نزدیک‌تر می‌شدم؟

چندی گذشت، ولی خبری نشد و من همچنان به ادارات مختلف جهت کاریابی سر می‌زدم، تا اینکه ماریا از طریق تیلفون موفقیتم را تبریک گفت و تذکر داد که (ایمیلم) را بررسی کنم. زیرا قرار بود دو روز بعد، یعنی روز یکشنبه، من باید روانۀ (بالتیمور) (Baltimore) شوم، شهری که در ایالتی دیگر از امریکا قرار دارد. مسائل زودتر از آنچه فکر می‌کردم اتفاق افتاده بود و من باید فوراً آمادۀ رفتن می‌شدم و وسایل سفرم را مطابق لیستی که ماریا فرستاده بود، تهیه می‌کردم.

﴾ نخستین پرواز از مکان امن به اعماق ناپیدا ﴿

چهارشنبه، چهاردهم نوامبر سال دو هزار و ده، صبح زود از فرزندانم، خانمم و دیگر اعضـای خانواده خداحافظی نموده روانهٔ میدان هوایی (بوربنک) (که در این اواخر به اسـم "باب هـوپ" مسمّا شده بود) شدم. ساعت پنج و پانزده دقیقهٔ صبح بود؛ نه حوصله‌ای برای خوردن چای صبح داشتم و نه هم وقتش را، زیرا باید سوار طیاره می‌شدم، چون پروازم ساعت پنج و نیم صبح بود. در داخل طیاره، چهره‌های ناآشنا بسیار دیده می‌شد، یعنی کسی را که شباهت به افغان‌ها داشته باشد، ندیدم؛ به جز خانمی که بیشتر به هسپانیک‌ها و شاید هم ایرانی‌ها شباهت داشت، نظرم را جلب کرد. او دقیقاً در پیشـروی من قرار گرفته بود. مدتی را با خیالات، مشکلات و گذشتـه‌ام سپری کردم و ضـمناً، فکر می‌کنم مقدار ناچیزی هم خوابم برد. بعد از پنج ساعت پرواز خسته کننده، بالاخره به موعدگاه رسـیدیم. بعد از گرفتن بکس‌ها، از دروازهٔ خروجی خارج شـدم و مطابق راهنمایی ماریا، با شـمارهٔ (شتل) یا سرویس مخصـوص مسافربری تماس گرفتم تا مرا به مکان مشخص و یا هوتل تعیین‌شده راهنمایی و کمک نماید. در بیرون ساحهٔ خروجی، چشمم به دختری افتاد که بیش از حد لاغر و چهره‌اش زشت‌رو بود؛ اما خواهی نخواهی، مُهر افغان بودن از سر و صورتش هویدا بود. نکتهٔ جالب در این مسئله این بود که با وجود تذکر هیئت‌های مربوط به اسـتخدام ترجمان‌ها در مورد محدودیت تعداد بکس‌ها، او نه تنها از آوردن بکس‌های کلان هراسـی نداشـت، بلکه به‌جای یک یا دو بکس، چندین بکس اضـافی نیز با خود آورده بود؛ بدبختانه، در جابه‌جا کردن آن‌ها دچار مشکلات زیادی شده بود. هر بار که یکی از بکس‌ها را روی کراچی قرار می‌داد، بکس دیگر می‌افتاد. بعد از چند لحظه تماشـای این دختر خانم، بالاخره مجبور شـدم کمکش کنم. به جلو رفتم، با عرض احترام و سلام، خود را معرفی کردم و خواهان کمک شدم. خودش را سلما معرفی کرد و بسیار ابراز امتنان نمود، زیرا وی از

ناحیهٔ دست راست زخمی بود یا دستش سوخته بود؛ که بعداً فهمیدم چون او خودش اقرار کرد که همان روز دستش با اطوی موی صاف‌کن سوخته بود و به همین دلیل قادر به حمل و نقل بکس‌هایش نبود. از من پرسید: "آیا با شمارهٔ مخصوص تماس گرفته‌ام یا خیر؟" جوابم مثبت بود و در همین جریان، چشمم به همان خانم هسپانیک یا ایرانی‌تبار افتاد که او نیز منتظر سرویس حمل و نقل ترجمان‌ها و مهمانان هوتل (ایمبسی سویتس) (Embassy Suites) بود. سلما پیش رفت و پرسید: "شما هم افغان هستید؟" جوابش بلی بود و خود را نیلوفر معرفی کرد؛ به نظر می‌رسید که خانم نسبتاً آرام و کم‌صحبت است. سرویس هوتل رسید و حالا نه تنها بکس‌های خود را حمل می‌کردم، بلکه باید در حمل بکس‌های سلما خانم و نیلوفر نیز کمک می‌کردم. داخل سرویس، چهار افغان دیگر نیز به چشم می‌خوردند که به احتمال زیاد، سرویس آن‌ها را از جاهای مختلف جمع‌آوری کرده بود. اولی، مردی بسیار مُسن بود، حدوداً بین (۶۵) تا (۷۰) ساله، شاید هم بیشتر، که از سر تا پا نصواری پوشیده بود و عینک نمره‌دار قوی به چشم داشت. دومی که خود را آقای ناصری معرفی می‌کرد، سر بی‌مو داشت و تقریباً (۵۵) یا (۶۰) سال عمر داشت. همچنین، پسر جوانی که از فامیل مجددی و اهل سانفرانسیسکو بود، نیز همراه با ما بود. همه با هم سوار سرویس شدیم و روانهٔ هوتل گشتیم. نکتهٔ جالب اینجاست که از لحظه‌ای که سوار سرویس شدیم، مرد مُسن دو چشمش را از سلما برنمی‌داشت و مدام با عناوین مختلف از او می‌پرسید: "ترا از کدام جا می‌شناسم؟ آیا فلان شخص نیستی؟ ترا در فاتحهٔ فلان شخص دیده‌ام، با تو در فلان جا صحبت کرده‌ام..." سلما خودش را به من نزدیک‌تر می‌کرد و تمایلی به صحبت با آن مرد نداشت؛ نیلوفر و من تا آخر، از ماجرای میان مرد مُسن و سلما بی‌اطلاع ماندیم. بعد از رسیدن به هوتل (ایمبسی سویتس) (Embassy Suites)، در اطاق مخصوص گروه (MEP) (ام ای پی)، یعنی کمپانی‌ای که ما را استخدام کرده بود، یک سلسله کاغذها را امضا کرده، به آن‌ها تحویل می‌دادیم.

نیلوفر که بسیار کم حرف بود، بعد از خواندن کاغذهای مذکور رو به من کرد و گفت: "من امضا نمیکنم." پرسیدم: "چرا؟" گفت: "بخوان! مبلغ پولی که به ما گفته شده بود، با آنچه در اینجا ذکر شده، فرق دارد؛ یعنی دقیقاً چهل هزار دالر کمتر است." من هم با او همدست شده و با اعتراض به مونشی دفتر، از امضا کردن طفره رفتیم و همراه با دیگران از امضا خودداری کردیم. از او تا فردا وقت خواستیم تا در این باره فکر کنیم. او نیز گفت که فردا با هر یک از شما، تک به تک همه چیز را توضیح خواهد داد. بعداً، ما باید به اطاق‌های خود روانه می‌شدیم. اطاق‌های ما سه نفر در منزل سوم قرار داشتند — اطاق (۳۲۷) متعلق به نیلوفر، (۳۴۲) مربوط به سلما و (۳۳۳) اطاق من بود؛ یعنی همه در یک مسیر قرار داشتند. کراچی را هر طور بود داخل لیفت (آسانسور) کرده و روانهٔ اطاق نیلوفر شدیم. بعد از باز کردن در اطاق، داخل گردیده تا بکس‌های او را جابه‌جا کنیم. اما سلما، که بعداً به "سلما دیوانه" مشهور شده بود، به‌جای بکس‌های نیلوفر، بکس‌های خود را پایین کرده بود. ما روانهٔ اطاق‌های خود شدیم، اما در وسط راه، سلما گفت که این‌ها بکس‌های من نیستند، بکس‌های نیلوفر هستند! دوباره راهی اطاق نیلوفر گشتیم و بعد از تغییر و تبدیل بکس‌ها، روانهٔ اطاق‌های خود شدیم. قرار شد برای خوردن نان چاشت، به طبقه‌ی پایین برویم.

اطاق من به اندازه‌ی کافی بزرگ بود، در ابتدای اطاق، دو یا سه مبل و یک تلویزیون به چشم می‌خورد، در دهلیز، الماری لباس‌ها قرار داشت و در مقابل آن، تشناب موقعیت داشت. پس از آن، اطاق خواب بود که با یک تلویزیون دیگر مزین شده بود. بعد از جابه‌جا کردن لباس‌ها و وسایل حمام، خواستم چرتی بزنم که ناگهان دروازه تک تک شد، چون انتظار کسی را نداشتم، نمی‌دانستم کی می‌تواند باشد. در را باز کردم و خودم را با سلما دیوانه رو به‌رو دیدم، گفت: "سلام، نان نمی‌خوری؟" گفتم: "بلی، می‌خورم." گفت: "برویم، نیلوفر را نیز خبر کنیم." ما همین کار را کردیم. از آن روز ببعد، نیلوفر، سلما و من دوستان خوبی برای یکدیگر شدیم و همیشه با هم بودیم، می‌گفتیم و می‌خندیدیم — این بود آشنایی من با نیلوفر و سلما.

در لابی یا دهلیز هوتل، ازدحام زیادی به نظر می‌رسید. اکثراً افغان‌ها بودند، چون از چهره‌ها و سرو صدای‌شان نمایان بود. با هم داخل رستورانت شدیم و به لست غذاهای آنها چشم دوختیم، فکر می‌کنم من و نیلوفر ماهی و سلما ماکرونی سفارش دادیم. پس از صرف غذا و نوشیدن چای، برای قدم زدن به بیرون رفتیم. هوای نسبتاً سرد خزانی، همراه با زیبایی خیره کنندهٔ درختانی که با رنگ‌های سرخ، زرد، سبز، نارنجی و نصواری مزین شده بودند، منظرهٔ همچون تابلویی زنده، خوش‌نما و چشم‌نواز بود. بوی نم سبزه‌ها که از باران خزانی حکایت می‌کرد، در فضا پیچیده بود و به زیبایی شهر می‌افزود. فکر میکنم حدود یک ساعت و نیم، مشغول صحبت از هر دری با یکدیگر بودیم. با برگشت از بیرون، با دو خانم افغان دیگر آشنا شدیم. یکی افسانه بود که بعدها فهمیدم مادر یکی از وزیران فعلی افغانستان است و از طرف‌های آقچه یا مزار شریف، یعنی ازبک تبار بود. خانم خیلی مؤدب، آرام و مهربان به نظر میرسید. خانم‌دومی که خود را فرزانه و از باشندگان تگزاس می‌دانست، معرفی شد و او نیز به حلقه‌ی ما پیوست. خانم افسانه، فکر کنم یک دوره قبل نیز به این کار مشغول بوده و این بار دومش بود. فرزانه از پولداران ایالت تگزاس بود و فابریکهٔ نان‌سازی داشت. اشتباه نشود، نانوایی نبود، بلکه صاحب فابریکهٔ نان‌سازی بود، یعنی به مراتب بزرگ‌تر از یک مغازه و یا نانوایی معمولی. به گفتهٔ خودش، مصارف تمام مغازه‌های تگزاس را فراهم می‌کرد. خانم جالبی بود؛ با آنکه سال‌هایی از عمرش گذشته بود، هنوز هم ناز و عشوه‌های دخترانه‌اش پابرجا بود. او از دختران لیسهٔ عالی زرغونه بود و رفتارش مرا شدیداً به یاد یکی از معشوقه‌های دوران مکتبم به نام رویا می انداخت — رویا که به "رویای شخ" یا "رویای راست" مشهور بود، زیرا سرش همیشه راست، گردنش بلند و به هیچ وجه به این طرف و آن طرف نگاه نمی کرد؛ گویي واقعاً سیخ را قورت کرده بود! فرزانه شباهت عجیبی به رویا داشت. بعدها متوجه شدیم که فرزانه پشتوزبان است و به دلیل از دست دادن مقدار زیادی زمین، حاضر به انجام وظیفه ترجمانی شده بود تا پول مذکور را برای مصرف و پرداخت مالیهٔ زمین تهیه نموده و آن‌ها را از چنگ دولت بیرون

~ ۱۲ ~

آورد. همه با هم شماره تیلفون‌ها را رد و بدل کردیم؛ سلما شمارهٔ مرا گرفت و من شمارهٔ نیلوفر را با او مبادله کردم. سپس روانهٔ اطاق‌های خود گردیدیم و قرار گذاشتیم که با هم برای صرف شام، به یکی از رستورانت‌های افغانی که در همین نزدیکی موقعیت داشت، برویم. شب را من بدون گذراندن با دیگران، تنها در اطاق خودم سپری کردم و با وجود اصرار سلما، حاضر نشدم با آن‌ها بیرون بروم.

واقعاً هزاران فکر و خیال در ذهنم موج می‌زد — مسـائل قرضـداری، دوری فرزندان، ناآگاهی از موقعیتم در افغانستان و حتی شانس زنده ماندنم. با خودم هنوز دچار کشـمکش‌های وجدانی بودم — آیا جان آدمی فقط (۱۸۵) هزار و یا (۲۵۰) هزار دالر ارزش دارد؟ اگر واقعاً بمیرم، بچه‌های نازنینم چه خواهند کرد؟ آخرین فرزندم تازه (۱۳) سال از عمر نازش می‌گذشت. آیا از دست دادن پدری در مقابل (۱۱) هزار دالر در ماه، برای پسرانم قابل درک و قبول می‌باشد یا خیر؟ آیا پول نقش مهم‌تری در زندگی آن‌ها ایفا خواهد کرد، یا داشتن یک پدر که به دور و برشان باشد؟ دوباره روزهای فقر، ناداری، بدبختی و دست دراز کردن پیش این و آن، در پیش چشمانم مجسم شـد و این مسئله را برایم روشن‌تر ساخت. با همان چرت و خیال، فکر می‌کنم به خواب رفته بودم، زیرا با صدای زنگ ساعت که پنج و نیم صبح را نشان می‌داد، بیدار شدم. من چون آدم سـحرخیز نبودم، با مشـقت خودم را تا تشـناب یا حمام رسـاندم. در هر صـورت، بعد از شـاور گرفتن و لباس پوشیدن، زنگ سلما آمد و گفت: "چرا این‌قدر دیر کردی و تا حالا پایین نیامده‌ای؟ ما منتظرت هستیم."

همه در رستورانت هوتل جمع شـده بودند. هر صبح، صبحانه مجانی بود و واقعاً خوراک‌های خوبی داشتند. من، نیلوفر و سلما با هم دور یک میز نشسته و مشغول خوردن بودیم، در حالی که بیش از ده دقیقه وقت نداشتیم. همزمان، با دلهره و تشویش، با هم در بارهٔ امتحان‌های بعدی که

قبلاً از دیگران شنیده بودیم، گرم صحبت بودیم. در همین حال، متوجه شدیم که همه آهسته‌آهسته به سمت صنف‌ها در حرکت‌اند. ما نیز به دنبال آنها روان شدیم. ولی قبل از رفتن، نیلوفر از جیب خود مبلغ دو دالر را درآورد و به عنوان تشکر از گارسون هوتل، روی میز گذاشت. این عملکردش واقعاً مورد پسندم واقع شد؛ نه بخاطر مقدار پول، بلکه به خاطر طرز برخوردش با این مسئله. روی میزها، اسامی تمام افراد جابجا شده بود و هر کس باید در چوکی تعیین شده‌ی خود می‌نشست. اما از آنجایی که ما افغان‌ها چندان تحت قید و بند قانون نبودیم، هر کس اسم خود را از روی میز برمی‌داشت و می‌خواست پهلوی دوستش بنشیند؛ و این مسئله خودبه‌خود چند دقیقه از جریانات کار را به عقب می‌انداخت. سردسته و یا شخص موظف گروه (ام-ای-پی) افضل نام داشت. از حرکاتش به وضاحت بوی پاکستانی بودن می‌آمد و او خیلی با نظم و ترتیب بود و اصلاً نمی‌خواست در کارش بی‌نظمی صورت گیرد. خودش را افضل و از تبار امریکایی معرفی کرد. البته، ما همه امریکایی‌تبار محسوب می‌شدیم، اما بعدها معلوم شد که افضل در اصل عرب‌تبار بوده و مثل ما تابعیت امریکا را قبول کرده است. تقسیم اوقات را برای ما مورد بررسی قرار داد، با معلومات مشخص در بارهٔ اینکه چه مقدار معاش ما خواهد بود و همچنین تا زمانی که در بالتیمور هستیم، به صورت هفته‌وار چه مقدار پول دریافت خواهیم کرد. علاوه بر این، باید دوباره از نو امتحانات دری به انگلیسی، انگلیسی به دری، پشتو به انگلیسی و انگلیسی به پشتو را سپری می‌کردیم. در هفته‌ی بعدی، پس از قبول شدن در امتحانات، باید دوره‌ی فراگیری فنون عسکری را می‌گذراندیم. این شامل دیدن فیلم‌هایی تهیه شده از محافل ترجمان‌ها، عملیات‌های نظامی، شکل زندگی و اقامت آنان در جبهات جنگ، چگونگی تغذیه و پوشش، حمام کردن، تشناب رفتن، خوابیدن و سایر موارد وابسته می‌شد. این صحبت‌ها و جلسات آموزشی، همراه با پر کردن فورمه‌ها و سؤال‌وجواب‌های هر فرد براساس تفکرات و

انتظارات شخصی‌اش، تا حدود ساعت یازده و نیم ادامه یافت. در نهایت، افضل اعلان صرف نان چاشت را کرد و در ضمن اضافه نمود که باید ساعت یک دوباره اینجا برگردید.

هر کس به هر طرفی روان گردید. من، سلما و نیلوفر به سمت رستورانت هوتل که چندان فاصلهٔ از ما نداشت، روانه گشتیم. من از قبل می‌دانستم که چه خواهم خورد و این موضوع خودبخود مسئله را برایم آسانتر می‌کرد. من و نیلوفر هر دو(استیک) یا گوشت گاو که معمولاً سر منقل گازی یا ذغالی پخته می‌شود، سفارش دادیم و سلما (پیتزا) (Pizza) انتخاب کرد. تا رسیدن غذا، مشغول صحبت شدیم. بعد از صحبت‌های افضل، به نظر می‌رسید که همه یک اندازه آرامتر شده بودیم. ساعت یک دوباره به صنف‌ها برگشتیم، اما فکر می‌کنم آن روز بیشتر از یک ساعت در صنف باقی نماندیم، چون افضل همه را مرخص کرد و گفت: "به امید دیدار تا فردا ساعت هفت صبح." بعد از بازگشت به اطاق‌ها و جمع‌وجور کردن خود، مطابق با پیشنهاد نیلوفر، با گرفتن سرویس هوتل به یک رستورانت مخصوص غذاهای زیر دریایی (Seafood) روانه شدیم. نیلوفر برای خودش و من (کرب کیک) و یا (کتلت) که از گوشت خرچنگ درست میشود، سفارش داد و خودش چیز دیگری هم به آن ضمیمه کرد که دقیقاً به یادم نیست. من سوپ ماهی خوردم، اما سلما چون رغبتی به غذاهای زیر دریایی نداشت، فکر کنم هیچ چیزی نخورد.

نیلوفر دارای چشمان قشنگ، لب‌های بی‌نهایت مقبول، اما در صورت داغان‌شده‌اش، آثار بخارهای دوران جوانی هنوز هم به وضاحت در آن دیده می‌شد. موهای سیاهش تا کمر میرسید و اندامی موزون داشت — این موجود، نیلوفر نامیده میشد. صحبت‌های جالبی داشتیم، از هر سو و هر دری، تا اینکه نمی‌دانم چگونه، سر صحبت از عشق، عاشق شدن و دوست داشتن به میان آمد. از نیلوفر پرسیدم: "آیا تا هنوز عاشق شده‌ای؟" گفت: "دو بار." گفتم: "مگر ممکن است؟" گفت: "هر بارش از دفعه قبل جالب‌تر بود." و سپس افزود: "امتحان

کن!" گفتم: "تشکر، نخواستیم." گفت: "چرا، آیا تو هیچ‌وقت عاشق نبوده‌ای؟" بعد از چند لحظه سکوت، گفتم: "چرا، درست در شانزده سالگی عاشق کسی بودم که متأسفانه به هم نرسیدیم. اما، از خیرات سر اوست که هم شاعر شدم، هم ادیب و هم سخنگو. هنوز که هنوز است، بعد از گذشت سی و سه سال، بعضی اوقات خوابش را می‌بینم." با اشتیاق بیشتر گفت: "اگر ممکن است، یک اندازه در موردش صحبت کن." گفتم: "صحبتی ندارد، بعد از آمدن حزب خلق و پرچم، من هم مانند میلیون‌ها انسان وطن‌پرست و آزادمنش، روانهٔ زندان پلچرخی گردیدم. پس از ختم دوران زندان، رهسپار ایران شدم، از آنجا به ترکیه رفتم و بالاخره به آلمان رسیدم. از آن ببعد، صحبت‌های ما یا تیلفونی بود و یا ذریعه‌ی نامه، این جریان تا چند سالی طول کشید. او که اسمش رویا بود، در شهر هامبورگ، یعنی دقیقاً همان شهری که من بود و باش داشتم، پیدا شد. بعد از مشکلات زیاد، بالاخره موفق شدم در هامبورگ دیدارش کنم. با خاله‌اش، صفیه، به دیدنم آمده بود. اما بر عکس تصورم، صحبت‌های ما بسیار سرد، خشک و کوتاه بود. دقیقاً یادم نیست که چه‌ها گفتیم، ولی این را خوب می‌دانم و بخاطر دارم که گفت: "بعد از اینکه تو از افغانستان خارج شدی، من واقعاً در دوران رشد جوانی غرق بودم و بعد از تو با چندین شخص دیگر رابطه داشتم. به تو احترام میگذارم، انسان خوبی هستی، اما هیچ نوع احساسی برایت ندارم، ما می‌توانیم مثل دو دوست خوب باقی بمانیم." این، آخرین صحبت‌های ما بود و پس از آن، من از شهر کوچ کرده و به نقطه‌ای دیگری از آلمان رهسپار شدم تا بالاخره روانهٔ امریکا گردیدم. بعضی اوقات از این و آن می‌شنیدم که هنوز مجرد است و ازدواج نکرده و از شخص دیگری شنیدم که عاشق پسر پاکستانی در لندن شده است. تقریباً حدود ده یا یازده سال پیش، کسی شمارهٔ تیلفونش را برایم تهیه کرده بود و من با او تماس گرفتم. اما ای کاش هرگز این کار را نمیکردم؛ چون برخوردش بیش از حد بی‌ادبانه، توهین‌آمیز و عامیانه بود، یعنی الفاظی که از دهانش بیرون می‌آمد، بیش از حد شرم‌آور و بدبو بود. آن رویای خوش صحبت و بذله‌گو، بی‌ادب

شـــده بود — خداوند همه را به راه نیکی هدایت دهد." این بود جریان عاشـــق بودن من و صحبت‌های رویا را همان‌جا، دوباره مدفون کردم.

پاسی از شب گذشته بود و سرمای هوا در سکوت سنگینی می‌پیچید. با تاکسی خود را به هوتل رساندیم و شـب بخیر گفتیم تا فردا صبح. اما من، که طوفان‌های درونی نهفته در دلم دوباره بیدار شـده بودند، به هیچ وجه خواهان آرمیدن نبودم. فلذا سـاعت‌ها، جریان ارتباط من و رویا، روزهای خوشی در افغانستان و بالاخره روز دستگیری‌ام توسط باند حزب خلق و پرچم، مرمی خوردن دست رویا و شـهامت شیردلان لیسه‌ی زرغونه و امانی از جلو چشمانم رژه می‌رفتند. به نابودی مملکت عزیز ما تأسف خورده و بر باند خون‌آشام حزب خلق و پر چم، خودفروختگان و پابوسان قصـر کرملین، بارها و بارها لعنت و نفرین فرسـتادم. در اواخر شـب، برای تسـلی دلم، در دنباله‌ی شعری از استاد خلیلی، این مصرع را اضافه کردم:

§

«گذشته گر فریبا بود بگذشت»   فرخنده چو رویا بود بگذشت

گر به نادانی گذشت عمرم   یا حاصل عقل دانا بود بگذشت

گذشت ایام جوانی لیک چه زود   گر زشت و یا زیبا بود بگذشت

§

نمیدانم چه وقت خواب به سـراغم آمده بود که با زنگ سـاعت، دوباره از خواب خوش پریدم. حمام کردن، لباس پوشیدن و پایین رفتن به طبقهٔ لابی هوتل، جز مسـائل عمدهٔ روزمرهام گردیده بود. در پایین، نیلوفر منتظرم بود، ولی سلما هنوز به چشمم نمیخورد. بعد از سلام کردن، پرسیدم: "سلما کجاست؟" گفت: "در (لاین) یعنی صف ایسـتاده، امروز شوق تخم مرغ کرده." خوب، بعد از صـرف چای صـبح، نیلوفر دوباره عملکرد نیک خود را تکرار کرد، یعنی دو دالر را روی میز گذاشت. این بار، متوجه نگاه من شـد که لبخند بر لب داشـتم. او پرسـید: "چرا میخندی؟" گفتم: "اظهار خوشحالی می کنم از این عملکرد انسانیات." سپس روانهٔ صنفها گشتیم.

افضـل با صـدای بلند به همه صبح بخیر گفت و تعدادی از امتحانات را اعلان کرد، یعنی به این مفهوم که باید چندین امتحان تقریری و تحریری را سـپری کنیم. قرار بود از بقیه چهار امتحان گرفته شـود، اما از من پنج امتحان. دلیلش این بود که در فورمها نوشـته بودم که فارسی ایرانی را نیز بلدم و به همین خاطر، علاوه بر امتحانات معمول، باید امتحان انگلیسـی به فارسـی و فارسـی به

انگلیسی را نیز می‌دادم. در جریان مرور مسائل مختلف در صنف، هر شخص بر اساس اسم و اسم فامیلی‌اش، که با الفبای انگلیسی ردیف‌بندی شده بود، باید به صنف همجوار می‌رفت و امتحان تقریری را سپری می‌نمود. سلما که در اصل پشتوزبان بود و بنا به صحبت‌هایش روان‌شناسی خوانده و تازه فارغ‌التحصیل شده بود، بیشتر از من و نیلوفر دلواپس امتحان پشتو خود بود.

دوباره وقت نان چاشت شد و یک و نیم ساعت تفریح داشتیم و برگشت ما به صنف به ساعت یک بعد از ظهر بود. امروز دیگر حوصلهٔ رفتن به رستورانت هوتل را نداشتیم، اما بیرون از هوتل، در قسمت تحتانی بیلدینگ روبه‌روی ما، (فست فود) (Fast Food) یعنی غذای فوری بدون نیاز به نشستن و انتظار کشیدن برای گارسون، قرار داشت. فلذا، مسئله غذا خوردن خود به خود حل گردیده بود. همه با هم جانب رستورانت تحتانی روان شدیم، ولی متأسفانه جای آن خیلی کوچک و تعداد نفرات بیش از حد معمول بود. دلیل این ازدحام، تفاوت قیمت غذا بود، زیرا قیمت‌ها در اینجا در مقایسه با رستورانت هوتل بسیار پایین‌تر بود. غذای بد نبود و قابل خوردن بود، ولی برای تهیه‌ی آن، اینجا بیشتر منتظر ماندیم تا رستورانت هوتل. بعد از ختم تفریح، دوباره به صنف‌های خود روانه شدیم. نیلوفر به عنوان نفر سوم برای امتحان تقریری قلمداد شده بود، سلما نفر هفتم و من — از آنجایی که اسمم ، "ذبیح" و اسم فامیلی‌ام، "رحمانی" هر دو در قسمت اخیر لست قرار داشتند — باید تا فردا منتظر می‌ماندم. بعد از برگشت، نیلوفر که یک اندازه هراسان بنظر می‌رسید، همه دورش حلقه زدیم و او را سؤال‌پیچ کردیم. پریشان و مشوش بود و گفت: "نمی‌دانم، اما خوب نبود..." در مقابل، سلما که زبانش پشتو بود، خرسند و راضی به نظر می‌رسید. او گفت: "خیلی خوب گذشت." پرسیدم: "پس چرا اینقدر وارخطا و پریشان بودی؟" گفت: "هنوز هم هستم، اما نه به خاطر امتحان تقریری، بلکه امتحان تحریری؛ آخر، من به درستی خواندن و نوشتن را بلد نیستم." سلما، مانند سایر افغان‌هایی که یا در امریکا تولد شده‌اند و یا از کودکی در آنجا بزرگ شده‌اند، در خانه همیشه

به پشتو یا دری صحبت کرده بود. ولی او هیچ‌وقت ضرورت به آموختن زبان دری یا پشتو به صورت تحریری برایش مهم نبود و همچنین زمینه‌ای برایش فراهم نشده بود. فلذا، این افراد از بابت نوشتن و خواندن با یک اندازه هراس و مشکلات روبه‌رو بودند.

افسانه و فرزانه هر دو موفق گردیده بودند و بنابر پیشنهاد افسانه، قرار شد شب، ساعت شش‌ونیم بعد از ظهر، در پایین هوتل جمع شویم تا با هم به رستورانت افغانی به نام (میوند) برویم. پس از خداحافظی با همه، هر کس به اطاق‌های خود رفت. من که همیشه خواب را دوست داشتم، به هر دلیل و موقعیتی که برایم دست می‌داد، یک اندازه می‌خوابیدم. با صدای زنگ تیلفونم از خواب بیدار شدم؛ سلما بود که با غالمغال گفت: "نیلوفر می‌گوید که کجا شدی؟ همه منتظرت هستیم." گفتم: "ببخشید، خواب بودم! تا پنج دقیقه دیگر می‌رسم." با سرعت دست و صورتم را شستم، لباس پوشیدم و راه افتادم. نیلوفر یک پطلون چسپ سیاه بر پا و بالاپوش نیمه سیاه و سفید با هشت دکمه به تن داشت که سنش را جوانتر از آنچه بود نشان می‌داد. سوار سرویس هوتل شدیم و همه با هم به جانب رستورانت افغانی حرکت کردیم. رستورانت چندان بزرگ نبود، اما پاک و تمیز به نظر می‌رسید. تعدادی از مردم پیش از ما در صف ایستاده بودند تا غذا سفارش بدهند. گروهی دیگر نشسته و مشغول خوردن بودند و عده‌ای مانند ما تازه آمده بودند و کنار یکدیگر جابه‌جا می‌شدند. من به گشت و گذار در رستورانت مشغول شدم و در ضمن، لست غذاهای‌شان را که در جلو و دو طرف داخل رستورانت گذاشته شده بودند، مرور می‌کردم. غذاهای متنوعی به چشم می‌خورد، اما من، از آنجا که واقعاً آدم پر خوری نیستم، به سفارش منتو کفایت کردم. ضمناً، نکته جالب این بود که تمام کارکنان رستورانت (میوند) نیپالی بودند. سلما برنج با قورمهٔ مرغ، نیلوفر قابلی با کباب، فرزانه قابلی با آشک و افسانه قابلی با دال سفارش داده بودند. سلما، افسانه و من کنار هم نشسته بودیم، نیلوفر و فرزانه مقابل ما قرار داشتند. جالبی

مسئله در این بود که همان مرد نصواری‌پوش، درست با فاصله‌ی کمی کنار سلما نشسته بود. غذاها را به یکدیگر تعارف می‌کردیم و یکی از این و یکی از آن می‌گرفتیم. در همین میان، مرد مُسن دوباره سؤالاتی از سلما پرسید، ولی سلما اصلاً میل و رغبتی به صحبت کردن با او نداشت و مرد مذکور، بسیار شرمنده، به خوردن غذای خویش مشغول شد. نیلوفر با اصرار زیاد، مقداری قابلی و کباب در بشقاب من، که از همه کوچکتر و کمتر بود، انداخت. با آنکه اصرار کردم و خواستم تعارفش را رد کنم، مؤثر واقع نشد؛ ناچار، من هم دودانه منتوی خود را در بشقاب او گذاشتم. اما برخلالف، در مقایسه با غذاهای دیگر، منتو واقعاً بدمزه بود، یعنی سخت و بی‌ذائقه. بعد از صرف غذا، همه مشغول نوشیدن چای شدند و عده‌ای بغلاوه، بعضی شیریخ و برخی هم فرنی سفارش داده بودند. من با عرض پوزش از دوستان برخاستم و کنار مرد مُسن، که اسمش فراموشم شده بود، نشستم و به عنوان احترام، سر صحبت را باز کردم و از او پرسیدم: "از کجا آمده‌ای؟ در کابل چه کاره بودی؟" و از این قبیل حرف‌ها. اما از حرکاتش معلوم بود که او فقط خواهان صحبت با سلما بود و بس.

بعد از ختم غذا و نوشیدن چای، سرویس مخصوص هوتل نمایان شد، یعنی حتماً قبلاً کسی با آن تماس گرفته بود. هوا بسیار مقبول بود و من و نیلوفر با عذرخواهی از رفتن با سرویس، پیاده به سمت هوتل قدم زدیم. از هر دری صحبت داشتیم؛ من و نیلوفر واقعاً دوستان خوبی شده بودیم. بنا به گفتهٔ خودش، در هفده سالگی در پاکستان ازدواج کرده و سپس رهسپار آلمان شده بود. یکی یا دو سال بعد از همسرش طلاق گرفت و از آن ازدواج پسری دارد. از خیابان‌های خلوت عبور کردیم تا به جادهٔ عمومی رسیدیم که در آن ازدحام موترها بود. در حین مکالمه با نیلوفر بودم که ناگهان، با عبور یک موتر که خیلی نزدیک به من آمد، او مرا چنگ زد و از سمت سرک به طرف چپ خود منتقل کرد. از این حرکتش بسیار خوشم آمد، زیرا تصور کردم که برایم آن قدر احترام و علاقه قائل شده که نمی‌خواست آسیبی ببینم. ولی بعداً فهمیدم که این

کارش نه به خاطر علاقه به من، بلکه به این دلیل بود که نیلوفر از ناحیۀ گوش راست تقریباً ناشنوا بود و قوۀ شنوایی‌اش خیلی ضعیف بود. به خاطر اینکه صحبت‌های مرا به خوبی بشنود، او جای مرا، که تصادفاً با آمدن موتر مذکور برابر شده بود، تغییر داد.

بعد از رسیدن به هوتل، با دیدن ما همه نگاهی مخصوص کردند و در گوش هم به پُس‌پُس و تبصره پرداختند و گفتند: "بالاخره رسیدن! ما پریشان شده بودیم که خدا خیر کند." جوابی برایشان ندادیم. در ضمن، هنگام صرف غذا، افسانه و فرزانه مصروف خوردن سیر تازه بودند، علتش را پرسیدم و گفتند برای کم کردن کلسترول و فشار خون بسیار مفید است. آن شب، هنگام خداحافظی دو غوزه سیر نیز به من دادند که بخورم، زیرا به زودی باید برای معاینات صحی می‌رفتیم. پاسی از شب گذشته بود که ما خداحافظی کرده به طرف اطاق‌های خود رفتیم، ولی قبل از رفتن، نیلوفر و سلما به اطاق من آمدند. نیلوفر خواهان مرور یک فورم مخصوص بود که فکر می‌کنم خودش آنرا نداشت. ضمناً، چشم سلما به گرامر پشتو و تمام اوراقی که در روی میز من بود — که شکریه لطف کرده و در اختیارم گذاشته بود — افتاد. از خوش‌حالی جیغی کشید و گفت: "می‌توانم این ورقه‌ها را کاپی کنم؟" گفتم: "بلی، ولی تو در امتحان پشتو قبول شدی." گفت: "برای خواهرم که می‌خواهد گرامر پشتو را به صورت قانونی و اصولی یاد بگیرد، می‌فرستم." آن‌ها رفتند و من نیز پس از مسواک کردن دندان‌ها و شست‌وشو، برای بیدار شدن در ساعت پنج و نیم صبح، روانۀ بستر شدم.

باز هم با زنگ ساعت از خواب خوش بلند شدم و با حمام کردن، لباس پوشیدن و به منزل پایین رفتن، روز جدیدی را آغاز کردم. دوباره، سلام و احوال‌پرسی‌ها شروع شد و من یک اندازه ناقرار بودم. مثل اینکه همه متوجه شده بودند، پرسیدند: "خیریت است؟" گفتم: "به خاطر امتحان ناآرام هستم." گفتند: "آسان بگیر، خدا مهربان است." گفتم: "بی شک!" و با هم داخل صنف شدیم. قبل از اینکه نوبت من برای امتحان برسد، افضل سه نفر از کسانی را که دیروز

امتحان داده بودند، بیرون خواست. بعد از چند دقیقه، آنها دوباره برگشتند، اما تمام کتاب‌ها و اوراق خود را جمع‌آوری کرده و از اطاق بیرون شـدند. آنها دو خانم بودند، یکی افغان، یکی پاکستانی و سومی کسی نبود جز همان مرد نصواری پوش که بعد از ختم صنف، فهمیده شد که آنها در امتحان پشتو ناکام مانده بودند. واویلا! پس تکلیف من چه می‌شود؟ افضل، اسم مرا خواند و دستور داد تا به صنف همجوار بروم. نیلوفر و سلما هر دو به من نگاهی مثبت کردند و سرشان را به نشانه‌ی "موفق باشی" تکان دادند — مدیون‌شان هستم.

امتحان به این شـکل بود که شـما گوشـی‌ها را در گوش می‌گذاشتید و از آن طرف، از طریق (Skype) (اسکایپ) — یا به قول ما افغان‌ها "تصـویر تلویزیونی" — با دیدن قیافۀ معلم به جواب سؤالاتش می‌پرداختیم. بعد از سلام و علیک و معرفی کردن خودم، پس از چند سؤال و جواب، افضل گفت: "مدیون، وقت شما خلاص شده است." به نظرم امتحان خیلی بهتر از آنچه توقع داشتم، گذشـته بود. نیلوفر پرسید: "چطور بود؟" گفتم: "خیلی خوب" و واقعاً هم قبول شـده بودم. افضل آن روز، بعد از ختم امتحان گفت که یک‌بار دیگر نیز از برخی اشخاص، نظر به قرعه‌کشی، دوباره امتحان گرفته خواهد شـد. ولی ترسی به دل راه ندهید، چون این امتحان رد شـدن یا قبول شـدن ندارد، پس روز تان را با چُرت زدن خراب نکنید؛ این فقط بخشـی از مسائل دفتری است که ما باید انجام دهیم. بعد از صـحبت‌هایش، بعد از ظهر را برای ما مرخصـی داد؛ یعنی ضرورت به برگشت به صنف‌ها نبود و از فردا ببعد، امتحان‌های تحریری را باید سپری می‌کردیم. برای نان چاشـت، دوباره روانه‌ی رستورانت (میوند) شـدیم و یک‌بار دیگر با خوردن غذاهای ثقیل افغانی، شکم‌ها را پُر کردیم. مانند روز قبل، دیگران با سرویس به هوتل برگشتند، اما من و نیلوفر که حالا راه را خوب بلد شـده بودیم، پیاده به طرف هوتل راه افتادیم. بعد از رسـیدن به هوتل، خانم‌ها پیشـنهاد کردند که برای نوشیدن چای، در منزل بالا، که آن هم بخشـی از رستوانت محسوب می‌شد، جمع شویم. این قسمت رستورانت دقیقاً مقابل پنجرۀ اطاق من قرار داشت؛ یعنی من

می‌توانستم آن‌ها را به وضاحت از اطاقم ببینم و این قسمت با زینهٔ چرخی به داخل رستورانت بزرگ راه داشت. یکی برای آوردن چای مقرر شد و در جمع ما، چند نفر افغان دیگر نیز آن روز اضافه شدند. یکی نبی که بعداً با من خیلی دوست گردید و از لغمان بود. دیگری، یک آقای نسبتاً فربه، ولی خوش صحبت و خوش خط، که پسر یکی از خطاطان مشهور افغانستان بود و فنون خطاطی را از پدرش آموخته بود. او تمام وسایل خطاطی و قلم‌های مخصوص خود را نیز همیشه در داخل بکس مخصوص حمل می‌کرد. من از آنجایی که بعضی اوقات شعرهای خورد و بزرگ می‌سرودم، یکی از اشعارم را به او دادم تا برایم خطاطی کند و شعر مذکور به این شکل بود:

§

گر چه مرا سنگ طفلان به سر نیست چه باک

چو در عشق تو دست و پا به زنجیر افتاده‌ام

«ذبیح رحمانی»

§

افسانه کنار فرزانه، یعنی در قسمت راست او و من دقیقاً در قسمت چپ او موقعیت داشتم. در مقابل او، آقای ناصری و آقای خطاط، نشسته بودند، پهلوی او نیلوفر و در کنار ما سه چوکی اضافه گذاشته بودیم که سلما، آقای مجددی و نبی لغمانی جا گرفته بودند. هنگام نوشیدن چای که بجز از بوره هیچ شیرینی دیگری نداشتیم، نظرم را مسئلهٔ خیلی جالب جلب کرد و آن هم خوردن بوره توسط نیلوفر به شکل کپه‌ای بود. من همیشه فکر می‌کردم که هیچ کس دیگر، به جز خودم، بوره را در کف دستش نمی‌ریزد و بعد همان کپه را در دهان نمی‌گذارد تا نوش

جان نماید. او متوجه نگاهی حیرت‌انگیز من شد و پرسید: " خیریت است؟" گفتم: " تو دومین انسان هستی که بوره را به این شکل می‌خوری." پرسید: "اولی کیست؟" گفتم: "خودم" و هر دو خندیدیم.

فرزانه مشغول نشان دادن عکس‌های فامیلی خود به دیگران بود، بخصوص تصاویر نواسه‌اش را. من که نه چندان علاقهٔ به عکس‌های فامیلی او داشتم و نه به نواسه‌اش، مشغول صحبت با نیلوفر بودم که ناگهان چشمم به (لپ‌تاپ) یا (کامپیوتر) فرزانه افتاد و عکس خیلی آشنایی نظرم را جلب کرد. گفتم: "صاحب این عکس را می‌شناسم، عادله است." فرزانه گفت: "نخیر، اشتباه می‌کنی! اسم این آرزو است و عروس من است." عکس‌های بعدی و بعدی را نگاه کردم و گفتم: "به خدا، این عادله دختر خاله سوسن است." خاله سوسن، مادر عادله، خواهر خاله جانان، یعنی مادر یاسمین بود و یاسمین از زمان طفولیت با من مثل خواهر بزرگ شده بود؛ ما خیلی با هم دوست و رفیق بودیم." مادر یاسمین مرا بچه خوانده بود، یعنی من در بین فامیل آنها کلان شده بودم و از تولد تا بزرگی، رشد عادله را شاهد بودم، پس چطور ممکن بود در شناخت او اشتباه کنم؟ شنیده بودم که عادله در تگزاس ازدواج کرده، ولی بدون ابراز رضایت فامیل، با پسری که دوست داشت؛ اما دقیقاً نمیدانستم با کی و از کدام فامیل؟ به‌هرحال، آن شب گذشت و فردا دوباره در بیلدینگ دیگری روانه شدیم تا امتحان‌های تحریری را شروع کنیم. افضل مرا و چند نفر دیگر را صدا زد و گفت: "شما همه باید امتحان پشتو را دوباره بدهید." قابل تشویش نبود، چون قبلاً در این مورد تذکر داده بود. او مرا به یک آدرس که در همان نزدیکی‌ها، در فاصلهٔ دو دقیقه با پا بود، فرستاد. خودم را به آنجا رساندم و بعد از معرفی خود، به صنف مخصوص رفتم و از طریق تیلفون به دادن امتحان شروع کردم. بعد از سلام و احوال پرسی، او سؤالات را آغاز کرد. یکی دو جمله را درست جواب دادم، اما او چیزی پرسید که من دقیقاً نفهمیدم و هر چه او بیشتر روی سؤال مذکور می‌پیچید، من بیشتر گنگ‌تر، وارخطاتر و سردرگم‌تر میشدم. در ضمن، امتحان‌گیرنده

(پاکستانی) بود، یعنی پشتو و لهجهٔ آنها با پشتوی ما فرق دارد. بههرحال، بالاخره گفت: "خیر، سؤال بعدی..." و من هر لحظه بدتر و بدتر میشدم. تا اندازهٔ نگران و ناامید شده بودم که میخواستم گوشی را قطع نمایم؛ دیگر حواسم بدرستی کار نمیکرد و فقط میخواستم از این وضعیت فرار کنم. بالاخره، امتحان تمام شد و من از بیلدینگ بیرون آمدم، اما آن قدر پریشان شده بودم که فاصلهٔ دو دقیقهای را در چهل و پنج دقیقه طی کردم. به هر طرفی که سرازیر میشدم و میرفتم، بالای تپهها و نزدیک (Highway) سر درمیآوردم. در حالیکه اشک در چشمانم جمع شده بود، از کسی پرسیدم هوتل (امبسی سویت) (Embassy Suites) کجاست؟ او نگاه تعجبآمیزی به من انداخت و گفت: "پشت سرت!" و دقیقاً هوتل همانجا بود. بنابراین، نیازی به تشریح بیشتر در مورد وضعیت روحیام نبود.

به داخل رفتم، سلام کردم و نیلوفر پرسید: "چطور گذشت؟" گفتم: "خیلی بد. اگر من معلم باشم، نمیگذارم که کامیاب شوم، دیگر چیزی یادم نیست." همهی ما مطابق لست تهیه شده، باید امتحانهای تحریری را میگذراندیم. نیلوفر با آقای خطاط در مورد امتحان تحریری صحبت میکرد که موضوع آن، رساندن تیل، پترول و اهمیت آن بود. او در یکی از قسمتهای امتحان بند مانده بود و هر چه میخواست آن موضوع را از طریق دیکشنری حل کند، موفق نمیشد و بخاطر آن مسئله، پریشان به نظر میرسید، اما با آمدن نبی لغمانی و تشریح مسئله، به اشتباهات خود پی برد. روز موعود، من نیز به نوبهٔ خود روانهٔ بیلدینگ مخصوص شدم و بعد از تلاشی بدنی و تأیید اینکه هیچ چیزی، حتی تیلفون دستی، همراه ندارم، به دستور موظفین امتحان، شروع به حل کردن و نوشتن امتحان کردم.

در اطاق مذکور، تنها یک دیکشنری انگلیسی به پشتو وجود داشت که آن هم به زبان پشتو پاکستانی و ناقص بود. علاوه بر آن، یک پنسل، یک پنسل‌پاک‌کن و یک قلم‌تراش برقی نیز در اختیار داشتیم. بعد از خواندن ورقۀ پشتو، که تصادفاً همان موضوع رساندن تیل و اهمیت آن بود، متوجه شدم که گوشم از صحبت‌های قبلی نیلوفر با آقای خطاط و تشریح توضیحات از طریق نبی پر بود. بنابراین، با سهولت به ترجمانی ورقۀ پشتو به انگلیسی پرداختم و این بار، به راحتی موفق به ترجمانی گردیدم. بعد از امتحان پشتو، نوبت به دری و بعداً به فارسی ایرانی رسید. همۀ امتحانات خوب سپری شدند، اما متأسفانه برای رفتن به رستورانت وقت نداشتم، زیرا امتحان سوم وقت مرا بی‌جهت تلف کرده بود.

بعد از ختم امتحانات، شنیدم که چهار نفر دیگر نیز به دلیل ناموفق بودن در امتحانات، اخراج شده‌اند. دوباره، ما برای چای خوردن، همه در طبقۀ بالایی رستورانت جمع شدیم و هر کسی مشغول صحبت از این و آن بود. راستی، یک پسر جوان به اسم اجمل، که فرزانه او را بچه‌خوانده بود، نیز در جمع ما اضافه شده بود و آن شب را با دیدن عکس‌ها، قطعه بازی و فکاهی گفتن به پایان رساندیم و در نهایت، همه روانه‌ی اطاق‌های خود شدیم.

فردا صبح، همه در صنف جمع شدیم و افضل با چهرۀ بشاش به ما صبح‌بخیر گفت و خبر خوشی را با نشان دادن یک بکس پُر از پول به همه رساند. موضوع از این قرار بود که هر جمعه، مبلغ سه صد و چند دالر امریکایی را جهت مصارف روزمرۀ خود دریافت می کردیم و آن روز همه از دریافت پولی که به آن شدیداً ضرورت داشتیم، خوشحال شده بودیم. کسانی که امتحان تحریری‌شان تمام نشده بود، باید برای ختم آن به بیلدینگ مقابل می‌رفتند و بقیه تا ساعت (۱۱) پیش از ظهر در صنف‌ها ماندیم. بعد از ظهر آن روز، اعلام شد که شنبه و یکشنبه را نیز مرخصی خواهیم داشت، اما قبل از رفتن، افضل دو مسئلۀ مهم را برای ما توضیح داد: اول، از روز دوشنبه،

باید برای یادگیری فنون عسکری، رتبه‌های نظامی و دیدن فیلم‌های آموزشی، به یکی از صنف‌های مخصوص می‌رفتیم. دوم، در جریان این دورهٔ یادگیری، هر روزه تعدادی از ما برای (چک‌اپ) (Check-up) یا معاینات صحی، باید به معاینه‌خانهٔ داکتر کمپانی مراجعه می‌کردند. دوباره تشویش بدل همه افتاد، زیرا بعضی‌ها مشکل شکر، کلسترول یا چربی خون داشتند، بعضی دیگر هم فشار خون بالا و تعدادی هم بخاطر کشیدن و استعمال چرس، (ماریجوانا)، (گرس) یا مواد دیگری که ممکن بود قبلاً استفاده کرده باشند، نگران بودند.

﷽ دید و بازدید با دوستان ﷽

آن روز، بعد از ختم درس، به یکی از دوستانم به اسم حمید زنگ زدم که در ضمن "ایور" خواهرم بود و پدرش، پسر عمه‌ای مادرم نیز بود. حمید از دوستان خوبم بود که هر گاه به لوس آنجلس می‌آمد، به من سر می‌زد و در دوره‌هایی که او برای اولین بار خوانندگان افغانی را از پاکستان یا اروپا به امریکا می‌آورد، مرا نیز در جریان این خوشی‌ها می‌گذاشت. او می‌دانست که بالتیمور آمده‌ام، ولی دقیقاً از زمان ورودم خبر نداشت و وقتی فهمید که در اینجا هستم، بسیار خوشحال شد. او به من گفت که منتظرم بمان، چون امشب بعد از ختم کار دنبالم می‌آید و با هم به خانه می‌رویم، چون فردا عید است. همه بچه‌ها به (Mall) یا فروشگاه‌های بزرگ برای خرید و چکر زدن رفته بودند. من، بعد از خوردن غذا، مثل همیشه با پسرانم و فامیلم تماس گرفتم و از جور بودنم برای‌شان اطلاع دادم و وقتی گفتم که شب را با کاکا حمید، کسی که پسرانم با دخترانش دوست بودند، می‌گذرانم، با شنیدن این خبر اظهار خوشحالی کردند. بعد از تیلفون

کردن، چند ساعتی خوابیدم. ساعت چهار و نیم، حمید زنگ زد و گفت که تا دو ساعت دیگر می‌رسد. من هم بعد از شاور گرفتن و خوردن یک گیلاس چای، مشغول دیدن تلویزیون شدم، تا این‌که حمید رسید. با بکس دستی‌ای که برای یکی دو شب تهیه کرده بودم، سوار موترش شدم و روانه‌ی (ویرجینیا) (Virginia) شدیم. حمید را چندی پیش، در عروسی برادرش در سانفرانسیسکو دیده بودم، یعنی مدت زیادی از آخرین دیدار ما نمی‌گذشت. در طول راه، از هر کس و هر موضوعی صحبت کردیم. باید یادآور شوم که بیست و سه سال قبل، پیش از آنکه من به لوس آنجلس بروم، مدت دو ماه را با حمید، برادرش رازق و خواهر مهربانش، تمنا جان، هم‌اطاقی بودم و روزهای خوشی را سپری کردیم — می‌گفتیم و می‌خندیدیم. دیری نگذشت که خود را مقابل خانهٔ حمید یافتم و با هم داخل رفتیم. دختران نازش، که هر کدام (۱۵–۱۳–۹) ساله بودند، با شور و شوق به دور و برم می‌چرخیدند. خانمش زن بیش از حد مهربان بود و دختر کاکای یکی از دوستان دوران مکتب امانی و از رفقای خوبم در آلمان، به نام نصیب بود. شب را با صحبت، دیدن فیلم و خوردن شام مزه‌دار سپری نمودیم و حمید مرا به اطاق پایین برد تا از سر و صدای اولادها در امان باشم و سپس شب بخیر گفت. منزل تحتانی، که فکر می‌کنم برای شب‌های موسیقی تزئین شده بود، هنوز هم آرمونیه، طبله و دهل دوسره در روی اطاق نشیمن دیده می‌شد. علاوه بر آن، در گوشهٔ اطاق یک بار کلان مشروب‌خوری قرار داشت و یک اطاق خواب بزرگ با یک تشناب جان‌شویی در مقابل آن بود — که همه را در اختیار من گذاشته بود.

فردا صبح، از خواب برخاستم، بعد از حمام کردن و لباس پوشیدن، به طبقهٔ بالایی رفتم و صبح بخیر گفتم. حمید دنبال بعضی کارها بیرون رفته بود و در این میان، برشکی، خانمش و دختر بزرگش، چای صبح را برایم تهیه دیدند. دیری نگذشت که حمید دوباره برگشت و گفت: "مادرم زنگ زده بود و چند چیز لازم داشت، رفتم تا آنها را برایش تهیه کنم." عید را هر ساله در خانهٔ پدری حمید،

حاجی صاحب عبدالواسع، که در یک زمان از تاجران بزرگ کابل بود و در سرای میرعلم حیدری دکان داشت، تجلیل می‌کردند. اما چون دو سال قبل حاجی صاحب فوت کرده بود، فلذا، همه به رسم احترام و یادبود، در همان خانه با هم جمع می‌شدند. من و حمید بعد از چای و خوردن تخم مرغ که با روغن زرد تهیه شده بود، برای گردش و هواخوری داخل شهر ویرجینیا رفتیم تا سری به بازار بزنیم و وسایل مربوط به عید را خریداری نماییم. تغییرات زیادی در قسمت ساختمانی شهر به وجود آمده بود؛ خیلی چیزها تغییر کرده بودند و بعضی فروشگاه‌های جدید نیز آباد گردیده بودند. حمید وارد یکی از مغازه‌های جواهرفروشی شد، گویی در جویای کسی یا چیزی بود، اما انگار موفق نشد. بعد از ختم کارش، به دکان سلمانی رفت و خواهان اصلاح موهایش شد، که من نیز از فرصت استفاده کرده و سر و گردن خود را تمیز کردم.

حمید برای نان چاشت خواهان کباب کردن بود، ولی به او گفتم که حالا ساعت ۳ بعد از ظهر است و تا دو ساعت دیگر باید به خانۀ مادرش برویم، بگذار کباب را برای شب آماده کنیم. او هم قبول کرد و چاشت را در منزل، که فکر می‌کنم شوربا تهیه کرده بودند، سپری نمودیم. شب، همه با هم رهسپار خانه‌ی بی بی حاجی، یعنی مادر حمید و خانم پسر عمه‌ی مادرم، شدیم. سرو صدای بچه‌ها از دور به گوش می‌رسید و اطراف خانۀ آنها هیچ جایی برای پارک کردن موتر نبود؛ خلاصه که ازدحام بیش از حد بود. با داخل شدن، همه به طرف ما آمدند، سلام و علیک کردند، عید مبارک گفتند، ما را در آغوش گرفتند و بوسیدند. من بی‌بی حاجی را در زمان طفولیتم در واصل آباد دیده بودم، ولی چیزی بخصوص بخاطرم نمی‌آمد. یاسمین، خواهر بزرگتر حمید را، (۳۵) سال قبل در عروسی پسر مامایم دیده بودم و تمنا را (۲۳) سال پیش در ویرجینیا ملاقات کرده و با هم آشنا شده بودیم. بقیه فامیل حمید را نیز در محفل عروسی برادر کوچکش در سانفرانسیسکو آشنا شده بودم، دوباره با آنها تجدید دیدار کردیم. همه مهربان

بودند و همه صاحب سه یا چهار فرزند و برای من، که از یک خانوادهٔ نسبتاً کوچک و بی سرو صدا آمده بودم، خیلی جالب بود. اینها عید را مطابق به مراسم عنعنوی ما تجلیل میکردند، یعنی دقیقاً مانند زمان طفولیت ما که در افغانستان تجلیل میکردیم – کوچکترها برای دست بوسی بزرگان خم میشدند و بزرگان به آنها عیدی میدادند. سر میز پُر از اقسام شیرینی، کرم رول و آنچه که تصور میکردی، بود. بچهها مشغول تخمجنگی بودند و دختران به رقص و پایکوبی سرگرم بودند. بعد از صرف نان شب، که در تهیهٔ آن همه با هم زحمت کشیده بودند و خیلی هم لذیذ بود، خلیل، برادر کوچکتر، که شباهت عجیبی به (سونی دوهل) یکی از هنرمندان هندی، پسر خورد (درمندر) داشت، به منزل بالایی رفت. ضمناً، او از نوجوانی در خانهٔ خواهرم، مارینا (همسر برادر بزرگشان، یعنی طاهر، بزرگ شده بود)، از (لافت) – قسمت پیش برآمدهی منزل بالا که بشکل تراس بود – خلیل سرش را پایین آورد و اعلان پول انداختن را کرد. سه چهار صد دالر را به یک دالری تبدیل کرده بود و از بالا، به شکل گل گلی، به پایین میانداخت. در پایین همه، خورد و بزرگ، پیر و جوان، برای به چنگ آوردن پولهای آزاد شده از دست خلیل، از سر و کلهی یکدیگر بالا و پایین میرفتند و همدیگر را به این سو و آن سو میکشاندند و تلاش داشتند که سهم بیشتری بگیرند. از دیدن آن همه صمیمیت و خوشحالی، من واقعاً غرق مسرت بودم. ناگفته نماند که من نیز در بین آنها برای به دست آوردن پول تلاش میکردم، اما هر بار، بعد از گرفتن پولها، آنرا به خوردترین کسانی که نتوانسته بودند پول بدست بیاورند، میدادم و دوباره به میدان برمیگشتم و این جریان تقریباً دو تا سه ساعت بطول انجامید. حمید میگفت که معمولاً پدرش در وقت حیات، این برنامه را انجام میداد ،و پس از فوت او، خلیل هر سال این کار را دنبال میکند. بعد از ختم پولهای خلیل، که به گفتهی خودش، هفت صد دالر امریکایی بود، من نیز به نوبهی خود، تصمیم گرفتم دو صد دالر را که تازه امروز گرفته بودم، تقسیم کنم؛ ولی به این شکل که هر کسی که خوب برقصد، مبلغ ده دالر از من دریافت خواهد کرد. این مسئله باعث شد

که رقص و پایکوبی تا ناوقت‌های شب ادامه پیدا کند و واقعاً شب خوشی گذشت، از همه مدیون! پس از خداحافظی از جمع، همراه حمید روانهٔ خانه‌اش شدیم.

فردا، یک شنبه، وقت‌تر از حد معمول بیدار شدم. در طبقهٔ بالا، حمید خوشحال اما در عین حال یک اندازه هراسان به نظر می‌رسید. پرسیدم: "چرا؟" گفت: "برای مسعوده، خواهر کوچکش، از شفاخانه اطلاع داده‌اند که دو شُش تازه بدست آورده‌اند و خواهان عملیات فوری می‌باشند. فلذا، همه را در جریان گذاشتیم و فوراً روانهٔ شفاخانه شدیم. خلیل قبلاً مسعوده را با خود به شفاخانه برده بود و تمام اقدامات اولیه را فراهم کرده بود. مسعوده که از طفولیت به سرطان مبتلا بوده و بر آن غالب گردیده بود، اما در این اواخر شُش‌هایش به درستی کار نمی‌کرد و با این مشکل دست به گریبان بود. با دیدن بقیهٔ فامیل خوشحال شد و خیلی خونسرد و با جرأت صحبت می‌کرد. هیچ ترسی از مرگ نداشت و می‌گفت: "اگر مُردم، حتماً صاحب شُش‌ها که قبل از من فوت کرده بود، برای پس گرفتن شُش‌هایش به سراغم می‌آید، ولی متأسفانه هیچ کاری از دستش برنمی‌آید، چون من که دارای شُش هستم، از دستش فرار می‌کنم و او که شُش ندارد، نمی‌تواند مرا دنبال کند!" از صحبت و بذله گویي او، همه خندیدیم و برایش طول عمر و صحتمندی آرزو کردیم. مسعوده را به اطاق عملیات بردند و همه در عالم خود غوطه‌ور بودند. واقعاً آفرین به حوصله و صبر این فامیل، که از زمان طفولیت با این دختر برخورد دوستانه داشتند و هیچ چیزی را از او دریغ نکرده بودند. حمید، تمنا و حوا پشت به پشت سگرت می‌کشیدند و فاصله اطاق انتظار تا کوچه بسیار زیاد بود و هوای بیرون بیش از حد سرد شده بود و من نیز هر بار با آنها بیرون می‌رفتم.

بالاخره، انتظار به پایین رسید و خواهرشان بعد از عملیات موفقانه، با جبین گشاده و روحیهٔ قوی، ولی کم انرژی و بی حال، به اطاق دیگر انتقال داده شد و ما برای دیدارش رفتیم. او از همه تشکری نمود، خصوصاً از من و گفت: "بچه عمه‌گی را بجا کردی، از آمدنت ممنونم."

ساعت تقریباً شش شام شده بود و من باید دوباره روانهٔ هوتل می‌شدم، زیرا فردا روز جدیدی را آغاز می کردیم. حمید متوجه مسئله شد و به دیگران گفت: "من باید ذبیح را به هوتل برسانم، شما اینجا بمانید یا هر کسی که می‌تواند، بماند تا من برگردم." برای مسعوده سعادت و طول عمر خواهان شدم، دستش را بوسیده و با همه خداحافظی نمودم و قول دادم که پیش از رفتن به افغانستان، برای دیدار دوباره خواهم آمد. سپس، سوار موتر حمید شدم و روانه‌ی بالتیمور گشتم. هوتل ما از محل خانهٔ حمید تقریباً یک و نیم ساعت فاصله داشت، اما آن شب، حمید در اثر خستگی و یا خوشحالی عملیات موفقانهٔ مسعوده، راه را گم کرد و این اشتباه فاصله‌ی ما را دو چندان ساخت، بطوری که سه ساعت و اندکی بعد به هوتل رسیدیم. هیچ‌کسی از آشنایان در پایین، یعنی (لابی) هوتل، به چشم نمیخورد، بنابراین، من نیز مستقیم به اطاق خود رفتم و تا فردا صبح خوابیدم.

فردا صبح، بعد از حمام کردن و لباس پوشیدن، به پایین هوتل برای صرف چای صبح رفتم، اما هنوز کسی نیامده بود. چون وقتی اضافی داشتم، در صف مخصوص ایستادم تا تخم‌مرغ سفارش بدهم. بعد از نشستن بر روی میز، نیلوفر رسید، با من دست داد و گفت: "گم شدی؟" برایش توضیح دادم که کجا بودم و ایام عید را به چه شکل سپری کردم و اگر می‌دانستم که آنها این قدر مهربان هستند، او را نیز با خود می‌بردم. چون نیلوفر غذا خوردن، بخصوص غذاهای خوب افغانی را خیلی دوست داشت، به او قول دادم که هفتهٔ بعدی او را نیز با خودم خواهم برد.

بعد از ختم چای، روانهٔ صنف قبلی خود گردیدم. افضل با گفتن صبح بخیر، اضافه نمود: "از امروز ببعد، آمدن شما به اینجا ضروری نیست و باید به بیلدینگ مخصوص شماره (۱۰۳-ف) و اطاق (۳۰۵) بروید." او افزود که فردا این افراد باید به شفاخانه و یا کلینیک داکتر بروند و تعداد زیادی از اسامی را صدا زد. در آخر، یادآوری کرد که امشب، از ساعت ۱۲ صبح ببعد، هیچ‌کس

نباید چیزی بخورد. بیلدینگ (۱۰۳- ف) همان ساختمان قبلی بود که امتحانات تحریری را در آن سپری کرده بودیم، ولی این بار، در دهلیز مقابل و در جهت خلاف صنف‌های امتحان تحریری قرار داشت. بعد از داخل شدن و سلام دادن، سکرتر اطاق به ما دستور نشستن داد و گفت که معلم تان بعد از چند دقیقه خواهد آمد.

آن روز، ۲۲ نوامبر سال ۲۰۱۰ بود و همه متوجه تلویزیون بودند، که در همان موقع، (رئیس جمهور اوباما) (President Obama) مدال افتخار را به یکی از افسران عسکری که در افغانستان جنگیده و جان یک تعدادی را از مرگ حتمی نجات داده بود، تقدیم می‌کرد — واقعاً روز جالبی برای همه بود.

معلم ما را به داخل صنف هدایت کرد و هر کدام به جای‌های خود نشستیم. من، نیلوفر و سلما کنار همدیگر در ردیف دوم نشسته بودیم و فرزانه در ردیف اول قرار داشت. افسانه چند چوکی دورتر از ما، کنار لغمانی، که بعدها اسمش را فهمیدیم، نشسته بود. معلم، پسر نسبتاً جوان بود که به گفتهٔ خودش، چند سالی را در عراق و افغانستان سپری کرده بود و اکنون منحیث معلم راهنمای ترجمان‌هایی که تازه راهی افغانستان بودند، مقرر شده بود، تا آنها را از مشکلات و چالش‌های احتمالی آگاه کند و نصیحت‌های پندآمیز بدهد. در ضمن، خیلی از خود راضی بود و به گفتهٔ ما افغان‌ها، "پُوک و خود ساز" به نظر می‌رسید.

آن روز، نیلوفر ایمیل و همچنان شمارهٔ تیلفون خود را برایم روی یکی از صفحات فورم‌های عسکری نوشت تا اگر فاصله‌ای بین ما به وجود آمد، بتوانیم با هم در تماس بمانیم. دیدن فیلم‌ها برای من چندان جالب نبود، زیرا من از هرچه عسکر، توپ و تفنگ، سلاح و آدم کُشی بود، نفرت داشتم، ولی باید به دیدن آنها توجه می‌کردیم. ما ترجمان‌ها، هر جا که عساکر به جبهه‌های

جنگ میرفتند، باید دوشادوش آنها قدم می‌گذاشتیم، از همان خوراک‌هایی می‌خوردیم که از قبل آماده شده و همه سرد و در قوطی‌های کاغذی بسته‌بندی شده بودند. برای استفاده از تشناب، باید در مقابل بقیه، پشت تانک‌هایی که برای مقابله با حملهٔ دشمن آماده بودند، رفع ضرورت می‌کردیم. تا زمانی که از جبهه‌های جنگ برنمی‌گشتیم، خبری از حمام و شستن نبود. هرچه بیشتر می‌دیدیم، ترس و وحشت بیشتری در دل‌های ما رخنه می‌کرد و من که از خزندگان، بخصوص مار، متنفر بودم، در تفکرات خود غرق شدم که چگونه میتوانم خوابیدن روی زمین و به سر بردن در دشت‌ها و کوه‌ها را تحمل خواهم کنم.

ﻬﻬ نزدیک شدن به هدف ﻬﻬ

بعد از دو ساعت و نیم، ساعت ۱۱ برای نان چاشت وقفه گرفتیم و نظر به گفتار معلم، باید ساعت ۱ دوباره به صنف بر می‌گشتیم. قبل از خروج از صنف‌ها، افضل لست نفرات بعدی را خواند که قرار بود برای معاینات به شفاخانهٔ مخصوص دفتر (ایم-ی-پ) با سایر ترجمان‌ها بروند — من و نیلوفر نیز هر دو ضـمیمهٔ آنها بودیم. او تأکید کرد: "نباید هیچ‌کس بعد از دوازده شب چیزی بخورد." قبل از آمدنم به بالتیمور، برای پایین آوردن کلسترولم، خانمم یک مقدار کپسول‌های سیر را برایم تهیه کرده بود که مورد اسـتفاده قرار می‌دادم و بجز از آن، ترسـی دیگر نداشـتم. در وقت خوردن غذا، دوباره صـحبت از پرابلم‌های شخصی همه در میان بود. در رابطه با مشکلات صحی، افسانه و فرزانه به خوردن سیر شروع کردند. برای رفع تشویش، افسانه یک دانه سیر تازه به من داد و گفت: "نصف شب، این را بخور و برای فردا صبح آماده می‌باشی، چرت نزن."

آن روز را، که خیلی خسته کننده و ترس‌آور بود، به نحوی گذراندیم. در ضمن، در صنف مذکور، دو نفر پاکستانی حضـور داشـتند و بقیه افغان بودند، ولی اکثراً پشتوزبان. بعد از ظهر به جای خاصی نرفتیم و هر کس به طریقی خود را مشغول کرده بود. من با عرض معذرت از دیگران، به اطاقم رفتم و خوابیدم، چون شـنیده بودم که دیگر امکاناتی برای خواب راحت نخواهم داشـت — خواب برایم از هر چیز بیشتر آرام‌بخش و شفابخش بود. حدود ساعت شش از اطاق بیرون برآمدم و برای شنا به حوض هوتل رفتم. بعد از اندکی شنا، وارد (جاکوزی) (Jacuzzi) شدم که پُر از آب گرم با حباب‌های بزرگ بود. در همان جا بود که برای اولین بار با ندیم آشنا شدم.

ندیم اهل ویرجینیا بود، صـاحب دو پسـر و از دوسـتان نبی لغمانی و اجمل، بچه‌خواندهٔ فرزانه بود. بعدها، ما چهار نفر دوستان بسیار خوبی شدیم. از هر موضوع و هر جا صحبت کردیم و بعد از

تقریباً یک ساعت، از حوض خارج شدیم و تصمیم گرفتیم برای چای خوردن برویم و با خانم‌ها همراه شویم. در طبقه‌ی دوم، خانم‌ها قبلاً جمع شده بودند و دوباره مشغول دیدن عکس‌های فامیلی، قطعه‌بازی، فکاهی گفتن و طبعاً، چای خوردن بودند، که تا ناوقت‌های شب ادامه داشت. بعد از تمیز کردن میزهای خود، دوباره شب بخیر گفتیم و روانۀ اطاق‌ها گشتیم و ضمناً به همدیگر یادآوری کردیم که بعد از دوازده شب از خوردن و نوشیدن خودداری نماییم.

فردا صبح، یک اندازه دیرتر از تخت بیرون آمدم، زیرا چای خوردن در کار نبود. همه مقابل دروازه‌ی ورودی منتظر افضل و دستورات او بودند. افضل رسید و ما را به دو نفر از همکارانش، یک خانم و یک آقا، معرفی کرد. سپس با آنها سوار سرویس شده و روانه‌ی شفاخانه شدیم. در ضمن، شب یادم رفته بود که سیر را بخورم، بنابراین صبح، قبل از سوار شدن به داخل سرویس، آنرا خوردم. چون بیش از حد قوی بود، حالت تهوع برایم دست داد و جانم بکلی گرم آمده بود. نیلوفر متوجه شد و پرسید: "چه گپ شده؟" گفتم: "سیر را حالا خوردم." گفت: " پس تا مدتی با هیچ‌کس حرف نزن، چون بوی سیر بسیار قوی است." او چند دانه ساجق تعارف کرد تا بوی سیر را کم کند. از جاهایی که سرویس عبور می‌کرد، آقای ناصری تشریح می‌داد که کجاها را دیده و از اینجا و از آنجا خرید کرده بودند. به گفته‌ی خودش، آقای ناصری چهل و چند سال پیش در این منطقه درس خوانده بود و در آن زمان فقط سه افغان در اینجا زندگی می‌کردند. قیمت‌ها بسیار پایین بودند: مثلاً نرخ تیل، شانزده سنت فی (گالن) (Gallon) در آن زمان بود. اما چون ما محصل بودیم، به یک (گاز استیشن) (Gas Station) دیگر می‌رفتیم که چهار سنت ارزان‌تر می‌فروخت، یعنی دوازده سنت فی گالن. بالاخره، در محل موعود، کلینیک داکتر (MEP) رسیدیم. بعد از معرفی خود و نشان دادن کارت‌ها، هر کدام باید روی چوکی‌ها می‌نشستیم تا نوبت ما می‌رسید، ولی قبل از همه چیز، باید نمونه‌ای از ادرار خود را به نرس‌ها تحویل می‌دادیم. همچنین، به ما گفته بودند اگر کسی عینک می‌پوشد، باید حتماً دو جوره با خود بیاورد. من یکی داشتم و دومی را خانم حمید برایم تحفه داده بود، پس خیالم از این بابت آسوده بود.

بالاخره، نوبت من رسید. بعد از معاینات فشـار خون، معاینات چشـم با بررسـی قدرت بینایی و خواندن انجام شـد. سپس، معاینات قوای شنوایی آغاز گردید – آزمایش گوش از طریق شنیدن صداهای ضعیف و قوی با استفاده از گوشکی‌ها، که نرس مداوم بطور خاص صداها را کم و بیش می‌کرد تا میزان شنوایی‌ام را ارزیابی کند. در آخر، نوبت به پیچکاری‌ها، یعنی واکسین‌های مختلف، رسـید – واکسـین ملاریا، واکسـین محرقه، واکسین اسـهال، چیچک، سـرخکان، پیچکاری این، پیچکاری آن و در مجموع، بیش از ده‌ها پیچکاری به عناوین مختلف شـدیم. بعد از اینکه این مرحله برای همۀ ما به پایان رسـید، ما را راهنمایی کردند و گفتند که جهت مقابل شـفاخانه بروید، (پیتزا هت) (Pizza Hut) و (Subway) (سـب وی) در آنجا قرار دارند. همچنین، به ما یادآور شـدند که بعد از اینکه غذای تان را تمام کردید، همه با هم حرکت خواهیم کرد. بالاخره، همه سوار سرویس شده و به هوتل برگشتیم. آن روز صنف نداشتیم و مرخص بودیم، چون همه از ناحیه‌های بازو و دست دچار درد شده بودند و به همین سبب، همان روز را بدون دیدار یکدیگر، در اطاق‌های خود سپری کردیم.

فردا، طبق معمول، بعد از ختم چای، با چهره‌های تازه برخورد کردیم. در آخر هر هفته، یک تعداد از اشخاص جدید جانشین هم‌صنفی‌های قبلی‌ می‌شدند و به جای ما، افراد دیگری به صنف افضل آمده بودند، ولی هیچکس را نمی‌شناختم. ما دوباره به صنف‌های آموختن فنون عسکری رفته و به فراگیری درس‌ها مشغول گشتیم. حدس می‌زنم که یک ساعت و نیم گذشته بود، یعنی کمی قبل از وقت تفریح، که افضل وارد صنف شد و آقای خطاط، آقای ناصری و نیلوفر را بیرون خواسـت. بعد از مدتی کوتاه، آنها برگشـتند و بکس‌های خود را جمع کردند. پریشـان شـده، پرسـیدم: "چه گپ شـده؟" گفت: "ما باید برای علاج خود دوباره به شـهرهای خود برگردیم، یعنی اینجا دیگر مانده نمی‌توانیم." از معلم معذرت خواسـته، با نیلوفر بیرون رفتم. گفت:

"تکت‌های ما را داده‌اند، از ما معذرت خواستند و چون من از قبل می‌دانستم که تکلیف گوشم برایم سبب یک جنجال بزرگ خواهد شد، اما باز هم سهل‌انگاری کردم و حالا مجبورم دوباره به سن دییگو برگردم و عمل جراحی کنم، چون قوای شنوایی‌ام خیلی کم است." واقعاً نمی‌دانستم چه کار کنم – یعنی چه کاری از دستم برمی‌آمد؟ هر چیز از قبل پلان شده بود و آن‌ها را بدون بازگشت اخراج کرده بودند. با هم خداحافظی کردیم و با ناراحتی از هم جدا شدیم. در آخر، نیلوفر به من گفت: "سعی کن همیشه همینطور انسان خوبی باقی بمانی." از آن روز ببعد، دیگر از نیلوفر خبری نشنیدم.

صنف دیگر برایم نه دلچسب بود و نه جالب؛ گمان کنم به دوستی نیلوفر عادت کرده بودم، چون احساس تنهایی می‌کردم. ولی چاره‌ای جز به جلو رفتن نداشتم و در ضمن، هر روز فکر می‌کردم که شاید مرا نیز واپس بفرستند. فردا صبح، بدون نیلوفر، من، سلما، افسانه و فرزانه دور یک میز نشسته، مشغول خوردن چای صبح شدیم و همه برای نیلوفر خواهان بهبودی و بازگشتش بودیم. در صنف، به جای نیلوفر، پهلوی من ندیم، نبی و اجمل نشستند و از نبودن نیلوفر، واقعاً احساس دلتنگی می‌کردم. به هر شکلی که بود، این صنف خسته‌کننده بالاخره به پایان رسید، البته بعد از چندین بار امتحان گرفتن. معلم صحنه‌سازی می‌کرد؛ به این شکل که یک نفر را خواسته و وانمود می‌کرد که در میدان جنگ است، سپس از نفر دوم می‌خواست که ترجمانی لفظ به لفظ برای عساکر افغان انجام دهد – یعنی هر کلمه‌ای که از دهن او برمی‌آمد، ما باید بلافاصله ترجمه می‌کردیم؛ نه یک لفظ زیاد، نه کم. این بود وظیفه‌ی ما. بعد از ختم صنف به صورت کلی و یک مصاحبه با افراد مشخص (سی‌آی‌ای) (CIA)، همچنین قبول کردن بیمه‌ی صحی و امضا کردن اوراق مربوط به آن، افضل به ما اطلاع داد که: "فردا همه باید ساعت هفت صبح در طبقۀ پایین هوتل، یعنی در لابی، آماده باشند، زیرا برای مصاحبه، انگشت‌نگاری و صحبت‌های خصوصی با افراد مشخصی از گروه استخباراتی امریکا خواهیم رفت."

﷽ بازرسی و تحقیقات (سی‌آی‌ای) (CIA) ﷽

فردا صبح، قبل از رفتن به محل مخصوص (CIA)، پاسپورت و کارت شناسایی ما را از ما گرفتند. شخصی که در رأس این مسئله قرار داشت و در ضمن، شباهت عجیبی به (رابرت دنیرو)، هنر پیشهٔ مشهور (هالیوود) (Hollywood) داشت، به ما گوشزد کرد که: "هر مسئله‌ای و اتفاقی که در زندگانی تان رخ داده، نباید در بارهٔ آن دروغ بگویید؛ حقیقت و تنها حقیقت را بگویید، زیرا آنها از تمام جریانات زندگی شما آگاه هستند". بالاخره، بعد از چهل و پنج دقیقه رانندگی، به محل (سی‌آی‌ای) رسیدیم. البته قبل از داخل شدن، همه را در نقطه‌ی حق‌العبور کاملاً تلاشی کردند. سپس، طبق دستور یک افسر نظامی، دوباره سوار سرویس شدیم و حرکت خود را به‌سوی دفاتر مخصوص استخباراتی امریکا ادامه دادیم. بالاخره، سرویس توقف کرد و ما، در حالیکه (رابرت دنیرو) پیش پیش از ما قدم برمیداشت، در محل تجمع ترجمان‌ها مستقر شدیم. در اطاق تجمع ترجمان‌ها، تمام میزها بشکل دایره‌ای به هم وصل شده بودند. در میان حاضران، یک تعداد عرب و پاکستانی نیز حضور داشتند، که فکر می کنم عرب‌ها بخاطر رفتن به عراق آمادگی می‌گرفتند. قبل از رفتن به دفاتر افسران استخباراتی امریکا، تعدادی از اوراق به دست ما سپرده شد که مربوط به سفرهای ما از زمان خروج از افغانستان تا به امروز می‌شد. از ما خواسته شد که این فرم‌ها را با دقت کامل و به درستی خانه‌پُری کنیم.

دیگران با پُر کردن اوراق سفری دست به گریبان بودند، چون واقعاً بعضی‌ها بعد از بیست یا سی سال خروج از افغانستان، دهها و شاید هم بیشتر، از یک مملکت به مملکت دیگر سفر کرده بودند. این مسئله باعث هرج‌ومرج، سر و صدای زیاد و تشویش عمومی در میان همه‌ی حاضران شده بود؛ زیرا دولت امریکا وقت و زمان دقیق و مشخص هر دوره از این سفرها را

می‌خواست. من بیش از چهار سفر نداشتم و به سهولت آن‌ها را نوشتم، چون بعد از آمدن به امریکا، هیچوقت به ایران، پاکستان و یا کوریای شمالی سفر نکرده بودم؛ لااقل از این بابت خیالم جمع و آسوده بود. مدتی منتظر ماندم تا نوبتم رسید؛ بعد از معرفی، شلیک سؤالات به طرف من جاری شد: چرا از افغانستان برآمدی؟ با کدام حزب کار می‌کردی؟ چرا برای رفتن به آلمان، مسیر ایران را انتخاب کردی؟ بعد از زندانی شدن در پلچرخی، چرا و چگونه آزاد شدی؟ چرا طلاق گرفتی؟ چرا فامیل‌هایت در کشورهای مختلف زندگی می‌کنند؟ چند بار زندانی شدی؟ دلیل قرضداری‌هایت چیست؟ آیا هیچوقت به یکی از احزاب سیاسی افغانی، پاکستانی، ایرانی و یا سایر مملکت‌ها ارتباط داشته‌ای و یا داری؟ چرا برای ایفای این وظیفه اقدام کردی؟ هدفت از رفتن به افغانستان چیست؟ آیا هنوز هم در افغانستان قوم و خویش داری؟ دوستان نزدیکت کی‌ها هستند؟ آیا هیچوقت در زندگی مواد مخدر استفاده و یا فروخته‌ای؟ آیا گاهی مالکیت سلاح را داشته و یا استفاده کرده‌ای؟ و هزاران سؤال دیگر به همین منوال... که من صادقانه به همه‌ی آنها جواب می‌دادم. در ضمن، به گفتهٔ ما افغان‌ها، آنها تمام "سیر و پودینه‌ی" ما را از قبل می‌دانستند؛ فقط منتظر یک اشتباه از طرف ما بودند تا ما را غافلگیر کرده، دروغگو خطاب نمایند و بکشند. ضمناً، کاپی تمام صحبت‌های تیلفونی ما نیز در اختیارشان بود. بالاخره، با تمام شدن مصاحبه‌ها، که تمام روز را در بر گرفته بود، ما نیز غذای خود را از طریق سکرتر دفتر قبلاً سفارش داده بودیم و تا تمام شدن بقیه، به تماشای فیلم مشغول بودیم، تا زمانی که وقت بازگشت دوباره به هوتل فرا رسید. افضل به دیدار ما آمد و گفت: "فردا ساعت پنج عصر، با سرویس به طرف جورجیا حرکت خواهیم کرد، که مدت چهارده ساعت را در بر خواهد گرفت".

جورجیا محل تنظیم یک قطعه‌ی بزرگ عسکری بود؛ جایی که عساکر قبل از رفتن به افغانستان، همه باید درس‌های محارباتی، یعنی رزمی و آموزش‌های جنگی و دفاعی، را فرا میگرفتند. در آنجا، به ما لباس‌های عسکری، کارت شناخت نظامی و هر آنچه که به یک عسکر مربوط

می‌شد، داده خواهد شد. آن شب، دو اتفاق دیگر نیز رخ داد — اول: گیتی، یک خانم افغان دیگر، نیز به جمع ما پیوست. او به‌خاطر کدام دلیل خاص، خواهان مسافرت با ما بود و طبق گفته‌ی خودش، در صنف او هیچ زنی وجود نداشت و قبلاً تمام صنف‌ها را تکمیل کرده بود و منتظر بود تا با ما به جورجیا برود. دوم: در وقت خوردن چای صبح آن روز، واقعاً ازدحام عجیب و غریبی در هوتل برپا بود، یعنی تمام عساکر امریکایی که دوره‌ی خدمت‌شان به پایان رسیده بود، دوباره از افغانستان عودت نموده و روانهٔ شهرهای مختلف امریکا بودند. در میان آن‌ها، یک عسکر با خانمش حضور داشت که برای دیدارش آمده بود. آن‌ها یک دختر زیبا، حدود سه و یا چهار ساله، داشتند که خندهٔ شیرینش تا دیر وقت در تمام هوتل پیچیده بود و توجه همه را به خود جلب کرده بود. پس از تمام سر و صدا، ما همه به اطاق‌های خود رفتیم، همه وسایل خود را جمع کردیم و منتظر فردا ماندیم.

فردا صبح، افضل بعد از دادن پول هفتگی ما و شمردن کسانی که قرار بود با سرویس روانه‌ی جورجیا شوند، برای همه سلامت و موفقیت خواهان شده و گفت: "تا ساعت پنج عصر خداحافظ." هر کس به هر طریق خود را مشغول ساخت، دوباره به هوتل برگشته و خواهان برداشتن قدم بعدی بودیم.

∾ آغاز همبستگی دوستان ∾

بالاخره، سرویس آمد و افضل، مطابق لست دست‌داشتهٔ خویش، همه را سوار سرویس کرد و خداحافظی نمود. در ضمن، یادآور شد که پول‌هایتان را بی جهت مصرف نکنید، زیرا برای انتقال بکس‌های عسکری توسط طیاره، که در جورجیا خواهید گرفت، مبلغی بین پنج‌صد تا هفت‌صد دالر امریکایی لازم است؛ پس این نکته را به‌خاطر داشته باشید. سرویس واقعاً بزرگ بود و

هر کس سعی داشت کنارش کسی جز دوست صمیمی‌اش ننشیند تا برای آرامش و خوابیدن، جای راحت‌تری داشته باشد. از آنجا که من کسی را نداشتم، در چوکی راحت نشستم و خواهان خوابیدن شدم، ولی آن قدر سر و صدا زیاد بود که امکان خوابیدن وجود نداشت؛ ضمناً، هنوز هم برای خوابیدن وقت بود. در چوکی اول، هارون که سرگروه ما بود، کنار دست رانندهٔ سرویس نشسته بود و در پشت سر او، فرزانه تنها نشسته بود. در دست چپ چوکی اول، افسانه بود، در پشت سر او گیتی قرار داشت و بعد از او، من موقعیت داشتم. در پشت سر فرزانه، نبی لغمانی با ندیم نشسته بودند و پشت سر آن‌ها، اجمل جای گرفته بود. سلما، که بعد از رفتن نیلوفر با یک عده از قندهاری‌ها دوست شده بود، با آنها نشسته و بگو و بخند داشت. هنوز از محل زیاد دور نشده بودیم که سرویس ایستاد و همان پسر امریکایی که دختر کوچک شیرین داشت، سوار شد. وقتی که با لهجهٔ اصیل افغانی رو به افسانه کرد و پرسید: "سلام، میتوانم پهلویت بنشینم؟" همه با تعجب به او نگاه کردند. افسانه که شاک و متعجب شده بود، قبل از اینکه جواب بدهد، برایش جا خالی نمود و کمی کنار رفت. او خودش را شیدا معرفی کرد، که در اصل افغان بود، اما هم خودش، هم خانمش و هم دخترش شباهت عجیبی به امریکایی‌ها داشتند. او قد بلند، موهای کوتاه، چشمان آبی و جلدی سفید داشت. سرویس به حرکت ادامه داد و نمی‌دانم به چه شکل، من و شیدا نسبت به دیگران خیلی زود با هم دوست و نزدیک شدیم — حرکاتش، صحبت‌هایش، شوخی‌هایش، جوک‌هایش و برخوردش با خانم‌ها، مرا به یاد جوانی‌هایم می‌انداخت. خلاصه، از دقیقه‌ای که شیدا سوار سرویس شد، ما هشت نفر — فرزانه، افسانه، گیتی، شیدا، ندیم، نبی، اجمل و خودم — بدون وقفه، به فکاهی گفتن ادامه دادیم و تا فردا صبح که به جورجیا رسیدیم، واقعاً از خنده به دل دردی افتاده بودیم.

سرویس ساعت یازده و نیم در یکی از محله‌هایی که احتمالاً با رستورانت مذکور قرارداد داشت، توقف کرد. همه از سرویس پیاده شدیم و برای صرف غذا به داخل رستورانت رفتیم. رستورانت

دارای غذاهای آماده، یعنی (Self-Service) بود، که هر کس میتوانست به خواست و میل اشتهای خود، غذا انتخاب کند. من زیاد اشتها نداشتم؛ همانطور که قبلاً نیز متذکر شدم، آدم پُرخور نبودم، بنابراین، به یک سـوپ و یا یک دانه کچالوی جوش داده اکتفا میکردم. بعد از ختم غذا، برای بچههایم، که در لوس آنجلس هنوز سـاعت هشـت و نیم شـب بود، زنگ زدم و با آنها صحبت کرده و از صحتمندی خودم اطلاع دادم. سرویس دوباره به سمت هدف ما، جورجیا، حرکت کرد. ما همه دوباره با هم می گفتیم و می خندیدیم و در ضـمن، یک عده مشـغول دیدن فیلم بودند و عدهی دیگر سعی می کردند بخوابند. گیتی، که احسـاس تنهایی می کرد و مرا دید که خواهان خوابیدن هسـتم، گفت که بیا کنار من و سـرت را روی شـانهام بگذار، آرامتر خوابت می برد. همه سـرها به طرف ما برگشـته بودند و منتظر عکس‌العمل من بودند؛ اما من که واقعاً جز خوابیدن چیز دیگری در فکرم نبود، از جایم بلند شدم، کنار گیتی نشستم و سرم را به بازوی او گذاشته، خوابیدم. گیتی خانم مهربان دارای صورت گرد یا مدور، چشـمان سـیاه کلان، موهای کوتاه و اندامی فربه. من که از جوانی هیچ‌گونه تمایل یا علاقه به زنان چاق نداشتم، بعد از ده، پانزده دقیقه معذرت خواستم و به بهانۀ اینکه جایم آرام نیست، یعنی تنگ اسـت، از کنارش بلند شـدم، روی سطح زمین موتر خوابیدم و چانته یا بکس کتاب‌هایم را زیر سرم گذاشته، به خواب رفتم. نمی‌دانم بعد از چند سـاعت خواب، بیدار شـدم، اما دیدم که گیتی، از روی لطف و مهربانی زیاد، کمپل خود را رویم انداخته بود و سـرویس در عالم سـکوت فرو رفته بود. حدوداً سـاعت نه صبح به محل تعلیمات عسـکری در جورجیا رسـیدیم. قبل از رسیدن، در وسطهای راه، کسـی به شـیدا زنگ زد و گفت که به محض رسـیدن، باید برای دیدار او برود. افسر مذکور، که بعداً فهمیدم اسمش (فِرِد) (Fred) بود، قبلاً نیز با شیدا کار کرده بود. بعد از پایین شدن از سرویس، شـیدا که حالا با من خیلی دوسـت شـده بود، رو به من کرد و گفت، بیا که برویم دیدن (فِرِد). با معرفی شـدن به (فِرِد)، که قد کوتاهی داشـت، تند تند حرف می‌زد و در اصل هسپانیک‌تبار بود،

~ ٤٤ ~

موقعیت و شرایط ما یک اندازه بهتر شد. او یک اطاق مناسب را در محل نزدیک به کانتین، تیلفون،
اطاق تلویزیون و بیلیارد در اختیار ما قرار داد و گفت: "فردا ساعت پنج صبح باید همه در میدان تعلیمات
حاضر باشید و سعی کنید لباس گرم بپوشید."

من، شیدا، ندیم و نبی داخل یک اطاق، که دارای دو چپرکت دو منزله و چهار آلماری بود،
جایگزین گردیدیم. اطاق ما تمیز بود و بعد از جابجا کردن لباس‌ها و حمام کردن، برای خوردن
غذا به کانتین یا محل غذاخوری که به زبان عسکری بنام (Chow Hall) یاد میشـد، ولی به
گفته‌ی افغان‌ها (چاهال) رفتیم. من که برای اولین بار در همچو جا آمده بودم، دیدن همه‌چیز برایم
خیلی جالب بود. انواع مختلفی از غذاها موجود بود — از تخم‌مرغ گرفته تا گوشت گاو، گوسفند،
مرغ، ماهی، همچنین اقسام مختلف سالاد، میوه‌ها، انواع کیک و کلچه، خلاصه هر آنچه
که میل و اشتهای یک انسـان اجازه میداد، در آنجا موجود و مهیا بود. بعد از صرف غذا و
نوشیدن چای، دوباره به اطاق‌های خود برگشتیم. مدتی کوتاه را با شنیدن آهنگ‌های جالب
مرحوم احمد ظاهر، که از طریق (آی پد) (iPad) شیدا پخش میشد، مصروف گردیدیم و سپس
به خواب رفتیم. بعد از بیدار شـدن از خواب، مشغول قطعه‌بازی، یعنی چهاروالی شـدیم و
ساعت‌ها به خوشی سپری شدند. شب، خانم‌ها که دنبال شیدا نفر فرستاده بودند، یکجا شده با
هم غذا خوردیم. شیدا دیگر نقل مجلس خانم‌ها گردیده بود و خانم‌های میان سـال با گرمی و
مهربانی کنار دستش نشسته، برایش غذا تعارف می‌کردند و چای می‌آوردند. خلاصهٔ مطلب،
خانم‌ها بسیار خواهان نزدیک شدن به او بودند و بصورت کلی، فضاي دوستی ما خیلی صمیمی
بود، زیرا با ما نیز رابطهٔ حسـنه داشـتند. بعد از خوردن غذا، به اطاق تلویزیون رفتیم تا با فامیل‌های
خویش در تماس شـویم، چرا که تیلفون‌های دسـتی ما آنتن نمی‌دادند و قابل اسـتفاده نبودند. از آن
جهت که محل مذکور در بین جنگل موقعیت داشـت، فلذا پیدا کردن سـیگنال (رسـیپشـن)
(Reception) خیلی دشـوار بود. من و نبی چند دور بیلیارد بازی کردیم و سـپس، دوباره با

خانم‌ها خداحافظی کرده و روانهٔ اطاق خود شدیم. فردا ساعت چهار و نیم صبح، در حالیکه

هنوز در خواب خوش غوطه‌ور بودیم، با زنگ ساعت شیدا، از خواب بلند شدیم و با عجله، بعد از

حمام کردن و لباس پوشیدن، بسوی میدان تعلیمات روانه گشتیم.

❧ آموزش عملیات نظامی ❧

در محل مذکور، بیش از دو هزار نفر به چشـم می‌خوردند که همه (یونیفورم) (Uniform)، یعنی لباس‌های نظامی، به تن داشـتند. در میان آن‌ها، حدود سـی و چند نفر ملکی نیز به چشم می‌خوردند که ما نیز ضمیمهٔ آن‌ها بودیم. (فِرد)، توسط (لاود سپیکر) (Loudspeaker)، برای همه صبح بخیر گفت و در ضـمن، شـیدا را به جمع معرفی کرد. او توضیح داد که اگر کسـی نیاز به کمک داشته باشد یا بخواهد با (فِرد) صحبت کند و نتواند او را پیدا کند، می‌تواند با شیدا در تماس باشـد. چنانکه معلوم بود، شـیدا مدت زیادی را در عملیات‌های نظامی با (فِرد) سپری نموده بود و (فِرد) اعتماد زیادی به او داشت. بالاخره، بعد از مرور یک سلسله از صحبت‌های فورمالیته، دسـتورالعمل‌ها و قوانین عسـکری که باید رعایت میشـد، در صـفی منظم، یکی پس از دیگری با بقیهٔ عسـاکر قطار شدیم و به سـمت نامعلوم روانه گشتیم. بعد از بیست دقیقه پیاده‌روی در میان جنگل، که واقعاً به سبب موسم خزان قشنگی خاصی داشت، به خیمه‌های عظیم و بی‌سروپا رسیدیم. در آنجا، همه بر اسـاس صنف‌بندی، روی چوکی‌ها نشستیم و به سـخنرانی یکی از جنرال‌های نظامی گوش دادیم. او آمدن همه را خیر مقدم گفت و اهمیت و حضور ما را در افغانستان تا چه اندازه مهم دانسته و اضافه کرد: "بدون ما و قربانی دادن در این راه، ملت افغان به آزادی دسـت نخواهد یافت." صـحبت‌هایش همه تشـویق کننده و هیجان انگیز بود. بعد از سـخنرانی جنرال، دوباره ترس در دل‌های ما رخنه کرد — آخر ما که قصـد مردن را نداریم، ما فقط میخواهیم ترجمانی کنیم! دو ساعت اول را با شـنیدن صحبت‌های افسران عالی‌رتبه در رابطه با تجارب محاربوی‌شان و دیدن برخی فیلم‌های جنگی از محلات مختلف افغانستان سپری کردیم. بعلاوه، آن‌ها اشـتباهات و اتفاقاتی که در این محلات رخ داده بودند، با ما در میان گذاشـتند. در

ساعت بعدی، عساکر برای گرفتن سلاح و تمرین تیراندازی رفتند و ما توسط سرویس، واپس به اطاق‌های خود سوق داده شدیم. چون همه از گرسنگی به ستوه آمده بودیم، بلافاصله روانهٔ کانتین غذاخوری، یا همان چاهال، شدیم.

همه دور هم جمع بودیم و دوباره روی دو میز بزرگ نشسته، مشغول صحبت، خنده و خوش‌گذرانی شدیم. متأسفانه، قشلهٔ عسکری هیچ جای خاصی برای تفریح یا دیدن نداشت — تمام وقت باید مسائل محاربوی را می‌دیدیم، می‌شنیدیم و می‌آموختیم — این بود مشغولیت روزانهٔ ما. باز هم، بعد از ختم نان و خداحافظی، که همه خسته بودند، روانهٔ اطاق‌ها گشتیم و خواهان خوابیدن شدیم.

حدود ساعت چهار بود که دروازهٔ اطاق ما باز شد و اجمل، بچه خواندهٔ فرزانه، که حالا با ببرک، زلفقار و سرخه هم اطاقی شده بود، داخل شد، ما را از خواب بیدار کرد و گفت که شراب پیدا کرده‌اند. من که زیاد علاقه‌مند مشروب نبودم، گفتم که بگذارید بخوابم، بعداً خواهم آمد. دلیل عدم علاقه‌ام به مشروب این است که توان نوشیدن آنرا نداشتم و همیشه حالم را خراب میکرد — سر درد، حالت تهوع، یا جنگ و یا گریه، بخشی از تأثیرات آن بودند — فلذا، لزومی برای نوشیدن مشروب نمی‌دیدم. آن‌ها با هم به بیرون رفتند و من دوباره خوابیدم. فکر کنم پس از یک ساعت، شیدا دوباره آمد و گفت: "حرامی ها دیوانه شدند! روزی نادیدگی خود را دیدند که این قدر می‌نوشند." دیری نگذشت که همه دوباره داخل اطاق شدند، خوابیدن ناممکن بود و ما مشغول قطعه‌بازی شدیم. از آن روز ببعد، همه با هم بیشتر دوست و صمیمی شدیم.

ببرک انجنیری خوانده بود، اما به دلیل اقتصاد ضعیف دولت و از دست دادن پروژه‌های ساختمانی، مجبوراً به این وظیفه تن داده بود. برای زلفقار، این دومین یا سومین مأموریتش بود و به همین دلیل،

او اصلاً هیچ گونه ترس یا تردیدی نداشت. سرخه، که اسم اصلی‌اش محبوب بود، چون در مواقعی که هیجانی می‌شد، تمام سر و صورتش مثل آتش سرخ می گشت، بنابراین خصوصیت، مشهور به سرخه شده بود. او از بچه‌های لافوک، پوک و بدزبان لوس آنجلس بود. حدس می‌زنم که مدت پنج سال را در امریکا گذرانده بود و طبق گفته‌هایش، یکی از خویشاوندانش با او ازدواج کرده بود تا او را از افغانستان خارج کرده و به امریکا بیاورد. به همین منظور، همیشه دروغ می گفت، لاف می‌زد و ادعا می کرد که — چند میلیون دالر را در (لاس ویگاس) (Las Vegas) باختم، موتر لندکروزرم را به یکی بخشیدم، دکان‌هایم را بدست یکی از افغان‌ها سپردم و فقط برای تفریح به این کار حاضر شدم.

ببرک واقعاً با قیافۀ انجنیرمانند، با قد بلند، موهای مرتب و کوتاه، عینک نمره‌دار، لباس‌های پاک و تمیز، فردی مؤدب و خیلی فامیل‌دوست بود. زلفقار، همچنان با قد بلند، با موهای درازی که تا سر شانه میرسید و همیشه با واسلین آنرا چرب می کرد، شباهت عجیبی به برادر (انیل کپور)، هنرپیشه‌ی هندی، داشت. بالاخره، بعد از مدتی بگو و بخند و شناخت بیشتر از یکدیگر، خداحافظی کرده، به بستر رفتیم.

فردا صبح، دوباره با مشکل از خواب بلند شدیم و به‌سوی میدان تعلیمات روان شدیم. (فِرِد) دوباره از طریق اسپیکر برای همه صبح بخیر گفت و اضافه کرد: "فردا برای گرفتن کارت عسکری خواهیم رفت، پس لطفاً پاسپورت‌های تان را با خود بیاورید." بعد از ختم صحبت‌های بقیۀ گروپ‌ها، به مارش کردن به سمت همان خیمه‌های دیروز راه افتادیم. امروز، مطالبی جالب‌تر و خطرناک‌تر را اولاً توسط فیلم‌ها به ما نشان دادند و بعداً به صورت عملی بالای ما اجرا کردند. در فیلم‌های مذکور، نقاط بمب گذاری شده را نشان می‌دادند؛ اینکه چگونه این مواد انفجاری باعث قتل دیگران شده و به چه شکلی پیدا می‌شوند تا جان ده‌ها انسان از مرگ نجات یابد.

مثلاً، در قسمت یکی از سرک‌ها، جسدی افتاده می‌بود و موقعی که موتر برای برداشتن جسد متوقف می‌شد، شخص مذکور که خود را به ظاهر مرده وانمود می‌کرد، ناگهان با بمبی که به بدنش بسته شده بود، خود را جا‌به‌جا منفجر می‌کرد. احیاناً، گاو یا خری را که پُر از وسایل حمل و نقل بود، در جاده قرار داده، راه عبور را بر روی موترها مسدود کرده و موقعی که عساکر برای برطرف کردن آنها پیاده می‌شوند، طالبان حیوانات را با عساکر یکجا منفجر می‌کردند. گاهی اوقات، حتی با بایسکل این کار وحشیانه صورت میگرفت. خلاصه، در فنون محاربوی به ما یاد داده شد که به هیچ چیز و هیچ‌کسی مشکوک نباید اعتبار کرد و اگر چیزی را از دست خود به زمین نینداخته‌اید، هرگز و هیچگاه نباید آن را از زمین بردارید، حتی اگر گرانبها باشد.

بعد از ختم دیدن فیلم‌ها، در یک روز نهایت سرد، ما به سه دسته یا گروه تقسیم شدیم و از میان جنگل و سنگلاخ‌ها عبور کردیم تا یاد بگیریم که، احیاناً اگر سرک مین‌گذاری شده باشد، چگونه می‌توان آن را شناسایی کرد. در قسمت آخری، روی یکی از میزها، انواع و اقسام بمب و مین جای‌گذاری شده بود که توسط (وایرها) (سیم‌ها) به هم وصل شده بودند. برای روشن کردن ذهن ما و آموزش انواع مین‌ها، دو نفر مخصوص موظف بودند که با صحنه‌پردازی و نمایش عملی، نحوۀ کارکرد آنها را برای ما توضیح دهند. آن روز، به هر شکل که بود، به پایان رسید و ما با سرویس دوباره به طرف اطاق‌ها سرازیر شدیم. همانند دیروز، که هنوز هیچکس چیزی نخورده بود و گرسنگی بر ما غلبه نموده بود، با سرعت به طرف چاهال رفتیم و مشغول گرفتن غذا شدیم. حالا ببرک، اجمل، سرخه، زلفقار، ندیم، نبی، شیدا، فرزانه، افسانه، گیتی و من کنار هم، روی سه میز نشسته بودیم و با هم از این بر و از آن بر صحبت میکردیم و خوش بودیم. در این اثنا، یک اندازه دچار ترس و وحشت نیز شده بودیم، بخصوص بخاطر این همه بمب‌گذاری‌ها و کشتارهای دسته‌جمعی. ضمناً، شنیده بودیم که دشمن اصلی و هدف اولی طالبان، ما

ترجمان‌ها هستیم، زیرا ما راهنما و در واقع زبان عساکر امریکایی بودیم. به عبارت دیگر، آنها هیچ وسیلهٔ دیگری نداشتند جز اینکه از طریق ما با عساکر افغان و بندی‌های دستگیرشده از گروه‌های طالبان تکلم کنند تا ارتباط برقرار نمایند. خلاصهٔ مطلب، بعد از یاد گیری و آموختن برخی فنون شناسایی مین‌ها، دوباره بسوی اطاق‌ها برگشتیم و بعد از ظهر را با خوردن، خوابیدن، قطعه‌بازی، فکاهی گفتن و تیلفون کردن به فامیل‌های خود سپری کردیم.

فردا صبح، بعد از خوردن چای، برای اولین بار با سرویس به محل گرفتن کارت‌های عسکری رفتیم و چشم ما به جمعیت کثیری از مردمان افتاد که آنها نیز خواهان گرفتن کارت شناسایی عسکری بودند، پس مسئله معلوم بود که تمام روز را در آنجا سپری خواهیم نمود. شعبات مختلف مشغول به راه انداختن کارهای عساکر و ترجمان‌ها بودند — در یک قسمت، تمام معلومات را گرفته، داخل کامپیوتر درج می کردند — در قسمت دیگر، آن‌ها مشغول گرفتن خون و پیچکاری کردن بودند — در قسمت بعدی، عکسبرداری و انگشت‌نگاری انجام می‌شد — و در آخرین قسمت، مرحله‌ی سؤال و جواب و تهیه‌ی شمارهٔ مخصوص برای رمز عسکری مهیا میگردید. البته، این رمز خاص به منظور تأمین امنیت و محافظت ما استفاده میشد: مثلاً، اگر احیاناً در شرایطی دچار مشکلات میشدیم، یا گرفتار طالبان و یا اسیر دشمنان می گردیدیم و آنها قصد گرفتن پول از فامیل‌های ما را داشتند یا تهدیدهایی علیهٔ دولت امریکا یا قوای عسکری آن داشته باشند، پس برای شناسایی ما و تأیید حقیقت مسئله، سؤال‌هایی را که فقط ما و دولت امریکا می‌دانستیم، می‌پرسیدند. به‌طور مثال: (اسم اولین سگت چه بود؟ اولین مکتبت چه نام داشت؟ اولین بار در کجا با خانمت آشنا شدی؟ اولین معاشت چقدر بود؟) و سؤالاتی از این قبیل که این راز، محض میان ما و دولت محفوظ بود.

حدود ساعت سه و نیم بعد از ظهر، تمام اعضـای گروپ ما که کارشان تمام شده بود، سوار سرویس‌ها شده و روانهٔ قشلهٔ عسکری گشتیم. دوباره، در میدان تعلیمات نظامی، همه پشت سر هم ایستادیم و به صحبت‌های (فِرِد) گوش دادیم. او گفت: "فردا روز مهمی برای همه خواهد بود، زیرا شما برای گرفتن لباس و وسایل عسکری خواهید رفت. در آنجا، سه بکس بزرگ پُر از وسایل، لباس، بوت و اثاثیهٔ نظامی به شما داده خواهد شد — شما باید سعی کنید هرچه زودتر از یک محل به محل دیگر رفته و وسایل خود را جابجا نمایید." در ضـمن، یادآور

شد که روز دشـواری خواهد بود، زیرا بکس‌ها بیش از حد سنگین خواهند شـد؛ پس باید حوصـله کرد، زیرا فقط اراده، عزم راسخ و تصمیم به حمل کردن آنها بسیار مهم است. همچنین افزود: "امیدوارم که همه به درسـتی وبا سـلامتی برگردید." در پایان، با گفتن "خداحافظ، تا فردا" از ما جدا شد.

هرچه به هدف نزدیک‌تر می‌شدیم، کارها مشکل‌تر و بغرنج‌تر شده می‌رفتند. خوب، به هر شکلی بود، شب را به پایان رسـاندیم و بعد از صرف چای صبح، همه با هم روانۀ میدان تعلیمات شدیم و بعد از خطابۀ چند دقیقه‌ای (فِرِد)، همه سـوار سـرویس‌ها شـده و به سـمت محلی نامعلوم حرکت کردیم. در بین راه، صحبت از پنج صد تا هفت صد دالر امریکایی شد که قبلاً افضل برای ما توضیح داده بود. شیدا اضافه کرد که این مبلغ برای حمل و نقل این سه بکس نظامی با طیاره می‌باشـد و در وقت رسـیدن به بگرام، یعنی در آخرین مرحلۀ سـفر ما، کمپانی (MEP)، در صـورت داشـتن سـند، پول‌های ما را دوباره پرداخت خواهد کرد. من که بیش از چهار صد دالر نداشـتم، از این ناحیه بی‌حد ناراحت بودم که اگر واقعاً پول حمل‌ونقل بکس‌های عسـکری به هفت صد دالر برسد، چه کار خواهم کرد؟ در همین افکار غوطه‌ور بودم که سـرویس در محلی دورافتاده از شـهر توقف کرد. ماها از سـرویس پیاده شـدیم و با راهنمایی (فِرِد)، پشـت سـر هم ردیف‌بندی شـده، از یک دروازۀ بسـیار بزرگ عبور کردیم. ناگهان خود را داخل یک میدان بی‌سـر و پا و پُر از سروصدا دیدیم که مانند سـرای لیلامی افغانستان بود، ولی بیش از حد بزرگ‌تر و عظیم‌تر به نظر می‌رسـید. به ترتیب اسـم‌ها و بعد از دیدن کارت‌های عسـکری، ما را برای گرفتن اشیای ضروری به اولین گدام راهنمایی کردند.

در آنجا، اولین چیزی که به ما داده شـد، سـه دانه خریطۀ بزرگ چانته‌نما بود که شـکل بوجی را داشتند، اما با تفاوت که دارای دو تسمۀ محکم بودند و برای حمل وسایل بر پشت و یا سر شانه تیار

شـده بودند. این خریطه‌ها بنام (دیفل بَگ) (Duffel Bag) یاد می‌شـدند. در آنجا، برای ما از تمام وسایل ضروری، حتی از ترموز آب‌خوری گرفته تا عینک، گوش پُتک، مفلر و کلاهی مخصوص که پاروکش‌ها در قدیم برای محافظت از سردی صبحگاهی به سر میکردند و تنها دو چشم‌شان نمایان بود، داده شد. بَگ اولی چنان پُر شد که توان بردن آن مشکل به نظر می‌آمد. از آن قسمت، به محل دیگری رفتیم که در آنجا، برای اندازه‌گیری قد و اندام ما، باید لباس‌های خود را درآورده و در صـف منتظر می‌ماندیم تا اشخاص مخصوص، اندازه‌گیری را انجام دهند. بعد از اندازه‌گیری دقیق، به ما نمونه‌ای از لباس‌های تابستانی و زمستانی داده شد تا آنها را برای تعیین اندازه، به صورت امتحانی بپوشـیم. پس از آنکه لباس‌ها دقیقاً به اندازۀ ما بودند، دوباره آن‌ها را از تن درآورده و تحویل می‌دادیم و سپس، اشـخاص بعدی دو جوره از لباس‌های نظامی را به ما می‌دادند و ما آنها را در داخل بَگ‌ها یا خریطه‌ها جابه‌جا می‌کردیم. ولی این جریانات باید بسیار با سرعت صورت می‌گرفتند. بالاخره، بعد از گرفتن بالاپوش و حتی ترپال بارانی، خریطۀ دومی نیز پُر شـد. پس حالا، دو بَگ بزرگ را با خود حمل کرده و به محل سـومی می‌رفتیم، آن‌هم با عجله و سـرعت. در قسمت بعدی، به ما واسکت‌های ضد مرمی همراه با سه عدد مواد سنگین فولادی داده شد و گفتند که این‌ها را فعلاً داخل چانته‌های تان بیندازید و بعداً جابه‌جا کنید. واقعاً، هر خشـت فولادی مانند یک خشت پانزده پوندی به نظر میرسید و با اضافه شـدن کلاه ثقیل فولادی ضد مرمی، همه چیز خیلی سنگین شده بود. خلاصه، اگر من توان اقتصادی میداشتم، از این وظیفه شانه خالی کرده و دوباره به لوس آنجلس عودت می‌کردم. ولی متأسفانه، وضع فلاکت‌بار اقتصادی، مرا به ناچار به جلو رفتن و ادامه دادن مجبور کرد و چاره‌ای جز آن برایم نگذاشت.

واقعاً، بار ما بیش از حد سـنگین و غیر انسـانی بود و من نمی‌دانسـتم که آیا ما برای ترجمانی می‌رویم یا برای جنگ؟ من دیگر به آخرین حد توان و انرژی خود رسـیده بودم، روی یکی از

چانته‌ها نشستم و در فکر فرو رفتم و آن روز کذائی زمان خلق و پرچم به یادم آمد — وقتی که بعد از سه شبانه روز راه‌پیمایی در دشت‌های هرات و سرحد ایران، دیگر قادر به ادامه‌ی مسیر نبودم، در حالی که سرحد ایران از دور نمایان بود. راهنما و بقیهٔ افراد یکی پس از دیگری از سرحد عبور کرده و خود را به خاک ایران می‌رساندند، اما من دیگر هیچ نیرو و انرژی برای حتی بیست قدم بعدی در خود نمی‌دیدم و نمی‌دانستم چه کار کنم؟ صدای شیدا مرا به خود آورد. گفت: "برخیز، بَگ‌هایت را من می‌برم. برو برایت بوت عسکری بگیر، فکرت باشد که سه جوره — دو جوره تابستانی، یک جوره زمستانی — و یک نمره کلان‌تر بگیر، چون با جوراب و پُتک‌های مخصوص، درست جور می‌آید". در صف توزیع موزه‌ها ایستادم تا نوبتم برسد. وقتی نوبت من شد، اندازهٔ پایم را به کارمند گفتم: "ده." او گفت: "یازده، بگیر." گفتم: "اصلاً نمرهٔ پایم نه است." او گفت: "بگیر، امتحان کن." حداقل نیم ساعت را صرف امتحان کردن و پیدا کردن موزه‌های عسکری مناسب سپری کردیم. ما تنها کسانی نبودیم که در آنجا بودیم — هزاران عسکر و ترجمان دیگر نیز در محل حضور داشتند. در همان لحظه، متوجه مصرف و بودجهٔ عسکری امریکا شدم، که تا چه حد و چگونه دولت پول مصرف می‌نماید. برای هر شخص و هر عضو مکلف به این وظیفه، میلیون‌ها دالر در این زمینه به مصرف می‌رسد. بعد از گرفتن کفش‌ها، به طرف شیدا برگشتم. او با (فِرِد)، به دیگران نحوهٔ درست کردن کلاه و جابجا کردن آهن‌های مخصوص واسکت ضد مرمی را نشان می‌دادند. واسکت مخصوص دارای سه قطعه آهن بود — یکی برای پشت سر و دو قطعه دیگر آن برای قسمت پیشرو. شیدا واسکت را بر تن من درست کرده و به عنوان نمونه به دیگران نشان می‌داد. از آن‌جا که کلاه بسیار برای پوشیدن ناآرام بود، به همین دلیل، داخل آن از چهار طرف با اسفنج‌های نرم جاسازی شده بود تا پشت گردن، فرق سر و گوش‌ها در فشار و عذاب نباشند. این دو وسیلهٔ بزرگ را نیز در (دیفل بَگ) گذاشتیم و روانهٔ سرویس‌ها شدیم. همه واقعاً خسته شده بودیم، اما خانم‌ها بیشتر از همه. افسانه بسیار عصبی به نظر

می‌رسید. از او پرسیدم: "چرا، چه گپ شده؟" با ناراحتی گفت: "بی‌پدرها در وقت توزیع لباس‌ها، ما را نیمه لُچ کردند و بجای اینکه زن‌ها را برای اندازه گیری بیاورند، مردها ما را دست میزدند و اندازه‌گیری میکردند! باید شکایت کنیم، این چگونه طرز قد و اندام گرفتن است؟" شب قبل به ما گفته بودند که در زمان اندازه‌گیری قد و اندام، باید تنها یک زیرپیراهنی و یک تنبان کوتاه یا شورت برتن داشته باشیم، ولی نمی‌دانستیم که مردها مسئول اندازه‌گیری قد و اندام خانم‌های افغان خواهند بود. افسانه، در حالیکه از عصبانیت می خندید، گفت: "حرامی ها می گفتند: "دست‌هایتان را بالا کنید و شور نخورید، تا بتوانند بهتر ما را مورد بررسی قرار دهند!"

دوباره، به محل تعلیم‌گاه عساکر رسیدیم. (فِرِد)، بعد از گفتن "مانده نباشید"، اضافه کرد که بَگ‌های خود را با خود ببرید و چون اسم‌های ما روی کارت‌های کوچک در بَگ‌ها نوشته شده بودند، به راحتی می‌توانید آنها را پیدا کنید. در ضمن، بَگ‌های ما را یک سرویس مخصوص با خود آورده بود، چون در سرویس ما جای کافی نبود. در این هنگام، (فِرِد) گفت: "امروز، آخرین روز شما در اینجاست؛ فردا صبح به محل جدید خواهید رفت." او همچنین افزود: "تار، فیتهٔ مخصوص، یا هر شئ دیگر که مورد نظرتان است، برای خود انتخاب کنید و رنگ آنرا نشانی کنید، زیرا حالا شناخت بَگ‌هایتان آسان است، اما وقتی داخل طیاره‌های عسکری می‌شوید و هزاران بَگ شبیه هم در یکجا جایگزین می‌شوند، چطور می‌توانید آنها را فقط با اسم خود پیدا کنید؟ فلذا، با بستن یک رنگ فیتهٔ مخصوص و یا تار، هر شخص نشانی خاص خود را خواهد داشت و به مجرد رسیدن، می‌توانید بَگ‌های خود را به سهولت تشخیص داده و پیدا کنید." برای نان چاشت، اشتهای خوب آرزو کرده و تا فردا از ما خداحافظی کرد. شیدا، نظر به تجربهٔ قبلی خویش، یک کراچی را پیدا کرد و تمام بَگ‌های ما را در روی آن گذاشت، سپس آنها را به بطرف اطاق‌ها تیله نمود. من و نبی از پشت سر، کراچی را تیله می کردیم و مراقب بودیم تا چیزی از

روی آن پایین نیفتد. گیتی که چشمش به ما افتاد، با لهجهٔ مخصوص و دل‌ربایی خاص، به شیدا گفت: *"شیدا جان، دلت برای ما نمی‌سوزد؟ لطفاً ما را نیز کمک کن!"* شیدا بکس‌های ما را در پیشروی دهلیز خالی کرد و با سرعت بسوی گیتی رفت. من، نبی و ندیم بکس‌ها را با خود داخل اطاق بردیم. من که از شدت خستگی داشتم می‌مردم، روی چپرکت دراز کشیدم و چشم‌هایم را بستم. نبی و ندیم پیشنهاد کردند که برای خوردن نان برویم، در جواب‌شان گفتم: "شما بروید، من بعداً با شیدا می‌آیم."

فکر کنم نزدیک به نیم ساعت خوابیده بودم که با صدای شیدا از خواب بیدار شدم. او می‌گفت: "برخیز، از دست خاله‌هایتان مردم!" من خیلی خسته بودم و واقعاً نمی‌خواستم که بیدار شوم، اما شیدا اصرار کرد که برویم نان بخوریم، چون امشب باید بکس‌ها را به صورت درست و منظم جابجا کنیم. با هم به طرف چاهال رفتیم و هر کس مطابق میل خود غذا انتخاب کرد و دور یک میز نشستیم. من که عاشق آش بودم، یک کاسه آش داغ همراه با یک تکه ماهی گرفتم و بعد از تمام کردن غذا، یک پیاله چای داغ با لیمو و عسل برای خود آماده کردم و نوشیدم. همه‌ی ما شکایت و شکوه را در رابطه با این کار دشوار ترجمانی شروع کردیم و شیدا برای آرامش خاطر ما گفت: "باور کنید، این آخرین قدم‌های دشوار این وظیفه بود، تعدادی از این اشیاء را شاید هیچوقت استفاده نکنید و داخل همین بَگ‌ها باقی بمانند." به‌هرحال، دوباره با چند فکاهی از شیدا، همه به خنده افتادیم. شیدا کرکتر، یعنی شخصیت عجیب، داشت؛ انسان دوست، باحوصله، اجتماعی و بسیار مردم‌دار بود. در هرجایی که می‌رفتیم، حتماً یکی دو نفر را می شناخت.

بعد از تیلفون کردن به فامیل‌های ما، متوجه داد و فریاد شیدا شدم، نزدیک رفته گفتم: "آرام باش، بسیار بلند حرف می‌زنی، چه گپ است؟" شیدا گوشی را محکم گرفته و گفت: " زنم است." سپس

دوباره با خانمش دنبالهٔ صحبت را گرفت و می‌گفت: "به خدا، به قرآن، همرای هیچ زنی نیستم. کی می‌گوید که من با خانم‌ها رابطه دارم؟" گوشی را در گوش من گذاشت و فریاد خانمش، که تا دوردست‌ها می‌رسید، او با عصبانیت می‌گفت: "من خوب می‌فهمم که همرای از او پدرلعنت‌های فاحشه سر و کار داری! تو هیچ‌وقت دلت به ما نمی‌سوزد، ولی همیشه مهربانی و دلسوزی‌ات برای زن‌های فاحشه گل می‌کند." گوشی را دوباره به شیدا دادم، از آنجا دور شدم و دوباره به طرف اطاق برگشتم و روی بستر دراز کشیدم. چندی بعد، ندیم آمد و پس از او نبی و آخر از همه شیدا داخل اطاق شد. شیدا گفت: "بچیم، زن من دیوانه است، فکر می‌کند که من اینجا با خانم‌ها رابطه دارم." می‌گفت که او هیچوقت بر من اعتماد ندارد و همیشه شک دارد. چهارده سال از من بزرگ‌تر است، مرا به زور برایش داده‌اند، علاوه بر آن، دست‌زدن هم دارد و گاه‌وبیگاه، به بهانه‌های مختلف مرا می‌زند. من چیزی برای گفتن نداشتم و فقط خواهان خوابیدن بودم. اما شیدا گفت: "بلند شو که بَگ‌هایتان را باید درست جابجا کنیم." او از بَگ من شروع کرد و به دیگران نشان داد که چگونه لباس‌ها در یک بَگ، اثاثیه در بَگ دیگر، کمپل، دوشک اسفنجی، واسکت و کلاه را در بَگ آخری جایگزین شوند. چون خاطر ما از طرف بَگ‌ها آسوده شده بود، به اصرار همه، به میدان چهاروالی کشیده شدیم. در ضمن، شیدا اضافه کرد که مشکلات‌تان دیگر تمام شده است و از این بعد آرامتر خواهید شد. بعد از شستن دندان‌ها و صورت و شنیدن آهنگ‌های احمد ظاهر، به خواب رفتیم.

فردا صبح، بعد از حمام کردن و جمع‌وجور کردن اطاق، به طرف چاهال برای صرف چای صبح روانه شدیم. خانم‌ها نیز آمده بودند و تقریباً همه احساس رضایت و خوشحالی داشتند. بعد از صرف چای، همه به سمت میدان تعلیمات نظامی حرکت کردیم. (فِرِد) که از قبل منتظر رسیدن و استقبال ما بود، همچون همیشه، با صدا بلند "صبح بخیر" گفت و از همکاری ما در

این یک هفته‌ی گذشته ابراز سپاس و امتنان نمود. سپس ادامه داد: "از امروز ببعد، به هدف نزدیک‌تر می‌شویم. لطفاً همه‌ی دیفل بَگ های خود را اینجا بگذارید، سرویس مخصوص آنها را برایتان به محل بود و باش تان خواهد آورد." او با ما خداحافظی کرد و رفت.

به سرکردگی شیدا، ما دوباره حمل و نقل دیفل بَگ‌ها و اثاثیهٔ خود را توسط کراچی انجام دادیم و بعد از کمک کردن به خانم‌ها، سوار سرویس شدیم که منتظر بود تا ما را به نقطهٔ بعدی منتقل کند. سرویس پُر از جمعیت بود و پس از عبور از میان جنگل‌های نظامی، بالاخره به سرک عمومی رسید و به استقامت شرقی ادامه داد. حدوداً سه ساعت را با سرویس گذرانده بودیم که در یکی از محلات جورجیا، مقابل یکی از هوتل‌ها به نام (کوالیتی اِن) (Quality Inn) متوقف کرد. سپس اعلان شد: "ایستگاه آخری، لطفاً پیاده شوید." ما همه با شوق از سرویس پیاده شدیم، داخل هوتل رفتیم و به یکی از اطاق‌هایی که مربوط شرکت ما، یعنی (ام-ای-پی) بود وارد شدیم و روی چوکی های ردیف شده، نشستیم. (فِرِد) که قبل از ما رسیده بود، به ما خوش آمد گفت، سه چهار نفر از همکاران خود را به ما معرفی کرد و بعد از آشنایی با تک‌تک آنها و شنیدن حرف‌های ایشان، ما را تا فردا ساعت هشت صبح مرخص کرد. بعد از ختم (لکچرها) (Lectures)، سرویس مخصوص که چانته‌های ما را با خود آورده بود، در بیرون، در قسمت پشت حویلی هوتل، همه را سر به سر انداخته بود. بعد از مشخص کردن چانته‌های خود، آنها را با خود داخل آورده و به سراغ اطاق‌های خود، که از قبل برای ما آماده گردیده بود، روانه شدیم.

من، شیدا، گیتی و فرزانه در منزل سوم جایگزین شدیم. اطاق اول مربوط فرزانه و گیتی بود، اطاق دومی از من و شیدا و اطاق‌های ما از داخل به یکدیگر راه داشتند. افسانه و سلما نیز با هم اطاق گرفته بودند، ولی آنها در جهت مقابل ما، در منزل سوم قرار داشتند. بعلاوه، ندیم، نبی و بقیه‌ی بچه‌ها در منزل دوم اقامت داشتند. بعد از بردن بَگ‌های ما به اطاق‌ها، با شناختی که

شیدا از شهر داشت، توسط (شتل) یعنی سرویس مخصوص مهمانان هوتل برای انتقال از یکجا به جای دیگر، برای خوردن نان چاشت روانهٔ شهر شدیم – البته بدون خانم‌ها. شیدا ما را برای خوردن هامبورگر به یکی از رستورانت‌های محلی برد، جایی که تمام کارکنانش دختران جوان و خوش‌رو بودند. بعد از خوردن یک هامبورگر مزه دار و نوشیدن یک گیلاس بیر یخ، برای گشت و گذار به داخل مغازه‌ها رفتیم و هر آنچه برای رفتن به افغانستان ضرورت داشتیم، خریداری نمودیم. من که یک بالاپوش سیاه دراز داشتم که شیدا از آن چندان خوشش نمی‌آمد، با اصرار زیاد مرا مجبور کرد که یک لباس گرم دیگر بخرم. بعد از جستجوی زیاد، یک جمپر جیر نصواری که داخلش پشم داشت، توجهم را به خود جلب کرد. بعد از پوشیدن آن، متوجه شدم که واقعاً بر من خوب می‌آمد و قیمتش هم چندان زیاد نبود؛ ضمناً، یک جاکت یقه هفت نیز ضمیمهٔ آن خریداری نمودم. ندیم و نبی نیز برای خود چیزهای مختلف خریداری نموده بودند. بعد از خارج شدن از آن مغازه، ناگهان خود را با خانم‌ها که از قافله بدور مانده بودند، روبه‌رو دیدیم؛ آنها نیز به نظر میرسید که غذا خورده بودند. پس، همگی با هم به گشت‌وگذار ادامه دادیم و در ضمن، افسانه یادآور شد که باید برای شناسایی بَگ‌های خود، فیته خریداری نماییم. مغازه‌ها و رستورانت‌ها همه پهلوی همدیگر موقعیت داشتند، فلذا کار ما را آسان ساخته بود. داخل مغازهٔ مذکور که فکر می کنم یا (تارگت) (Target) یا (مارشالز) (Marshalls) بود، همه وارد شده و مشغول جستجوی فیته‌ها شدیم تا اینکه فیته‌های مخصوص با رنگ‌های مختلف نظر ما را جلب کرد. هر کس بدون واقف بودن از انتخاب دیگران، یک رنگ را و بعضی‌ها دو رنگ را برای خود انتخاب کردند. من برای سهولت کار خود، سه فیتهٔ مخصوص که بشکل سیم نرم بودند، خریداری کردم. بعداً آنها را با هم بافته، یعنی چوتی کردم و به بَگ‌های خود وصل نمودم، که برای شناختن بَگ هایم خیلی تأثیرانگیز و مؤثر واقع شد.

شب، بچه‌ها همه در اطاق ما جمع شدند و با صحبت، فکاهی گفتن و قطعه‌بازی شب را سپری نمودیم. فردا صبح، بعد از آماده شدن، به منزل پایین برای چای صبح رفتیم. برای چای صبح، چیز مفصلی وجود نداشت؛ یعنی در مقایسه با هوتل اول، تفاوت از زمین تا آسمان بود. علاوه بر این، وضعیت هوتل و اطاق‌های ما نیز همه و همه خراب و خراب‌تر شده بود، یا شاید هم قصداً شرایط ما را بدتر می‌کردند تا با رسیدن به افغانستان، بهتر بتوانیم تحت شرایط آنجا زندگی کنیم. به‌هرحال، چای به سرعت خورده شد و همه به طرف اطاق مخصوص روانه گشتیم. چوکی‌ها در سه تا چهار ردیف پشت سر هم قطار شده بودند و ما یکی پهلوی دیگری آنجا نشستیم. (فِرِد) بعد از سلام و احوال پرسی، یک مرد که اسمش بخاطرم نیست و یک خانم به اسم (میشـــل) (Michelle) را بـه مـا معرفی کرد. آنهـا، پس از معرفی خود و توضیـح مسئولیت‌هایشان در قبال ما و همچنین بعد از خواندن حاضری، ما را به چهار گروه تقسیم کردند و با سرویس هوتل به محلی دورتر انتقال دادند. در آنجا، یک صنف نسبتاً بزرگ وجود داشت که بر روی هر میز یک پایه کامپیوتر نصب شده بود. به ما دستور داده شد که چهار نفره دور یک میز بنشینیم، به تصاویر کامپیوتر نگاه کنیم و مضامین یا متن موضوعات را از انگلیسی به پشتو ترجمه نماییم.

﷽ آغاز تمرینات ترجمانی ﷽

ما چهار نفر، یعنی شیدا، ندیم، نبی و خودم که هر روز با هم بودیم، از این جریان خیلی راضی به نظر می‌رسیدیم، بخصوص که نبی پشتوزبان بود و می‌توانست در این جریان ما را کمک کند. موضوع در رابطه با جریانات تروریستی بود که توسط الفاظ نا معلوم، یا به اصطلاح (شفر)، از کاکا به برادرزاده‌اش برای حمل و نقل مواد انفجاری از یک جا به جای دیگر تذکر داده شده بود. بعد از دو ساعت ترجمانی، بچه‌ها به بهانۀ کشیدن سگرت به تفریح رفتند و من نیز با آن‌ها رفتم. من و شیدا سگرت نمی‌کشیدیم، پس شیدا مرا با خود به صنف همجوار برد و با میشل معرفی کرد. میشل خانمی بسیار آرام و خوش صحبت بود و به شیدا خیلی احترام داشت، اما در ضمن، از دست شیدا گله‌مند بود و گفت: "شنیده‌ام که در قندهار در بارۀ من با فلان شخص چیزی گفته‌ای و در کمپ هلمند نیز چنین و چنان..." من که از جریان صحبت‌هایشان چیزی دستگیرم نمیشد، خاموشانه به آن‌ها گوش می‌دادم تا اینکه تفریح به پایین رسید و ما دوباره به داخل صنف برگشتیم. صنف مذکور تحت مراقبت شدید قرار نداشت، یعنی ما خودمختار بودیم؛ نظم و ترتیب برقرار بود، ولی کسی متوجه رفت و آمد ما نمیشد. ساعت دوازده، ما را برای دو ساعت برای خوردن نان چاشت مرخص کردند. ما چهار نفر به اضافۀ میشل، با موتر وی به یکی از رستورانت‌های چینی رفتیم؛ جایی که همه‌چیز آماده و تیار بود، یعنی (بوفه) (Buffet) کامل و خواهان خوردن غذا شدیم. من و شیدا برای شستن دست‌ها به تشناب رفتیم و در آنجا از او پرسیدم که شکوه و شکایت میشل از چه بود؟ او افزود: "میشل عاشق من است. وقتی که دو سال پیش اینجا بودیم، بین ما یک رابطه‌ی جنسی به وجود آمد، اما من دیگر در قصه‌اش نشدم، حالا از خاطر آن گله میکند". با گرفتن غذای خام جاپانی، یعنی (سوشی) (Sushi) که

از ماهی خام، برنج و پوست ماهی تهیه می‌شود — اگر اشتباه نکنم — و واقعاً خوشمزه است، به چوکی‌های خود برگشتیم. سپس، مقداری آش خوردیم و بعد از آن، چای را با شیرینی مخصوص جاپانی‌ها، شاید هم چینی‌ها، نوشیدیم. بعد از ختم نان، دوباره به صنف‌ها رفتیم و ساعت سه و نیم بعد از ظهر، کار ترجمانی ما به پایان رسید. بعداً، با سرویس‌ها دوباره به هوتل برگشتیم. به مجرد پایین شدن از سرویس‌ها، یکی از همکاران (فِرِد) که قبلاً به ما معرفی شده بود، ما را با خود به منزل دوم برد و در آنجا، اسامی ما را با شماره‌ی مخصوصی که قبلاً برای ما تهیه شده بود، داخل کامپیوتر ثبت کرد و گفت: "از امروز ببعد، هر روز پس از ختم کلاس‌ها باید اینجا آمده و حاضری تان را امضا کنید." یعنی دیگر به ما پول نقد داده نمیشد و بر اساس مقدار ساعاتی که در طول روز مشغول ترجمانی بودیم، هر دو هفته یک‌بار چک دریافت می‌کردیم و این مبلغ مستقیماً به حساب بانکی شخصی ما، که معلوماتش قبلاً در بالتیمور ثبت شده بود، انتقال می‌دادند. من که از این جریان واقف نبودم، دوباره نگرانی پرداخت پنج‌صد تا هفت‌صد دالر برای حمل و نقل بَگ‌های ما، هوش و فکرم را به خود مشغول ساخت. آن‌چنان در افکارم غرق بودم که شیدا دو سه بار مرا صدا زده بود، اما متوجه نشده بودم. چاره‌ای نداشتم، پس همه به اطاق‌های خود رفتیم و قرار شد که تا یک ساعت دیگر در پایین هوتل جمع شده و شهرگشت برویم.

هوا نسبتاً سرد شده بود و ما چهار نفر از هوتل برآمده، به طرف شهر که شیدا از قبل با آن آشنایی داشت، روانه شدیم. فکر میکنم حدود ده دقیقه پیاده رفتیم تا به یکی از چهارراهی‌ها رسیدیم و با سبز شدن چراغ ترافیکی، از سرک عبور کرده و به آن‌طرف رفتیم. سرک مذکور به نام (برادوی) (Broadway) بود که تمام رستورانت‌ها، کلب‌ها و مغازه‌ها در دو طرف آن موقعیت داشتند. دقیقاً در وسط خیابان، یک گروهی از دختران و پسران جوان با لباس‌های مخصوص کریسمس، یعنی سرخ و سفید، مشغول نواختن موزیک‌های کریسمس و سال نو بودند. برای

چند دقیقه ایستادیم و به تماشای و اجرای آن‌ها پرداختیم؛ همه خوشحال به نظر می‌رسیدند. بعد از گشت و گذار در شهر و دیدن بعضی از مغازه‌های انتیک‌فروشی، که من علاقه زیادی به اشیای انتیک داشتم، بالاخره داخل یکی از رستورانت‌ها که نسبتاً بیروبار اما پاک‌تر از دیگر جاها به نظر می‌رسید، شدیم. بعد از سلام و احوال پرسی، مسئول رستورانت ما را بعد از خوش‌آمدگویی به میز ما راهنمایی کرد و گفت که تا چند دقیقهٔ دیگر گارسون در خدمت‌تان خواهد بود. چون زیاد گرسنه نبودیم، فلذا دو خوراک پای مرغ تند با چیپس و یک بوتل (واین) سرخ یا شراب سرخ (Red wine) سفارش دادیم. من همچنین برای خودم یک گیلاس بیر، که خیلی آرزومند نوشیدن آن بودم، نیز خواستم. فضای خوب بود، همه خوشحال و سرحال بودند و ما نیز می‌گفتیم و می‌خندیدیم. در این جریان، شیدا از من پرسید: "امروز یک اندازه چرتی هستی، چه گپ است؟" گفتم: "هیچ چیز، فقط پشت بچه‌هایم دق شدیم." باور نکرد و گفت: "اگر کدام گپ است، حتماً بگویی." گفتم: "حتماً می‌گویم." آن‌شب دوباره از من پرسید و من واقعیت را برایش گفتم. گفت: "چرت نزن، درست می‌شود، در قصه‌اش هم نباش." آن شب واقعاً خوش گذشت؛ یک‌بار دیگر در یک فضای خوب، دور هم بودیم. ناگفته نماند که شراب سرخ نیز کار خود را کرده بود، تا جایی که ما بوتل دومی را نیز نوشیده بودیم. بعد از پرداختن پول، که ندیم با استفاده از (کریدت کارت) خود مانع پرداخت پول از طرف دیگران شد، با سپاسگزاری فراوان از او، بسوی هوتل روان شدیم.

فردا صبح، خانم‌ها یک اندازه آزرده و ناراضی به نظر می‌رسیدند و می‌گفتند، نامردی کردید، ما را تنها گذاشتید! شیدا برایشان قول داد که امشب همه دور هم خواهیم بود. دوباره وقت حاضری دادن، "صبح بخیر" گفتن و روانه شدن به صنف‌ها فرا رسیده بود. هر چهار نفر ما دوباره دور یک میز جمع شدیم و به ترجمانی پرداختیم. من و ندیم کوشش داشتیم که مسائل و

متن‌ها را به پشتو ترجمه کنیم و در قسمت‌هایی که به مشکل بر می‌خوردیم، نبی با شوق و ذوق ما را زیاد راهنمایی می‌کرد و شیدا همیشه یا با من و یا با او مشغول صحبت بود و کمتر به ترجمانی توجه میکرد.

در زمان تفریح، سگرت کش‌ها همه در رابطۀ تقسیمات و یا اینکه به کجا فرستاده خواهند شد، مشغول صحبت بودند. من بارها تکرار کرده و میگفتم که احساس می‌کنم در کابل مقرر خواهم شد. زلفقار که قبلاً در بگرام بود، میگفت آرزو نکن که در بگرام باشی، چون واقعاً جای جالبی نیست؛ خسته می‌شوی. ما همه آنقدر در مورد بگرام شنیده بودیم که گویی یک دنیای زیرزمینی است؛ جایی که هیچ چیز و هیچ‌کس از بیرون داخل شده نمی‌تواند. گفته میشد که امنیت آن بسیار شدید است و دارای مغازه‌های لوکس لباس‌فروشی، خوراکه‌فروشی، سینما، رستورانت، باغ‌ها، پارک‌ها، نایت کلب، سلمانی، حمام و غیره امکانات دیگر می‌باشد. همچنین، همیشه بچه‌ها و دختران برای ملاقات یکدیگر در پارک‌ها و کلب‌ها دیدار می‌کنند. بعد از ختم کشیدن سگرت‌ها، دوباره به صنف برگشتیم. صنف مذکور، که به نام (دومیکس) (Domix) مسمّی بود، دقیقاً در وسط شهر موقعیت داشت. دوباره توجه خود را در بقیه خط ارسال شده از کاکا به برادرزاده‌اش جلب کرده و به ترجمانی ادامه دادیم. ساعت یازده و چهل و پنج دقیقه وقت خوردن نان چاشت شده بود و همۀ ما را تا ساعت یک و چهل و پنج دقیقه مرخص کردند. در جریان تفریح ده دقیقۀ سگرت کش‌ها، یکی از بچه‌ها گفت: "در نزدیکی صنف ما، یعنی نه چندان دور از اینجا، رستورانت آلمانی وجود دارد."

من که جوانی‌ام را در آلمان گذرانده بودم، به وجد آمده و به شیدا گفتم: "امروز چاشت سری به آنجا بزنیم، ببینیم چه خبر است." با موافقت شیدا و بقیه، تصمیم گرفتیم تفریح نان چاشت را در آنجا سپری کنیم. همگی با هم روانۀ رستورانت آلمانی شدیم — همان فضای آلمان، صحبت‌های

آلمانی، بیرهای خوش‌مزهٔ لاپیدا، کچالو و کرم ترش و گوشت سرخ کرده. خانم پیری که در ردیف مهمانان در بار نشسته بود، (اولریکا) (Ulrika) نام داشت و به بقیه دستور می‌داد که چه کنند و چه نکنند. نبی، بنا بر گفته‌ی خودش، در پولند درس خوانده بود؛ به همین دلیل، با یکی دو تن از بچه‌هایی که در بار نشسته و پولندی‌تبار بودند، سخت مشغول گپ زدن شد. من نیز با اولریکا به زبان آلمانی سر صحبت را باز کرده و در باره‌ی جاهای مختلف آلمان صحبت کردیم. غذای ما مختصر، اما خوشمزه بود و همه‌ی ما یکی دو گیلاس بیر خوشمزهٔ آلمانی را نوش جان کردیم. بعد از ختم غذا و پرداخت پول بدون آنکه دیگران متوجه شوند، توسط من انجام شد؛ چون در حالی که با اولریکا به آلمانی صحبت میکردم، با کمک او توانستم همه را مهمان کرده و حساب را خودم پرداخت کنم. با خداحافظی از اولریکا، بقیه کارگران و بچه‌های پولندی، روانهٔ صنف شدیم. صنف از ما تقریباً پنج دقیقه پیاده فاصله داشت، پس مشکلی برای رسیدن به صنف دومیکس نداشتیم. دوباره ترجمانی جریان داشت تا اینکه وقت ما به پایان رسید. بعد از مرتب کردن چوکی‌های صنف و خاموش کردن کامپیوترها، سوار سرویس‌های هوتل شده و به طرف اقامتگاه خویش روان شدیم. بعد از سلام و علیک در اطاق مخصوص و قبل از اینکه به منزل دوم رفته و حاضری امضا کنیم، از طرف گروه مخصوص (ام-ای-پی) به ما گفته شد که فردا صبح تکت‌های سفر از اینجا تا قطر برایتان تهیه می کنیم، پس لطفاً پاسپورت، کارت‌های عسکری و (ال -او-ای) (LOA) تان را به ما بدهید. (ال-او-ای) یک ورق مخصوص بود که در روز گرفتن کارت عسکری به ما توزیع شده بود؛ یعنی در ورق مذکور تمام سیر و پودینه ما درج بود و ما در هر جایی که می‌رفتیم، باید یکی از آن ورقه‌ها را در میان پاسپورت خود نگه می‌داشتیم. در ضمن، یادآور شد که ما به سه گروه تقسیم خواهیم شد — گروه اول از اینجا به آمستردام، دوم به فرانکفورت و گروه سوم به لندن خواهد رفت و از آنجا روانهٔ قطر خواهید شد — فردا برای شما اطلاع خواهیم داد که چه کسانی از کجا پرواز خواهند کرد. ما بعد از امضای حاضری به

اطاق‌های خود رفتیم. موقعی که برای یکجا شـدن با دیگران و رفتن به شـهر از اطاق پایین می‌شـدیم، شـیدا گفت: "من شـاید در این سـفر همراه تان نباشـم؛ چون فردا برای انگشت‌نگاری و مصاحبه‌ی مخصوص با دستگاه (کشف دروغ) به بالتیمور فرستاده خواهم شد و ساعت رفتنم دقیقاً معلوم نیسـت." (فِرِد) به من گفت که ما سـه نفر، یعنی فرزانه، گیتی و من، بر اسـاس مرور زندگی گذشتهٔ ما، برای کدر (۳)، یعنی (کتگوری سوم) (CAT) انتخاب شده ایم. ما مترجمان شـنیده بودیم که در سـه کتگوری مختلف ردیف‌بندی می‌شـویم و مبالغ ذیل به صـورت سـالیانه برای ما پرداخت خواهد شد:

کتگوری اول (کت ون) با مقرر شدن – یک‌صد و هشتاد هزار دالر (۱۸۰۰۰۰ $)

کتگوری دوم (کت دو) با مقرر شدن - دوصد و ده هزار دالر (۲۱۰۰۰۰ $)

کتگوری سوم (کت تری) با مقرر شدن - دوصد و پنجاه هزار دالر (۲۵۰۰۰۰ $)

فلذا، شیدا، فرزانه و گیتی را برای اخذ مقام سـوم با معاش سـالانهٔ دوصـد و پنجاه هزار دالر استخدام میکردند — خوش به حالشان و مبارک‌شان باد. شیدا مبلغ پنج صد دالر را به زور در جیبم گذاشـت و گفت: "پیشـت باشـد، به دردت می‌خورد، باز بخیر که معاش گرفتی، برایم پس بده." هر دو از اطاق پایین شده با بقیه پیوستیم.

خانم‌ها که همه به خود رسیده بودند، خوشحال به نظر می‌رسیدند. همه از در هوتل خارج شده و به راه ادامه دادیم. فرزانه و افسـانه در دو طرف شـیدا قرار گرفته و دسـتان خود را به بازوی او انداخته بودند، پشـت سـرشـان من و گیتی و در عقب ما ندیم و نبی به راه روان بودند. در ضـمن، شـیدا به من گفت که فرزانه و گیتی از جریان ترفیع خود چیزی نمی‌دانند، پس لطفاً به هیچ‌کس هیچ سخنی نگو، چون این مسئله بسیار مخفیانه انجام می‌گیرد. در راه، با اصرار افسـانه خانم به مغازه‌ی انتیک‌فروشـی سـر زدیم و او چند چیز را برای خود خریداری نمود. ندیم یک

گردنبند خرید و من یک پوش قرآن قدیمی را برای خودم خریداری نمودم و سـپس با هم بطرف رستورانت شب گذشته رفتیم. بعد از جابه‌جا شدن و انتخاب نوشابه‌ها، که متنوع بودند، افسانه و فرزانه شـراب سـرخ، ندیم، نبی و گیتی (تکیلا شـات) (Tequila Shot) یعنی یک پیک شـراب مکسیکی/هسپانیکی و من و شیدا بیر سفارش دادیم. برای غذا، من و افسانه خانم استیک (گوشت سرخ شده روی منقل)، ندیم و نبی پای مرغ تند، فرزانه و شیدا پیتزا و گیتی سالاد سفارش دادند. فضای خیلی دوستانه بود و همه خوشحال بودیم که پس فردا به‌سوی قطر خواهیم رفت و بالاخره از این بی سر نوشتی نجات پیدا خواهیم کرد. تا دیر وقت به گفتن فکاهی، که شیدا همیشه یکی دو تا حاضر و آماده داشت و خندیدن سپری نمودیم و بعد از پرداخت پول، بصورت دسته‌جمعی روانهٔ هوتل شـدیم. بعد از رسـیدن ما در هوتل، ببرک، زلفقار و اجمل به اطاق ما آمدند و با خود یک بوتل ودکا آورده، خواهان نوشـیدن با ما بودند. مجبوراً به ندیم و نبی زنگ زدیم، آنها نیز به ما پیوستند. با نوشیدن مشروب، به قطعه‌بازی مشغول شدیم و با شنیدن آهنگ‌های عاشقانهٔ احمد ظاهر، شب را تا یک و نیم صبح به پایان رساندیم.

فردا صبح، در جریان خوردن چای صبح، از زبان گیتی شنیدیم که دو دختر خوشگل و مجرد دارد و می‌خواهد آنها را به انسـان‌های خوب معرفی نماید تا به ازدواج بیانجامد. از اینکه خود را تا این حد پایین آورده بود و به بچه‌های مجرد و بیگانه عکس‌های دخترانش را نشـان می‌داد، من و شـیدا به یک اندازه احسـاس حقارت کردیم، ولی چون گیتی از جملهٔ دوستان خوب ما بود، ما هیچ عکس‌العملی نشان ندادیم. اما یک مسئله را باید روشن سازم که ما هیچ حسادت در مقابل دیگران نداشتیم، چون من خودم پنجاه ساله و دارای سه فرزند جوان بودم و شیدا نیز زن داشـت، پس موضوع حسادت در میان نبود، بلکه این رفتار ضعف شخصیت او را نشان می‌داد. شاید هم برای ازدواج دختران بیچاره‌اش عجله داشـت، یا طبق رسم و رسوم قدیم افغانی نمی‌خواست آنها بدون همسر ترشیده شوند.

فرزانه نیز دختری خوش‌چهره و مجرد داشت که اجمل او را پسندیده بود و می گفت: "کاش مرا بچه نمی‌خواندی و منحیث داماد خود قبول می کردی." فرزانه همیشــه در جوابش می گفت: "چُپ شو، گمشو، گناه داره." بعد از ختم چای صبح، بسوی اطاق مخصوص رفتیم. پس از گفتن "صبح‌بخیر"، به ما دستور نشستن داده شد. بعد از گرفتن حاضری، اسامی ما خوانده شد، تکت‌ها را بدست ما دادند و اعلام کردند که از کدام شهر بطرف قطر پرواز خواهیم نمود.

افســانه، ســلما، من و چند نفر دیگر باید از میدان هوایی جورجیا (آتلانتا) پرواز نموده، به فرانکفورت می‌رفتیم و از آنجا بســوی قطر روانه می‌شــدیم. نبی، ندیم و اجمل از طریق آمســتردام، زلفقار و ببرک از طریق لندن پرواز می کردند. اینکه چرا باید جدا از هم پرواز می کردیم، هیچ وقت برایم روشــن نشــد. در هر حال، بعد از گرفتن پاســپورت، کارت عســکری و ورق اجازه‌نامۀ پرواز، به یکدیگر تبریک گفتیم و خوشحال بودیم. در ضمن، (فِرِد) اضافه نمود که امروز بعد از ظهر باید بَگ‌های خود را پایین آورده و در گوشــه‌ی صــنف بگذارید و حتماً نشــانه‌های خود را در آنها ضــمیمه کنید. بعد از ختم گفتارش، شــیدا، فرزانه و گیتی را با خود در یک اطاق دیگر برد و ما همه برای امضای حاضری به منزل دوم رفتیم. دیری نگذشــت که شیدا برگشت و گفت: "من دو ســاعت بعد پرواز دارم، باید بَگ‌های خود را پایین بیاوریم." شــیدا، فرزانه و من با هم مشــغول جمع‌آوری بَگ‌ها و آوردن آنها به پایین شدیم، شیدا برایم دلداری داد و گفت که هیچ چرت نزن، من در قطر یا بگرام منتظرت می‌باشــم. روی همدیگر را بوســیده و خداحافظی کردیم. من که با شیدا خیلی انس گرفته بودم، احساس تنهایی نمودم، زیرا او واقعاً در هر جهت کمک بیش از حد به من نموده بود. فرزانه و شیدا با تاکسی روانۀ میدان هوایی شــدند و گیتی قرار بود فردا ساعت پنج و نیم صبح به طرف بالتیمور پرواز نماید. در ضمن، پرواز ما برای ساعت ده و نیم صبح فردا تنظیم شده بود. نبی با گیتی رفت و بَگ‌های او را نیز ضــمیمۀ بَگ‌های خود و ندیم پایین آوردند. شــب را با نبی و ندیم دور هم گذراندیم و از (برگر کینگ) (Burger King) برای خود غذای مخصــوص تهیه

نموده، مشـــغول دیدن فیلم شـــدیم. در آن زمان، در بارۀ خوبی‌های شـــیدا، جوانمردی و سـخاوتمندی وی صـحبت می کردیم. بعد از چندی، من از آنها معذرت خواسـته و به اطاق خود رفتم تا با بچه‌هایم صحبت کرده و بگویم که فردا عازم قطر هستم.

فردا صبح، ساعت هفت و نیم از خواب بلند شدم. بعد از حمام کردن، برای چای صبح پایین رفتم، اما متأسفانه شنیدم که گیتی صبح زود عازم بالتیمور گردیده بود. از اینکه حلقۀ دوستی ما کم‌تر و محدودتر شـده بود، احسـاس ناراحتی می کردم. بعد از ختم چای صـبح، دوباره به اطاق‌های خود رفته و بعد از جمع کردن اطاق و مطمئن شـــدن از اینکه چیزی را فراموش نکرده‌ام، با اثاثیه‌ی شـــخصـــی که از من تنها یک بَگ چرمی شـــانه‌ای بود، دوباره به لابی هوتل رفتم. بعد از خداحافظی با همدیگر، سوار سرویس‌ها شده و هر کس بسوی سرنوشت خویش رهسپار شد. سـرویس ما را در میدان هوایی (آتلانتا) پیاده نمود و نظر به تکت‌های خود، به سـراغ محل پرواز یا گیت (Gate) مربوطه رفتیم. چون یک سـاعت به وقت پروازم مانده بود، تصـمیم گرفتم یک چیزی نوش جان کنم و بنابر این منظور، از این رسـتورانت به آن رسـتورانت سـری زده و بالاخره در یکی از آن‌ها توقف کرده روی میزی نشستم. ولی هنوز فرمایش نداده بودم که صدای ندیم توجهم را جلب کرد: "ذبیح، ذبیح، اینجا بیا!" نبی و ندیم نیز به همان رسـتورانت جهت غذا خوردن آمده بودند، برای خود (ودکا تونیک) (Vodka tonic) فرمایش داده بودند و مرا نیز به نوشیدن تشویق نمودند. جالب بود که محبت و دوسـتی ما آن‌قدر زیاد شـده بود که حتی سـرنوشـت بارها ما را به هم می‌رساند. بعد از ختم نوشیدن نوشابه و خوردن چپس و سالاد، از هم خداحافظی نموده و برای همدیگر سفر خوش آرزو کردیم. یک بار دیگر، هر کدام بسوی خط سرنوشت خویش روان شدیم.

من سوار طیاره شـده و از شـانس نیک، در یکی از چوکی‌های دو نفره کنار پنجره موقعیت یافتم. در دست راستم، کمی دورتر، آقای اُلفت، افسانه و هادی نشسته بودند و سلما در میان آن‌ها

جایگزین شده بود. چندی نگذشت که یک خانم‌خوشگل با عرض معذرت، خواهان نشستن در کنار من شد. اندکی بعد با هم معرفی شدیم؛ خودش را لاله، ایرانی نژاد معرفی کرد، ولی تابعیت آلمان را داشت. در طول سفر، هم‌صحبت، هم‌سفر هم‌پیک شدیم و خیلی زود با هم انس گرفتیم. از آنجایی که من زبان آلمانی را بصورت درست در لیسهٔ امانی آموخته و همچنین در آلمان صحبت کرده بودم، قادر به تلفظ صحیح و استفاده‌ی درست از گرامر آن بودم. با حرف زدن با لاله، که در صحبت فارسی با آن لهجهٔ شیرینش مشکلات زیادی داشت، سنگینی و هم‌صحبتی را از دوش او می‌کاستم. سفر خسته‌کننده و دور و درازی داشتیم؛ گاهی صحبت می‌کردیم ، گاهی فیلم می‌دیدیم و زمانی نیز می‌خوابیدیم، تا اینکه بالاخره به میدان هوایی فرانکفورت رسیدیم. بعد از پیاده شدن، بر اساس اطلاعاتی که در دست داشتم، سه ساعت وقت اضافی داشتم و میخواستم آنرا با لاله صرف کنم، ولی یکی از بچه‌ها گفت که تکت ما فرق می‌کند و ما بیش از نیم ساعت وقت نداریم. با اتفاق افسانه بطرف یکی از غرفه‌های معلوماتی رفتیم و جریان را پرسیدم. کارمند آن‌جا گفت که دقیقاً چهل و پنج دقیقه تا وقت پروازتان مانده، پس عجله کنید. بَگ‌های ما مستقیماً به قطر می‌رفت، پس نگرانی برای گرفتن آن‌ها نداشتیم. همه با هم، یعنی افسانه، آقای ألفت، سلما، هادی و خودم، همراه با لاله خانم ایرانی، بطرف گیت پرواز روانه شدیم. لاله که سخت به من علاقه‌مند شده بود، از اینکه نتوانستیم سه ساعت دیگر با هم باشیم، ابراز ناراحتی می‌کرد، ولی چاره‌ای جز جدایی نداشتیم. قبل از سوار شدن به طیاره، صورتم را بوسید و ایمیل خود را با شماره تیلفون آلمانش روی یکی از تکت‌های پاره شدهٔ طیاره برایم نوشت و برایم خواهان سلامتی و سفر بی‌خطر شد و با دست دادن، از نظر ما دور شد. افسانه، که از لاله خوشش آمده بود، می‌گفت: "کاشکی تا قطر با ما می‌آمد، دختر مهربانی بود." از فرانکفورت تا قطر برایم خیلی خسته‌کننده بود چون هم تنها بودم و هم خسته. بنابراین، در تمام مسیر تا قطر خوابیدم.

میدان هوایی قطر

نزدیکی‌های شام با سروصدای دیگران از خواب بلند شدم. دیدم همه با هیجان از پنجره‌های طیاره به پایین نگاه می‌کنند. من نیز از کنار دست هم‌نشین خود به پایین نگاه انداختم؛ از بالا، شهر مانند (لاس ویگاس) امریکا معلوم میشد، با بیلدینگ‌های بلند و چراغانی که در گوشه‌ای از بحر موقعیت داشت. بالاخره، به زمین نشستیم و از طیاره پیاده شدیم. با وجود فرارسیدن زمستان، هوای خیلی گرم و مطلوب بود. من که (۳۳) سال قبل از افغانستان بیرون آمده و دیگر هیچ وقت به شرق سفر نکرده بودم، با دیدن مردمان اسلامی با حجاب، ولی حجاب خانم‌های موی‌سیاه شرقی، ایرانی، هندی، پاکستانی و بقیه نژادها، واقعاً به وجد آمده و مشتاق بود و باش در آنجا بودم. باید باز هم یادآور شوم که در این مرحله از زندگی‌ام، طلاق گرفته بودم و پدر سه پسر عزیز بودم. بنابراین، مجبور شدم کاری کنم که هر پدری برای حمایت از خانواده‌اش انجام میدهد — و به همین علت است که اکنون در این سفر هولناک قدم گذاشته‌ام. بعد از گرفتن بَگ‌های خود، با نماینده‌ای که علامهٔ کمپانی ما (ایم-ای-پی) را در دست داشت و برای جلب توجه ما تکان می‌داد، معرفی شدیم. در گوشه‌ای جمع شده و منتظر رسیدن بقیهٔ پروازها ماندیم. دیری نگذشت که نبی و ندیم با گروه خود رسیدند. دوباره سلام و علیکی، دوباره بغل‌کشی و دوباره خوشحالی! ببرک، زلفقار و نبی، پس از گذاشتن بَگ‌های خود، به بیرون برای سگرت کشیدن رفتند. من و ندیم برای نوشیدن چای به رستورانت میدان هوایي رفتیم و دو گیلاس چای با اضافه دو دانه کلچه سفارش دادیم. هنوز مشغول نوشیدن چای و صحبت بودیم که یکی از بچه‌ها ما را صدا زده و گفت: "بیایید که می‌رویم." با راهنمای خود سوار سرویس‌ها شده و به سمت نامعلوم رهسپار شدیم؛ یعنی هر گروه با یک راهنما و یک سرویس در حرکت شد. در وسط راه، راهنمای ما که مردی

عرب‌نژاد بود و برای کامپنی ما کار می‌کرد، خواهان گرفتن پاسپورت، کارت عسکری و ورقهٔ یا اجازه‌نامهٔ (ال-او-ای) (LOA) شد. در هنگام خروج، باید بیست و یک دالر برای ویزه‌ای سه روزه‌ی اقامت در قطر می‌پرداختیم، اما آن‌ها پول نقد قبول نمی‌کردند. متأسفانه من (کریدت کارت) (Credit Card) نداشتم، اما توریالی، بچه‌ی قندهاری که با سلما دیوانه دوست شده بود، پرداخت ویزه‌ام را به کریدت کارت خود چارج نمود و من بعداً پول نقد را به او دادم. در ضمن، باید یادآور شوم که در (آتلانتا)، پرداخت هزینه‌ها برای (دیفل بَگ) های ما طوری بود که دو بَگ مجانی بود، اما برای سومی و چهارمی، بر اساس کیلوگرام مبلغ سنجیده می‌شد. پول بَگ‌های من سه‌صد و هشتاد و پنج دالر شد، که با پولی که شیدا به من داده بود و چند صد دالری که خودم داشتم، مشکل قضیه حل شد. بعد از پانزده دقیقه حرکت، سرویس‌ها یکی پس از دیگری ایستادند و به ما حکم داده شد که از سرویس‌ها پیاده شویم. آن‌ها مشغول به تلاشی و چک کردن شدند؛ داخل، بیرون و حتی زیر موترها را توسط آینه‌های دسته‌دار بررسی کردند. ما همه به داخل رفتیم و کنار هم نشستیم، یکی پس از دیگری، با نشان دادن کاغذهای خود — که همه در دست راهنما بود و بر آن‌ها مهر دخولی نظامی زده شد — اجازهٔ وارد شدن به داخل اردوگاه (کمپ) (Camp) عسکری امریکا در قطر را دریافت کردیم. دوباره سوار سرویس‌ها شده و بعد از باز شدن دروازهٔ دوم، داخل جبههٔ عسکری شدیم. سپس، بسوی خیمه‌های عظیمی که کنار هم موقعیت داشتند، رهسپار شدیم. بعد از پیاده شدن و تحویل دادن بَگ‌های خود، داخل خیمه‌ها جایگزین شدیم.

داخل خیمه‌ها، که متشکل از حداقل پنجاه تخت دو منزله بود، ماها مجبوراً یکی در بالا و یکی در پایین می‌خوابیدیم و بَگ‌های خود را نیز کنار خود می‌گذاشتیم. به ما از قبل گفته شده بود که اگر این بَگ‌ها گم شوند، باید مبلغ شش هزار دالر جریمه بپردازیم، چون کلاه و واسکت

ضـد مرمی به آسـانی در بازار آزاد خرید و فروش می‌شـدند، پس باید مراقب وسـایل مربوطۀ خود می‌بودیم.

با داخل شدن در خیمه بزرگ عسکری، صدای آشنایی ما را بخود آورد. به طرف صدا برگشتیم و در مقابل چشـمان هیجان‌زدۀ خویش، شـیدا را دوباره در برابر خود دیدیم، بعد از سـلام و علیکی، روبوسی، بغل‌کشی و جابجا کردن وسایل، شیدا ما را برای خوردن غذا بطرف چاهال برد. بعد از خوردن غذا، که تقریباً مشـابه خوراک‌های قشـله‌ی عسکری جورجیا بود و شـامل انواع خوردنی‌ها میشد، به بیرون رفتیم. در آنجا محل مخصوص قرار داشـت که شـامل دو تا سـه اطاق و یک صـالون بزرگ بود. یکی از اطاق‌ها برای دیدن فیلم، دیگری برای بازی‌های مانند بیلیارد و پینگ پانگ و سومی دارای موزیک بود. ضمناً، در آنجا یک (بار) (Bar) بسیار بزرگ و جالب نیز وجود داشـت که مخصوص نوشـیدن نوشـابه‌های الکلی بود. طبعاً، دیدن این محل برای ما بسـیار دلچسـب و غیرمنتظره بود. نحوۀ نوشـیدن مشروب برای عسـاکر امریکایی، ترجمان‌ها و قراردادی‌ها/پیمانکاران (Contractors) به این شکل بود که بعد از نشان دادن کارت عسـکری خویش، مستحق دریافت سـه نوشـابۀ الکلی می‌شـدیم، البته در مقابل پرداخت پول. آن شب را دوباره همه دور هم در فضاي آزاد حویلی، در سـایۀ آسمان قطر گذراندیم و تا ناوقت شب با صحبت‌های دوستانه، خوردن و خندیدن سپری نمودیم. فرزانه، گیتی و شیدا همه پیش از ما به قطر رسـیده بودند و از اینکه دوباره همگی یکجا بودیم، احسـاس خوشـحالی می‌کردیم. زلفقار با نصب کردن کامپیوتر خود یعنی (Laptop)، این امکان را برای ما فراهم کرد که از طریق آن به فامیل‌های خود تیلفون کرده و تماس بگیریم. پسرانم خوشحال بودند که من صحیح و سالم خود را به قطر رسـانده‌ام، اما وقتی پرسیدند که چند روز در قطر خواهیم ماند، جوابی دقیقی برای‌شان نداشتم و گفتم به مجرد که بفهمم، برایتان اطلاع خواهم داد. چون شـب دیر شـده بود، همه بطرف

خیمه‌های خود رفتیم. شیدا می گفت: "قسمی که معلوم می‌شود، نباید بیش از سه روز اینجا بمانیم. البته، این بستگی به تعداد عساکری دارد که روندهٔ بگرام نیز می‌باشند، یعنی هرچقدر تعداد عساکر کمتر باشد، ما به تعداد بیشتری و زودتر می‌توانیم توسط طیارهٔ عسکری رهسپار شویم. خدا کند که همهٔ ما با هم بطرف بگرام برویم." به محض اینکه به خیمه رسیدیم، راهنمای یکی از گروه‌ها اسامی چند تن را صدا زده و گفت: "بَگ‌هایتان را جمع کنید و آماده باشید، ساعت سه و نیم صبح دنبال تان خواهم آمد. فعلاً شب بخیر." ما همه نیز در بسترهای خود خزیدیم و دیری نگذشت که با سر و صدای بچه‌هایی که عازم بگرام بودند، از خواب بیدار شدیم و دیگر به‌سختی توانستیم تا ساعت هفت صبح بخوابیم. بعد از حمام کردن و شستن دست و رو، همه با هم بطرف چاهال یا طعام‌خانه روان شدیم. خانم‌ها هنوز در خواب خوش غوطه‌ور بودند. بعد از ختم چای صبح، به اتفاق شیدا، برای امضا نمودن حاضری‌های چند روزهٔ خود به سراغ کامپیوترها رفتیم. بعد از ختم امضای حاضری‌های ضروری، چون هوای قطر خیلی گوارا بود، همه با هم داخل حوض آبیازی شده و به شنا مشغول شدیم. واقعاً لحظات خوشی را سپری کردیم. ساعت دوازده و نیم دوباره وقت غذا خوردن شد و این‌بار خانم‌ها نیز ضمیمهٔ ما بودند.

قشله‌ی عسکری قطر شامل یک بازار کوچک بود که مشتمل بر یک جواهرفروشی، (برگر کینگ) (Burger King)، سلمانی، (پیتزا هت) (Pizza Hut) و (کافی بین) (Coffee Bean) می‌شد. بعد از ختم طعام، سری به بازار زدیم. اجمل، نبی و ندیم برای اصلاح موهای خود به سلمانی رفتند، در حالی که من و شیدا همراه با خانم‌ها در جواهرفروشی رفتیم. عصر آن روز، ما بچه‌ها — ببرک، اجمل، زلفقار، نبی، ندیم، شیدا، هارون و توریالی — در داخل جیم یا جمنازیوم مشغول والیبال شدیم، در حالی که خانم‌ها— فرزانه، گیتی، افسانه و سلما — با هم به بازی بسکتبال مصروف بودند.

در جریان بازی، ببرک باعث سر و صدای زیاد شده بود، چون تیم مقابل از ما قوی‌تر بود. شیدا، اجمل، ندیم و توریالی در یک تیم بودند و من، زلفقار، ببرک و هارون در تیم مقابل بازی می کردیم. شیدا بازیکن خیلی خوبی بود و هر بار با شوت کردن یا قمچین زدن توپ در داخل میدان ما، ببرک به دروغ متوسل شده و با صدای بسیار بلند داد و فریاد می‌زد: "اوت!" یعنی خارج بود. وقتی می گفتم که چرا دروغ می گویی، توپ داخل میدان بود، با خنده جواب می‌داد که کیفیت بازی در همین غالمغالش است، می‌فهمم که دروغ می گویم! ما از این بابت زیاد خندیدیم. بعد از ختم بازی، دوباره در حویلی روی دو میز نشستیم و چند نفر از ما برای آوردن مشروب روانهٔ بار شدند. دیری از لحظات خوش ما نگذشته بود که تیلفون شیدا به صدا درآمد. بعد از چند لحظه، شیدا به ما خبر داد که فردا ساعت سه و نیم صبح، او، فرزانه و گیتی باید حرکت کنند. محفل از همان جا به پایان رسید، زیرا با نوشیدن بیشتر الکل، هیچکس قادر به بیدار شدن صبح زود نمیشد. بهرصورت، با بقیه خداحافظی نمودیم و بسوی خیمهٔ خود روانه شدیم. شیدا به خانم‌ها سفارش کرد که بَگ‌های خود را جمع کرده و در مقابل در بگذارند تا او صبح زود آنها را سوار موتر کند. ما که بیش از چهار ساعت وقت نداشتیم، در حین جمع کردن بَگ‌هایش، شیدا به صحبت‌های خود ادامه داد و با همدیگر ساعاتی را با خوشی سپری کردیم. صبح زود، راهنما با موتر دنبال شیدا آمد و او را با خود برد و ما یک‌بار دیگر از هم جدا شدیم.

بعد از رفتن شیدا، که واقعاً خسته شده بودیم، بخواب رفتیم و تا ساعت یازده و نیم صبح خوابیدیم. بقیه‌ی روز را با خوردن، قدم زدن، تیلفون کردن به فامیل‌های ما و امضای حاضری‌ها از طریق کامپیوتر سپری کردیم. حدودهای شام، همه در فکر سرنوشت خویش غوطه‌ور بودیم که راهنما آمد و اسامی ده نفر را خواند، که من، ندیم، نبی، اجمل، ببرک و زلفقار نیز شامل آنها بودیم. از جمله‌ی خانم‌ها، افسانه و سلما نیز ضمیمه ما بودند. راهنما دستور آماده‌باش برای ساعت سه

و نیم صبح را داد. ابتدا نمی‌دانستم چرا پرواز ما باید ساعت سه‌ونیم صبح باشد. بعضی اوقات فکر می‌کردم چون پرواز ما با طیاره‌های نظامی است، پس باید در تاریکی شب پرواز کرد تا هدف حملات دشمن قرار نگیریم. ولی بعداً معلوم شد که این موضوع بیشتر به مقررات دفتری و آماده‌سازی پروازها مربوط می‌شود. ساعت سه‌ونیم صبح از خیمه‌های خود برآمدیم و با کمک یکدیگر (دیفل بَگ) های خود را در پشت موتر راهنما گذاشته و راهی میدان هوایی شدیم. برای خروج از قشله‌ی عسکری، که شامل چک کردن کارت‌های عسکری، داشتن ورقه‌ی مخصوص (L-O-A) و پاسپورت می‌شد، مقداری از وقت ما سپری شد. بعد از تلاشی و عبور از آلات مخصوص (ایکس ری) (X-ray)، یعنی دستگاه‌های عکس‌برداری که در امنیت میدان هوایی و برای بررسی و کنترل بکس‌ها و بسته‌های اشیای مسافرتی استفاده می‌شوند، روند ورود ما تکمیل شد. بعد از این مراحل، دوباره به جای‌های خود برگشتیم و منتظر پرواز ماندیم. ساعت تقریباً هفت‌ونیم صبح شده بود و برای چای خوردن جای مخصوصی وجود نداشت. فقط در مقابل میدان هوایی یک رستورانت کوچک بود که ما توانستیم از آنجا یک گیلاس چای همراه با ساندویچ ماهی برای خود تهیه کنیم. بعد از برگشت از رستورانت، بقیه‌ی بچه‌ها را دیدم که در دور و بری یک خانم افغان جمع شده بودند و همه مشغول صحبت و کشیدن سگرت با او بودند. مستقیماً بسوی جای خود رفتم و پس از نشستن، به خوردن چای و ساندویچ مشغول شدم. آن‌ها نیز بعد از ختم سگرت کشیدن، به سمت چوکی‌هایی که من نشسته بودم آمدند.

خانم افغان دقیقاً یک چوکی دورتر، در کنار دست چپ من نشست و من با یک نگاه کوتاه، متوجه خال صورتش شدم و او را شناختم. برایم خیلی جالب بود که بعد از گذشت سی و سه سال، یکی از دختران منطقهٔ تایمنی را دیده بودم — تایمنی همان جایی بود که در کابل زندگی میکردیم. با هیجان پرسیدم: "ببخشید، آیا شما شهلا نیستید؟" گفت: "بلی، شما از کجا فهمیدین؟"

گفتم: "از خال رویت." خندید، من اضافه کردم: "شما سه خواهر خوانده بودید — آمنه، خدیجه و شـما؛ خانۀتان در حاجی محمد بود. گفت: "دوسـیهی زندگیام را خو ورق نزدی؟" گفتم: "در ضمـن، خواهر کلان شما در بانک انکشاف زراعتی کار میکرد." با تعجب پرسید: "تو کی هستی و این همه معلومات را در مورد ما از کجا گرفتی؟" خندیدم و گفتم: "نترس، مخبر نیستم! من نیز از بچههای تایمنی هستم. در لیسه امانی شاگرد بودم، نامم ذبیح است، برادر بریالی هستم. خدیجه، دوست شما، معشوقۀ برادرم بود. او گفت، راست میگویی و آرام آرام به صـحبت ادامه دادیم. سپس شـهلا افزود: "واقعاً آفرین به تو که بعد از این همه سـال مرا شناختی." و اضافه کرد: "خدیجه در سانفرانسیسکو زندگی میکند، بسیار چاق شـده، بجز از خوردن و مهمانی دادن، کاری دیگری ندارد. ضمـناً، آمنه نیز خوب است، اما اصلاً هیچ تغییری نکرده و خواهرم نیز با ما زندگی میکند. من چند سال پیش ازدواج کردم، اما طلاق گرفتم و حالا مشغول سرپرستی دخترم هستم." بعد از آن، او عکس دخترش را به من نشان داد. شهلا عازم رخصـتی بود و شـش ماه میشـد که به حیث ترجمان در افغانستان کار میکرد. در ضمـن صـحبت، او به من توصیه کرد که هر جایی که برایتان کار دادند، قبول کنید و هیچ نترسید. در روز اول که مرا منحیث ترجمان به زابل میفرستادند، من هم واقعاً ترسیده بودم و گریه میکردم، اما به مجبوریتی که داشـتم، باید میرفتم؛ والا، آمدنم به افغانسـتان بیهوده میشـد و مرا دوباره به امریکا رهسپار میکردند. اما، به فضل خدا، نظر به رشتهی (پرستاری) (Nursing) که خوانده بودم، در زابل، مخصـوصـاً در قریهها، خیلی مورد اعتماد خانمها قرار گرفتم و همه دوستم دارند و حالا بسـیار خوشحال هستم که به زابل انتقال یافتهام. شهلا بعد از نیم ساعت صحبت، شمارۀ تیلفون و ایمیل خود را برایم نوشت، برایم آرزوی خوبیها و موفقیت را کرد و با راهنمایش از ما دور شد.

ما تا حدود ساعت پنج عصر، بی‌سرنوشت در میدان هوایی نشسته بودیم، تا اینکه از طریق یکی از افسران مربوط به پرواز، که از طریق سپیکر ما را برای رفتن به بگرام صدا می‌زد، متوجه شدیم و بطرف دروازهٔ دخولی میدان هوایی، که در حقیقت دروازهٔ خروجی محسوب میشد، رفتیم. بعد از تلاشی شدن، همه‌ی کسانی که عازم بگرام بودند، چه نظامی و چه ملکی، پشت سر هم در یک ردیف جمع شده و به‌سوی طیاره‌های نظامی روان شدیم. در میدان هوایی، سر و صدای زیادی از طیاره‌ها بلند بود، چون مدل‌ها و اقسام مختلف طیاره‌ها در حال پرواز یا نشستن بودند. ما بعد از چند دقیقه پیاده‌روی، بالاخره در مقابل یکی از بزرگ‌ترین، زشت‌ترین و بدهیبت‌ترین طیاره‌های نظامی سیاه رنگ ایستادیم. بعد از دیدن کارت‌های عسکری، به ما اجازه‌ی سوار شدن داده شد. من که واقعاً از طفولیت نسبت به تفنگ، تفنگچه، عسکر، پولیس، کلاه و نشان، مرمی، طیاره و هر آنچه به یک نظام عسکری تعلق می‌گرفت، نفرت داشتم، ناگهان به هیچ وجه خواهان سوار شدن به آن طیارهٔ زشت نبودم، اما هیچ راه گریزی برایم نمانده بود و واقعیت‌های تلخ زندگی مرا مجبور کرد که سوار این طیارهٔ وحشتناک شوم. دلیل اینکه از هر چیزی که به امور نظامی تعلق داشت بدم می‌آمد، این بود که در هر مملکت، قوای نظامی مردم بی‌گناه را به خاک و خون کشیده و به نام دفاع از خاک و وطن، ملت را تا جایی که می‌توانند بی‌رحمانه می‌کشند، هلاک می‌کنند و به زندان می‌اندازند. نه تنها عساکر نظامی، بلکه قوای پولیس دولتی نیز در این جنایات شریک‌اند. چنانکه در کشور خود ما شاهد کثافات و فسادهای باندهای تروریستی، رژیم خلق و پرچم و ائتلاف‌های نظامی بودیم. پس واقعاً لعنت بر آن کسی که برای نخستین بار تفنگ و مرمی را، که سالانه باعث تباهی میلیون‌ها انسان می‌شوند، کشف کرده و به بازار عرضه نمود.

عودت به وطن

داخل طیارهٔ عظیم الجثه، چوکی‌ها همه دور تا دور به هم وصل بودند و وسط طیاره پُر از اشیای نامعلوم بود، بجز یک تانک بزرگ نایتروجن که با زنجیرهای کلفت و محکم از هر سـو به وسط زمین میخکوب گردیده بود. ما همه واسکت‌های ضد مرمی را به تن و کلاه‌های فلزی را بر سر داشتیم و به نوبت کنار همدیگر نشستیم. شخصی که کنار من نشسته بود، واسکت ضد مرمی را به تن نداشت و آن را در پیش پایش گذاشته بود. او که تجربه‌ی بیشتری از سفر با طیاره‌ی نظامی داشت، مرا که هیچ تجربه‌ی نداشتم، در بسته‌بندی کمک می کرد تا محکم و به درستی در جای خود محفوظ باشم. ضمناً، چون صدای طیاره خیلی بلند بود، مجبور بودیم فریاد زده صحبت کنیم و به همین دلیل، برای همهٔ ما گوش‌پُتک داده بودند تا گوش‌های ما صـدمه نبیند. علت نپوشـیدن واسـکتش را جویا شـدم؛ خندید و به من گفت: "تو فکر می کنی اگر از پایین ما را بزنند، این کلاه و واسـکت مانع مرگ ما می‌شـوند؟ خوب، معلومدار که تکه تکه می‌شـویم. پس این محافظه‌کاری بیهوده برای چیسـت؟ هرچه بادا باد!" گفتارش منطقی بود. او عازم قندهار بود و ده ماه از وظیفه‌اش در آنجا می گذشـت. پیش از آن نیز دو سـال را در هلمند سپری نموده بود. چون آدم جنگ‌دیده و با تجربه‌ای بود، نه از مرگ و نه از هیچ چیز دیگری ترسی نداشـت. من نیز واسکتم را، که واقعاً خیلی سنگین و ناآرام بود، درآورده و در کنارم گذاشـتم. ناگفته نماند که چوکی‌ها بسیار سخت و ناآرام بودند. خلبان‌های طیاره دقیقاً در طبقه‌ی دوم نشسته و متوجه راهنمایي طیاره بودند.

تقریباً بعد از یک ساعت، شخصی که کنارم نشسته بود، از چوکی خود برخاست و دقیقاً در وسـط خالی طیاره دراز کشـید و بَگ دسـتی‌اش را زیر سـر خود گذاشـت. من نیز با تقلید از او از

چوکی برخاسته، دقیقاً پایین نشستم و به چوکی تکیه دادم. خدا را شکر، خیلی راحت‌تر شدم. داخل طیاره، سکوت مطلق حکمفرما بود و طیاره با آن عظمتش به هدف نزدیک‌تر می‌شد. اما در دل و جانم طوفانی در جریان بود. همه افکار، احساسات و حوادث ناآرام از ذهنم عبور می‌کردند، مرا با خود می‌بردند و در خود غرق می‌ساختند ـ آخر، بعد از سی وسه سال، دوباره به وطن اصلی و زادگاه خود عودت می‌کردم. من همیشه بی‌نهایت می‌خواستم واپس عازم وطن شوم، اما نه در این شرایط و نه با چنین دام مرگ. هزاران سؤال و تصور در ذهنم می‌گنجید و می‌چرخید که جوابی برای آن‌ها نداشتم. بالاخره، با نشستن روی چوکی‌های خود و بستن کمربندها، متوجه شدم که به بگرام، افغانستان ـ پایگاه نظامی امریکا در کشور خویش ـ رسیده‌ایم.

بعد از نشستن طیاره در خاک وطن، غوغای عظیمی در دلم موج می‌زد؛ مجموعه‌ای از ترس، هیجان، خوشحالی، امید ،همراه با ناامیدی. حالت دگرگونی درونی‌ام با خنده و گریه آمیخته بود. نمی‌دانستم چگونه خودم را با این حالت‌های گریبان‌گیر سازگار نمایم. صحنه‌هایی از خاطرات گذشته، چون یک فیلم سینمایی از برابر ذهنم رژه می‌رفتند: خوشحالی از اینکه دوباره در خاک وطن قدم خواهم زد؛ ناامیدی از اینکه هنوز هم وطن عزیزم در بند و اسیر است؛ خنده، بخاطر بیاد آوردن روزگاران قشنگ، آزاد و بدون هیچ‌گونه ترس و هراس در کنار فامیل زندگی کردن؛ گریه و ماتمم بخاطر از دست دادن نوجوانی و جوانی‌ام در زندان پلچرخی و فرار از میهن عزیزم؛ و اندوه از بربادی و نابودی وطن ما توسط گروه‌های خیانت‌پیشه و تروریستی که کابل را به یک مخروبه مبدل ساختند.

میدان هوایی کابل و دورنمای وطن

بعد از خاموش شـدن انجن طیاره، باز شـدن در عقبی و تخلیه‌ی اشـیای داخل آن، نوبت به پایین شـدن ما رسـید. به محض رسـیدن ما به زمین بگرام، خود را در میان دنیایی از وسـایل جنگی، اقسـام طیاره‌ها، توپ و تفنگ و عسـاکرمسـلح یافتم. با امر یک افسـر امریکایي، ما هرکدام به جمع‌آوری (دیفل بَگ) های خود مشغول شدیم و منتظر قدم بعدی ماندیم. تا اینکه یکی از کارکنان کمپانی (ام ای پی) (MEP) به جلو آمد، خود را معرفی کرد و پرسـید که چند نفر هستید؟ ما تقریباً ده نفر و یا کمی بیشتر بودیم. بعد از شـمارش ما، به دنبال موتر خود رفت و ما را در انتظار نشـاند. ندیم و نبی، که بسیار ذوق‌زده شـده بودند، از اینکه صـحیح و سـالم به میدان بگرام رسیده بودیم، خواهان گرفتن چند قطعه عکس یادگاری گردیدند. هنوز بیچاره‌ها دو سه عکس بیشتر نگرفته بودند که ناگهان سیلاب از عساکر نظامی امریکا، با سلاح در دست، بطرف شان دویدند و با صدای خشن و حرکات بی‌ادبانه، آنها را سؤال‌پیچ کردند و در نهایت، مجبورشان ساختند که تمام عکس‌ها را از بین ببرند. قبل از رسیدن موترران کامپانی (ام-یی-پی)، شخص دیگری به اسـم (ایرک) (Eric) به ما نزدیک شـد و بعد از معرفی خودش، خواهان گرفتن کارت‌های عسـکری ما شـد و گفت که آنها را دوباره برایتان پس خواهم داد. او سـپس داخل یکی از دفاتر شد و بعد از نیم ساعت، همزمان با بازگشت موترران ما، برگشت. همه‌ی ما را با خود از دروازه‌ی میدان هوایي بگرام خارج کرد و بسـوی نامعلوم براه افتادیم. حدود پنج دقیقه بعد از حرکت، موتر در مقابل یک ساختمان کهنه و فرسوده، که اصلاً به یک ساختمان شباهت نداشت، ایستاد و ما را به داخل خواستند. یکی پس از دیگری داخل شدیم و پس از معرفی خود، به ما اجازه دادند که یک بار از طریق تیلفون با فامیل‌های خود تماس بگیریم تا از رسـیدن خود به بگرام، افغانسـتان، اطلاع بدهیم. این همان دفتر کمپانی (MEP) بود که بالاخره، بعد از یک ماه شب و روز زحمت کشیدن، موفق به دیدن چهرۀ واقعی این کمپانی شدیم.

به خانم و پسرانم زنگ زدم، اما متأسفانه به دلیل تفاوت ساعت‌ها، نتوانستم هیچ کدام را پیدا کنم. بناچار، به مادر دلسوزم زنگ زده و از رسیدنم اطلاع دادم و گفتم که بعداً با آن‌ها در تماس خواهم شد. از دروازه که می‌خواستم بیرون بیایم، ناگهان خود را سینه به سینه با شیدا دیدم. هر دو از دیدن یکدیگر خوشحال شده و به خنده افتادیم. شیدا گفت: "من منتظر تان بودم، بقیه کجا هستند؟" گفتم: "همین جا هستند، شاید سگرت می‌کشند." سپس با هم بطرف بقیه رفتیم و آن‌ها نیز از دیدن شیدا خوشحالی کرده، او را در آغوش گرفتند. بعد از تقریباً چهل و پنج دقیقه تا یک ساعت، موترران پس از جمع‌آوری همه، ما را به‌سوی محل سکونت ما برد. از داخل سرویس به بیرون نگاه می کردم، ولی جز تاریکی و گرد و خاک، چیزی دیگری به نظرم نمی‌رسید. بالاخره، بعد از بیست دقیقه رانندگی، موتر ما را از حق‌العبور، عبور داد و به سمت خیمه‌های بزرگ که شبیه خیمه‌های قطر بودند، برد. سرانجام، در مقابل یکی از خیمه‌ها که رویش (ام-یی-پ) نوشته شده بود، توقف کرد. مطابق هدایت او، ما از موتر پایین شدیم. پس از آن، هر کدام گرفتن سه یا چهار بَگ، داخل خیمه شدیم. البته، خیمهٔ خانم‌ها از خیمهٔ ما جدا بود. داخل خیمه واقعاً فضایی دلخراش و تحقیرآمیز داشت. تا چشم کار می کرد، افغان‌ها را می‌دیدی که متأسفانه درهم می‌لولیدند؛ واقعاً جایی برای پای گذاشتن نبود. این صحنه مرا به یاد طفولیتم می‌انداخت، زمانی که با پدرم به نخاس برای خریدن گوسفند قربانی می‌رفتیم و تا چشم کار می کرد، گوسفند، بز و گوساله‌هایی را می‌دیدی که در کنار هم، با طناب یا زنجیر بسته شده بودند. چپرکت‌های دو منزله که همه پر از انسان بودند، اصلاً هیچ جای کافی برای کسی باقی نگذاشته بودند. این کامپانی‌های خدا ناشناس، به قول ما مردم، با وعده‌های چرب و نرم، همه را گول زده و با گرفتن حق‌الزحمه‌های گزاف برای هر ترجمان در بگرام، با اشتیاق و حرص بیشتر، آنها را بسان حیوانات، داخل طویله‌ای به نام (ام ای پی) (MEP) می‌چپاندند. شیدا، مثل همیشه به کمکم شتافت. بَگ‌هایم را در گوشهٔ جابجا کرد و گفت: "بیا که برویم از اینجا، اگر

بمانیم، دیوانه می‌شویم." پرسیدم: "کجا؟" گفت: "نصیر، برادرم، در داخل شهر اطاق دارد، همراه با نیروهای مخصوص امریکایی‌ها به ترجمانی مشغول است و بیشتر اوقات اینجا نیست."

با هم به سمت شهر رفتیم — شهری که چه عرض کنم، البته اگر بتوان آن را "شهر" نامید. در واقع، این پایگاه نظامی مانند یک شهر بزرگ، سراسر ساحه‌ی بگرام را احاطه کرده بود. ولی هرچه که بود، وطن بود — رنگ زیبا و بوی آشنای وطن، خاک پاک وطن، آسمان لاجوردین و هوای دلنشین وطن. مرکز این منطقه، که بعداً متوجه شدم به نام (پی-یکس) (PX) یاد می‌شد، در دو طرف خود پر از درختان بود؛ یعنی یک سرکی طولانی با کوچه‌های فرعی و کوچک که خاک پودری همه جا را پوشانده بود و درختانی که از سر و صورت‌شان واقعاً غم می‌بارید. من هرگز در زندگی‌ام، در هیچ نقطه‌ای از دنیا، چه در اروپا، چه در امریکا و نه حتی در فیلم‌ها، چنین درختان غم آلودی که از شاخه‌هایشان ماتم می‌بارید، ندیده بودم. در حقیقت، شاخه‌های بی‌جان و خشکیده‌ی آن‌ها حکایت‌گر سی و سه سال جنگ، کشتار دسته‌جمعی، آتش‌سوزی، زورگویی و به استعمار اقوام و طایفه‌های گوناگون بود. زمانی مورد تهاجم و تاخت‌وتاز روس‌ها و مجاهدین بود، مدتی زیر سلطهٔ زورگویی خصمانهٔ طالبان عرب‌نژاد قرار داشت و اکنون به بازار تجارتی امریکا و دنیا تبدیل شده بود، که از فروش هیچ چیزی در این مملکت دریغ نمی‌کردند. رنگ درختان خاکستری فولادی بود و برگ‌هایشان واقعاً به رنگ فولادی تاریک می‌نمودند. با دیدن این درختان فلاکت‌بار و ستم‌دیده، بغضم ترکید و گریه دیگر مجالم نداد. تا جایی که توانستم، گریستم. بارها و بارها این درختان را یکی پس از دیگری در آغوش کشیده، دانه دانه می‌بوسیدم و گاهی نیز خاک وطن را بوسیده و سرمه‌ی چشمانم می‌کردم. اصلاً احساسات طاقت‌فرسا، فوق العاده عجیب و حیرت‌آور برایم دست داده بود — مثل طفلی که بعد از زجرهای بسیار و دوری از فامیل، آغوش مادرش به رویش گشوده شده باشد و

بی‌اختیار در آغوش او کودکانه بگرید و جز دامن مادر و گریه‌هایش به هیچ چیز دیگری نیندیشد. من چنان بودم — من، مادر پیر میهن و سیل اشک‌هایم. شیدا بارها مرا در بغل گرفت و با دست زدن‌های تسکین دهنده بر پشتم، مرا به آرامش می‌خواند. اما من نه توان اندیشیدن به چیزی را داشتم و نه قدرت نگه‌داشتن اشک‌هایم را. انگار تمام وجودم آب شده و از دو چشمم جاری بود. تعدادی از عساکر و یا ترجمان‌هایی که از کنار ما رد می‌شدند، با نگاهی تعجب‌آمیز به من می‌نگریستند، بعضی‌ها می‌خندیدند، بعضی‌ها ریشخند و تمسخر می‌کردند، شیدا می‌گفت: "بس است، مردم سیل می‌کنند." اما مگر می‌شد از گریه دست بکشم؟ آخر، بعد از سپری شدن بیش از سه دهه، مادر پیر میهن را در آغوش می‌کشیدم، می‌بوسیدم و یک‌بار دیگر برایم ثابت شد که هنوز، بعد از گذشت سی‌وسه سال، افغان هستم — افغانیت، شرافت و غیرت افغانی در وجودم زنده‌اند.

§

نه هزاره نه تاجک، ازبک یا پشتونم من
زاده‌ی همین خاک و غرقه در خونم من
«ذبیح رحمانی»

§

بعد از اینکه اندکی آرام شدم، به قسمت (پی-ایکس)، که مجموعه‌ای از دکان‌های افغان‌ها بود، رفتیم و مشغول قدم زدن و دیدن دکان‌ها شدیم. در ابتدا، در سمت چپ سرک، یک مغازهٔ لباس‌فروشی زنانه و مردانه قرار داشت. از پشت کلکین، لباس‌های آینه‌دوزی،

خامک‌دوزی، چپلی‌های زری، چادری، لُنگی، کلاه، پیراهن و تنبان و ده‌ها چیز دیگر به چشم می‌خوردند. دکان‌ها همه بسته بودند، چون از ساعت ده صبح تا به پنج عصر باز می‌بودند و ما حدود ساعت یازده شب یا حتی ناوقت‌تر آنجا رسیده بودیم. بهر حال، دومین دکان در سمت راست، که در واقع اولین مغازه به حساب می‌آمد، مغازهٔ قالین فروشی بود. با روشن بودن چراغ داخل مغازه، به آسانی می‌توانستیم قالین‌ها و فرش‌های رنگارنگ را مشاهده کنیم. روی یکی دو تا از قالین‌ها، نقشه‌های افغانستان و ولایات آن نقش‌بندی شده بود که جذابیت خاصی داشت. روی یکی دیگر، منار جامع هرات با ظرافت بافته شده بود؛ همهٔ این‌ها کار دست و قابل تقدیر بودند. بعد از مغازهٔ لباس فروشی، مغازهٔ تیلفون و کارت‌های تیلفون قرار داشت که فکر می‌کنم مربوط به پاکستانی‌ها یا هندی‌ها می‌شد، چون تمام کارکنان آنجا یا هندی یا بنگلادیشی بودند. بعد از مغازهٔ تیلفون فروشی، داخل حویلی شکلی شدیم که دور تا دور آن مغازه‌های مختلف قرار داشتند، که اکثراً جواهر و انتیک فروشی بودند. من که از دیدن این همه اشیای اصیل افغانی به وجد آمده بودم، مثل نادیده‌ها دستانم را به کلکین‌های مغازه‌ها چسبانده و با دقت به داخل آنها نظراندازی می‌کردم. در پشت یکی از ویترین‌های مغازه، سنگ‌های عظیم لاجورد به چشم می‌خورد. من که همیشه در باره‌ی لاجورد بدخشان شنیده بودم، اما این اولین بار بود که این همه لاجورد را یکجا می‌دیدم — انگشتر لاجورد، چاقوی لاجورد، شطرنج لاجورد، کاسه لاجورد، گردنبند، گوشواره و دست‌بند لاجورد. خلاصه، دنیایی از لاجورد در مقابلم قرار داشت، آن هم با قیمت‌های بسیار مناسب. بعد از تماشا و گشت در تمام مغازه‌ها، که همه متأسفانه بسته بودند، با شیدا داخل (کافی بین) یعنی قهوه خانه یا کافی شاپ مشهور امریکا، شدیم و دو چای لاتی/لاته (Chai Latte) که شبیه شیرچای خود ماست، سفارش دادیم. سپس به تماشای دور و بر پرداختیم و به مشاهدهٔ مردم و محیط مشغول شدیم. در بین این جمعیت، چند نفر از افغان‌ها نیز به چشم می‌خوردند؛ بعضی در داخل قهوه‌خانه مصروف نوشیدن قهوه بودند و برخی دیگر در

بیرون مشغول گشت و گذار بودند. چون شب به ناوقت‌ها رسیده بود، همراه با شیدا بطرف اطاق برادرش، که فاصله‌ی چندان زیادی نداشت، روان شدیم. برادرش به پیشواز ما آمد، ما را خوش آمد گفت و با خود به داخل اطاق برد.

نصیر، مثل برادرش شیدا، مهربان و خنده رو بود. جالب اینکه شباهت عجیبی به برادرش داشت، ولی جسماً خیلی خوردتر، ضعیف‌تر و قدش کوتاه‌تراز او بود. تا نا وقت‌ها به صحبت مشغول بودیم و نصیر می گفت: "شیدا، برادرم، زیاد از تو تعریف کرده و زیاد دوستت دارد. امروز چند بار تا دفتر (ام-یی-پی) رفته و منتظر رسیدن شما بود. بخاطر مهربانی‌های ایشان تشکری کرده و از شیدا پرسیدم: "خوب، بعدش چه می‌شود، یعنی قدم بعدی چه است؟" گفت: "فردا باید ساعت ۹ صبح دوباره به خیمه‌های خود برویم، چون باید حاضری بدهیم و آنجا برای‌تان خواهند گفت که چه خواهید کرد." پرسیدم: "جریان تو چطور شده؟" گفت: "ما هر سه نفر، یعنی گیتی، فرزانه و من، به کابل تبدیل شدیم و حالا منتظر پرواز خود هستیم. اما فقط من برای کادر سوم انتخاب شدم، یعنی (CAT-۳) و آنها هنوز منتظر هستند تا ببینند نتیجه چه خواهد شد. شب را در داخل اطاق کوچک نصیر به صبح رساندیم و صبح زود بطرف خیمه‌های خود، که در جای دیگر به اسم (وارير) (Warrior) موقعیت داشت، روان شدیم. تاریخ دقیق رسیدن ما به بگرام، افغانستان در (چهاردهم دسامبر ۲۰۱۰) میلادی بود و رسیدن ما همزمان با فرارسیدن زمستان صورت گرفت. من که به زندگی کردن در (لوس آنجلس) (Los Angeles) امریکا بسیار نازدانه شده بودم — جایی که اصلاً زمستان وجود ندارد و هیچ‌وقت برف نمی‌بارد — با آمدن از هوای گرم لوس آنجلس و هوای گرم قطر، دفعتاً خود را با خنک عجیبی روبه‌رو دیدم. دوباره به یاد طفولیت و نوجوانی خود افتادم و خنک‌های کارته پروان و سینمای پامیر در خاطرم زنده شد.

با گرفتن سرویس، خود را به (واریر) رساندیم. مردمان همه دور هم جمع شده و منتظر آمدن راهنما بودند. تعداد واقعاً زیاد بود؛ فکر میکنم حدود صد تا صد و بیست نفر بودیم، که البته تعداد از خانم‌ها نیز در میان جمع مردان به چشم می‌خوردند. در این هنگام، چشم گیتی به من افتاد. او همراه با فرزانه پیش ما آمدند، ما را در آغوش گرفتند و خیلی خوشحالی کردند. چند دقیقه بعد، نماینده‌ی (ام-ایی-پی) یا راهنمای ما، با خواندن اسامی همه، افراد حاضر و غیر حاضر را مشخص نمود. سپس به ما، تیمی که شامل شانزده نفر بودیم، گفت: "پس فردا ساعت یک و نیم بعد از ظهر در داخل کلیسای کنار دفتر جمع شوید، چون در رابطه با چگونگی مقررات کاری و اینکه در کجا وظیفه خواهید گرفت، صحبت خواهیم کرد. لطفاً به وقت حاضر شوید. بعد از رفتن راهنما، ما همه دوباره به دور هم یکجا شدیم، یعنی گروپ بزرگ همیشگی ما که شامل افسانه، فرزانه، گیتی، شیدا، ندیم، نبی، اجمل، زلفقار، ببرک و خودم بود. سلما با بچه‌های قندهاری، توریالی، هارون و چند نفر دیگر همراه شد و از ما جدا رفتند. ما همه چون گرسنه بودیم، بطرف یکی از خیمه‌ها که کانتین طعام خوری یا چاهال بود، رفتیم و بعد از داخل شدن، هر کس برای خود غذایی تهیه کرد و دوباره به میزهای خود برگشتیم. گیتی‌و فرزانه، که از دیدن ما بسیار خوشحال بودند، گفتند بعد از اینکه چای تمام شد، به بازار برویم. ما هم چنین کردیم و با گرفتن سرویس بسوی (پی یکس) رفتیم. برای اولین بار بود که در روشنی روز، واقعاً متوجه محوطه و فضای اطراف بگرام شدم.

قشله‌ی عسکری بگرام، یا همان محل بود و باش امریکایی‌ها در بگرام، دقیقاً توسط کوه‌های سر به فلک کشیده احاطه شده بود — چهار طرف آن را کوه فرا گرفته بود و بر فراز کوه‌ها، برف سفید و زیبایی دیده می‌شد. آسمان آبی روشن و عطر وطن به وضاحت به مشامم می‌رسید. با اتفاق شیدا، به سمت دکان‌ها روان شدیم. شیدا مرا به داخل یکی از مغازه‌های جواهرفروشی برد و به صاحب آن، که پسر جوانی بود، معرفی کرد و گفت: "ذبیح جان رفیقم است، سی‌وسه

سال بعد از امریکا آمده." پسر جوان "فهیم" نام داشت و واقعاً با مهارت و روانی، انگلیسی را خوش صحبت می کرد. اگر خودش نمیگفت که هرگز امریکا را ندیده، به سختی می‌توان فهمید که تنها در افغانستان زندگی کرده و بزرگ شده است. چند دقیقه را با فهیم گذراندیم، بعد از آن به مغازه‌های بعدی سر زدیم، با هر کدام از صاحبان دکان‌ها سلام و علیک کردیم و از اینکه با آن‌ها دیدار کردم و آشنا شدم، نهایت خوشحال بودم. من که با صحبت کردن با هریک از افغان‌ها، خوشحالی بیش از حدی برایم دست می‌داد، معمولاً اشک شادی از چشمانم جاری می‌شد. دسته‌جمعی وارد کافی شاپ شدیم و همه سفارش چای یا قهوه دادیم. در جریان نوشیدن چای، گیتی گفت: "یک اندازه دورتر بازاری بزرگ و سرباز وجود دارد که باب دهن تو است و بسیار چیزهای انتیک و زیبا دارد." من هم گفتم که حتماً امروز مرا به آنجا ببر. بعد از ختم چای در (پی یکس)، به استقامت شمال به راه افتادیم و در مسیر، نارسیده به دفتر (ام-یی-پی)، به یک بازار دیگر برخوردیم، همه داخل شده و به دیدن مغازه‌ها مشغول شدیم. اولین مغازه به‌طور خاص اقسام تیلفون‌ها، کارت‌های تیلفون و هر نوع (دی-فی-دی) را می‌فروخت. در مقابل آن، مغازهٔ جواهر فروشی قرار داشت که مالک آن شخصی به اسم داکتر صاحب بود و عینک نمره‌دار بر چشم داشت. در دکان سومی، مالک آن ذبیح نام داشت. او در زمینهٔ فروش لباس، عطر و کرمیچ‌های نامدار دوش مثل آدیداس، پوما و ده‌ها برند دیگر که من با آن‌ها آشنایی نداشتم، تجارت می کرد. در مغازه‌ی ذبیح، برای ما چای تعارف کردند و با خوش‌آمدگویی گرم، ما را تحویل گرفتند. بعد از نوشیدن چای، مطابق عادت همیشگی‌ام، دو دالر از جیبم بیرون آورده و با احترام در بشقابم گذاشتم، اما ذبیح از دیدن آن بسیار ناراحت شد و آن را رد کرد. بعدها، وقتی که من آنجا ماندگار شدم و همه با من دوست شدند، ذبیح گفت: "آن روز، آن‌قدر از دستت ناراحت و عصبی شده بودم که می‌خواستم از دکان بیرونت کنم، اما به‌خاطر سن و سالت کوتاه آمدم؛ آخر من در روزی دوصد تا پنج‌صد دالر امریکایی درآمد دارم."

مقابل دکان ذبیح، مغازهٔ ساعت فروشی و جواهرفروشی قرار داشت. بعد از آن، دکان فرش‌فروشی بسیار گران‌قیمتی بود که در مقابل آن نیز انواع و اقسام سنگ‌های مرمر به نمایش گذاشته شده بود — جایی کوچک، ولی بیش از حد مزدحم بود. ضمناً، در کنار اینها، بخشی هم مربوط به فروش مواد غذایی و میوه‌های خشک می‌شد. در ضمن صحبت، از گیتی پرسیدم: "آیا این همان بازاری است که قبلاً از آن یاد کرده بودی؟" او گفت: "نخیر" و چون دفتر ما در نزدیکی همین بازار موقعیت داشت، همه با هم سری به دفتر زدیم و به خانه‌های خود تیلفون کردیم. در جریان قدم زدن، متوجه یک مسئله شدم و آن اینکه در بگرام، علاوه بر عساکر از کشورهای مختلف، کارگران غیرنظامی نیز از هر کشور به چشم می‌خوردند. تمام کارکنان، از راننده‌های سرویس گرفته تا کسانی که تشناب‌ها را تمیز می‌کردند، سرک‌ها را جاروب می‌زدند، کارکنان طعام خانه، آشپزها، دلاک‌ها — همه و همه از کشورهای مختلف مانند بنگلادش، هندوستان، ترکیه، بوسنیه، نیپال، بوشکک و دیگر نقاط بودند. متأسفانه، تعداد کارکنان افغانی بسیار اندک بود. در ابتدا علت آن را نمی‌فهمیدم و فکر میکردم شاید موضوع، نداشتن سواد باشد. ولی بعداً دریافتم که برای کارهای چون تشناب‌پاکی، سرک‌پاکی، آشپزی، دلاکی و بقیه کارهای ساده و پیش‌پاافتاده، سواد فوق‌العاده لازم نیست. پس یگانه علت این وضعیت، خرید و فروش قراردادها و گرفتن رشوه‌های بزرگ توسط افسران عالی‌رتبه‌ی نظامی و مسئولین دولتی خودفروختهٔ افغانستان، همراه با احکام اداری فاسد بود که از این چنین زمینه‌هایی برای منفعت‌جویی شخصی استفاده می‌کردند. اگر واقعاً یک دولت مردمی بر سر کار حاکم می‌بود، هیچ‌وقت مردم اجنبی برای انجام کارهای کوچک و عادی مملکت موظف نمی‌شدند؛ بلکه افغان‌های همین سرزمین به این کارها اشتغال می‌ورزیدند و لااقل می‌توانستند سطح فقر، بدبختی و گدایی را تا اندازهٔ زیاد کاهش دهند.

نان چاشت را همه با هم در چاهال یا طعام خانه‌ی مقابل (پی یکس) خواهان خوردن شدیم. در سرک عمومی بگرام، که به اسم (دیزنی) مسمّا بود، بیشتر از پنج چاهال بسیار بزرگ وجود داشت. تمام سرک‌های بگرام به اسامی مختلف انگلیسی نام‌گذاری شده بودند و نقشه‌ی سرک‌سازی و نام‌گذاری سرک‌های عمومی و فرعی نیز به زبان انگلیسی تهیه شده بود. در ابتدای داخل شدن به چاهال، در سمت چپ، هشت یا نه دست شویی قرار داشت. قبل از گرفتن غذا، همه باید دستان خود را می‌شستند، بعداً اجازه می‌یافتند تا پتنوس، قاشق و پنجه پلاستیکی – که به قول افغان‌های داخل کشور (یکبار مصرف) بود – را بردارند. پس از آن، در صف، بصورت منظم و پشت سر هم به حرکت افتاده و می‌توانستیم غذاهای مورد علاقۀ خود را درخواست کرده و یا خود ما برداریم. در وقت صرف غذا، اجازه نداشتیم غذای گرم را خود ما بگیریم. کارگران چاهال با پوشیدن دستکش‌های پلاستیکی، کلاه‌های کاغذی و با استفاده از جالی‌های مخصوص برای آن عده از اشخاصی که ریش داشتند، مسئول کشیدن غذا برای دیگران بودند. اما سالاد، میوه، سوپ، چای، قهوه، کیک، کلچه و دیگر خوردنی‌ها را می‌توانستیم آزادانه خود ما برداریم. غذای چاشت را واقعاً در فضای دوستانه و صمیمی نوش جان نمودیم و بعد از نوشیدن چای و قهوه، دوباره در سرک‌ها به چکر زدن پرداختیم. حدودهای عصر، فرزانه گفت که باید آهسته آهسته برگردیم، چون وقت حاضری دادن فرا رسیده است. قرار گفته‌ی دیگران، ما باید دو بار – یکی صبح ساعت ۹ و دیگری ساعت ۵ عصر – در منطقۀ خود، یعنی خیمه‌های ترانزیت در (واریر) حاضر می‌بودیم؛ در غیر آن، در وقت گرفتن حاضری، ممکن بود با مجازاتی که دقیق نمی‌دانستیم چیست، مواجه شویم. خواندن اسامی ما دلایل مختلفی داشت، اما مهم‌ترین آن، جلوگیری از خروج افراد از قشله‌ی عسکری بگرام و رفتن به داخل شهر کابل بود. بعد از خواندن اسامی یا همان حاضری گرفتن، من و شیدا دوباره با سرویس به طرف شهر رفتیم و چون هوا بسیار سرد بود، بطرف اطاق نصیر به راه افتادیم. در اطاق نصیر، شیدا که از قبل چندین فیلم کمدی از صمد آغا را خریده بود و همچنان آهنگ‌های

فیلم‌های هندی از لتا، مکیش، کشــور و رفیع و در جمله آهنگ‌های افغانی از نغمه و دیگر خواننده‌ها را تهیه دیده بود. ما تا ناوقت شب با تماشای فلم‌ها و شنیدن آهنگ‌ها مشغول بودیم تا اینکه به خواب رفتیم. فردا صــبح زود، دوباره حمام گرفتیم؛ البته رفتن به حمام یک اندازه مشــکل بود، چون فاصله‌اش از اطاق نصیر بسیار دور بود و صبح هوا نیز بیش از حد سرد.

در هر حال، خود را به ایستگاه رسانده و با کمک سرویس، دوباره در جمع بقیه در بیرون از خیمه ایستادیم و به حاضری دادن مشغول شدیم. راهنما بعد از ختم حاضری، اسامی گروه ما را خواند و یادآوری کرد که ساعت یک و نیم بعد از ظهر را فراموش نکنیم. در کلیسای پهلوی دفتر (ام-پی-پی)، دوباره همه با هم جمع شـدیم و برای صـرف چای صـبح بطرف چاهال رفتیم. آنجا در کنار هم مشـغول خوردن، شـوخی و فکاهی گفتن شـدیم. ما یک اندازه دلواپس و پریشـان بودیم، چون واقعاً نمی‌فهمیدیم که به کجا تبدیل خواهیم شــد. من بازهم گفتم: "من خو می‌فهمم که کجا تبدیل میشوم." پرسیدند: "از کجا؟" گفتم: "نود در صد در کابل و ده فیصد دیگر را نمی‌دانم کجا." ندیم و نبی فکر می‌کردند که شیدا، نظر به شناخت بعضی از افسران نظامی، حتماً مرا نیز با خود به کابل تبدیل کرده یا سفارش داده تا با او باشم. در حالی که چنین چیزی اصلاً نبود. هیچ‌کس قادر به انتخاب موقعیت کار شــخص دیگری نبود، چون تمام موقعیت‌های کاری ما قبلاً تعیین شــده بود و ما فقط مهره‌های بی‌اختیار شـطرنج‌بازان نظامی بودیم که تنها با حرکت دسـتان آن‌ها قادر به حرکت بودیم — و بس. بعد از ختم چای صبح، دوباره با گرفتن سرویس‌ها بطرف شهر یا (پی ایکس) روان شدیم. از آنجایی که مغازه‌ها همه از ساعت ده صبح باز می‌شدند و با رسیدن ما، تقریباً ساعت ده و نیم را نشان می‌داد، به اصرار گیتی و دیگران، موافقت کردیم که بطرف بازار سرباز برویم. از آن‌جا که مرکز شهر، یعنی (پی-ایکس)، تقریباً پانزده دقیقه با پای پیاده فاصله داشت، این مسیر برای ما تازه‌واردان فرصتی خوبی برای دیدن آنطرف شهر بود. با صحبت‌های خوش و یادآوری ماجراهای خنده‌دار سفر با سرویس از بالتیمور تا جورجیا، فاصلهٔ بین (پی-ایکس) تا بازار را اصلاً متوجه نشدیم.

﷼ موقعیت افغان‌های داخل کشور در بگرام ﷼

این قسمت از شهر را که (SCPI) یاد می‌کردند، یکی از نقاط مهم و دارای حق‌العبور بسیار بزرگ و مهم بود. اکثریت افغان‌هایی که خواهان وارد شدن به داخل کمپ عسکری بودند، باید از این محل بازرسی و تلاشی عبور می‌کردند تا اجازۀ ورود دریافت می‌نمودند. البته، آنهایی که اجازه ورود به داخل کمپ را داشتند، دارای کارت‌های اعتباری سرخ، سبز و زرد بودند. هر کدام از این کارت‌ها مقررات مخصوص به خود داشت — اینکه از کجا تا کجا رفت و آمد کنند و از چه امکاناتی استفاده نمایند — یعنی اختیارات کارت‌های رنگارنگ با یکدیگر تفاوت داشت. این بازار که دارای دروازۀ فلزی بزرگ بود و به دو طرف جاده باز می‌شد، واقعاً به شکل یک میدان بسیار وسیع به نظر میرسید که مغازه‌ها در دور تا دور آن کنار یکدیگر موقعیت داشتند. اولین مغازه بدست چپ، یک دکان کلان فرش فروشی بود، دومین مغازه، سنگ‌های مرمر، سومین مغازه، لباس فروشی، چهارمین مغازه، چپلک، دستکش، دستکول، بکس و بکسک‌های چرمی، خلاصه همه چیزهای چرمی به چشم می‌خورد. پنجمین مغازۀ کوچک، جواهر فروشی؛ ششمین مغازۀ عظیم، انتیک فروشی بود که واقعاً از سکه‌های زمان حبیب‌الله بچۀ سقا تا کمربندهای عساکر کشته شدۀ روسی در آن پیدا میشد. هفتمین مغازه مربوط به لباس‌های افغانی، ولی تنها زنانه بود؛ اقسام چادری، چادر، پیراهن تنبان و پنجابی در آن عرضه می‌شد. هشتمین مغازه، میز، چوکی و بکس‌های بوریایی چوبی و فلزی می‌فروخت. نهمین مغازه، جواهرفروشی با سنگ‌های گران قیمت بود. دهمین، عتیقه فروشی نسبتاً کوچکی بود و در کنار آن دکان خیاطی قرار داشت که نشانه‌های عسکری و تاپه‌های نظامی را بروی انواع پارچه‌جات می‌دوختند. به تعقیب آن، دوباره بوریافروشی، فرش‌فروشی کوچک، سپس

پهلوی آن مغازهٔ لباس‌های زنانه و مردانه، با اقسـام لنگی، پیراهن تنبان خامک‌دوزی و آینه‌دوزی قرار داشت. در کنار آن، مغازهٔ مخصـوص فروش پوست بود که هر نوع پوست را برای سـاختن بالاپوش‌ها، کرتی‌ها و پوستینچه‌ها به کار می‌بردند. بعداً مغازهٔ مخصوص فروش جوراب و بوت دیده میشد — بوت‌های مجلسی، یعنی که روی فرش پوشیده می‌شدند. بالاخره، آخرین دکان در سمت راست (که در واقع، اولین مغازه از آن سمت به حساب می‌آمد) مغازهٔ نسبتاً بزرگ بود که انواع و اقسـام موزیک (دی فی دی) (DVD)، کتاب، آرمونیه، طبله، دهل، رباب و تمام آلات موسیقی را به فروش می‌رساند. همچنین، در این مغازه مجلات، پوسترهای بزرگ و مقبول از گوشـه و کنار مملکت نیز به چشـم می‌خورد. من که تمام علاقه‌مندی‌ام در اشیای انتیک و کتاب خلاصـه می‌شـد، در همان دو مغازه خودم را مصـروف سـاختم. از انتیک‌فروشـی، یک دانه انگشتر بسیار قدیمی لاجورد که بروی نقره‌ای قدیمی کار شده بود، پیدا کرده و برای خودم خریدم. در همین حال، چشـمانم به یک سـماوار نقره‌ای قدیمی افتاد که دور تا دورش با نوشـته‌های دری مزین شـده بود. یکی از نوشـته‌ها چنین بود: *"در مزار ما غریبان نه چراغ نه شمع و نه پروانه."* خواستم آنرا بخرم، اما شیدا نگذاشت و گفت: "هنوز جایت معلوم نیست، کارت معلوم نیست، صـبر کن باز دوباره خواهیم آمد." از مغازه‌ی کتاب فروشـی، فقط با خرید یک جلد کتاب شـعر از فروغ فرخزاد اکتفا کردم.

خانم‌ها هر کدام چند تا چادر و دستمال رنگارنگ خریداری نموده بودند و نبی نیز دلش سخت به یکی از آرمونیه‌ها بند شده بود، ولی موقعیت خریدن آنرا نداشت. در این مقطع، چون وقت غذای چاشت شده بود، با عجله به طرف طعام‌خانه رفتیم و به خوردن غذا مشغول شدیم، زیرا وقت کافی برای ما باقی نمانده بود. ما باید ساعت یک و نیم بعد از ظهر، برای تعیین سرنوشت کار خود، به کلیسای همجوار دفتر ما می‌رفتیم. وقتی مشغول غذا خوردن بودیم، گیتی چشمش به انگشتر قدیمی دست من افتاده بود، بدون تأمل گفت: "بکش انگشتره!" گفتم: "بکشیش!" انگشتر را درآورده، به دست گیتی دادم. گیتی بعد از نگاهی دقیق که معلوم بود خیلی خوشش آمده، انگشتر را به دست خود کرد و گفت: "دلکت جمع باشد، برایت پس نمیدهم." ناگفته

نماند که گیتی نیز در جریان سفر با سرویس از بالتیمور تا جورجیا، یک انگشتر نقره‌ای مردانه که در دست داشت و من از آن خوشم آمده بود، به من تحفه داده بود. پس حقش بود که این انگشتر لاجورد قدیمی را برایش بدهم. چنانکه قبلاً ذکر کردم، بعد از ختم غذا که آن را بسیار با عجله خوردیم، به‌سوی کلیسای همجوار دفتر خود روان شدیم. شیدا نیز با ما آمد، اما گیتی و فرزانه گفتند که در بازار منتظر تان می‌باشیم. برای ما، دیدن کلیسا تعجب‌آور بود — در میان همه‌ی امکانات دیگر، یک کلیسای کوچک مسیحی نیز در داخل پایگاه بگرام ساخته شده بود. این مکان در زمان حضور نیروهای امریکا و ناتو بنا گردید و بیشتر برای عبادت و حمایت معنوی سربازان امریکایی و همپیمانان‌شان مورد استفاده قرار می‌گرفت. در اکتوبر ۲۰۱۰، یکی از این کلیساها در بگرام گشایش یافت که با مواد پیش‌ساخته (Prefabricated materials) آباد شده بود. ضمناً، نقش مهمی در تقویت روحیه‌ی سربازان داشت — اما این واقعیت بر ما تحمیل شده بود. در دل خاک مسلمان، زیر آسمان مسلمان، صلیبی بر بام کلیسای بگرام نشسته بود؛ نه کسی آن را رد کرد و نه کسی اعتراض نمود. امریکا همیشه به خواست‌های مردمش توجه داشت، اما افسوس که وطن ما همیشه اسیر ویرانی هموطن و در و دیوار خویش بوده است.

در جلو دروازهٔ کلیسا، علاوه بر ما، تعدادی از نفرهای ناشناس نیز به چشم می‌خوردند. بعد از یک دقیقه، دو خانم داخل کلیسا شدند. پس از سلام کردن و معرفی خود، ما را دعوت به نشستن کردند و چند ورق کاغذ را به دست ما دادند. یکی از آنها گفت: "بعد از مطالعه، لطفاً امضا کنید و احیاناً اگر چیزی را نمی‌فهمید و یا سؤالی برایتان پیش آمد، لطفاً از ما بپرسید، زیرا جواب دادن به سؤالات شما جزو وظیفهٔ ماست." ما آن فورم‌ها را یکی پس از دیگری مرور کرده و همه را امضا کردیم. این فورم‌ها مربوط به مسئولیت‌های کاری ما بودند و توضیح می‌دادند که چه کارهایی را باید انجام دهیم و از کدام کارها باید پرهیز کنیم. بعد از آن، یک خانم دیگر آمد و

در مورد تمام مسائل بانکی، چک‌ها، حساب‌های بانکی، حساب‌های اندوخته و پس انداز و غیره توضیح داد. احیاناً، اگر کسی خواهان گرفتن(فور او ون کی) (401K) می‌بود — که مخصوص حساب پس‌انداز برای دوران تقاعد است — می‌بایست ورقهٔ جداگانه‌ای را بعداً در دفتر آن‌ها امضا می‌کرد، اما هیچکس به آن علاقهٔ نشان نداد. خلاصه، این گفت و شنودها تا ساعت چهار بعد از ظهر طول کشید و بالاخره در همان وقت، مردی که مسئول تعیین پوست‌های کاری ما بود، ورقه‌هایی را که در دست داشت بر اساس اسامی ما خواند و تذکر داد که کی برای کار به کجا فرستاده خواهد شد. از میان شانزده نفر، من، افسانه، هادی و خالق (که پاکستانی بود و از روزهای اول با ما همراه بود) در بگرام ماندیم. اجمل، نبی، ندیم، آقای اُلفت، ببرک، سلما، توریالی و هارون به هلمند تبدیل شدند؛ زلفقار به جلال آباد رفت و یک یا دو نفر دیگر که دقیقاً به یاد ندارم، به قندهار انتقال یافتند. من که از ابتدا می‌فهمیدم در کابل می‌مانم و این حدس زدن با اطمینان من، همه را به خنده انداخته بود، می‌پرسیدند: "از کجا می‌فهمیدی؟" برای ایشان گفتم: "نود در صد مطمئن بودم و فقط به خاطر همان ده درصد شک، در بگرام ماندم؛ والا، حتماً به کابل می‌رفتم." ناگهان، همه متوجه ببرک شدیم؛ که فورم‌های رسمی در دستش مچاله شده و اشک از چشمانش آرام آرام روان بود. همه به‌طرفش رفتیم و جویای احوالش شدیم. گفت: "من به هیچ وجه هلمند نمی‌روم، واقعاً رفتن به هلمند خودکشی است". او از هلمند شدیداً میترسید و یادم است که یکی دوبار قبلاً متذکر شده بود که اگر او را به هلمند بفرستند، از رفتن دریغ خواهد نمود. زلفقار که رفیق صمیمی‌اش بود، او را در بغل گرفت و برایش دلداری داد و گفت: "خیر است، یک دفعه برو، اگر خوشت نیامد، باز کنسل کرده و خانه برو." اما ببرک میگفت: نه من حالا لغو می‌کنم چون من یک پسر هفت ساله دارم که خواهان زنده ماندن پدرش و بزرگ شدن در کنار او است. من هیچوقت و به هیچ وجه، حاضر به رفتن به هلمند نخواهم شد — واقعاً چنان هم کرد. با شهامت به دفتر رفت، خواهان لغو

قرارداد خود شـد و از آنها خواهش کرد تا زمینهٔ برگشتن‌اش را فراهم سـازند. این نکته را باید اضـافه نمایم که در صـورت لغو قرارداد و برگشـت به امریکا، تمام مصـارف را خود ما باید بدوش می‌گرفتیم و مجبور بودیم تمام وسـایلی را که به ما داده بودند، به‌طور کامل بازگردانیم. ازتصـمیم ببرک برای واپس رفتن به امریکـا، همـه نـاراحت بودیم؛ ولی این تصـــمیمی بود که خودش گرفته بود و کســـی هم نمیتوانست فکرش را تغییر دهد.

در ضمن، ما همه شنیده بودیم که خطرناک‌ترین محل و بیشترین جنگ با طالبان، در ساحه‌های مختلف ولایت هلمند میباشـد. از این که من در بگرام ماندگار شـده بودم، شـیدا خیلی خوشـحال بود. بعد از ختم جلسه، شخص مربوط به تبدیلی‌ها و مقرری ما اضافه کرد که فعلاً باید در خیمه‌های ترانزیت ماندگار باشید تا زمینه‌ی سـفر شـما فراهم گردد. با بیرون آمدن از کلیسـا، همه مشـوش و نگران بودند و واقعاً نمی‌دانسـتند که چه باید کرد. هر کس با مشـوره و صـحبت با یکدیگر سـعی میکرد خیال خود را راحت‌تر سـازد. چون وقت حاضری دادن ساعت پنج عصر بود، همه با هم بسوی سرویس‌ها رفتیم و خود را به محل خیمه‌های ترانزیت رساندیم. پس از گرفتن حاضری، برای شیدا، گیتی و فرزانه احوال رسید که آنها موقتاً در ساحه‌ی زندان بگرام به کار مشغول خواهند شد، تا زمانی که زمینه‌ی رفتن‌شان به کابل صورت بگیرد. آن شب، ما دوباره از هم جدا شـدیم. فردای آن روز،بنا به توصـیه‌ی شـیدا، روانهٔ مغازهٔ تیلفون‌فروشـی شـدیم و اولین تیلفون افغانی‌ام را به نام "روشان" خریداری نمودم تا بتوانم با شیدا، بقیه دوستان و حتی خانواده‌ام در امریکا در تماس باشم. عصر همان روز، افسانه نیز به طرف نامعلومی برای بود و باش همیشگی روانه شد. ضـمناً، بقیه‌ی بچه‌ها، به شـمول اجمل، ندیم، نبی، آقای اُلفت، سـلما، توریالی و هارون نیز پس از جمع‌آوری بکس‌های خود و خداحافظی با دوستان، روانه‌ی میدان هوایی شدند تا ببینند سرنوشت در هلمند چه چیزی برایشان رقم زده است.

من که احساس تنهايي شدیدی می‌کردم، خودم را آن شب زودتر به خواب زدم تا نه احساس تنهايي کنم و نه افکار منفی در ذهنم راه پیدا کنند. ولی واقعاً خوابیدن در داخل خیمه‌ها بسیار دشوار بود؛ نفس کشیدن در آنجا مشکل بود و خوابیدن از آن هم دشوارتر. از آن بوی بد، کثافت، پوست میوه، بوی پای، خُروُپف و در امتیاز نهایی، صدای جت‌های بمب‌افکن هم نصیب ما شده بود؛ که هر چند دقیقه، یکی از بالای سر ما با آن غرش دلخراش و هیبت‌انگیزش عبور می‌کرد و فضا را چند برابر وخیم‌تر و ناخوشایندتر می‌ساخت. چون میدان هوایی دقیقاً در پشت سر ما موقعیت داشت، این بمب‌افکن‌ها آن قدر سریع‌السیر بودند که اول از بالای سر ما تیر می‌شدند و بعداً صدای‌شان به گوش می‌رسید. در ضمن، حتی از فاصلهٔ دور، شعله‌های آتش از انجین‌هایشان زبانه می‌کشید و قابل دیدن بود. صدای این جت‌ها آن‌قدر دلخراش و بلند بود که اگر مبالغه نباشد، به احتمال قوی، یک خانم باردار یا حامله همان‌جا ولادت کند. هنوز به خواب نرفته بودم که سروصدایی در داخل خیمه بلند شد. سرم را از زیر لحاف بیرون کشیدم، چشمم به گروه خود ما خورد که برگشته بودند و اولین کسی که دیدم، ندیم بود. پرسیدم: "چه گپ شد؟" گفت: "هیچ، رفتن ما فعلاً تا فردا ساعت ده صبح نشد." شب را با صحبت سپری نمودیم و سپس به خواب رفتیم.

فردا صبح، بعد از حاضری دادن و نوشیدن چای، بچه‌ها دوباره خداحافظی کردند و با سرویس (ایم-ایی-پی) روانهٔ میدان هوایی شدند. من که تنها مانده بودم، به طرف شهر یا (پی-ایکس) رفتم. بعد از دیدن چند مغازه، داخل دکان فهیم شدم و با صحبت و آشنایی بیشتر با آن‌ها مشغول گشتم. در ضمن، فهیم یک همکار به اسم رشید نیز داشت که بعداً فهمیدم پسر عمه‌اش است. رشید، برعکس فهیم، همیشه پیراهن و تنبان برتن داشت، انگلیسی را چندان بلد نبود و واقعاً حال و هوای دهاتی داشت. اما بیش از حد مهربان، وطن دوست، رفیق‌پرست و مهمان‌نواز بود — هیچ

امکان نداشت تا برایت چای تهیه نکند و شیرینی پیش رویت نگذارد. چند ساعتی را با رشید و فهیم گذراندم؛ به آموختن زبان جواهرفروشی و تفاوت سنگ‌ها پرداختم، تلویزیون تماشا کردیم. چون وقت خوردن غذا شده بود، از آن‌ها خداحافظی نموده روانه‌ی چاهال شدم. هنوز در طعام خانه جای برای خودم پیدا نکرده بودم که صـــدای آشـــنایی توجه‌ام را جلب کرد. در حالت نا باوری، دوباره بچه‌ها را دیدم که دور هم نشسته‌اند. من نیز در کنارشان نشستم و پرسیدم، باز چه گپ شد؟ خندیده، گفتند که باز برای امشب تا ساعت هفت ماندیم. بودن آنها برای من خیلی خوب بود، چون دیگر از تنهایی رنج نمی‌بردم. بعد از خوردن غذا، به پیشـــنهاد زلفقار و ببرک، داخل کلب بیلیارد شـــدیم و ســـاعت‌ها را با خوشـــی ســـپری نمودیم. رفتن ببرک تا هنوز نامعلوم بود؛ میگفت که تا دو سه روز دیگر، إن‌شاءالله می‌روم. ساعت چهار و نیم، همه با هم با سرویس خود را در خیمه‌های ترانزیت رساندیم و مشغول حاضری دادن شدیم. بعد از حاضری، بچه‌ها دوباره خداحافظی کرده، سوار سرویس مخصوص دفتر ما شدند و به طرف میدان هوایی رفتند. این بار، آخرین باری بود که من حلقه‌ی دوستان همیشگی‌ام را دیدم و با آنها خداحافظی کردم. از آن پس، هر کدام مشغول زندگی شخصی خود شدند و دیگر هیچکس نتوانست دیگری را ببیند.

پراکندگی دوستان

فردای آن روز، بعد از حاضـــری دادن، راهنما به ما گفت – یعنی من، هادی، خالق و چند نفر دیگر – که بَگ‌های خود را آماده داشته باشیم، زیرا ساعت ده دنبال ما خواهد آمد تا در جهت سرنوشت برویم؛ یعنی جای بود و باش همیشگی. ساعت ده و نیم، سرویس (ایم-بی-پی) آمد و ما را با بَگ‌های ما ســـوار کرد و به طرف جنوب روانه شـــد. تقریباً بعد از پانزده دقیقه رانندگی، به یک

محل دورافتاده رسـیدیم که به نام (برج هشـتم) (Tower Eight) یاد می‌شـد. بعد از گذشـتن از حق‌العبور و بسته شدن چوب‌های آن در پشت سر ما، حرکت با سرویس ادامه یافت و بالاخره، بعد از چند دقیقه راندن، سـرویس بطرف دسـت چپ، جایی که خیمه‌های بزرگ در کنار هم جایگزین گشته بودند، توقف نمود. قبل از ایستادن سرویس، من افسانه را در کنار سرک دیدم؛ او نیز چشمش به من افتاد و با شتاب به دنبال سرویس آمد. به محض پایین شدن از سرویس، او خودش را در آغوشـم انداخت، آرام آرام به گریسـتن افتاد. اشـک‌هایش بی‌اختیار می‌ریختند و من هیچ نگفتم تا بالاخره، گفت: "من خیلی تنها هستم، اینجا بسیار جایی دق‌آور است...خوب شد که تو آمدی." سـعی کردم او را آرامش ببخشـم، ولی او آرام نمیشـد. بعد از مدت کوتاهی، توانستم او را کمی آرام سازم. سپس راهنمای ما آمد و ما را به خیمه‌ی (۲۲ب) برد و گفت: "از این بعد، اینجا جای شـما میباشـد." خودش با شـخصی به نام (سـرجنت جکسـون) تماس گرفت و جریان رسیدن ما را برایش گزارش داد و پس از آن با ما خداحافظی کرد و از ما دور شد.

بعد از چند دقیقه (سرجنت جکسون) که از اسم و لهجه‌اش پیدا بود در اصل هسپانیک‌تبار است و تابع امریکا می‌باشـد، با خوش‌آمدگویی اضـافه نمود که دنبال او برویم. او ما را در یک اطاق دیگر برای ثبت نام برد و گفت که فردا دوباره باید اینجا بیایید تا کارت دخولی زندان را برای‌تان بدهم، چون کار شما از فردا در داخل زندان آغاز خواهد شد. بعداً، او با یکی از افسران خود تماس گرفت. شخص مذکور با موتر به دنبال ما آمد و ما را با خود به تحویل‌خانۀ نسبتاً بزرگ برد تا برای خود دوشک‌های اسفنجی دریافت کنیم. هر کس نظر به ذوق و شوق خود، رنگی از دوشک‌ها را انتخاب کرد، آنها را در داخل موتر جابجا کرده و به طرف خیمۀ (۲۲ب) روان شـدیم.

افسر مذکور پس از رساندن ما، خداحافظی نمود و دور شد. ما نیز هر کدام دوشک‌های خود را در بستر پهن کردیم و برای خود جای مناسبی آماده ساختیم. لباس‌های ما هنوز در داخل بَگ‌ها بودند و هر کدام از ما، یک الماری شکسته و بدردنخور نیز در نزدیک بسترهای خود داشتیم. هادی درست مقابل بستر من جایگزین شده بود، یعنی در کنج خیمه جای گرفته بود و این موقعیتش باعث شده بود که جای بیشتری برای نگهداری بَگ‌هایش داشته باشد. من هم دو تا از بَگ‌هایم را پیش او گذاشتم و دو تای دیگر را زیر تخت خود محکم جا کردم. در اطاق ما، یا بهتر بگویم، خیمه‌ی ما شانزده بستر وجود داشت که دوازده تای آن پر بود و چهار تای دیگر هنوز خالی مانده بودند. در بالای خیمه، یعنی در بستر بالایی (منزل دوم)، مرد ریش سفیدی به اسم قاسم جای گرفته بود و در بستر مقابل او، یک پسر قندهاری نژادپرست و زورگو جابجا شده بود. بعداً، یک پاکستانی، پس از او هادی و خالق و از این طرف یکی یا دو نفر دیگر، سپس یک جوان هزاره و آخری من قرار داشتم. بعد از معرفی مختصر با آنها، گفتم که بیرون سری می‌زنم تا ببینم چه خبر است. من، قبل از آمدنم به بگرام، هنگامی که هنوز در امریکا بودم، شنیده بودم که یکی رفقایم به نام علی — کسی که از دوران کودکی با هم بزرگ شده بودیم و در لوس انجلس هم گاهی شب‌های موسیقی را با هم ترتیب می‌دادیم — مدتی می‌شد که در داخل زندان بگرام بکار مشغول شده بود؛ بنابراین، به عزم پیدا کردن او، از خیمه خارج شدم.

در بیرون خیمه، افسانه هنوز هم منتظر ما بود و گفت که شنیده است گیتی‌شان نیز فردا به اینجا خواهند آمد. پرسیدم: "مگر به کابل نرفته‌اند؟" او پاسخ داد که هنوز معلوم نیست، برای همین منظور موقتاً آنها را این جا می‌آورند. با افسانه به گشت و گذار محوطهٔ زندان پرداختیم. زندان در یک محل دور افتاده و ویران‌شده قرار داشت. موقعی که ما با سرویس می‌آمدیم، قلعه‌های ویران‌شده‌ی دوران جنگ با روس‌ها را بخوبی می‌شد دید. دیگر هیچکس در آن محیط و اطراف آن زندگی نمیکرد. بعداً فهمیدم که دولت امریکا تمام خانه‌های ساکنین دور و بر را برای آباد کردن زندان،

تخریب کرده و به‌جای آن بار و بســتر پهن کرده بودند. امریکایی‌ها خانه‌های مردم را به قیمت بسیار ارزان خریدند، به ساحهٔ بگرام اضـافه کرده و آنرا توسعه داده بودند. دور تا دور خیمه‌های ما با سیم‌های خاردار احاطه شده بود. محیط نسبتاً بزرگی بود، در یکی از این خیمه‌ها، که به اسم (ایم-دبلیو-آر) (MWR) مسمّی بود، تمام کامپیوترها وصل شده بودند. در همان روز، من با کمک افســانه، بعد از چند روز حاضـری‌ام را امضـا کردم. او اضــافه کرد که از این بعد، باید هر روز حاضری امضا کنم و طریقه‌اش را نیز به من یاد داد.

کنار خیمهٔ (MWR) خیمهٔ خانم‌ها قرار داشت که افسانه در آن زندگی می کرد. روبروی آن، مرکز مخابراتی یا محل تیلفون‌ها موقعیت داشــت، جایی که ما می‌توانســتیم با خرید کارت مخصـوص، از طریق تیلفون‌های عســکری با فامیل‌های خویش تماس بگیریم. در ضـمن، به ما گفته شـده بود که هنگام صـحبت با فامیل‌های ما باید خیلی محتاط باشیم و هیچ‌گونه اطلاعاتی از محل اقامت، نوع زندگی و جزئیات کار خود را با کســی به اشــتراک نگذاریم؛ زیرا تمام صـحبت‌های ما تحت شنود استخباراتی قرار دارد و در صورت نافرمانی یا تخطی، ممکن است مورد سزا قرار بگیریم. به همین دلیل، ما هرگز نباید در مورد کار، محل ســکونت و جزئیات زندگی خود، با هیچ کس حتی با اولاد خود صـحبت کنیم. یک اندازه دورتر، یک اطاقک چوبی قرار داشــت که به شــکل غرفه‌های سـیلو زمان طفولیت ما به نظر میرسـید. افسـانه افزود که این (پی-ایکس) ایشـان اسـت. یعنی همان مغازه‌های لوکس که قبل از آمدنم از امریکا به بگرام، مردم در بارهٔ آن زیاد صـــحبت می کردند. واقعاً متعجب شـدم که چرا بعضـی از ما افغان‌ها تا این حد شیاد و دروغگو هستیم که یک غرفه مانند ســیلو را در جملهٔ مغازه‌های لوکس لباس فروشــی یا مواد خوراکی قلمداد نموده بودند. در عقب آن، محوطه‌ی اصـلی زندان قرار داشـت که ما تا هنوز داخل آن نشده بودیم، چون برای ورود به آن‌جا داشتن کارت دخولی مخصوص ضروری بود. در مقابل آن، بیرق‌های برافراشته شده‌ی امریکا

و افغانستان با عظمت بلند بودند. در سمت چپ آن — که به طرف خیمه‌های ما نزدیک می‌شد — چاهال یا طعام‌خانه موقعیت داشت. از محل تشناب‌ها و حمام تا هنوز معلومات در دست نداشتیم. با هم برای خوردن غذا داخل چاهال شدیم و در آنجا با خانم رضائی آشنا شدم. او خانم بسیار مؤدب و آرام بود، کم صحبت می‌کرد، اما خیلی زود با من رفیق شد و هم‌اطاقی افسانه نیز بود. ضمناً، افسانه اضافه کرد که محل لباس‌شویی نیز نسبتاً دورتر موقعیت دارد. او لطف نموده و گفت که اگر خواستی، می‌توانم نشانت بدهم، من گفتم، حتماً، ولی شاید فردا.

هنگام رسیدن شام، همه در خیمه‌های خود بودیم و بعد از صحبت کردن مختصر با هادی، به خواب رفتم. حدود ساعت سه صبح، با سروصدای افغان‌ها از خواب بیدار شدم. یکی از آنها با اعتراض به من گفت که این جای اوست و از من خواست تا جای دیگر بروم. برایم خیلی تعجب‌آور بود؛ در صورتی که تمام بسترها از قبل اشغال شده بودند، پس چرا ما را در این خیمه آوردند؟ من مسئله را زیاد پر اهمیت ندانسته و در طبقهٔ دوم تخت هادی خوابیدم، اما از آنجایی که لوله‌ی بخاری مستقیماً به دماغم می‌خورد، نتوانستم راحت بخوابم. شکل بخاری‌های داخل خیمه به این گونه طراحی شده بودند که در داخل خیمه، یک نل بزرگ از جنس تکه ساخته شده بود که مانند لوله‌ی بخاری از سقف خیمه آویزان بود و هوای گرم توسط جنراتور به داخل اطاق می‌وزید. این لوله دارای سوراخ‌های کوچک و بزرگ بود که حرارت گرمی را به قسمت‌های مختلف اطاق پخش میکرد و این نل بزرگ دقیقاً روبروی صورتم و در مقابل دماغم قرار گرفته بود. فردا صبح، همه با هم به طرف دفتر (سرجینت جکسون) رفتیم و خواهان گرفتن کارت‌های دخولی زندان شدیم. اما متأسفانه به ما گفته شد که اسناد و کاغذهای ما هنوز توسط جنرال مربوط به زندان امضا نشده‌اند و باید تا فردا منتظر بمانیم. آن روز، یک ورقهٔ زرد چسبناک را در پشت کارت‌های عسکری ما چسباندند که مفهوم آن این بود: وقتی ما از بیرون شهر وارد محوطهٔ برج هشتم می‌شویم، با نشان دادن آن ورقه زرد در پشت کارت، اجازهٔ ورود به داخل

این قشلهٔ بزرگ عسکری را خواهیم داشت. اجنبی‌ها، با وجود داشتن کارت عسکری، نمی‌توانستند از حق‌العبور بگذرند؛ اما برای ما، این ورقهٔ زرد اجازه میداد که از جیم یا ورزشگاه، سینما و کامپیوترها نیز استفاده کنیم. در راه برگشت، به افسانه گفتم که اگر ممکن باشد، لطفاً با من تا لباس‌شویی بیاید، چون من هنوز آنجا را ندیده‌ام. با کمال خوشی قبول کرده و گفت که برو لباس‌هایت را بیاور. من بعد از چند دقیقه برگشته و خود را به پیش خیمهٔ خانم‌ها رساندم، اما افسانه آنجا وجود نداشت. به جای او، خانمی با موهای سیاه و چشمان واقعاً بسیار زیبا حضور داشت که اسمش میرو بود. او با مهربانی در شستن لباس‌هایم کمک کرد و گفت که باید در میان لباس‌هایم مقداری پودر یا مایع لباس‌شویی اضافه کنم، چون دستگاه آنجا معمولاً مقدار کمی پودر می‌اندازد و لباس‌ها درست شسته نمی‌شوند. در همین هنگام، افسانه خانم نیز سر رسید و ما هر سه با هم روانهٔ لباس‌شویی شدیم.

میرو، که بعداً همه او را به نام "خواهر من" می‌شناختند، چون موها و چشمانش شباهت زیادی با من داشت و با خانم دیگری به اسم راضیه هم‌اطاقی بود. بعداً فهمیدم که راضیه خاله‌ی میرو است. این خاله و خواهرزاده هر دو از شهر ما، یعنی لوس آنجلس، آمده بودند و بیش از حد مهربان، خوش‌رفتار و با ادب بودند. خانم رضائی نیز باشندهٔ لوس آنجلس، یعنی دقیقاً از سمت (اورنج کونتی) بود. سیستم لباس‌شویی طوری بود که ما لباس‌های چرک خود را داخل خریطه‌های مخصوص عسکری می‌انداختیم و به قول میرو، مقدار پودر لباس‌شویی به آن اضافه می‌نمودیم و سپس، در پشت خریطه‌ها، اسم فامیلی خود و چهار شمارهٔ آخر تذکرهٔ خود را نوشته، آن را تسلیم مسئولین می‌کردیم. در عوض، بعد از پر کردن دو ورق که تمام مشخصات ما در آن درج شده بود، یک ورق را نزد خود نگه می‌داشتیم و ورق دیگر نزد آن‌ها می‌ماند. پس از سه روز، لباس‌های ما آماده می بود و دوباره تحویل ما داده میشد. ولی خود

حدس بزنید — یک قشلهٔ چند هزار نفری و تنها یک دستگاه لباس‌شویی که در آن، لباس همه کس و همه چیز شسته میشد. خوش به حال ما!

افسانه و خانم رضائی هر دو با عساکر افغان کار می‌کردند؛ یعنی اینها معلم بودند و به عساکر، کلمات و اصطلاحات نظامی، فورم‌ها و نشان‌های عسکری و واژه‌های قابل استفاده در نظام عسکری را آموزش می‌دادند، میرو و خاله‌اش نیز در بخش تحقیقات قضایی مشغول وظیفه بودند. اما وظیفهٔ ما تا هنوز مشخص و معلوم نبود. با کمک افسانه و میرو توانستم از طریق کامپیوتر، کارت تیلفون مخصوص را خریداری نمایم. سپس به اطاق تیلفون رفته، به فامیلم زنگ زدم و چند دقیقه‌ای را با آنها گذرانده، از صحتمندی و سالم بودنم برایشان اطلاع دادم. ناگفته نماند که هوا بیش از حد سرد و طاقت فرسا بود و ما هر چه لباس در اختیار داشتیم، در جان کرده بودیم تا بتوانیم در برابر سـرمای سـوزان دوام بیاوریم. بعد از تیلفون کردن به فامیلم، دو باره داخل خیمه شـده و خواهان خوابیدن بودم، اما متأسـفانه دعوا و جنگ لفظی بین پشتوزبان‌ها و دری‌زبان‌ها شـروع شـده بود. با میانجی‌گری و پا درمیانی، مدتی طول کشید تا توانستم قضیه را حل‌وفصـل نمایم. قابل ذکر اسـت که در آن محیط، حسادت و رقابت عجیبی میان پشتون‌ها و تاجیک‌ها دیده می‌شـد؛ هر گروه حلقهٔ مشخصی داشت و معمولاً با هم در رفت و آمد و گشت و گذار بودند. بیشتر اوقات راجع به همدیگر بد و بیراه و حرف‌های توهین‌آمیز می‌زدند و همواره میانشـان فاصلـه، بی‌اعتمادی و بدبینی وجود داشـت. شـب، دوباره همان آش و همان کاسـه بود! با آمدن افغان‌های داخلی، سر و صدا به وجود آمد و بالا گرفت. این بار، باشندگان خیمه‌ی ما با آنها و با راهنمای امریکایی‌شـان شـدیداً برخورد کردند. می‌گفتند که به هیچ وجه حاضـر نیسـتند با افغان‌های مقیم افغانستان در یک جا یا فضای مشترک با آنها باشند، چون خودشان تابعیت امریکایی دارند و به اینها اعتماد ندارند؛ باور داشـتند که شـاید این‌ها جاسوس باشند. راهنمای امریکایی میگفت که اینها برای ما کار میکنند و اینجا نیز ماندگار خواهند شد — و واقعاً همچنین شد.

فردا صبح در چاهال، دوباره چشمم به شیدا افتاد. از دیدار دوباره‌ی همدیگر خیلی خوشحال شدیم. او گفت که دیشب دیر وقت رسیده و در خیمه (۳۳ب) جای گرفته و اضافه کرد که جایش بسیار خوب است. بعد از ختم چای صبح، با گروپ خود روانهٔ دفتر (سرجنت جکسون) شدیم و خوشبختانه موفق به دریافت کارت‌های دخولی زندان گشتیم. (سرجنت جکسون) گفت: "امروز ساعت یک و نیم بعد از ظهر، همه دوباره اینجا بیاید، چون قرار است شما را به داخل زندان ببریم، وظایف تان را معرفی کنیم، در مورد چگونگی محیط زندان توضیح بدهیم و معلومات لازمه را در اختیار تان بگذاریم." بعد از گرفتن کارت‌های دخولی زندان، من به سمت خیمهٔ شیدا رفتم و برای اولین بار با هم‌اطاقی‌های او معرفی شدم. خیمهٔ آنها واقعاً در میان تمام خیمه‌ها مرتب، آراسته و به زیبایی مزین شده بود. آنها با علاقه‌مندی خاص، هر کدام یک اندازه از جای‌های خود را کوچک‌تر کرده بودند تا در قسمت بالایي خیمه، یک صالون نسبتاً بزرگ بسازند. در این صالون، دور تا دور دوشک انداخته شده بود. همچنین، یک الماری کوچک با یخچال در گوشهٔ قرار داشت که بالای آن تلویزیون نصب شده بود.

اختیاردار خیمه، شخصی به نام آغا صاحب بود که به گفتهٔ خودش، در امریکا مصروف کار نصب (DISH) (دیش) ها یا همان کاسه‌های تلویزیونی افغانی بود. حاجی صاحب که اسمش شکیل بود، از بچه‌های سانفرانسیسکو و بچه عمهٔ فضل، خوانندهٔ معروف بود. آقای تیموری از بچه‌های کارته چهار بود که شباهت عجیبی به سرخ پوستان امریکایی داشت — با موهای صاف و دراز، بذله‌گو، خوش‌مشرب و اهل دانش بود. آقای منصوری، که خودش اهدا می کرد داکتر است، از سمت شمال، از مناطق آقچه و تاجقرغان بود. در رشتهٔ طبابت، واقعاً نبوغ و استعداد فوق‌العاده‌ای داشت، اما در معاشرت با دیگران و برخوردهای اجتماعی عملکرد ضعیفی داشت و رفتارهایش مورد انتقاد قرار میگرفت. مصطفی که اختری تخلص می کرد، از بچه‌های سن

دییگو بود و مشغولیتش خواندن‌ونواختن زیر بغلی بود. آخرین نفر، طارق نام داشت؛ مردی نسبتاً قد کوتاه که بیشتر از موهایش ریخته بود. او از بچه‌های نیویارک بود و بیش از حد مهربان و مؤدب بود. خلاصه، آغا صاحب با چای و شیرینی از ما پذیرایی کرد و در ضمن، از من پرسید که کجا بودوباش داری؟ گفتم: "در خیمه‌ی (۲۲ب)، اما همیشه شب‌ها با آمدن بچه‌های محلی در عذاب هستم." گفت: "برای من اطاق برآمده، دو روز بعد از اینجا میروم و چون از تو خوش ما آمده، میخواهیم که تو نیز در همین خیمه که جای بسیار خوب و مطمئن است، بمانی." من که از خدا میخواستم تا در همچو جایی، نزدیک یکی از نزدیکترین دوستانم بمانم، از صمیم قلب و با تمام وجود سپاس و امتنان نمودم و از محبت و مهربانی‌هایشان تشکری کردم. حسن دیگر این خیمه در این بود که هفته‌ای یکبار یا دوبار محفل موسیقی برگزار میشد و خوانندگانی چون مُرید از گروه پامیر، مهدی از گروه محلی بابا و علی در این محفل‌ها سهم میگرفتند.

سیستم خیمه‌ها به این صورت بود: موقعی که برای اولین بار به عنوان ترجمان می‌آمدی، ابتدا در خیمه‌های عمومی ساکن می‌شدی. بعد از گذشت مدتی، وقتی لست نهایی از سوی قوای نظامی امریکا آماده می‌گردید و نوبت نامت می‌رسید، برایت اطلاع داده می‌شد که با یک نفر دیگر هم‌اطاق شوی. اطاق‌ها را معمولاً از کانتینرهای فلزی مواد غذایی که از امریکا برای عساکر نظامی ارسال می‌شد، درست می‌کردند، اما پاک و صفا بودند و معمولاً تنها با یک نفر هم‌اطاقی می‌شدی. اکثراً در خیمه‌ها شانزده نفر زندگی میکردند و خیمه‌ی (۳۳ب) یگانه خیمه‌ای بود که هشت نفر در آن اقامت داشتند؛ ضمناً، آغا صاحب گهگاهی آشپزی دزدانه نیز به راه می‌انداخت. بعد از آشنایی با بچه‌های ساکن خیمه و نوشیدن چای، وقت صرف غذا رسیده بود؛ من و شیدا از خیمه بیرون شده، به داخل چاهال رفتیم. در طعام‌خانه، دوباره با فرزانه و گیتی مواجه شدیم و از دیدن یکدیگر ابراز خوشحالی نمودیم. افسانه نیز با ما بود و می‌گفت: "جای

نیلوفر خالی است، کاش او هم با ما می‌بود." با ختم این جمله در بارهٔ نیلوفر، فرزانه و گیتی نگاه معنی‌دار به طرف من انداختند و به خندیدن شروع کردند، با خندهٔ آنها، من و شیدا نیز بی‌اختیار به خنده افتادیم. بعد از ختم غذا و نوشیدن چای، به شیدا گفتم من باید به دفتر (سرجنت جکسون) بروم، چون قرار است ما را به داخل زندان ببرد. گفتم که بعد از ختم کار برایش زنگ خواهم زد. با آنها خداحافظی نموده و به سمت دفتر (سرجنت جکسون) به راه افتادم.

﷽ بازگشت به زندان ﷽

در مقابل دفتر او، تمام اعضـای گروه ما، من جمله هادی و خالق پاکستانی، نیز حضـور داشتند. گروه ما تقریباً ده نفر میشد و همه با هم به دنبال سرجنت راه افتادیم. بعد از رد شدن از چاهال، به سـمت چپ پیچیدیم و سپس از یک دروازهی فلزی گذشتیم که در دو طرف آن، دو نفر مسلح قرار گرفته بودند. البته، بعد از نشـان دادن کارت‌های مخصـوص زندان، اجازهٔ عبور یافتیم و به راه پیمایی ادامه دادیم تا اینکه به برج حفاظت زندان رسیدیم. از آنجا به سـمت چپ رفتیم و بعد از رد شـدن از تونل نسـبتاً کوچکی که در دو طرف آن سیم خاردار کشـیده شـده بود، وارد دروازهی سومی شدیم. با داخل شدن به حویلی زندان، مستقیم به جهت مقابل حرکت کردیم و داخل محوطهٔ اصلی زندان شـدیم. این دهلیز به چند راهرو و دهلیزهای دیگر وصل می‌شد و هر کدام از این دهلیزها بخش مشـخص و مخصوص به خود را داشـتند. ما که هنوز هیچ اطلاعی از چگونگی وضع داخل زندان نداشتیم، به اشارهی (سرجنت جکسون) داخل یکی از بخش‌های زندان شـدیم که بعداً فهمیدم به اسم (چارلی) یاد میشد. همهٔ ما پشت سر هم، از

دهلیز تنگ و تاریک عبور کردیم؛ در دو طرف این دهلیز، کوته‌قفلی‌هایی قرار داشتند که بعضی از آنها، با دیدن ما، غالمغال، فحش و ناسزا را آغاز کردند. ما بی‌وقفه ادامه دادیم تا به دفتر عساکر امریکایی رسیدیم که دقیقاً در وسط زندان موقعیت داشت. (سرجنت جکسون) بعد از صحبت کوتاهی با عساکر موظف زندان، اجازهٔ گشت‌وگذار ما را در داخل زندان حاصل کرد و ما را دنبال خود کشانید.

زندان مذکور دارای (١٦) اطاق عمومی بزرگ بود که در هر سل یا سلول آن، از (٢٥) الی (٣٩) زندانی گنجانیده شده بودند. این اطاق‌های بزرگ با شماره‌های مشخص به یکدیگر وصل شده بودند. در یک سمت، سلول‌ها از شماره (١) تا (٨) موقعیت داشتند و در سمت دیگر، از شماره (٩) تا (١٦) قرار گرفته بودند. ما باید از طریق زینه‌ای که بر روی سقف زندان قرار داشت، راه‌پیمایی می‌کردیم. با افتادن چشم زندانی‌ها به ما و یا به گروه ما، هر آنچه بد و بیراه بلد بودند، با صدای بلند بسوی ما سر دادند و با هر آنچه در دست داشتند، به در و دیوار زندان می‌کوبیدند. این صحنه، واقعاً منظره‌ای وحشتناک و ترسانک را بوجود آورده بود. ما با شتاب هر چه بیشتر، به دنبال (سرجنت جکسون)، از مسیر روی سقف اطاق‌هایی عبور میکردیم که همهٔ آنها با چادرهای آهنی و سیخ گول بسته‌بندی شده بودند. از روی این سقف‌ها به‌خوبی میشد پایین را دید و همچنان زندانی‌ها نیز ما را از پایین به‌وضوح تماشا می‌کردند. آنها همه تقریباً شبیه هم بودند — با موهای دراز، ریش‌هایی تا به ناف و پیراهن و تنبان‌های بسیار ساده و یخن‌باز برتن. واقعاً برای اذیت و آزار ما، بطرف سقف اطاق‌ها خیزهای بلند برمی‌داشتند و با فریادها و حرکات‌شان، ما را که برای اولین بار در چنین موقعیتی قرار گرفته بودیم، شدیداً دل‌ها را به وحشت انداخته و دچار اضطراب و شوک عصبی ساخته بودند.

من که واقعاً ترسیده بودم، از (سرجنت جکسون) پرسیدم: "احیاناً، اگر یکی از ما با شکستن این سقف‌ها به داخل این سلول‌ها بیفتد، شما چه کار خواهید کرد؟" او به خونسردی خندید و گفت: "فکر می کنم تا زمانی که به شما کمک برسد، حتماً تکه تکه شده و مرده باشید." همه‌ی زنان و مردان گروه ما دچار نگرانی و پریشانی بیشتر شده بودند. بعد از گردش کلی و دیدن بخش‌های مختلف زندان، در قسمت دیگر آن، برای ما تقسیم اوقات کاری داده شد و سرجنت گفت: "از فردا، شما همه شروع به کار خواهید کرد." سپس، همه با هم از محوطهٔ زندان خارج شدیم. بر علاوه، در دروازهٔ دخولی اول، ما را شدیداً تلاشی کردند؛ هیچ‌کس حق نداشت با خود سلاح، تیلفون، کمره یا وسایل خطرناک، تیز و بُرنده را به داخل زندان ببرد. این تلاشی‌ها به دو طریق صورت می گرفتند: نخست، تلاشی معمولی با دست و بعد از آن، عبور از زیر دروازهٔ کمره‌دار با شعاع حساس اتوماتیک – اگر احیاناً هرگونه فلز، حتی کمربند پطلون، با ما می‌بود، دستگاه به صدا درمی‌آمد و هشدار می‌داد. با خارج شدن از دروازهٔ خروجی و نشان دادن کارت‌های زندان، به سمت بیرون رفتیم. هوا تقریباً تاریک شده بود و من که تیلفون همراهم نبود، چون تیلفون‌های خود را همه در دفتر (سرجنت جکسون) گذاشته بودیم، ناچار شدم دوباره برای گرفتن آن روانه‌ی دفتر شوم. بعد از گرفتن تیلفون، برای شیدا زنگ زدم و او گفت که در خیمه منتظر من است. بعد از سلام و علیکی با ساکنین خیمه، آغا صاحب گفت: "من فردا کوچ می کنم، پس امشب می‌توانی لباس‌هایت را اینجا جابجا کنی، ولی باور کن، اصلاً دلم نمی‌خواهد از اینجا بروم. یک چند وقتی که اینجا بمانی، باز خودت گپ مرا باور خواهی کرد."

با صحبت با یکی دو نفر از آن‌ها در مورد علی پرسیدم. گفتند او را می شناسیم، اما دقیقاً نمی‌دانیم اطاقش کجاست. اگر تصادفاً دیدیمش، حتماً پیغامت را برایش خواهیم رساند. در ضمن، شیدا از من پرسید که گردش در زندان چطور بود؟ برایش گفتم که بسیار ترسناک بود. او گفت که عادت

می کنی و بچه‌های خیمه هم اضافه کردند که همیشه باید در داخل زندان عینک بپوشی. دلیلش را هم اینطور تشـریح کردند – زندانی‌ها معمولاً مواد غایطه‌ی خود را در بوتل‌های آب، گیلاس‌های کاغذی یا هر ظرف دیگری که در دسترس‌شان باشد، می‌ریزند. سپس بالایش ادرار کرده و بعد از مخلوط کردن، آنرا بر روی ترجمان‌ها و عساکر می‌پاشند – لطفاً بسیار مراقب خودت باش. با تذکر بچه‌ها، درجهٔ ترس من بیشتر شد و هزارها سؤال در فکرم پیدا گردید. با اتفاق شیدا، تعدادی از لباس‌هایم را از خیمهٔ (۲۲ب) به خیمهٔ (۳۳ب) آورده و خودم را مطمئن ســاختم که از این بعد در این خیمه ماندگار خواهم شـد؛ چون اینجا، در مقایســه با خیمه‌های دیگر، مثل مقایســهٔ خانه‌های وزیر اکبرخان با خانه‌های ده افغانان و ســراجی بود. بعداً، وقت رفتن به چاهال و خوردن غذای شب فرا رسید.

شـیدا، گیتی و فرزانه هر سـه در بخش قضـایی زندان مشـغول بکار بودند؛ یعنی زمانی که یک زندانی به جزا محکوم می‌شـد یا مدت قید او مشـخص می‌گردید، پیش از صـدور حکم، دو نفر ثارنوال، یک قاضـی، یک ترجمان و دو افسـر نظامی عالی رتبهٔ امریکایی در جلسـهٔ محاکمهٔ داخل زندان حاضـرمی‌شـدند. اولاً، جرم و محکومیت زندانی توسـط ترجمان برایش توضـیح داده میشـد، بعداً به حرف‌ها و دفاعیات او گوش می‌دادند و درآخرالامر، حکم نهایی صــادر می‌گردید. وظیفهٔ این ســه نفر نیز خیلی مهم و حســاس بود. در چاهال با خانم‌ها خوش‌وبَش کردیم، از خاطرات خوب و نه چندان دور صـحبت کردیم و پس از آن، هر کدام به‌سـوی خیمه‌های خود روان شدیم.

فردا صـبح، بعد از حمام کردن، که فاصـلهٔ چندان دوری از خیمه‌های ما نداشــت، به طعام‌خانه (چاهال) رفتم و پس از صرف صبحانه و نوشیدن چای، با گرفتن سرویس، به سمت شهر حرکت کردم. بعد از گشت و گذار و خرید یک پتو و یا شال سیاه و یک کلاه سرخ و سفید

قالینچه‌ای که مردم سمت شمال – مزارشریف، آقچه، سمنگان و تاجقرغان – به سر می‌کردند، آنها را خریداری نموده و بعداً سری به دکان فهیم زدم و با آن‌ها یکی دو گیلاس چای نوشیدم. فهیم و حلقهٔ دوستانش خیلی بچه‌های صمیمی بودند. آن روز، در همانجا، با یکی دیگر از افغان‌ها به نام شاه معرفی شدم و با هم دوست شدیم. حدود ساعت چهار، از بچه‌ها خداحافظی کرده، بطرف (برج هشتم) که به اسم (سبالو) مسمّی می‌شد، حرکت کردم – البته اکثراً آنجا را بیشتر به نام (برج هشتم) می‌شناختند تا (سبالو). چگونگی مسمّی شدن اسم زندان سبالو-هریسن، بنابر گفتهٔ ترجمان‌های کهنه‌کار که سالیان قبل به کار ترجمانی مشغول بودند، به این صورت است: این زندان را بعد از کشته شدن دو افسر نظامی ایالات متحده در سال دوهزار و هفت، توسط یک زندانی افغان که از زندان (گوانتانامو) (Quantanamo Bay) به زندان پلچرخی منتقل شده بود و در اثر تیراندازی شدید و حمله در داخل زندان پلچرخی به قتل رسید، نام‌گذاری کردند.

با رسیدنم به خیمه خود و گذاشتن اشیای خریداری‌شده، سری به خیمهٔ (۳۳ب) زدم تا از چگونگی کوچ‌کشی آغا صاحب باخبر شوم. متأسفانه، هیچ کس در خیمه نبود، چون هنوز در جریان کار بودند. اما جای آغا صاحب خالی بود و تمام اسباب و لوازم خود را برده بود، بجز از چند دانه دیگ و کاسه که در زیر تخت مانده بود. من هم فرصت را غنیمت شمرده، تمام اسباب و اثاثیه‌ام را به این خیمه آورده و از آن ببعد، رسماً ساکن خیمهٔ (۳۳ب) شدم. در اطاق صالون، بعد از تهیهٔ چای، به دیدن فیلم مشغول شدم. در این خیمه، آغا صاحب با خرید و نصب دیش، زمینهٔ دیدن فیلم‌های امریکایی و هندی را برای همه فراهم نموده بود. حدود ساعت هفت شام، شیدا آمد و بعد از سلام و علیک و احوال‌پرسی، جویا شد: "کار نرفتی؟"

برایش گفتم: "تقسیم اوقاتم ساعت یازده شب تا هشت صبح است." چون وقت خوردن نان شب بود، با هم به‌سوی چاهال رفتیم.

در چاهال، بعضـــی از بچه‌هایی که امروز تازه کار خود را در زندان آغاز کرده بودند، از وظیفه، محیط کار و شرایط کلی اوضا ع داخل زندان بسیار ناراضی بودند و پیوسته شکایت میکردند. بعد از ختم غذا، برای صحبت با فامیل‌های خود و همچنان برای امضای حاضری، روانهٔ (ام-دبلیو-آر) (M-W-R) شـــدیم و بعداً به خیمه برگشـــتیم. بچه‌ها تقریباً همه از کار در خیمه برگشـــته بودند. آمدنم را به فال نیک گرفتند، با خوش‌آمدگویی مرا اســـتقبال کردند و برایم در کار و زندگی در این منطقه آرزوی حوصلهٔ شایان و موفقیت نمودند. نمیدانم چگونه ساعت به ده و نیم شب رسید، لباس‌هایم را تغییر داده، با پوشیدن پتکی یا پتوی سیاه، به سر گذاشتن کلاهٔ آقچه و با گردن داشتن پوش نقرهٔ قرآن آمادگی خود را برای رفتن به محوطهٔ زندان گرفتم. با بچه‌ها خداحافظی کرده، به طرف زندان به راه افتادم.

ذبیح رحمانی

‌‌ آزاد اما در زندان ‌‌

زندان سبالو - بگرام

کوته قفلی‌ها

جای افسوس و تعجب است که بعد از گذشت سی‌وسه سال درد، عذاب، شکنجه و برخوردهای غیر انسانی زندان پلچرخی، فرار از وطن، دوری از فامیل، مواجه شدن با بی‌پولی، زجر و زحمت کشیدن بیش از حد و کوچیدن از شهرها، بالاخره جور و بی‌عدالتی روزگار دوباره مرا از زندان پلچرخی به زندان بگرام اسیر ساخت.

§

گاهی آزاد گاهی به زندانم من

گاهی بی نام گاهی افغانم من

گردش فصل جنون به طوفانم برد

گاهی شرمسار گاهی گریزانم من

گاهی آرام و شکسته چو بارانم من

گاه چون دریا تند و خروشانم من

رحمانی آرام نگردد زین طوفان غم

گاهی خاموش گاهی در فغانم من

«ذبیح رحمانی»

§

~ ۱۱۸ ~

بعد از تلاشی و عبور از دروازهٔ تلاشی مخصوص که دارای کمره بود، با نشان دادن کارت مخصوص زندان، به داخل قدم گذاشتم. پس از گذشتن از دروازهٔ دوم و گذر از میان سیم‌های خاردار، به سمت دست چپ رفتم و با گذشتن از دروازهٔ سوم، وارد حویلی زندان شدم. سپس با داخل شدن به دهلیزهای بزرگ و دوطرفه، به سمت چپ رفتم و خود را به زندان چارلی رساندم. می‌گفتند که قبلاً رفت‌وآمد در داخل زندان بسیار ساده و کوتاه بود؛ بعد از تلاشی، به سهولت می‌توانستیم داخل دهلیز شویم. یگانه دلیلی که حالت دشوار را به وجود آورده بود، کارهای ساختمانی و مهندسی به منظور گسترش یا بزرگ‌سازی زندان بود، که موقعیت و تردد ما را مشکل‌تر ساخته بود. بعد از دیدن کارتم توسط کمره‌ای از پشت دروازه، با باز کردن دروازه، اجازهٔ دخول به من داده شد. به محض رسیدنم به محل سکونت ترجمان‌ها، که قبلاً به من نشان داده بودند، یکی از عساکر پرسید: "آیا تو ترجمان هستی؟" گفتم: "بلی." گفت: "بیا که کارت دارم." یگانه دلیل که عسکر نظامی امریکایی مرا برای ترجمانی خواسته بود، این بود که در آن موقع، بقیهٔ ترجمان‌ها حضور نداشتند. هراسی عجیبی داشتم، ولی از بخت من، یکی از کوته‌قفلی‌ها به داروی سردرد نیاز داشت و از ناحیهٔ شقیقه رنج می‌برد. صحبت‌های ما کوتاه، اما به زبان پشتو انجام شد. وقتی به طرف چوکی‌های ترجمان‌ها برگشتم، با دو تن از ترجمان‌های دیگر روبه‌رو شدم. یکی از آنها نسبتاً مُسن‌تر بود، از من پرسید: "برادر، اینجا نو آمدی؟" گفتم: "بلی." پرسید: "پشتو می‌فهمی؟" گفتم: "نه چندان زیاد." او خودش را احمد شاه معرفی کرد و گفت از ایالت ویرجینیا آمده است. شخص بسیار بذله گو، خوش‌صحبت، خوش‌مشرب و شوخ‌طبع و نظر به سن و سالش، پرحرف بود. نفر دومی که اسمش رحیم بود و از (سانفرانسیسکو) آمده بود، خیلی مؤدب، آرام، کم‌حرف و خاموش به نظر می‌رسید. نکتهٔ جالب مسئله اینجا بود که رحیم شباهتی عجیبی به مامای پدرم، داکتر غنی نور، داشت — ایشان دوکتورای خود را در رشتهٔ ساینس و فزیک از سویس گرفته بود — همان سر بی‌مو، جلد سفید و دقیقاً همان چشم‌های آبی که دیدنش برایم

واقعاً غیر قابل باور بود. یگانه تفاوت میان آن دو، قدهایشان بود؛ چون مرحوم داکتر صاحب غنی نور قدی نسبتاً متوسط و نرمال داشت، در حالی که رحیم ترجمان، قدی بسیار بلند داشت. از آشنایی با آنها ابراز خوشحالی نمودم و در جریان همین تبادل سخن بودیم که ترجمان سومی وارد محل ما شد. با آمدن او، هر دو ترجمان دیگر اظهار نارضـایتی و ناراحتی خود را آشکارا نشان دادند. او مرد مُسن و هم سن‌وسال احمد شاه بود و اسمش خان بود. اصلاً پاکستانی الاصل و پرحرف‌ترین مردی که تا آن زمان دیده بودم ــ پرخور، چاپلوس، بی‌ادب. مدتی بعد فهمیدم که حرص و عقده‌ی مقام و رتبه را نیز در دل دارد. وقتی برای زندانیان تازه وارد، ماده‌های قوانین حقوق بین‌المللی بشـری/ بشـردوسـتانه ژنو (Geneva International Humanitarian Law) را می‌خواند، چنان غرور به اندامش می‌دمید که انگار او خودش جنرال چهار سـتارهٔ امریکایی است که در مقابل زندانیان ایستاده باشد.

در مدتی کوتاه، یکی از عسـاکر محافظ که مسـئول دوربین‌ها و تلویزیون‌ها بود، از اطاق خارج شـد و رو به ما کرده گفت: "(دی-اس-بی) (D-S-B) دو نفر برای تحقیقات لازم دارد." خان خواست که برود، اما رحیم مانع او شد. سپس رو به من کرد و گفت که من و او باید برویم و من هم به دنبالش راه افتادم. در راه به او گفتم: "من چندان پشتوی خوب صـحبت نمیکنم." رحیم خندید و گفت: "دقیقاً به همین خاطر ترا با خود آوردم. من هستم، چرت نزن." در راه، از من پرسید که از کجا آمده‌ام، در کابل در کجا زندگی می‌کردم، آیا ازدواج کرده‌ام یا خیر و چند اولاد دارم؟

فاصلهٔ زندان چارلی تا (دی-اس-بی) تقریباً شـش الی هفت دقیقهٔ پیاده‌روی بود. در ضـمن، این اولین و آخرین باری بود که رحیم در مورد مسـائلی شـخصـی از من سـؤال کرد، چون واقعاً رحیم مردی کم‌حرف و آرام بود. با داخل شـدن به (دی-اس-بی)، که همه رحیم را می‌شناختند، او مرا به حیث ترجمان نو معرفی کرد و گفت: "این (پارتنر) (Partner) یا همکار نو من اسـت و از

این بعد با من و همهٔ شما کار خواهد کرد". رحیم از یکی از افسران نظامی پرسید که چند نفر برای تحقیق حاضر هستند؟ در پاسخ گفته شد که فعلاً هشت نفر هستند، اما احتمالاً چهار نفر دیگر هم خواهند آمد. رحیم رو به من کرد و گفت که تا ساعت ۲ یا ۳ صبح اینجا می‌مانیم. علاوه بر این، بعد از گذشتن از دفترهای کوچک و بزرگ، داخل دهلیز نسبتاً بزرگی شدیم که در این محل، چهار اطاق بزرگ با پنجره‌های آهنی وجود داشت و یک تشناب نیز در آخر دهلیز موقعیت داشت. تعداد تقریباً (۶) افسر نظامی با رتبه‌های مختلف در این دهلیز حضور داشتند و از عساکر ملی اردوی افغان، حداقل (۱۰) نفر حاضر بودند. ناگهان، صدای دویدن و شتاب در فضا پیچید. از رحیم پرسیدم که چه گپ است؟ او گفت که هلیکوپتر بندی‌ها را آورده و با هم از دروازه بیرون شدیم و به محوطهٔ حویلی زندان نظر انداختیم.

بعد از خاموش شدن انجن هلیکوپتر، مسئولین پیاده کردن زندانیان را آغاز کردند — باید این لحظهٔ بی‌مانند را نیز در میان بگذارم، که آنچه را بعد از بیرون شدن از داخل زندان دیدم، گویی وارد صحنه‌ای از یک فلم هالیوودی یا بالیوودی شده بودم — وزش بادی خشن که از پره‌های هلیکوپتر برخاسته بود، با صدای چرخ تند و ناگوار درآمیخته بود و در برابر دیدگانم، انسان‌هایی را می‌دیدم که در بند زنجیر و فلز بسته شده بودند — این خاطرهٔ ناهنجار هم در ذهنم حک شد.

انتقال زندانیان – بگرام

هر کدام از آن‌ها بر روی خود، خریطه‌های تکه‌ای سیاه رنگی داشتند و در گوش‌هایشان چیزی شبیه به گوشکی‌های پیلوت‌های طیاره گذاشته شده بود تا هیچ گونه صدایی را نشنوند. در دست‌ها و پاهایشان ولچک‌های بسیار سفت بسته شده بود، طوری‌که به زحمت می‌توانستند راه بروند. با آوردن آن‌ها و برداشتن خریطه‌های تاریک از روی صورت‌شان، چشمان‌شان که پس از مدت‌ها در تاریکی به سر برده بودند و با برخورد با نور روشن چراغ‌ها حساسیت نشان داده برایشان بیش از حد اذیت‌کننده بود، طوری‌که فوراً چشمان‌شان را بستند و سرشان را به جهت مخالف چرخاندند. بعد از پرسیدن اسم و تخلص، آن‌ها را به داخل اطاق‌ها انداختند و سپس یکی‌یکی، بر اساس لستی که قبلاً تهیه شده بود، دوباره آن‌ها را احضار می‌کردند. من و رحیم با نگاه انداختن به دوسیه‌های آن‌ها، که از کدام منطقه هستند و به کدام زبان صحبت می‌کنند، برای خود مشخص میکردیم که چه کسی به دری و چه کسی به پشتو صحبت خواهد کرد.

در ضمن، ولچک‌های آن‌ها را باز کرده و به جای آن، ولچک‌های مخصوص داخل زندان را به دست و پای‌شان می‌بستند. آن‌ها در سه اطاق کنار هم، رو به دیوار نشسته بودند، حق صحبت با هیچ کس را نداشتند و چند عسکر نیز مراقب آن‌ها بودند. با حکم یکی از افسران که در پشت میز نشسته بود، اسم یکی از آن‌ها را صدا زده و در عین حال ما کار ترجمانی را آغاز کردیم. سؤالات افسر امریکایی را ترجمه می‌کردیم — اسم، اسم پدر، تخلص، از کجا هستی، چند ساله هستی — و اکثراً رحیم ترجمانی می‌کرد و من متوجه جریانات بودم و با دقت پروسه‌ها را دنبال میکردم. بعد از انگشت نگاری، یعنی گرفتن نشان انگشت‌هایشان، سرشان را تراشیده و چند تار موی آن‌ها را نیز به عنوان نمونه داخل یک پاکت می‌گذاشتند. همچنان، لعاب دهن‌شان را نیز برای لابراتوار و تشخیص امراض مختلف، به ویژه توبرکلوز، در داخل تیوب مخصوص جمع‌آوری می‌کردند. بعد از آن، سؤالات ادامه یافت و اولین سؤال این‌طور مطرح می‌شد: آیا بعد از دستگیری، کسی شما را لت‌وکوب و یا مورد اذیت قرار داده است؟ تقریباً همه می‌گفتند که در زمان حمله برای دستگیری، مورد مشت و لگد شدید قرار گرفتند و همگی از درد در ناحیۀ پشت و کمر شکایت داشتند، چون ضربات زیادی را متحمل شده بودند. بعد از ترجمانی ما به بصورت درست و بیان شکایات آنان، افسران امریکایی برایشان می‌گفتند که مهم نیست در هنگام دستگیری چه گذشته، بلکه می‌خواهیم بدانیم که آیا بعد از ولچک زدن، مورد شکنجه و لت‌وکوب قرار گرفته‌اند و شاهد بوده‌اند یا خیر؟ واضح است که از ترس، معلومات و جواب‌هایشان منفی بودند. سؤالات بعدی یکی پی دیگری مطرح می‌شدند و این گونه بودند:

- چند ساله هستی؟

- آیا مریضی قبلی داری؟

- آیا سرفه می‌کنی؟

- آیا وقتی سرفه کردن، از دهنت خون و یا بلغم خارج می‌شود؟

- آیا در برابر دارو کدام حساسیت داری؟

- آیا در چند ماه گذشته وزن کم کردی؟

- آیا برای خوردن غذا اشتها داری؟

- به بیماری توبرکلوز مبتلا هستی؟

- به مواد مخدر مثل چرس، هرویین، تریاک و امثال آن‌ها عادت داری؟

- آیا هیچ وقت به فکرت بعضی اوقات خطور نکرده که خودت را یا کسی دیگر را بکشی؟

پس از ختم این سؤالات، آنها را به تشناب هدایت کردند. بعد از کاملاً برهنه کردن در حضور عام، که بزرگ‌ترین شکنجهٔ روحی برایشان بود. با شامپو زدن به سر و صابون زدن به بدن، آنها را مجبور به شستن خود کردند. سپس، برای سر، ریش و بدن داروهای ضد حشره، مخصوصاً برای شپش، به آنها داده می‌شد. بعد از استعمال، باید برای پنج دقیقه منتظر می‌ماندند. در جریان، برس و کریم دندان به آن‌ها داده می‌شد تا دندان‌های خود را برای سه دقیقه برس کرده، بعداً آب کشی نمایند. در آخر، یک نوع کریم ضد حشره بر بدن آنها زده میشد که باید بدون شستن، به همان صورت باقی می‌ماند.

بعد از ختم شاور یا حمام، یک افسر نظامی و یک داکتر نظامی، دو نفره از تمام نقاط بدن بندی عکس‌برداری می‌کردند؛ واقعاً این، یکی از مشکل‌ترین لحظات، دردناک‌ترین و عذاب‌دهنده‌ترین صحنه‌های ترجمانی برای من بود. بندی‌هایی که در طول عمرشان، هیچ‌کس تا آن روز بدن لُچ آن‌ها را ندیده بود، در انظار عام، در مقابل کمره و چشم‌های از حدقه بیرون برآمدهٔ عساکر افغانی، ترجمان‌ها و عساکر امریکایی کون لُچ ایستاده بودند و از تمام نقاط بدن‌شان مورد

پرسش و معاینه قرار می گرفتند. محبوسین بصورت کلی و به هر شکل ممکن، می کوشیدند تا خود را از دید عموم در امان یا پنهان سازند — گاهی با روی‌پاک یعنی دستمال صورت، یا قطیفه و یا با نشستن با پاها را روی یکدیگر قرار دادن — ولی هیچ کدام مؤثر واقع نمی شدند، زیرا آن‌ها نه اجازهٔ پوشاندن بدن‌شان را داشتند و نه اجازهٔ نشستن را به هدایت افسر امریکایی، باید پشت خود را به آن‌ها می کردند و افسر و داکتر نظامی با تماس انگشتان بر تمام بدن‌شان، حتی قسمتهای پایین یعنی اندام‌های خصوصی، مشغول بررسی می‌شدند تا ببینند آیا زخم، خال خدای، پارگی و یا خال‌کوبی در بدن‌شان وجود دارد یا نه و از تمام بدن آن‌ها عکس‌برداری می‌نمودند. محبوسین معمولاً در این حالت فقط از خدا مرگ می‌خواستند و بس — آنهایی که از بمب و راکت، جت و بمب‌افکن، مرمی، کوه و دشت هیچگونه هراسی نداشتند، اما با دچار شدن با همچو وضعیتی، مانند کودکان خردسال بنای گریه و زاری را می گرفتند و سیل اشک از چشمان ایشان جاری بود. دیدن این صحنه‌ها و حالات آن‌ها مرا سخت منقلب ساخته بود.

زندانی سوم یا چهارم، پسری نوجوان از ولایت کنر بود که سنش در حدود هفده (۱۷) سال به نظر می‌رسید. او را چنان قبلاً شکنجه کرده بودند که دیگر توان سخن گفتن را از دست داده بود. چهره و بدن خیلی ضعیف و استخوانی داشت و مرا بسیار به یاد فرزند خودم می‌انداخت. در اثنای تراشیدن سرش، بی‌اختیار اشک می‌ریخت، ولی حرفی نمی‌زد. نشان انگشتانش را با فشار بیش از حد و غیرانسانی گرفتند. در درونم شور و غوغایی از فشار روحی، طوفانی از موج‌های بغض برپا شده بود؛ احساس می کردم هر لحظه ممکن است در خود بشکنم و فرو بریزم. تنها چیزی که می‌خواستم، پایان سریع این صحنه‌ها و راهی برای فرار از آنجا بود. صدها بار به خود نفرین می‌فرستادم که چرا به قبولی این وظیفهٔ ننگین تن دادم. آخر این چه راهی برای پول درآوردن بود که عذاب وجدان، همچون سایه‌ای سنگین، همواره در تعقیبم بوده و خواهان بلعیدنم است. خودم به

یاد سی و چهار سال پیش افتادم، زمانی که در سن شانزده سالگی، در چنین جایی، توسط باندهای خودفروختهٔ رژیم خلق و پرچم و اربابان خون‌آشام روسی‌شان مورد شکنجه، عذاب و برق دادن قرار گرفته بودم. همان لحظه‌ها، تمام زندگی من و میلیون‌ها جوان وطن‌پرست دیگر را واقعاً از هم متلاشی و منهدم ساختند. ما تا زمانی که حیات داریم، هرگز نمی‌توانیم از زیر بار آن همه درد و عذاب روحی فرار کنیم و تا دم مرگ باید با زخم‌های روحی، روانی و صدمات وارده، به زندگی مریض‌گونهٔ خویش ادامه دهیم. لعنت بر رژیم خلق و پرچم و دار و دستهٔ اربابان‌شان.

در هر صورت که بود، بر خودم مسلط شدم و توجه‌ام را به وقایع بعدی معطوف ساختم. بعد از ختم عکاسی و پوشیدن لباس مخصوص زندان، دست و پای آن‌ها را دوباره ولچک می‌زدند و در نهایت، وزن‌شان را گرفته و در دوسیه‌ی شخصی هر فرد درج میکردند. بعد از ختم این پروسه، در دهن و دماغ آن‌ها ماسک آویخته، به سرشان کلاه سفید افغانی گذاشته و آن‌ها را روی چوکی‌های چرخدار، که معمولاً برای افراد پیر یا معیوب استفاده میشود، می‌نشاندند. سپس، توسط ما برایشان یک دانه جای نماز، یک جلد قرآن عظیم الشأن و یک کمپل توزیع میشد و بعداً آن‌ها را از آن محوطه بیرون می‌فرستادند. قسمت بعدی وظیفهٔ ما، خواندن ماده‌های حقوق بشری (جینوا/ژنو) بود که اگر اشتباه نکنم، به حدود پانزده (۱۵) مورد اشاره شده بود. بعد از آن، قوانین داخلی خود زندان را برای آن‌ها ترجمه می‌کردیم؛ یعنی بعد از آنکه افسر امریکایی با صدای بلند و لحن اثرگذار برای محبوسین می‌خواند، ما نیز موظف بودیم با همان لحن و حالت تأثیرگذار، برای آن‌ها ترجمه نماییم. بعد از گرفتن عکس از داخل چشم آن‌ها توسط کمرهٔ مخصوص، آن‌ها را بسوی زندان مربوطه سوق می‌دادند. این جریانات تقریباً تا ساعت پنج و نیم صبح به طول انجامید و مرا روحاً و جسماً خسته و فرسوده ساخته بود. در طول راه، از رحیم پرسیدم که واقعاً این کار بسیار دشوار است و تا زمانی که پشتو را به درستی یاد نگیرم، نمی‌خواهم

سرسری ترجمه کنم؛ چون حتی اندکی اشتباه در ترجمه، تا آخر عمر برایم عذاب وجدان خواهد داشت و ممکن است به محبوسین نیز صدمه وارد کند. رحیم رو به من کرد، خندید و گفت: "تو چه قسم آدم هستی، از کجا آمدی که صحبت از عذاب وجدان و این چیزها را میکنی؟ کدام وجدان؟ کدام انسانیت؟" "در طول این همه سال‌ها که من اینجا کار می کنم، ده‌ها ترجمان آمده و رفته‌اند؛ یکی از دیگری پشتو را ناقص‌تر صحبت می کرد. تو خو هنوز بسیار خوب هستی. آن‌ها فقط روز خود را تیر می کردند، در قصهٔ بندی‌ها، عذاب وجدان و این چیزها اصلاً نبودند؛ فقط به فکر خود و جیب خود بودند و بس — آفرین بر تو که چنین می‌اندیشی و هنوز هم بعد از گذشت سی و چهار سال از عمرت در خارج، بوی انسانیت از تو به مشام می‌رسد." از آن شب ببعد، من و رحیم خیلی با هم دوست شدیم و هیچوقت از هم جدا نبودیم.

رحیم با هیچکس سر و کار نداشت و حتی هنگام صرف غذا در چاهال، معمولاً تنهایی را ترجیح می‌داد. بالاخره، صبح شد و تیم بعدی ترجمان‌ها رسیدند. ما با هم، یعنی حاجی احمد شاه، رحیم و من، مشترکاً برای چای صبح به طرف طعام‌خانه رفتیم. من واقعاً آنقدر از نظر روحی و جسمی خسته بودم که هیچ اشتهایی برای خوردن نداشتم، ولی به اصرار رحیم، کمی میوه خوردم و به یک گیلاس چای اکتفا کردم. بعد از صرف چای، رحیم که عادت به کشیدن سگرت داشت، از من خواست تا با او به قسمت مخصوص سگرت کش‌ها بروم، من هم پذیرفتم و با هم به را ه افتادیم؛ محل کشیدن سگرت چندان از خیمه‌های ما دور نبود. رحیم و احمد شاه هر دو با هم هم‌اطاقی بودند و چون مدت زیادی میشد که در این کار مشغول بودند، برای‌شان یک اطاق مهیا شده بود. چند لحظه را با رحیم گذراندم، اما در درونم غوغای عجیبی برپا بود — واقعاً منقلب بودم. او برایم دلداری میداد و می گفت: "تو باید تمام این مسائل را از دیدگاه یک شغل ببینی، وگرنه باعث آزار و اذیت خواهد شد." با او خداحافظی کرده، به سوی خیمهٔ خود روان شدم.

هنوز چند قدمی به جلو نرفته بودم که شیدا، فرزانه و گیتی در روبرویم آمدند. بعد از سلام علیکی، پرسیدند: "اولین شب کارت چطور گذشت؟" نمیدانم چرا، اما دیگر توان مقاومت و پنهان‌کاری در من از میان رفته بود؛ بغضم ترکید و مثل کودک یتیم با دل پُر، بی‌اختیار بنای گریه را گذاشتم و دیگر توان صحبت از من سلب شده بود؛ فقط های‌های می‌گریستم. گیتی مرا به آغوش کشیده و با مهربانی گفت که فکر نمی‌کردم تو اینقدر بااحساس باشی و به آرامش دعوتم نمود. شیدا مرا تا خیمه رساند و گفت: "بچیم، حوصله کن. می فهمم که برایت مشکل است، چون خودت یک‌بار بندی بوده‌ای. حالا چند ساعتی بخواب تا حالت بهتر شود، بعداً برای نان چاشت می‌بینمت." از خوش شانسی من، تمام بچه‌های خیمه به طرف کار رفته بودند؛ خیمه خالی بود و هیچ‌کس متوجه دگرگونی و حال خراب من نشد. با تبدیل کردن لباس‌ها، خودم را روی بستر انداختم و خواستم بخوابم، ولی نمیدانم چرا، هر بار که چشمانم را می‌بستم، قیافهٔ آن پسر جوان و آن همه غم و ماتمی که در چهره‌اش موج میزد، در مقابلم مجسم می‌شد و بی‌اختیار اشک از چشمانم جاری میگردید. به هر نحوی که بود، چند ساعتی خوابم برد، تا اینکه با سر و صدای تلویزیون از خواب بیدار شدم. نگاهی به ساعتم انداختم؛ حوالی دوازده و نیم چاشت را نشان میداد. از تخت برخاسته، وسایل حمام را جمع‌وجور کرده و به جانب حمام راه افتادم. دلیل این که حمام را بطور خاص میخواهم متذکر شوم، این است که در بالای دروازه‌های ورودی آن، به زبان دری و با خط بزرگ نوشته شده بود: "حمام مردانه." خود حمام نیز در داخل یک خیمهٔ بزرگ قرار داشت که شاورها در آن بصورت منظم و همجوار، در کنار هم گنجانیده شده بودند. در هر خیمه، دو اطاق غرفه‌ای وجود داشت که در داخل هر یک، دو شاور نصب شده بود؛ یعنی در مجموع، در داخل خیمه، دو دست‌شویی بزرگ با آب گرم و سرد موجود بود. آینه‌هایی برای ریش‌تراشی در بیرون و همچنان در داخل اطاق‌ها نصب شده بودند. علاوه بر آن، در داخل هر اطاق، برای هر دو شاور یک چوکی دراز فراهم

شـــده بود و همـچنان کوت‌بندهای کوچک برای آویختن لباس‌ها و روی پاک‌ها نیز تدارک دیده شده بودند.

بعد از شســت‌وشو و حمام، دوباره روانهٔ خیمه شدم ،دیدم شیدا منتظر است. پرسید: "چطور شدی ،آیا یک اندازه بهتر هستی؟" جوابم مثبت بود. با هم به طرف چاهال رفتیم. افسانه، گیتی و فرزانه کنار یکدیگر نشسته بودند و ما نیز با آنها پیوستیم. افسانه انگار از جریان ناراحتی من باخبر شده بود، گفت که کاش می‌شد خود را با تیم ما تبدیل می‌کردی و با عساکر افغان کار می‌نمودی، لااقل جنجال روحی نمی‌داشـتی. ولی، تبدیل کردن من هم به این ســادگی‌ها نبود که افســانه تصـور می‌کرد. چاره‌ای جز به جلو رفتن نداشتم. بعد از ختم نان چاشت، شیدا دو ساعت وقت داشت تا دوباره به دفتر بازگردد. ضمناً، با هم به خیمهٔ خود برگشته، چای تهیه کرده و به دیدن فیلم‌های صمد آغا مشـغول شـدیم، چون شـیدا واقعاً فیلم‌های کمدی خنده‌دار صـمد آغا را میپسـندید. شـیدا گفت: "من برای نیم سـاعت باید بروم، چون یک فورمه را نا تکمیل گذاشـته‌ام. وقتی برگشـتم، باز بطرف (پی-ایکس) می‌رویم." من نیز شـروع کردم تخت خوابم را مرتب کنم، لباس بپوشـم، ظرف‌ها و گیلاس‌های چای‌خوری را جابجا کنم، تا این که شیدا سر رسید. ما هر دو به طرف ایسـتگاه سـرویس رفته و از آنجا خود را به (پی ایکس) رسـاندیم. هوا نسـبتاً خوب بود، اولین کاری که کردیم، سـری به (کافی بین) زدیم و با سـفارش دادن چای لاتی/لاته، بعد از گرفتن آن، به دکان فهیم رفتیم و سـاعتی را آن‌جا سـپری نمودیم. حدودهای عصـر، با هم برای امضـا کردن حاضـری به (MWR) رفتیم و مدتی را نیز پس از ختم امضـای حاضـری، با تماس تیلفونی با فامیل‌های ما و بازی بیلیارد سپری کردیم. راستی، یادم رفت بگویم که برای خوردن نان شـام به رستورانت حیدر رفتیم و با خوردن کباب و قابلی، لطف شـایسته‌ای به حق شـکم‌های خود نمودیم. شـــب در خیمه، بچه‌ها دور هم جمع بودیم و مُرید، عضـــو گروه پامیر نیز آمده بود. محفل موســیقی آغاز گردید و من، منصــوری را دنبال خانم‌ها فرســتادم. آن‌ها نیز به جمع ما

پیوستند و تقریباً تا ساعت ده و نیم شب، محفل موسیقی جریان داشت. بعد از ختم محفل، من نیز لباس‌هایم را تبدیل کرده، با پتکی سیاه و کلاه افغانی، خود را آراسته و به طرف محل کار روان شدم.

دوباره همان راه‌های همیشگی را پیموده و بعد از دو بار تلاشی، خود را به زندان چارلی رساندم. رحیم منتظرم بود و حاجی احمد شاه چای سبز را از قبل تهیه کرده بود. من با حاجی احمد شاه بیشتر به صحبت پرداختم؛ از اینجا و آنجا صحبت نمودیم تا بالاخره معلوم شد که حاجی احمد شاه از دوستان و همکاران یکی از رفیق‌های بسیار نزدیک برادرم فرید بود. حاجی احمد شاه، قبل از آمدن روس‌ها، در وزارت بانک انکشاف زراعتی با نبی همکار بود. حاجی احمد شاه، که ازدواج دومش با خانمی بود که حداقل سی و پنج سال از خودش جوان‌تر بود، همین موضوع باعث شده بود که او بیش از حد مغرور باشد، همواره به آن افتخار کند و در هر محفل از زن جوانش صحبت نماید. رحیم مثل همیشه خاموش بود، اما من با اصرار او را به صحبت کشاندم. او از همسایگان پروین و مومن در فریمانت، کالیفورنیا بود و از جمله رفیق‌های نزدیک مومن به شمار می‌رفت. او گفت مومن بطور دائم‌الخمر، یعنی (الکولیک)، شده بود؛ خانه‌هایش را در پاکستان و امریکا فروخته و پول آن‌ها را در قمار باخته است. همچنین، پروین از او جدا شده و مومن، بدون داشتن لیسنس رانندگی، شدیداً وابسته به دوستان، به‌ویژه رحیم بوده است. رحیم همواره او را از یکجا به جای دیگر رسانده و پیوسته در تلاش حل مشکلاتش بوده است. در ضمن، اضافه کرد که دختری دارد بیش از حد زیبا و خوش آواز، که آوازش به مراتب از مادرش خوش‌الحان‌تر است و گاهی اوقات در محافل شخصی کم‌وبیش آواز می‌خواند. ساعت تقریباً یک و نیم صبح بود که دوباره از مرکز (دی-اس-پی) ما را برای ترجمانی خواستند؛ من و رحیم دوباره به طرف شعبۀ ترجمانی روان شدیم.

امشب شش نفر را آورده بودند. در ضمن، چون سؤالات همیشه تکراری بودند، رحیم از قبل همه را برایم به پشتو نوشته بود. همه سؤالات شبیه شب اول بودند: از کجا هستی؟ چند ساله هستی؟ کدام مریضـی را نداری؟ نام پدرت چیسـت؟ توبرکلوز نداری؟ عادت به چرس و مواد مخدر نداری؟ سـرفه نمیکنی؟ اگر میکنی، آیا از دهنت خون می‌آید یا خیر؟ بهر حال، سـؤالات را از حفظ کرده بودم و این بار من ترجمانی میکردم و رحیم متوجه بود تا کدام اشـتباه صـورت نگیرد. پروسس تحقیقات، گرفتن نمونۀ موی و لعاب دهن، سرتراشی و انگشـت‌نگاری را من به انجام رسـاندم. حمام کردن، دادن مواد ضـد حشـرات، توزیع لباس‌های زندان، وزن کردن، عکس‌برداری و بقیۀ کارها را رحیم انجام داد. بعداً، به خواندن قوانین زندان و حقوق بشـر (جینوا/ژنو) پرداختیم، ولی کار ما زودتر از آنچه فکر می‌کردیم، تمام شـد؛ یعنی حدود سـاعت پنج صبح از دفتر (D-S-B) بیرون آمدیم. قبل از آنکه دوباره به دفتر خود برگردیم، رحیم گفت بیا که چند دقیقه برای سـگرت کشـیدن برویم. از بس فشـار کار او را خسته کرده بود، دو دانه سـگرت را پشـت سـر هم کشید. وقتی به محل کار خود برگشتیم، حاجی احمد شاه و خان، مرد پاکسـتانی، مشـغول قطعه بازی بودند. با دیدن ما، هر دو "مانده نباشـید" گفتند و رحیم مشـغول تهیۀ چای شـد. چند لحظه بعد از رسـیدن ما، مرد پاکسـتانی گفت: "من چاهال میروم، آیا کسی به چیزی ضـرورت دارد؟" در جواب او ما گفتیم: "نخیر." ضـمناً، دوباره برای ترجمانی یک نفر لازم بود که حاجی احمد شـاه خودش به سؤالات آنها پاسخ داد و ما را راحت گذاشت. صبح، دوباره بعد از ختم کار، با هم به طرف چاهال برای خوردن چای صبح روان شدیم. تعداد زیادی از مردم کنار هم نشسته بودند و دلیلش هم مشـخص بود: کارکنان شـب بعد از ختم وظیفه و کارکنان صـبح قبل از رفتن به کار، برای صـرف چای صبح آمده بودند. مختصری از این و آن خوردیم و چون من واقعاً از شـب گذشته خسته بودم، از رحیم معذرت خواسته و به سـمت خیمه روان شدم. بچه‌ها تقریباً همه بطرف کار رفته بودند، شیدا نیز نبود. لباس‌هایم را تبدیل نموده و به خواب رفتم. حدود سـاعت یک

از خواب بیدار شـدم، مثل همیشـه، رفتم که خود را تمیز کرده و حمام بگیرم، لباس بپوشـم و سـپس دوباره به سـمت خیمه روان شـدم. شـیدا داخل خیمه منتظرم بود و گفت که برویم نان بخوریم و ضمناً یک قصهٔ بسیار جالب برایم دارد. گفتم: "خیرت باشد؟" او گفت: "اوضاع گیتی بسیار خراب است. "پرسیدم: "چرا، مریض شـده؟" گفت: "نی بچیم، امروز طرف‌های یازده بجه دفعتاً یک جیغ بسیار بلند به گوش رسید. همه به طرف صدا روان شدیم که ناگهان گیتی را گریه‌کنان و در حالت دویدن از اطاقش دیدیم و از فرزانه پرسیدم چه گپ شده؟ او گفت: 'ما مشغول ترجمانی با یک زندانی بودیم و بعد از ختم ترجمانی، که از روی کاغذ نشر شدهٔ دولت نظامی امریکا خوانده میشد، زندانی مذکور باید در اخیر کاغذ یا امضا میکرد یا نشان انگشتش را می‌چسـباند. در تمام مدت، دسـت‌هایش زیر پتو یا پتکی بود و دیده نمیشـد، اما به مجردی که دست‌هایش را بیرون آورد تا امضا کند، گیتی متوجه شد که هر دو دستش با زولانه بسته شده‌اند، دفعتاً ناراحت شـد و جیغ زد.'" پرسـیدم:" آیا زندانی کدام کاری کرد؟" گفت: "نی، بیچاره دست‌هایش بسته بودند. من و فرزانه به طرف گیتی رفتیم؛ او دروازه را از پشت سرش بسته کرده بود. با هزار التماس دروازه را باز کرد و جویای دلیل ناراحتی‌اش شدیم. در حالتی که گریه مجال نمی‌داد، گفت: 'برادرم یادم آمد... در زمان خلق و پرچم دسـت‌هایش را زولانه زده، به پلچرخی بردند و همان‌جا او را به قتل رساندند... و آن، آخرین باری بود که او با دستانی بسته، مرا در آغوش گرفته بود.'" من از شـنیدن این ماجرا بسیار ناراحت شـدم، پرسیدم: "گیتی حالا کجاسـت؟" گفت: "فکر کنم در خیمه باشـد". بعد از ختم نان چاشـت، با اتفاق فرزانه که او نیز در چاهال بود، به دیدن گیتی رفتیم. چون ما اجازهٔ دخول در خیمه‌ی خانم‌ها را نداشتیم، فرزانه او را صدا زده و همه با هم به خیمه ما رفتیم. بیچاره، آنقدر گریه کرده بود که چشمانش مثل کاسهٔ خون سـرخ شده بودند. سرش را روی شانه‌ام گذاشت و زارزار می‌گریست و با صدایی لرزان و روحیه‌ی شکسته می‌گفت: "تو مرا درک می‌کنی... چون خودت هم بندی بودی... خلقی‌ها و پرچمی‌ها ترا نیز

زیاد اذیت کرده بودند." متأسفانه، هیچ چیزی تسکین دهنده‌ای برای گفتن نداشتم، جز دلداری دادن و آرامش بخشیدن به او — هزار بار لعنت به حزب خلق و پرچم و باداران روسی‌شان که قلب‌های همه را داغدار، زخمی و پُر از اندوه ساختند. مدتی را در خیمهٔ ما گذراندند، اما گیتی نظر به حالت خراب و سر دردی شدید که عاید حالش گردیده بود، با عرض معذرت به خیمهٔ خود رفت و دیگران نیز به دنبال او روانه شدند.

آن‌روز عمیقاً دلم گرفته بود. در خود غرق تفکر بودم که چگونه و به چه آسانی حزب خلق و پرچم، مملکت ما را به روس‌ها فروختند؛ چگونه باعث ویرانی، خانه‌خرابی، قتل و قتال و آواره شدن میلیون‌ها انسان شدند. حتی زمینه‌ساز پیدایش احزاب اسلامی، طالبان و در نهایت حملهٔ مستقیم امریکا بر مملکت ما گردیدند. اکنون، بیش از سی و چهار سال است که نفاق، آدم کشی، قاچاق مواد مخدر و نژاد پرستی سراسر مملکت را فرا گرفته و کاملاً در چنگال خود اسیر کرده است — و به چشم خود می بینیم که هر روز، اوضاع از دیروز بدتر و تیره‌تر نمایان می‌شود و روزهای رفته نیز در خاموشی اندوه فرو رفته‌اند — و فرداها، جز تکرار درد، چیزی به همراه ندارند. آخر چگونه مخلوقی می‌تواند این‌گونه بی‌رحمانه باعث تباهی مملکت خودش، قتل میلیون‌ها انسان بی‌گناه و فروش آثار عتیقه، معدنیات و ذخایر طبیعی کشور خویش گردد؟ لعنت بر شما خائنان وطن، که هیچ‌گاه لکهٔ ننگ از جبین‌تان پاک نخواهد شد و تاریخ با قلم برهان، نام تانرا خواهد نوشت. هر طوری که بود، آن شب را پشت سر گذاشتم. با وجود اینکه حوصلهٔ دیدن آن‌همه زجر و عذاب مردم مملکتم را نداشتم، اما بر اساس مسئولیت‌های شغلی‌ام، مجبور به اجرای اوامر مأمورین موظف امریکایی برای انجام ترجمانی شدم. فردای آن روز، شیدا را در چاهال دیدم و او گفت: "بچیم، من، گیتی و فرزانه را به کابل تبدیل کردند و امروز ساعت یازده بخیر می‌رویم." پرسیدم: "بخاطر مسئله‌ی دیروز؟" گفت: "نی، اگر یادت باشد، ما از اول هم باید به کابل می‌رفتیم؛ چون آنجا برای ما جای نبود، موقتاً اینجا ماندیم." برایشان خوشحال شدم، چون

در حقیقت، زندان جای مناسبی برای کار کردن نبود. بعد از ختم چای صبح، با کمک شیدا شتافته لباس‌ها و اثاثیه‌اش را جمع کردیم و او را برای رفتن آماده ساختیم. با خداحافظی از دوستانم، من و شیدا باز هم جدا شدیم — و این، آخرین باری بود که من آن‌ها را دیدم.

﷽ جدایی از دوستان ﷽

برای من، نبودن آنها بسیار مشکل بود، چون چندین ماه را با هم سپری کرده بودیم و تقریباً هر روز و شب در کنار هم بودیم؛ واقعاً انسان‌های بسیار خوبی بودند. بعد از رفتن آن‌ها، اکثراً خود را با رحیم مشغول می‌ساختم. بعضی اوقات، او پنهانی غذای افغانی تهیه می‌کرد و با هم می‌خوردیم. "پنهانی" به این دلیل که در داخل اطاق‌ها اجازهٔ آشپزی نداشتیم، آن هم به خاطر بوی غذا و خطر آتش‌سوزی. اگر احیاناً کسی را در حال پختوپز گیر می‌کردند، او را فوراً از اطاق اخراج می‌نمودند و دوباره در اخیر لست نام نویسی ثبت می‌کردند؛ همچنین، برایش هشدار جدی داده می‌شد. واقعاً که غذاهای دزدکی افغانی خوب می‌چسبید، زیرا ما همه روزه غذاهای امریکایی را می‌خوردیم که توسط بوسنیایی‌ها یا کارکنان بوشکک تهیه می‌شدند. شب‌ها نیز با ترجمانی مصروف بودم و کارم را زود یاد گرفته بودم و بندش در کلام نداشتم. در این جریان، کار (سرجنت جکسون) در افغانستان به پایان رسید؛ او بار و بسترهٔ خود را جمع نمود و عازم امریکا شد و به جای او (سرجنت سام) (Sergeant Sam) مقرر گردید. جوان بی‌عقل، بی‌ادب و پر از عقده بود و به قول بعضی‌ها، در پشت موترهای سیار (موبایل هوم) (Mobile home) بزرگ شده بود و به احتمال زیاد، حتی پدر و مادر خود را نیز نمی‌شناخت.

این سخنانم بی‌اساس نبود، بلکه از آن عملکردهای زشت و غیرانسانی‌ای سرچشمه می‌گرفت که او در قبال ترجمان‌ها انجام داده بود. همزمان با رسیدن (سرجنت سام) و معرفی او به ما، امریکایی‌ها یک زندان جدید را به اکمال رسانده و آن را رسماً افتتاح کردند. (سرجنت سام) برای ترجمانی در این بخش، من و هادی را معرفی کرده بود — خدا را شکر که تنها نبودم؛ هادی را از قبل می‌شناختم. او از جملهٔ بچه‌هایی بود که با ما یکجا آمده بود. با شنیدن این خبر، رحیم خیلی مایوس شده بود، چون صادقانه مرا دوست داشت و برایم احترام قایل بود. به قول خودش، با هر کسی دوست صمیمی نمی‌شد و چنین صحبت‌های راحت که با من می‌کرد، با دیگران نمی‌کرد. در ضمن، حاجی احمد شاه نیز از بابت من نگران و پریشان بود. او می‌گفت که با آنها صحبت کن که همین جا بمانی، یک بهانه بساز. من نیز، به پیشنهاد آنها، با (سرجنت سام) در این رابطه صحبت کرده و گفتم: "من همین جا خوش هستم، تمام فنون و مراحل سؤال و جواب را یاد گرفته‌ام و اگر مرا به جای دیگری انتقال بدهی، شاید زبان پشتوی من که زیاد خوب نیست، در آنجا به درد نخورد." در جوابم گفت: "امر از بالا آمده و تو باید آنجا بروی، اگر مشکلی به وجود آمد، بعداً صحبت خواهیم کرد." سپس، تقسیم اوقات کار را به دستم داد. ساعت کارم مانند زندان چارلی تنظیم شده بود؛ یعنی آغاز از ساعت یازده شب و ختم بین هفت تا هشت صبح. این زندان جدید به نام (دلتا) (Delta) یاد می‌شد. به هر شکلی که بود، آن شب را با نابلدی، تنهایی و نگرانی از عاقبتم سپری کردم. رحیم و حاجی احمد شاه می‌گفتند که چون این زندان جدید تأسیس شده، شاید هنوز تعداد زندانی‌ها زیاد نباشد — کوشش کن که حوصله کنی، إن‌شاءالله بهتر می‌گذرد. از نصایح و مهربانی آنها تشکر کرده و سپاسگزار شدم. فردای آن روز، بعد از بلند شدن از خواب، حمام کردن و غذا خوردن، به سراغ هادی رفتم تا ببینم برای رفتن به زندان دلتا آماده است یا نه. هادی، که در اصل قندهاری بود و به گفتهٔ خودش از همصنفی‌های حامد کرزی (رئیس جمهور پیشین

افغانستان) بود. هادی مرد بیش از حد مهربان، اما در عین حال بسیار ترسو بود. هرچه برایش گفته می‌شد، بدون چون و چرا انجام می‌داد، حتی اگر آن دستور بر ضد حرمت انسانی بود یا حقوقش در آن پایمال می‌شد. او نیز از جریان باخبر شده بود و از اینکه همکار بودیم، خوشحال به نظر میرسید. پیشنهاد کرد که پشتوزبان‌ها را او کمک کند و دری زبان‌ها را من انجام بدهم؛ من هم با رضایت پذیرفتم و به توافق رسیدیم. کار دیگری از دستم ساخته نبود، جز انتظار کشیدن و همچون گذشته، شاهد و تماشاگر ماندن؛ که این بار سرنوشت چه برگه‌ای را برایم ورق خواهد زد — برگه‌ای که گریزی از آن نداشتم. به هر شکلی که بود، شب فرا رسید و من، با لباس مخصوصم — کلاه برسر، پتکی به دور، تسبیح به دست و تعویذی که نمایانگر صوفی بودنم بود بر گردن آویخته — عازم کار شدم.

﷽ افتتاح زندان دلتا ﷽

در محبس دلتا، مجموعه‌ای از عساکر و افسران نظامی امریکایی به چشم می‌خوردند. آمر آنها شخصی به اسم (سرجنت گیبسون) (Sergeant Gibson) بود که قدش به اندازهٔ هفت فوت و سه اینچ ("۳ '۷)، شانه‌های پهن و اندامی ورزیده داشت. بعداً فهمیدم که او استاد فنون جنگ‌های تن‌به‌تن است؛ در مقابله با چاقو، برچه، کارد، دشنه، خنجر مهارت دارد و همچنان آموزش دهندهٔ کاراته، کشتی، خلع سلاح و برخی فنون پیشرفتهٔ دیگر است. با وجود خشن بودنش، انسان بسیار مهربان و رفیق‌دوست بود و بسیار زود با من رفیق شد. او تمام بخش‌های زندان را با دقت مرور کرد و همه را یک به یک برایم تشریح نمود. تیم آن‌ها شامل از دو سرجنت،

یک افسر و پنج عسکر بود که همه از ایالت میشیگن (Michigan) امریکا آمده بودند. زندان مذکور به دو بخش تقسیم می‌شد: شرقی و غربی، که در هر قسمت آن هشت سلول موقعیت داشت. یعنی در مجموع، زندان دلتا شانزده سلول بود که همه خالی بودند و (سرجنت گیبسون) می‌گفت که قرار است امشب چند زندانی را اینجا انتقال دهند. دلتا زندان بود که بعد از صادر شدن حکم محاکمهٔ قضایی، زندانیان محکوم به حبس در آن انتقال داده می‌شدند و جزای هر یک از آنها از چهار سال به بالا تا پانزده یا حتی هجده سال نیز می‌رسید. بعد از معرفی با اعضای تیم گردانندهٔ زندان دلتا، (سرجنت گیبسون) دوباره حرفش را تکرار کرد و گفت: "امشب قرار است چهار نفر زندانی به ما برسند و می‌خواهم وقتی داخل اینجا می‌شوند، به همان شکلی که من تشریح میکنم، تو نیز با همان صدا، لحن و لهجه، مسائل را برایشان واضح و قابل فهم بسازی." چنان‌که پیشتر ذکر کردم، زندان دلتا تازه افتتاح شده بود؛ هنوز کاملاً خالی بود و قرار بود به مرور زمان با زندانیانی که محکومیت قطعی می‌گرفتند، پُر شود.

داخل و خارج زندان بگرام

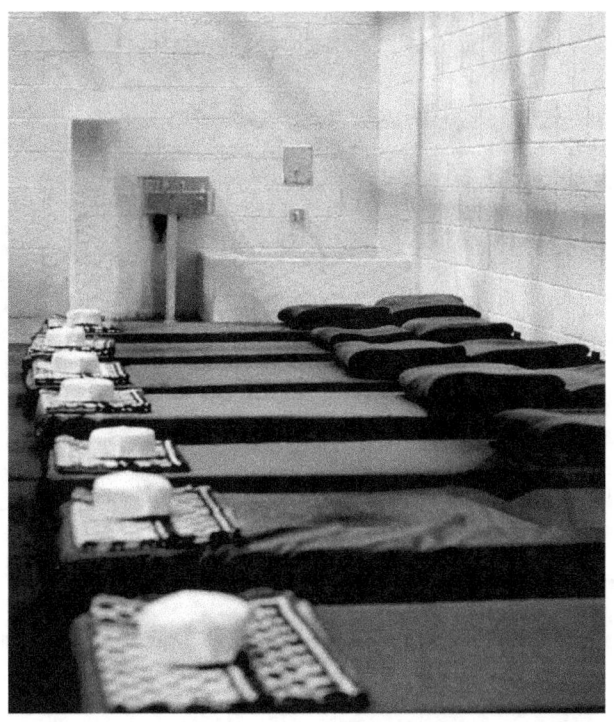

با بچه‌ها معرفی شدیم؛ همه شوخ طبع، رفیق دوست و شوقی قطعه‌بازی بودند. خیلی زود با هم صمیمی شدیم و چندین نوع قطعه بازی که معمولاً خودشان بلد بودند، به من یاد دادند و ما مشغول بازی و خنده شدیم. در دفترشان چندین پایه تلویزیون برای نظارت و مراقبت سلول‌ها نصب شده بود و همچنان سه پایه کامپیوتر موجود بود که از طریق آنها می‌توانستیم در اوقات فراغت به تماشای فیلم‌های مختلف بپردازیم. کار آن شب نسبتاً آسان‌تر بود و دلیلش هم خالی بودن سلول‌های زندان دلتا بود. در هر حال، ما برای رسیدن زندانی‌ها آمادگی کامل داشتیم. حدود ساعت دو و نیم صبح، چهار زندانی را با ولچک و زولانه بسته، نشسته بر چوکی‌های چرخدار، نزد ما آوردند. آنهایی که دری می‌فهمیدند، من به عهده گرفتم و گروهی که به زبان پشتو

تکلم می‌کردند، هادی موظف تشریح سیستم اداری و تشکیلات داخل زندان به آنها گردید. در میان آنها، یک نفر به اسم اختر محمد بود — مردی بیست و دو ساله، اهل قندهار، که بسیار شرور و ناآرام بود. او لحظه‌ای قرار نداشت و در مقابل امریکایی‌ها وضعیت بسیار خراب داشت، دشنام می‌داد و بی‌نظمی به راه انداخته بود. خلاصه، ما برای هر یک از آنها یک جلد قرآن مجید، یک جای نماز، یک کلاه و لباس مخصوص زندان دلتا که شامل پیراهن و تنبان آبی‌رنگ بود، تسلیم نمودیم؛ و بدین ترتیب، آن چهار نفر به عنوان نخستین زندانی‌های زندان دلتا به حساب آمدند. از (سرجنت گیبسون) پرسیدم: "آیا ما همیشه نگهداری این زندانیان را به عهده خواهیم داشت؟" گفت: "نه، قرار است عساکر ملی اردوی افغان (A-N-A) نیز با ما همکاری کنند و رهبری زندان را به تدریج به عهده بگیرند. ما می‌خواهیم به آنها یاد بدهیم که چگونه با زندانیان رفتار کنند، چگونه آنها را تحت کنترول نگهدارند و در مواقع رفتارهای نادرست، چگونه تنبیه و مجازات لازم را اعمال نمایند. البته، ما از پشت سر بر تمام عملکردهایشان نظارت داشته و متوجه رفتارشان خواهیم بود.

ساعت چهار و نیم صبح، برای زندانی‌ها چای صبح آورده شد که شامل یک گیلاس چای شیرین، نیم دانه نان خشک، دو تکه پنیر زرد بود. من و هادی این مواد را برایشان توزیع کردیم و از آنها خواستیم حوصله و بردباری داشته باشند. این شب هم با چالش‌هایش گذشت و با آمدن دو ترجمان جدید برای نوبت صبح تا عصر، من و هادی مرخص شدیم. پس از خداحافظی با بچه‌های امریکایی، به سمت چاهال روان شدیم. هادی، در حالی که از همکاری ما راضی بود، گفت: "از چگونگی کارهای ما به کسی چیزی نگو، چونکه مردم بسیار حسود هستند و ممکن است کار ما را خراب کنند." در هنگام صرف چای صبح، که رحیم و حاجی احمد شاه نیز در کنار ما نشسته بودند، از ما پرسیدند که دیشب را چگونه سپری کردید؟ من گفتم فضل خدا،

کدام مشکلی نداشتیم و فعلاً چهار نفر زندانی داریم، بیشتر از آن نه. رحیم خوشحال بود از اینکه کارم زیاد جنجال نداشت و گفت حوصله کن، هنوز چند ماه طول می کشد تا تمام زندان پر شود. بعد از صرف چای صبح، به طرف خیمه رفتم و پس از تبدیل کردن لباس‌ها، شستن روی و برس کردن دندان‌ها، به خواب خوشی فرو رفتم. حدود ساعت یازده و چهل و پنج دقیقه از خواب بیدار شدم. تلویزیون روشن بود و آغا صاحب آمده بود و گفت: "ببخش که یک اندازه سر و صدا کردم و مزاحمت ایجاد شد." گفتم: "مسئله‌ای نیست، باید بیدار می شدم، فعلاً با اجازه شما، یک شاور میگیرم و بر میگردم." او گفت: "با اجازۀ خودت، چند چیزی که از من مانده و در زیر چپرکتت است، با خود می‌برم، باز إن‌شاءالله می بینیم." گفتم: "خواهش میکنم." در ضمن، از او تشکر کردم که جای خود را به من واگذار کرده بود. بعد از حمام کردن و منظم کردن قسمت مربوط به خودم، مشغول دیدن خواندن‌های هندی شدم که از طریق تلویزیون پخش می‌شدند. در کنار آن، با نوشیدن چای که آغا صاحب از قبل تهیه نموده بود، تقریباً یک ساعتی را به آرامی سپری نمودم. بعد از آن، به سمت چاهال راه افتادم.

در چاهال، یکی از ترجمان‌ها به اسم بصیر که به نواختن طبله شوق داشت، آدرس علی را برایم داد و گفت که بعد از ساعت پنج عصر می‌توانی برای دیدنش بروی. از او تشکر کردم و سپس به خوردن نان چاشت ادامه دادم. رحیم و حاجی احمد شاه در چاهال دیده نمی‌شدند، به دو دلیل: اولاً، تا دیروقت می‌خوابیدند و دوماً، بعضی اوقات خودشان مشغول آشپزی می شدند. بعد از ختم نان چاشت، دوباره به خیمه برگشتم و خودم را با دیدن فیلم مشغول ساختم تا وقت بگذرد، چون قصد داشتم حوالی ساعت پنج و نیم عصر به دیدن دوست خوبم بروم. اما هنوز چند دقیقۀ نگذشته بود که کسی مرا به اسم صدا زد. اول توجه نکردم و فکر کردم اشتباه شنیده‌ام، ولی صدای زنانه دوباره نامم را به صراحت صدا زد: "ذبیح، ذبیح افسانه هستم، لطفاً بیرون بیا." به عجله خودم را به در خروجی رساندم و افسانه را سراسیمه و پریشان‌حال دیدم. چشمانش پر از اشک

بود و با صدای لرزان گفت: "مرا به هلمند تبدیل کرده‌اند... و من شنیده‌ام که هلمند جای بسیار خطرناکی است که همیشه آنجا جنگ بوده است. او را به داخل خیمه دعوت کرده، برایش چای تازه‌ای را که آماده کرده بودم تعارف نمودم و پرسیدم: "چه کسی این مسئله را به شما گفته؟" گفت: "(سرجنت سام) مرا از اینجا تبدیل نموده، پدر لعنت، بسیار آدم خراب است. نمی‌خواهم به جای جدید بروم؛ ترجیح میدهم کارم را رها کنم و دوباره به امریکا برگردم". گفتم: "افسانه، یک اندازه حوصله داشته باش، این همه زحمات را متقبل شدی، حالا می‌خواهی به امریکا برگردی؟" با نگرانی پرسید: "پس به نظر تو چه کنم؟" گفتم: "من از بچه‌ها شنیده‌ام که در بعضی قسمت‌های هلمند جای‌های خوب هم هست. اصلاً مترجمان را به جبهۀ جنگ نمی‌فرستند. اول یکبار برو، اگر خوشت نیامد، آن وقت می‌توانی که به امریکا برگردی." بعد از چند دقیقه صحبت با افسانه، نظر و پیشنهادم را قبول کرد و کم کم آرام شد. متأسفانه، همان روز آخرین بار بود که افسانه را دیدم. به همین صورت، یکی یکی دوستانم، هر کدام به دنبال سرنوشت خود رفتند — و من ماندم با زندان، زندانیان و محیطی دشوار و نفس گیر بگرام.

عصر، به دیدن علی، دوستم رفتم؛ خوشبختانه در اطاق بود. دیدن من در آن محل برایش تا حدی غیرمترقبه بود، اما باید قبول می کرد که من نیز، همانند او، در اثر بدبختی‌هایی که دامن‌گیرم شده بود، تن به این وظیفه چون او داده بودم. روزگار، مرا تا این گوشه‌ی دورافتاده‌ی سیارۀ زمین کشانده و سنگ پلغمانم ساخته بود. یکی دو ساعتی را با صحبت از اینجا و آنجا، فامیل‌ها و روزگار گذشته سپری کردیم. در لابلای حرف‌های ما، صحبت موسیقی به میان آمد و گفت: "بدون موسیقی خو نمی‌شود؛ یگان زمزمه می کنم." سپس به زیر چپرکت خود اشاره کرد و با شوق، آرمونیه و طبله‌اش را نشانم داد. گفتم: "باید یک شب را در خیمۀ ما محفل بگیری، چون که مدتی است آوازت را نشنیده‌ایم." او به جوابم گفت: حتماً! فقط منتظر یکی از دوستان خوبم به اسم ستار

هستم. یقین دارم نام ستار معصومی را شنیده‌ای؛ او هم آواز بسیار زیبا دارد و هم بسیار طبله‌نواز ماهر است."

علی در قسمت قضایی مشغول به کار بود و تقریباً یک و نیم سال پیش از آمدن من به بگرام استخدام شده و کارش را آغاز کرده بود. از اینکه فهمید من در خیمهٔ (۳۳ب) زندگی می کنم، خوشحال شد، چون بچه‌های آنجا را می‌شناخت و با آن‌ها شب‌های زیادی را با موسیقی سپری کرده بود. او وعده کرد که در زودترین فرصت بدیدنم خواهد آمد و در ضمن گفت که اگر به چیزی ضرورت داشته باشی، حتماً برایم بگو، دریغ نخواهم کرد. بعد از تشکری از علی و محبتش، روانهٔ خیمه‌ام شده و بر بستر رفتم تا کمی، حدود نیم ساعت، استراحت کنم. نمیدانم چه زمانی به بخواب رفتم، اما موقعی چشم باز کردم، ساعت ده و نیم شب را نشان می‌داد. به سرعت لباس‌هایم را عوض کرده، به سمت زندان راه افتادم. وقتی داخل محوطهٔ زندان دلتا شدم، دروازه را یکی از عساکر افغان برایم باز کرد و من داخل شده، با همه سلام‌وعلیکی کردم. (سرجنت گیبسون) گفت: "بیا که به آنطرف زندان برویم، چون امروز بیست و پنج نفر جدید را آورده‌اند و همچنان عساکر اردوی ملی افغان نیز آمده‌اند." عساکر اردوی ملی به چهار دسته تقسیم می‌شدند و شامل دو کندک بودند: (کندک ۳) و (کندک ۱) که هر کدام متشکل از (۳۹) نفر بودند و در دو تایم مختلف، یعنی در وقت جداگانه، کار می کردند — یکی از ساعت هفت شب تا هفت صبح و دیگری از هفت صبح تا هفت شب. آمرین یا قوماندان‌های آنها به اسامی ذیل بودند: قوماندان امین - قوماندان مجیب - قوماندان قاهر - قوماندان حلیم. در داخل دفتر، قوماندان امین نشسته بود و چند نفر از ضابط‌ها نیز در اطرافش حضور داشتند. بعد از معرفی شدن با آنها، (سرجنت گیبسون) چنین به همه فرمود: "از این بعد شما از همین دهلیز و از همین تشناب‌ها استفاده نمایید و آنطرف را لطفاً برای ما بگذارید." سپس از من خواست که در روی یک کاغذ، به زبان دری بنویسم:

- این تشناب مربوط عساکر امریکایی است، لطفاً استفاده نکنید -

دلیل آن هم فقط این بود که عساکر افغان با کفش‌های کثیف خود بالای کمدها بالا می‌شدند و همه‌جا را کثیف می‌کردند و در هنگام گرفتن شاور، تمام دهلیزها پر از آب می‌شد. بعد از صحبت با قوماندان امین، به دهلیز زندان رفتیم و به دیدن زندانی‌ها پرداختیم.

انواع مختلف انسان‌ها دیده می‌شدند: قد بلند، قد کوتاه، جوان، پیر، پشتون، تاجیک، هزاره، ازبک و غیره. هادی نیز مشغول صحبت و ترجمانی با بعضی از زندانی‌ها بود. تمام این زندانی‌ها را در سه سلول جابجا کرده بودند و فقط در سلول آخری، یعنی سلول هشت، اختر محمد به تنهایی نگه‌داشته شده بود — او با دیدن همه‌ی ما، سر و صدا می‌کرد و دشنام می‌داد. بعد از سلام‌وعلیکی با اختر محمد، از او پرسیدم: "چرا تو تنها هستی؟" گفت: "ملنگ صاحب، جزایی هستم، مرا تنها انداختند و به خدا قسم که این کافران را تا از مملکتم نکشم، آرام نخواهم شد." به آرامش خواندمش و گفتم: "حوصله کن، بگذار من با کلان این‌ها حرف بزنم که دوباره با بقیه یک جای شوی، اما به یک شرط که آرام باشی." گفت: "درست است، ملنگ صاحب." از آن روز ببعد، من به لقب "ملنگ"، به دلیل طرز لباس پوشیدنم، مشهور شدم و همه مرا به همین لقب "ملنگ صاحب" می‌شناختند. بعد از گشت‌وگذار و بررسی وضعیت زندانیان، وارد دفتر افسران افغان شدم تا بیشتر با بچه‌های افغان آشنایی و معرفت حاصل کنم. به همین منظور، با قوماندان امین سر صحبت را باز کردم و در مورد موضوعات مختلف با او صحبت کردم.

ذبیح رحمانی در صحنه‌ای از فیلم «جنگ چارلی ویلسن» - لوس آنجلس

امین از بچه‌های کابل بود که در زمان رژیم "نجیب گاو"، از حربی پوهنتون فارغ‌التحصیل شده بود و از آن پس در نظام اردوی ملی ایفای وظیفه می‌نمود. بنابر گفته‌اش، چند تن از برادران اندرش در لندن و هالند زندگی میکردند و خودش با خانم، فرزندان و مادر پیرش در منطقهٔ دهمزنگ کابل ساکن بودند. قوماندان امین مردی بسیار عصبی، زورگو و در عین حال سخت منضبط و دیسپلین‌دار بود. در ضمن، با وجود خشم و غضبی که داشت، اکثراً با عساکر شوخی و مزاح میکرد. افسران پایین‌رتبه و بالارتبهٔ او نیز بچه‌های خوبی بودند؛ همه در دفتر مصروف نگارش راپورها، تنظیم جدول کشی‌های مربوط به زندانی‌ها و تهیهٔ تقسیم اوقات برای عساکر بودند. وقتی نوشته‌های‌شان را با دقت بیشتر بررسی نمودم، اکثراً دارای اشتباهات املایی و انشایی بودند. اکثریت آنان بی‌سواد بودند و تعداد کمی از آنها سواد ناچیزی داشتند. حدود ساعت دو و چهل و پنج دقیقهٔ صبح، ده نفر زندانی جدید به زندان دلتا انتقال داده شدند. ما موظف بودیم آنها را تحویل گرفته و مقدمات اولیه را برایشان فراهم کنیم. با آمدن این گروه، تعداد زندانیان به چهل و سه نفر رسید. بعد از تشریح مقررات زندان و سپردن یک جلد قرآن شریف، کلاه، جانماز و لباس آبی رنگ مخصوص زندان دلتا به زندانیان، وقت چای صبح فرا رسیده بود. (سرجنت گیبسون) به بخش ما آمده، گفت به اینها بگو که سه نفر از عساکر افغانی همراه با سه نفر ما برای گرفتن چای صبح بروند، تا روش تهیه و توزیع مسائل چای صبح را یاد بگیرند — یعنی آشنا شدن با کارمندان آشپزخانه، معرفی کردن خویش، چگونگی درخواست چای و بقیه مواد برای زندانیان. قوماندان امین دو نفر را موظف ساخت تا همراه عساکر امریکایی به آشپزخانه بروند و چای صبح زندانیان را بیاورند. بعد از حدود بیست دقیقه، عساکر با چای صبح برگشتند و بر اساس هدایت (سرجنت گیبسون)، برای هر زندانی یک گیلاس چای شیرین، نیم دانه نان خشک و دو پارچه پنیر زرد توزیع شد. چون مقدار چای و مواد غذایی بیشتر از تعداد زندانیان بود، (سرجنت گیبسون) گفت که عساکر افغان میتوانند از باقی‌مانده‌های چای، نان خشک و پنیر استفاده کنند. من متوجه

شدم که عساکر افغان از این مسئله بسیار خوشحال به نظر میرسیدند. بعد از ختم کار، ما به طرف چاهال راه افتادیم. در راه، رحیم و حاجی احمد شاه نیز با ما ملحق شدند. از رحیم پرسیدم: "کار و بار چطور است؟" گفت: " به همان شکل سابق." پرسیدم: " تنها ماندی؟" گفت: " نی، خالق را فرستادند و موقتاً با من است و نسبت به خان، انسان بسیار بهتر است." او پرسید: "تو چرا طرف‌های ما نمی‌آیی؟ شب‌ها بسیار فیلم‌های خوب و قدیمی می‌گذارند." قول دادم که امروز حتماً نزد تان خواهم آمد." گفت: "پس وقت‌تر بیا که برایت یک شوربا درست کنم." گفتم: "درست است؛ پس من چه بیاورم؟" گفت: "سلامتی! فقط خودت و هادی را." بعد از خوردن چای صبح، هر کس به طرف خیمه‌های خود رفت و قرار ما برای ساعت پنج عصر شد.

فراموشم شد اضافه کنم که نیمه‌های شب، آسمان دلتنگی‌ها و اندوه کهنه‌اش را با ریختن و پاشیدن برف قشنگ زمستانی بر زمین خالی کرده بود. صبح، در جلوه‌ای تازه بیدار شد؛ زمین وطن، چون فرشی از نور و سپیدی، سراسر با قشنگی خاصی آراسته و مزین گردیده بود. کوه‌های سر به فلک کشیدهٔ کابل، بگرام و پغمان به‌وضوح دیده می‌شدند و با تابش نور آفتاب، واقعاً همه‌جا جلوه‌ای زیباتر پیدا کرده بود – خاطرات روزهای بی‌دغدغهٔ کودکی و برف‌بازی با دوستان در ذهنم زنده شدند – همان زمان‌هایی که برف، نشانهٔ شادی و خانه بود، نه ویرانی و اندوه. ما هنوز در خیمه زندگی می‌کردیم و از خستگی شب‌کاری زود خوابم برد. اما دیری نگذشته بود که با غوغای اطراف از خواب سنگین بیدار شدم. خواستم لباس پوشیده و بیرون بروم، ولی به هر دلیل که بود، سقف خیمه به نظرم بسیار کوتاه آمد. پطلونم را به سرعت پوشیده و به زحمت خودم را به بیرون رساندم تا از دلیل سر و صداها باخبر شوم. وقتی بیرون رسیدم، دیدم تعداد زیادی از ساکنین خیمه‌ها بیرون آمده بودند. خانم رضائی، میرو و راضیه نیز از خیمه‌های خود بیرون شده بودند. من چون خواب‌آلود از خیمه بیرون شده بودم، در ابتدا متوجه جریان نشدم، اما ناگهان از ماجرا واقف شدم که اکثر خیمه‌ها به دلیل باریدن برف سنگین پایین نشسته بودند و

به همان دلیل، سـقف خیمهٔ ما نیز به نظرم کوتاه آمده بود. با گذشت هر دقیقه، خیمهها پایین و پایینتر شـده میرفتند و وضـع نگران کننده شـده بود. همه با هم تصـمیم گرفتیم که به دفتر شاروال برویم و آنها را از جریان باخبر سـازیم. چند نفر به نمایندگی از جمع، این وظیفه را به عهده گرفتند و بعد از اطلاع دادن به دفتر شـاروال، بعضیها به چاهال رفتند و بعضـی دیگر به خیمههای دوسـتانی که جاهایشان هنوز سالم بودند، پناه بردند. من دوباره به خیمه خود برگشتم و از شانس خوش، چون در کنج خیمه سـکونت داشـتم، خیمه روی الماری افتاده بود؛ یعنی هنوز تخت خوابم سالم مانده بود. بیتوجه به این جریانات، دوباره به خواب شـیرین رفته و راحت خوابیدم. حدود ساعت یک از خواب بیدار شـدم و بعد از آماده شـدن، روانهٔ چاهال شـدم. بعد از ختم غذا و خارج شدن از چاهال، متوجه شـدم که کارگران در حال ترمیم خیمهها بودند؛ یعنی با اسـتفاده از جرثقیل، زنجیرهایی را که در زمین کوبیده شـده بودند، دوباره کش میکردند و سـپس داخل خیمه را توسط ماشـین هوا دوباره باد کرده، از زمین بلند میکردند؛ که دیدن این جریانات برای همه جالب و تماشایی بود. عصر آن روز را با تیلفون زدن به دوستان و فامیلها، دیدن فیلم و انجام بقیه کارها سـپری نمودم و کاملاً یادم رفت که با رحیم شـان برای خوردن شـوربا قرار گذاشته بودم. برایش زنگ زدم، خودش با معذرتخواهی گفت: "میبخشـی که بخاطر برفباری نتوانسـتیم گوشـت تازه تهیه کنیم، إنشـاءلله دفعهی بعدی." به این ترتیب، خیالم از طرف آنها آسـوده شد. سـاعت هفت دوباره به خیمه رفتم، روی تخت دراز کشـیدم و خوابم برد. سـاعت ده و نیم از خواب بیدار شـدم؛ بقیه در حالت صـحبت، نوشـیدن چای و قطعهبازی بودند. با همه احوالپرسـی نموده و در گوشـهای نشسـتم. داکتر بنیاد برایم چای تعارف کرد و حاجی صـاحب شـیرینی. گفتند: "امیدواریم که مزاحم خوابت نشده باشیم." گفتم: "نه خیر، من به هر نوع سر و صدا عادت دارم و چیزی به آسانی مزاحم خوابم نمیشـود." بعد از نوشـیدن چای و پوشیدن لباس مخصـوص زندان، از همه خداحافظی کردم و به سمت زندان رهسپار شدم.

دیدار نخستین برف کابل پس از سه دهه

دوباره همان راه همیشگی را سپری نموده، خودم را به زندان دلتا رساندم. به محض داخل شدن در محوطهٔ زندان دلتا، اوضـاع به نظرم خیلی نامعمول جلوه کرد. عسـاکر اردوی ملی افغان با فریاد و دو و دشـنام‌های رکیک، از این سـو به آن سـو می‌دویدند. ناگهان چشـمم به ضـابط بای محمد افتاد. او گفت: " ترجمان صـاحب، نبودی که خوب زدیم ایشـان!" پرسـیدم: "کی را ؟" گفت: "زندانی‌ها را اسپری کردیم." من به دنبالش به منزل دوم، روی سـقف سـلول‌ها بالا شـدم، فشار دود اسپری‌ها به قدری زیاد بود که من بی‌اختیار به سرفه افتادم. (سرجنت گیبسون) جلو آمد و بعد از سلام‌وعلیک با لحنی خشن گفت: "گاییدم‌شان" (We fucked them up).وقتی از بالا به پایان نگاه کردم، همه زندانی‌ها در حالت التماس و گریه بودند و از ما خواهش میکردند که دیگر بس است. بیچاره‌ها واقعاً از نظر روحی و جسـمی در وضـعیت بسـیار وخیمی گرفتار شـده بودند. آنهایی که باعث برانگیخته شـدن این شـر و آشـوب شـده بودند، همه دسـتگیر و یا با ولچک به دسـت‌هایشـان، روانهٔ کوته‌قفلی شـدند. باقی زندانیان به حالت التماس افتاده، خواهان تبدیل لباس‌های‌شان بودند؛ زیرا مقدار مواد کیمیاوی اسپری‌ها اینقدر زیاد بود که تمام بدن‌شان به سوزش افتاده و پر از آبله شـده بود. چشـم‌هایشـان همچون کاسـهٔ خون سـرخ گشـته و اشـک بی‌اختیار سـرازیر بود. (سـرجنت گیبسـون) برایم اهمیت اسـپری‌ها را توضـیح داد، که این اسـپری‌ها از مالیکول‌های مرچ سـرخ تهیه میشـوند و در هر مرچ تقریباً شـصـت تا هفتاد مالیکول مواد تند کننده و زننده وجود دارد. در داخل هر قوطی اسپری، (شـش میلیون و هشـت‌صـد هزار و نود و پنج) مالیکول از این مواد جا داده شـده اسـت؛ به این مفهوم که یک قوطی اسـپری توانایی از پا انداختن یک فیل بزرگ را دارد. این اسپری‌ها تازه به بازار عرضه شده بودند و برای آزمایش اولیه به ما داده شـده‌اند. در میان کسـانی که برای کوته‌قفلی انتقال داده شـدند، یکی هم اختر محمد شرور بود. آنهایی که از ناحیه‌ی چشم آسیب دیده بودند، درخواست دیدن داکتر و دریافت دارو را داشتند؛ اما متأسفانه، تقاضای‌شان رد شد و برایشان جواب منفی داده شد. همچنان،

بعضی از بی‌گناهان که اصلاً در این ماجرا هیچگونه دخالتی نداشتند، از دست عساکر اردوی ملی افغان و امریکایی‌ها شاکی بودند؛ می‌پرسیدند که چرا به هیچ دلیلی به چنین روزگاری گرفتار شده و جزا دیده‌اند؟ به گفتهٔ آنها، باید نخست افراد شناسایی شده و بی‌گناهان از سلول‌ها بیرون آورده میشدند، سپس باقی‌مانده‌ها اسپری‌کاری میگردیدند. من شخصاً به حالت دل‌بدی افتاده بودم، یک عسکر افغان و ضابط بای محمد نیز ضعف کرده بودند که بعد از به هوش آمدن، به طرف اطاق‌هایشان فرستاده شدند تا صحت‌یاب شوند و رفع خستگی کنند. در داخل زندان به سختی میشد تنفس کرد و سرفه‌های متواتر از همه و از هر سو به گوش میرسید. شب بیش از حد طاقت فرسا و خسته کننده بود، اما به‌هرحال گذشت و من بدون خوردن چای صبح، روانه‌ی بستر خواب شدم.

موقعی که از خواب بیدار شدم، سر و صدا در اطاق زیاد بود. آغا صاحب، علی، آقا تیموری و حاجی صاحب دور هم جمع بودند و چای می‌نوشیدند. با عرض سلام و معذرت گفتم که چند دقیقه بعد بر میگردم. بعد از شستن دست و روی و مسواک زدن، بخاطر علی زود برگشتم. بعد از دست دادن و احوال پرسی، علی گفت: "امشب جایی نروی، چون به خیر دور هم جمع می‌شویم و موسیقی می‌نوازیم." گفتم: "من امشب کار می‌کنم." در این هنگام، علی گفت: "هفت و نیم یا هشت شروع می‌کنیم و إن‌شاءالله تا یازده خلاص می‌شویم." یکی از دوستان خوبم، ستار، که قبلاً گفته بودم، واقعاً از موسیقی آگاهی دارد و طبله را بسیار خوب می‌نوازد، مرا همراهی خواهد کرد." همه از شنیدن این جریان خوشحال شده و گفتند امشب را به خوشی خواهیم گذراند. من با چند تن از بچه‌ها روانه‌ی چاهال شده و مشغول خوردن غذا شدیم. سپس دوباره به طرف خیمه برگشتم و بعد از نوشیدن چای، دیدن یک فیلم و شنیدن چند آهنگ، یک روز راحت و آرام را گذراندم. با کمک حاجی صاحب، داکتر بنیاد

و خودم، خیمه را برای پذیرایی آماده ساختیم. شیرینی و کلچه، توت و چهارمغز، جلغوزه، کشمش و نخود را نیز فراهم نمودیم. من با گرفتن شاور آب گرم، خستگی را از تن بیرون کرده، دوباره به خیمه برگشتم.

بچه‌ها یکی پس از دیگری آمدند و با روبوسی و در آغوش کشیدن همدیگر، خوشحالی شانرا ابراز نمودند. من نیز با ستار معصومی معرفی شدم. فکر میکردم او یکی از طبله‌نوازان جوان و پرشور بچه خیل خواهد بود، اما بر عکس تصور من، ستار مردی جاافتاده بود که حداقل میان پنجاه و پنج تا شصت سال عمر داشت و شباهتی نسبتاً به دوران جوانی مامایم، عبدالغفور خان، داشت. بعد از جابجا شدن و سور کردن طبله‌ها، آرمونیه و بیرون آوردن کتابچه‌های شعر و غزل، علی اولین غزلش را با این جملات آغاز کرد: "این آهنگی را که میخوانم، شعرش از برادر ذبیح، بریالی ملقب به خارکش است و غزل از فریده خانم میباشد" و به همین ترتیب برنامه آغاز شد. واقعاً که زیبا خواند و چیزی که برای من تعجب‌آور بود، مهارت ستار در نواختن طبله بود — چنان روان و مسلط می‌نواخت و برآن بسیار حاکم بود. آهنگ‌ها یکی پس از دیگری قشنگ و قشنگ‌تر می‌شدند. حاجی صاحب، داکتر بنیاد و داکتر منصوری هم پیوسته مراقب بودند و گیلاس‌ها را از چای خالی نمی‌گذاشتند! علی از ستار تقاضا کرد که یکی دو آهنگ او نیز بخواند. ستار نخستین آهنگش را از خوانده‌های شادروان احمد ظاهر آغاز کرد که برای من زیاد جالب نبود؛ حتی جنسیت آوازش به درستی معلوم نمیشد. اما آهنگ دوم، که از مرحوم استاد سرآهنگ بود، واقعاً دهن همه را از تعجب باز گذاشت. شاه‌بیت‌های بیش از حد جالب بیدل صاحب و دهن‌زدن‌های بجا و دلنشین ستار، واقعاً محفل را رونق بخشیده و دلپذیر ساخته بود. بالاخره، در ختم محفل، علی و ستار یک راگ قشنگ را به صورت دوگانه اجرا نمودند که بیش از حد دل‌انگیز بود. در طول این همه مدت، ستار نه تنها می‌خواند، بلکه خودش نیز با مهارت کامل طبله می‌نواخت. محفل موسیقی خاطره‌انگیز بود. بعد از ختم محفل، بچه‌ها هنوز

دور هم نشسته بودند و صحبت میکردند، اما من به خاطر شب زیبا از همه تشکر نموده و خداحافظی کردم، چون تنها ده دقیقه به یازده شب مانده بود و من باید برای رفتن به وظیفه‌ام عجله میکردم.

در راه، با خودم از شب قشنگی که گذراندیم، اظهار خوشحالی می‌نمودم، خصوصاً از اینکه بعد از مدت‌ها، آواز موسیقی خوب به گوشم رسیده بود. هنوز در آن لذت غوطه‌ور بودم که با رسیدن به محیط زندان دلتا، متوجه تغییراتی شدم: ازدحام بیشتر از معمول دیده میشد و از فضا چنین برمی‌آمد که در طول روز، زندانیان تازه‌ای به اینجا منتقل شده‌اند؛ یعنی پنجاه و هفت نفر دیگر، که مجموع تمام زندانیان زندان دلتا را به یک‌صد و سه نفر رسانده بود. هنوز بعضی از زندانیان لباس‌های سرخ‌رنگ (دی-اس-بی) را برتن داشتند و برخی دیگر نیز لباس‌هایی با رنگ‌های متفاوت پوشیده بودند. در همین حال، (سرجنت گیبسون) با همکاری عساکر اردوی ملی و با ترجمانی هادی، هدایت داد تا توزیع عاجل لباس‌های آبی‌رنگ مخصوص زندان دلتا برای تمام زندانیان هر چه زودتر صورت گیرد. در ضمن، (سرجنت گیبسون) به من مخفیانه گفت که قرار است بین امشب یا فردا صبح، حدود شصت و پنج نفر از زندانیان خطرناک زندان پلچرخی به اینجا منتقل شوند. باید با آن‌ها برخورد خیلی بی‌رحمانه و حیوانی داشته باشیم؛ به گفتهٔ او، این افراد مسئول قتل‌های زیادی بوده‌اند. حدود ساعت چهار و چند دقیقه، ملا زندان أَذَان صبح را داده و همه یکی پس از دیگری، منجمله عساکر افغان، مشغول وضو و ادای نماز شدند. چند نفر از آن‌ها نیز، همراه با عساکر امریکایی، برای آوردن چای صبح رفتند. در موقع توزیع چای صبح که انگور نیز ضمیمه آن بود و توسط امریکایی‌ها به زندانیان داده میشد، ناگهان سر و صدا بلند شد و ما همه به سمت منبع صدا روانه شدیم تا ببینیم چه خبر است. زندانیان اعتراض کرده و می‌گفتند: "چرا امریکایی‌های (خنزیر) در نان ما دست می زنند؟ ما نمی خواهیم این را بخوریم!"

هرچند عساکر بیچاره التماس میکردند، اما کسی توجهی نداشت، تا اینکه ضابط بای محمد خودش شخصاً انگورها را در دست گرفته و گفت: "من می‌فهمم که چرا شما ناز و قهر دارید، چون فکر میکنید این عساکر امریکایی دستان‌شان چتل هستند، ولی باور کنید، این مردم نه تنها دستان‌شان بلکه دل‌های‌شان نیز از همهٔ شما پاکتر هستند. بفرمایید، این هم انگور؛ اگر نمی‌خواهید، به بسیار خوشی برای عساکر خود تقسیم میکنم." زندانی‌ها بدون کلمهٔ بعدی انگورها را تسلیم شدند و (سرجنت گیبسون) از شجاعت و طرز صحبت ضابط بای محمد بسیار خشنود شد و برایش آفرین گفت.

با گذشتن از دهلیز زندان، دوباره چشمم به نوشته‌های پشت سلول‌ها افتاد که اکثراً دارای غلطی‌های املایی بودند و روی همین منظور، با (سرجنت گیبسون) صحبت نموده، مسئله را در میان گذاشتم. گفتم، اگر شما مخالفت نداشته باشید، من شخصاً با صحبت نمودن با قوماندان‌های شبانه، هر کدام که باشند، خواهان دائر نمودن کورس‌های سواد آموزی افتخاری خواهم شد و در ساعات بیکاری و آرامش شب، که معمولاً بین یک و نیم تا سه صبح است، عساکر را به آموختن سواد، خواندن، نوشتن، جنگ دادن حروف، تلفظ و بقیه چیزها تشویق نموده، دور هم جمع نمایم. (سرجنت گیبسون) که خیلی به آموزش زبان دری علاقه‌مند بود، خوشحال شده گفت: "در آخر دهلیز اولی، من یک صنف را سراغ دارم که می‌توانیم از آن استفاده کنیم؛ من نیز ضمیمه خواهم شد." با قوماندان امین که آن شب گرداننده‌ی تمام عساکر اردوی ملی بود، صحبت را در میان گذاشتم. قبل از آنکه او چیزی بگوید، ضابط بای محمد از خوشحالی جیغ کشید و گفت: "استاد ذبیح، واقعاً دل ما را خوش ساختی و من از شاگردان هرروزه‌ی‌تان خواهم بود." قوماندان امین گفت: "به شرطی که به وقت گزمه‌ها و پیره‌ها مزاحمت ایجاد نکند، اجازه داری." حتی آنهایی که یک اندازه سواد داشتند، دارای اشتباهات کُلی بودند. مثلاً، آنها کتاب ثبت وسایل داخل دفاتر زندان را به نام "کتاب دورهٔ تسلیمی" یاد میکردند که بعد از ختم

هر دورهٔ کار، عساکر تازه‌وارد که آغاز وظیفهٔ آنها از ساعت هفت صبح بود، در حضور شاهدین با عساکری که وظیفه‌شان به پایان میرسید، از تمام لست وسایل مربوطهٔ دفتر و زندان را با دقت بررسی نموده، اجناس را یکی‌یکی شمرده و از یکدیگر تحویل می گرفتند. در همان کتاب مذکور، موارد چنین درج شده بود: مثلاً، در صفحهٔ اول کتاب نوشته بودند: (کلید کلان بیست و پنج عدد، الماری سه پایه، کاپی ماشین یک دستگاه). اما به مرور زمان، هر نوکریوال اشتباهاتی مرتکب شده بود و این اشتباهات روز به روز بیشتر و بیشتر شده بودند؛ چنانکه در صفحات دوم و سوم کتاب دورهٔ تسلیمی، "کلید" به "کلی" و بالاخره به "کله کلان" تبدیل شده بود – "الماری" به "انباری" و در صفحات آخری به "انوری" و "کاپی ماشین" به "کافی ماشین" تغییر یافته بود. من در این رابطه با آنها صحبت کرده و تذکر دادم. ضمناً، فواید نوشتن، خواندن و بصورت کلی، سواد آموزی را برایشان واضح و مشخص توضیح دادم.

از آن ببعد، من رسماً اما افتخاری، معلم سوادآموزی بچه‌ها شدم و شب‌ها از ساعت یک و نیم تا دو و نیم و گاهی اوقات سه صبح، به درس دادن بچه‌ها مشغول می‌بودم. سه شاگرد امریکایی داشتم که (سرجنت گیبسون) نیز ضمیمه آنها بود و هر شب برایشان طرز تلفظ و چگونگی جنگ دادن حروف را همراه با نوشتن می‌آموزاندم. اما متأسفانه، روز به روز آنها تنبل‌تر و پای گریزتر می‌شدند. در میان امریکایی‌ها، (سرجنت گیبسون) توانست که در مدت بسیار کوتاه، خواندن و نوشتن دری را بیاموزد و جملات کوتاه را به سادگی بیان کند. در ضمن، من از کتاب فروشی بازار یک کتاب انگلیسی به دری به نام (نجات یافتن به دری) برایش خریداری کرده بودم که بسیار مفید واقع شد. (سر جنت گیبسون) چون عربی را میدانست، توانست بسیار زود خود را در آموختن قالب کند. از جمله افغان‌ها، ضابط بای محمد نظر به استعداد، پشتکار و علاقه‌ای که داشت، توانست به راحتی باسواد شود؛ یعنی بخواند و بنویسد. باید اعتراف کنم که تجربه‌ای فوق‌العاده

بود و من از زحمات شبانهٔ خود برای آموزش کسانی که علاقه‌مند بودند، عمیقاً خرسند و راضی بودم.

تعداد بندی‌ها روز به روز بیشتر میشد و اختر محمد شرور نیز به مرور زمان آرام و آرام‌تر میشد. هر موقع که من — البته به دلیل ضرورت‌هایی که پیش می‌آمد — به ملاقاتش می‌رفتم، با احترام بیشتری با من برخورد میکرد و میگفت: "ملنگ صاحب، تو بسیار آدم خوب هستی؛ تو اصلاً با دیگر ترجمان‌ها فرق داری. آنها ما را دو و دشنام میدهند و میگویند که شما طالب هستید." در ابتدای صحبت کردن با اختر محمد قندهاری، من دچار مشکلات زیاد بودم و از هادی کمک می‌خواستم، ولی بعد از یک مدتی، اختر محمد خودش به آرامی و با همکاری با من، از راه تغییر جملات و ساده‌سازی گفتار، کم‌کم کرد تا پشتو را بیاموزم. من معمولاً از سلول‌های یک تا هشت مراقبت میکردم و برای زندانیان آن قسمت ترجمانی انجام میدادم. هادی مسئول سلول‌های نه تا شانزده بود، که زندانیان خطرناک زندان پلچرخی در آن رسته جایگزین شده بودند.

در یکی از روزها، که دقیقاً تاریخش یادم نیست، مرا برای ترجمانی به سلول چهاردهم زندان صدا زده و درخواست کمک کردند. من همراه با یکی از عساکر امریکایی به اسم (لینکین) از زینه‌ها بالا رفته و خود را به طرف دیگر زندان رساندم و مقابل سل چهاردهم ایستادم. من از قبل چندین بار اسم قاری طائب را شنیده بودم، اما شخصاً او را ندیده بودم و این اولین باری بود که او را در پشت میله‌های زندان می‌دیدم. قد نسبتاً بلندی داشت، موها و ریش‌ش خرمایی‌رنگ بود و عینک نمره دار به چشم داشت. از ناحیه شُش‌ها شکایت میکرد و به خوبی نمی‌توانست تنفس کند. از عساکر امریکایی خواهان داکتر یا آلهای برای کمک تنفسی بود. بعد از رساندن پیغام مریضی‌اش به (لینکین)، بطرف من نگاه کرد و گفت: "مه خوب می‌فهمم که تو از امریکا

آمدی، ولی تو چطور خجالت نمی‌کشی با این ریش سفیدت وطن‌فروشی میکنی؟ تو خو پایت لب گور رسیده، باید جهاد کنی، بمب بانی و بیلدینگ چپه کنی. اگر کسی را نمی‌شناسی، مه برایت آدرس و نمرهٔ تیلفون میدهم — برو جهاد کو!" من که بیش از حد ترسیده بودم و واقعاً حرف‌های قاری طائب برایم غیر قابل فهم و وحشت‌آور بود، در زودترین فرصت، فرار را بر قرار ترجیح داده، با شتاب از پله‌های زینه پایین شدم و خود را به دفتر (سرجنت گیبسون) رساندم. جریان را مو به مو برایش توضیح دادم و او را از خطرناک بودن این فرد مطلع ساختم. بعداً، قوماندان امین از جریان صحبت‌های قاری طائب باخبر شده، مرا در دفتر خواسته گفت: "این بی پدر، در زندان پلچرخی باعث قتل هفتاد و چهار نفر شده بود. تیم این‌ها، البته به تحریکات قاری طائب، عساکر داخل زندان پلچرخی را گروگان گرفته بودند. ما مجبور شدیم توسط نیروی هوایی، از سر بام زندان وارد عمل شویم. سقف زندان را سوراخ کرده و به سمت‌شان شلیک کردیم، چون خودشان را نیز مسلح ساخته بودند. در جریان این زد و خوردها، (۷۴) نفر به قتل رسیدند... و متأسفانه، قاری طائب خودش را در جایی پنهان کرده بود و این خبیث زنده ماند." در ادامه، قوماندان امین گفت: "دو مورد دیگر هم ثبت است — دو جریان منفجر کردن بمب‌ها در شهر کابل که به کشتار (۱۶) نفر انجامید، مطابق پلان‌گذاری قاری طائب صورت گرفته بود. بمب‌ها را در پالان خرها جایگزین کرده بودند و آنها را در ازدحام شهر، در میان مردم، رها کردند. خرها منفجر شدند و شانزده انسان بی‌گناه پرپر شدند و افراد بی‌شمار نیز شیداً زخمی گردیدند." خلاصهٔ مطلب اینکه قاری طائب، یک مرد وحشی از خطرناک‌ترین و بی‌رحم‌ترین اعضای القاعده به شمار میرفت و بی‌گمان، حضور او در زندان دلتا باعث دگرگونی و بی‌قراری شدید در اوضاع آنجا گردیده بود.

چند روزی را به آرامی سپری نمودیم تا اینکه در یکی از شب‌ها، هنگامی که من در دفتر افغان‌ها با قوماندان حلیم مشغول صحبت بودم، ناگهان سر و صدایی به گوش رسید. عساکر امریکایی مرا به نام صدا زده، خواستار ترجمانی شدند تا اصل قضیه را دریابند. عساکر امریکایی شاهد آن بودند که یکی از زندانیان سلول هشتم، یک گیلاس چای داغ را عمداً به صورت یکی از عساکر افغان پرتاب کرده بود. آنان می‌گفتند که ابتدا یکی دو حرف میان شان رد و بدل شد و سپس زندانی، چای را مستقیماً به روی عسکر افغان خالی کرد.

موقعی که من به عنوان ترجمان برای دانستن موضوع از هر دو جانب سؤال نمودم، عسکر افغان گفت که زندانی به من توهین کرد و گفت که شما خائن و وطن فروش هستید و به همین دلیل چای را به صورتم پاشید. وقتی از زندانی علت چپه کردن چای را بر روی عسکر افغان پرسیدم، گفت: "ترجمان صاحب، او دروغ می‌گوید، من دو و دشنام ندادم. ما را همیشه یک گیلاس پُر، یعنی لبریز از چای می‌دهند، اما امروز این بچه فقط نیم گیلاس برایم چای داد. وقتی دلیلش را پرسیدم که چرا کم دادی؟" او گفت: "شما پشتون‌ها تا امروز زور می‌گفتید و ما را اذیت کردید، حالا نوبت ماست؛ بگیر، عوض چای کیرم را بخور! ناگفته نماند که اکثریت زندانی‌ها پشتون بودند، یعنی حدود نود درصد و در مقابل، عساکر اردوی ملی، مخصوصاً زندانبان‌ها، عمدتاً تاجیک‌ها و ترکمن‌ها بودند. دشمنی و خصومت قومی میان این دو طرف به‌وضوح نمایان بود. چنانچه یکی دو روز بعد از این مسئله، همان زندانی، عسکر مذکور را با مواد غایطه و ادرار خود کثافت‌پاشی کرد و به طرزی انتقامش را گرفت و جزایش را رساند؛ اما به دنبال این کار، بیش از حد زیر شکنجه و عذاب عساکر اردوی ملی قرار گرفت.

در مورد خصومت‌های قومی، گفتنی‌ها و چشم‌دیدهای زیادی وجود دارند و لازم می‌دانم که یکی دو واقعه را در اینجا برملا سازم: هر موقع که زندانی‌ها دست به رفتارهای خلاف می‌زدند و

عساکر را دشنام می‌دادند، آن‌ها را مورد توهین و تحقیر قرار داده و می گفتند که شما زن‌ها و دختران تانرا برای عساکر امریکایی می‌آورید و (مرده گاویی) آن‌ها را می کنید. همچنین، عساکر را نشانه گرفته و با مواد غایطه و ادرار خود کثیف میکردند. عساکر اردوی ملی افغان، بعضی اوقات زندانیان را شکنجه میکردند، یعنی به لت و کوب می‌پرداختند. چون اکثراً اجازهٔ رسمی برای این کار نداشتند و تمام حرکات‌شان از طریق کمره‌ها مواظبت می‌شد، برای تنبیه آنها راه‌های غیر مستقیم را اختیار می کردند. بیشتر اوقات غذاهای‌شان را، مخصوصاً میوه‌جات، شیرینی، خرما، شیر و هرآنچه که برایشان توزیع می‌شد، برای خود نگه می‌داشتند. به این وسیله هم آنها را مجازات میکردند و بیشتر به بهانهٔ جزا دادن زندانیان، در حقیقت خودشان را از این طریق با مواد خوراکی آن‌ها سیر می کردند. عساکر اردوی ملی به دو تیم تقسیم شده بودند: یکی از ساعت هفت صبح تا هفت شب و دیگری از ساعت هفت شب تا هفت صبح. طبق گفته‌ی قوماندان‌ها و عساکر، قبل از آمدن به داخل زندان، به آنها فقط یک پارچه کیک، یک گیلاس چای شیرین و نیم دانه نان خشک داده می‌شد، که تقریباً برای سیزده ساعت و بعضی اوقات چهارده و یا پانزده ساعت، وابسته به آمدن تیم بعدی بود. دلیلش این بود که آنها اجازه نداشتند به تنهایی وارد زندان شوند و باید همراه با عساکر امریکایی – البته بعد از تفتیش و تلاشی دقیق – به داخل آورده می‌شدند، که خود این جریان مدت زیادی را در بر می گرفت. وقتی که من از جریان باخبر شدم، واقعاً برایم غیر قابل قبول بود که دولت خواب‌رفته و خائن افغانستان چنین برخوردی با عساکر خود داشته باشد – عساکری که وظیفهٔ آنها حفاظت از مملکت و نگهداری زندان و زندانی‌ها است، اما بدون غذا، مجبور به اجرای پانزده ساعت وظیفه می گردند.

با دانستن این مطلب، از آن شب ببعد، من شبانه دو یا سه بار به چاهال یا طعام خانه می‌رفتم به بهانهٔ خوردن نان، تا حدی که میتوانستم، جیب‌های بالاپوشم را از غذا پر میکردم و هر مقداری که ممکن بود، در زیر پتکی خویش پنهان کرده، برای عساکر افغان و قوماندان‌ها می‌آوردم. البته، فقط چیزهای حلال (مرغ - ماهی - کیک - کلچه – سمبوسه - کچالو جوشک - چپس‌های پاکتی - کوکالا – فانتا – اسپرایت...). در ضمن، ما حتی اجازه بیرون کردن یک شیء را هم از چاهال نداشتیم و هیچ‌کس بجز من جرأت چنین کاری را به خود نمی‌داد و نمی‌خواست به خاطر کمک به عساکر افغان، بدنام گردیده و کارش را از دست بدهد. به دفعات اتفاق افتاد که بچه‌ها، دوستان ترجمانم، حتی رحیم، حاجی احمد شاه ، علی و خانم‌ها (میرو، راضیه و خانم رضائی)، همه هشدار میدادند و می‌گفتند: "ذبیح، احتیاط کن، مبادا به خاطر این کارها کارت را از دست بدهی؛ احتیاط کردن شرط است." یگانه کسی که چندین بار با من همدست شده و برای سیر کردن شکم افغان‌ها دست به دزدی می‌زد، هادی بود؛ تا اینکه یک روز گیر آمد و برایش اخطاریه داده شد که دیگر از این کارها نکند. ولی من همچنان بی‌خوف و با شهامت برای آوردن غذا و سیر کردن عساکر افغان رفت و آمد می‌کردم. چند مدتی اوضاع زندان به طور نسبتاً آرام پیش می‌رفت، تا اینکه دوباره اعتراضات زندانی‌ها بخاطر آزادی هم سلول‌های‌شان که هنوز در قید کوته‌قفلی بودند، آغاز شد. همه روزه، تعداد زیادی از عساکر اردوی ملی و همچنان عساکر امریکایی، هدف نشانه‌گیری‌های مواد غایطه مخلوط با ادرار از سوی زندانیان قرار می‌گرفتند و اوضاع به تدریج به حالت اختناق آوری تبدیل شده بود.

جریان خشونت بین محبوسین دلتا و عساکر اردوی ملی از سه روز به این سو ادامه داشت. امروز نیز، به مجرد رسیدنم به محل کار، سر و صدای همیشگی به وضاحت به گوش می‌رسید: دشنام‌های رکیک، سخن‌های ننگین و عصبانیت‌های غیر قابل کنترول. بعد از سلام و احوال پرسی، یک سرباز جوانی توجه مرا به خود جلب کرد. آن بدطالع، از سر و گردنش مواد غایطهٔ

محبوسین، که هدف نشانه‌گیری آنان قرار گرفته بود، در حالت چکیدن بود؛ و واقعاً بوی زنندهٔ آن غیر قابل تحمل به شمار می‌رفت. او را بسوی تشناب سوق دادم و چون تمام لباس‌هایش پُر از گوه و کثافت محبوسین شده بود، او را مجبور به شستن آنها کردم. در عوض، پیراهن و کرتی شخصی خودم را برایش دادم و تشویقش کردم که بعد از حمام، هرچه زودتر آنها را به تن کند؛ بیچاره از خنک و عصبانیت مثل بید می‌لرزید. هنوز در فکر تهیه یک گیلاس چای برایش بودم که ناگهان از قسمت امریکایی‌ها، که بخش همجوار ما بود، مرا بنام صدا زدند و من فوری بسوی بخش جنوبی روان شدم. آنها بعد از هشدار دادن به من در مورد محافظت سر و صورتم، خواستار دریافت شمارهٔ سرباز مذکور گردیدند تا راپور رسمی شان را در این مورد تهیه کنند. هنوز از ماجرای اولی فارغ نشده بودم که سر و صدای تکان دهنده‌ای، با غریو خشم‌آلود محبوسین در گوش‌ها طنین افکند. با عجله اطاق آنها را ترک کرده، به جانب صدا روانه شدم که در نیمه راه با ضابط تولی اول، محمد موسی، روبه‌رو گشتم؛ سر و صورتش طوری بود که گویی با رنگ زرد نقاشی شده باشد و بوی بسیار ناپسند و تهوع‌آوری نیز از او به مشام می‌رسید.

او از شدت خشم قادر به صحبت نبود و با سرعت عجیبی روانهٔ حمام شد. هنوز با خود در تعجب بودم که این محبوسین، با وجود مسلمان بودن‌شان، چگونه قادر به انجام چنین عملی می‌شدند، مدفوع خود بر انسان دیگری بپاشند، که ناگهان فهمیدم قربانی دوم این حادثه، ضابط نظر محمد بود که از "سخاوتمندی" آنها نیز بی‌نصیب نمانده بود! واقعاً، اوضاع از حالت کنترول خارج و از حدود انسانی فراتر رفته بود. مسئولین امریکایی با همکاری اردوی ملی، خواستار مجازات افراد مسئول در ماجرای گوه پاشی بودند. مسئله کاملاً واضح و آشکار بود. من، پس از دریافت راپور مذکور از سوی قوماندان اردوی ملی، مشغول ترجمانی آن شدم. بعد از ختم ترجمانی، آن راپور به صورت سلسله‌وار به آمریت مربوطهٔ اردوی ملی ارسال شد تا در مورد بندی‌های متخلف رسیدگی صورت گیرد و آن‌ها را به کوته‌قفلی منتقل شوند. اما بعد از گذشت

مدت کوتاهی، جواب – مثل همیشــه – از ســوی آمریت اردوی ملی منفی بود؛ یعنی اینکه: متأسفانه کاری از دست ما برای جزا دادن آنها بر نمی‌آید. بعد از ترجمانی میان اردوی ملی افغان و امریکایی‌ها، امریکایی‌ها با ســماجت و همکاری اردوی ملی، با وجود بی‌تکلیفی آمریت اردوی ملی، توانستند متخلفین را ولچک زده از سلول‌های‌شان بیرون کشیده و برای جزا دادن به کوته‌قفلی سوق دهند. اما، قضیه ناگواری که در این جریان رخ داد، این بود که به مجرد دست‌بند زدن به بندی مذکور و نشاندن او بر چوکی مخصوص که تحت مراقبت عدۀ کثیری از افغان‌ها قرار داشت، هنگام سوق دادن او به طرف کوچه، ناگهان زیر ضربات شدید ضرب و شتم قوای اردوی ملی قرار گرفت. تا وقتی که امریکایی‌ها متوجه جریان شــدند، زندانی مذکور از چندین ناحیه مجروح شده و از قسمت چشم و استخوان صورت دچار خونریزی شدید گردیده بود. بعد از این همه زد و خوردها و جنجال‌ها، زندان دلتا برای یک مدتی در سـکوت فرو رفته بود؛ ولی تنها قسمت کوته‌قفلی‌ها هنوز هم پر از درد سر و اعصاب خراب کن باقی مانده بود.

بعضــی اوقات که ما را برای دیدن و ترجمانی آنها می‌بردند، همیشــه زندانی‌های کوته‌قفلی یک موضــوع را مطرح می‌کردند؛ موضــوعی که در ابتدا به بسـیار آرامی بیان میشـد، اما سـپس با دو و دشنام، تحقیر و توهین، کوبیدن سر به دیوارهای اطاق کوچک و حتی تهدید به خودکشی ختم می‌شـد. در واقع، مشکل اصلی آنها کوته‌قفلی و یا تنها بودن شان نبود؛ پرابلم اصلی آنها از آنجا سرچشمه می‌گرفت که هنگام تنهایی و دوری از جمع، در داخل کوته‌قفلی دست به خودارضایی می‌زدند و بعد از اینکه نیاز یا شهوت‌شـان رفع می‌شـد، تازه متوجه بی‌نماز بودن خود می‌شـدند. سپس با التماس و زاری، خواهان تبدیل لباس‌های‌شان می‌شـدند و برای حمام کردن، بنای داد و فریاد و التماس را می‌گرفتند. چون جواب عسـاکر امریکایی برای تبدیلی لباس‌ها و یا حمام دادن آنها منفی بود، زندانی‌ها دیوانه‌وار، با عذاب وجدان و ترس از خدا و رسـول، خود را به درو دیوار می‌کوبیدند و گریه و زاری می‌کردند؛ دیدن این صــحنه‌ها واقعاً دلخراش و عذاب دهنده

بود. جالب ماجرا در این بود که همهٔ ایشـــان یک موضــوع را مطرح می کردند: "ما را دیشــب شیطان بازی داده،" در حالیکه خودشان مرتکب این عمل شده بودند. ورود و خروج ما به داخل زندان بســیار ســاده شــده بود، زیرا جریان ســاختمانی و آباد کردن بیلدینگ‌ها خاتمه یافته بود. برای عساکر امریکای (ایم-دبلیو-آر) یک باشگاه ورزشی بسیار عالی و چند دفتر شیک و کلان آباد شده بود. (MWR) دارای دو طبقه بود — در طبقه بالایی، تمام سیستم‌های کامپیوتری نصب شده بودند و در بخشی دیگر، تیلفون‌هایی جهت برقراری ارتباط عساکر و فامیل‌هایشان قرار داشت. همچنان یک اطاق بزرگ کتابخانه در آن موجود بود و در طبقه‌ی تحتانی، یک ســینمای بســیار قشــنگ با کوچ‌های شــیک و راحت ســاخته شــده بود. علاوه بر آن، دو تخته میز بیلیارد، ســه تخته میز پنگ پانگ، یک پایه تلویزیون صفحه‌تخت (۶۲) اینچی، سه پایه تلویزیون، چند دستگاه گیتار، یک پایه ارگن و یک دهل برای نواختن موزیک برای سرگرمی عساکر در آنجا موجود بود.

هوا به تدریج بهتر و بهتر میشـد تا اینکه بهار رسـید و سـال نو فرا رسید. همه آنرا به فال نیک گرفته، به یکدیگر خیرمقدم گفتند. در همین میان، دفتر ما، یعنی (ام-بی-پی) از این فرصت استفاده کرده و برای گردهم‌آیی ترجمان‌ها، تعدادی از نوازندگان محلی را اجیر نمود و برای تجلیل از سال نو، روز مشخصی را به همه ابلاغ کرد تا دور هم جمع باشیم. بالاخره، شب موعود فرا رسید و ما بچه‌های منطقهٔ زندان، با دسـته‌ها و گروه‌های مختلف به‌سـوی (پی-ایکس) و خیابان دیسـنی ســـرازیر شـــدیم. محفل در داخل یک خیمهٔ بســیار بزرگ برگزار گردیده بود و در دهن دروازهٔ دخولی، تعدادی از بچه‌ها و دختران مشغول صحبت و دید و بازدید از یکدیگر بودند و برخی هم، به اصـطلاح، سـر یکدیگر "تیم" می‌دادند. اکثراً با تیلفون‌های دسـتی خود مشـغول صـحبت بودند یا وانمود می کردند که حرف می‌زنند. در یک قسمت از خیمه، روی میزها اقسام کلچه‌های نوروزی، شـیرپیره، جلبی، پسـته، بادام، کشـمش و نخود، خسـته شیرین و خسـته شور، نقل

نخودی و بادامی، لدوهای هندوستانی، کیک و کلچه، کرمرول، چای سبز و سیاه به چشم می‌خورد که افغان‌ها، بشقاب بدست، منتظر رسیدن نوبت خود در صف ایستاده بودند. در وسط خیمه، میز و چوکی‌ها به صورت منظم برای نشستن ردیف شده بود و در قسمت بالایی یا صدر خیمه، تخت بزرگی برای نوازندگان تهیه کرده بودند. در مقابل آن، قسمتی از سطح زمین خالی گذاشته شده بود که جهت رقص و پایکوبی در نظر گرفته شده بود. خانم‌ها واقعاً تصور می‌کردند که هنوز هم در امریکا و یا اروپا هستند — موهای‌شان همه اطو کشیده و صاف، برخی‌ها پیچانده و لوله شده، ناخن‌های ساختگی، مژه‌های تقلبی، لباس‌های مزخرف و تنگ، آرایش‌های بیش از حد غلیظ که دیدن این صحنه‌ها مرا بیشتر به یاد نقاشی‌های کودکانه می‌انداخت؛ واقعاً مضحک و خنده‌آور بودند. زن و مرد، بچه و دختر، همه مشغول عکاسی و فیلم‌برداری بودند؛ صمیمیت‌های ساختگی، عکس‌های دسته‌جمعی، دست به گردن هم بودن و فلش زدن کمره‌ها که هر چند ثانیه یکبار چشم را می‌زد، به‌وضوح دیده میشد. بالاخره، موزیک شروع شد، اما بیش از حد بلند و دلخراش بود. خواننده را از میان ترجمان‌ها انتخاب نموده بودند و معلوم میشد که قبلاً هم در این گونه مجالس اشتغال داشته است؛ زیرا از حرکات و اداهایش، بلندپروازی و "منم منم" کردنش بخوبی هویدا بود. او را "نجیب" خطاب میکردند، آوازش شبیه فیض کاریزی بود و به گفتهٔ بعضی از ترجمان‌ها، نزد فیض شاگردی کرده بود. بهر حال، زحمت زیادی کشیده بودند — ولی بیجا. در ضمن، نطاق از طریق بلندگو چندین بار تقاضای کمک و جمع‌آوری پول برای نوازندگان محلی که از بیرون آورده شده بودند، را نمود؛ اما اکثراً با آن‌ها برخوردی بیش از حد بی اعتنا داشتند. تنها یکی از خانم‌های ترجمان به نام زینب، با نوشتن چکی به مبلغ نامعلوم و چند نفر دیگر، من جمله خودم، با پرداخت بیست دالر، خود را از زیر عذاب وجدان بیرون آوردیم. مردم، زودتر از آنکه محفل به پایان برسد، روانهٔ خانه‌های خود شدند. من، رحیم، حاجی احمد شاه ، علی، مهدی گروه محلی بابا و مُرید گروه پامیر،

همگی با هم توسط سرویس به سمت محل بود و باش ما برگشتیم. اما ناگفته نباید گذاشت که همان شب، از چشم دیدهایم از آن محفل، چند مصرع شعر بشکل طنز نوشتم که این گونه آغاز می‌شود:

§

شب ضیافتی بر پا نمودند در بگرام

همه افغان بودند در آنجا منجمله مام

همه جا خسته بود پسته و بادام و چای

کلچه‌های رنگین را نبود در میز جای

بوی عطر و عرق از دور به مشام میرسید

روشنی روز به تاریکی شام میرسید

زرق و برق و تجمل در وجود خانم‌ها

خیره کردند عقل و هوش و جان ما

این یکی سبز و سرخ برتن داشت و آبی

آن یکی آویخته بر خویش طلا و نقره خالی

چهره‌ها مضحک‌تر از نقاشی کودکان

اندام‌ها باد کرده در کرتی و تنبان

این یکی برآن خواند سرود خوش سیرتی

آن یکی براین جلوه نماید خوش صورتی

جالب اینکه صورت و سیرت هر دو گم بود

آنچه آنها بر خویش آویخته بودند دُم بود

کمره‌ها در دست و ویدیوها چالان

اکت کردن‌ها در دهلیز و در دالان

صدای قیل و قال و دهل و نی

بی توازن تا کجا و تا به کی

پسران در لباس کلچر افغان نما

می رقصیدند با هم و بی خانم‌ها

آن یکی با دُهل رقصد و آهنگ اتن

این یکی عرق ریزد از جان و تن

حرکات ظریف زن نما و زن گونه

مردان را در میدان کرده بودن نمونه

پسری دلبری با حرکات گردن نمود

غیرت و مردانگی در حال مردن بود

چشم‌ها از تعجب پیاله و کاسه شدند

بی گمان انگشت نمای عام و خاصه شدند

«ذبیح رحمانی»

§

با فرا رسیدن بهار و از بین رفتن برف‌ها و سرمای زمستان، وضعیتی غیرعادی در منطقهٔ زندان که ما در آن مصروف کار بودیم، یعنی (منار هشتم) یا (سابولا)، اتفاق افتاد و مسئله چنین بود: یکی از ترجمان‌های مرد به اسم آقای اختری با یکی از خانم‌های ترجمان به اسم نجلا، دید و بازدیدهای مخفیانه داشتند و همواره در غرفه‌ها، ایستگاه سرویس، در پشت خیمه‌های ترجمان‌ها، یا در قسمت مخفیگاه‌های ضد حملات طالبان و راکت فشانی... خلاصه، از هر موقعیتی که مقدور می‌بود، استفاده می‌کردند تا با هم دیدار و قول و قرار داشته باشند. تا اینکه آهسته‌آهسته ، یکی‌یکی، همه از ماجرای عاشقی این دو دلداده باخبر شدند. یکی دو تن از خانم‌ها و همچنین یکی دو نفر از مردان منطقه در این مسئله پیش قدم شده و با صحبت نمودن با آنها، قضیه را شکل رسمی دادند. برای حفظ ارزش‌های اجتماعی و مذهبی، یک عده برای خواستگاری به خیمهٔ نجلا رفتند و با گرفتن کلمهٔ "بله" از طرف وی، آقای اختری را در مسجد منطقهٔ زندان بر سر سفرهٔ عقد نشاندند. به این ترتیب، آن شوخی‌ها و دیدارهای پنهانی شکل رسمی به خود گرفت و دیگر آنها مجبور نبودند مخفیانه همدیگر را ملاقات نمایند. برای اینکه تمام ترجمان‌ها از جریان واقف باشند، محفلی را در کلیسای منطقه برای شام شنبه در نظر گرفتند و همه با هم، برای خوشحالی این دو مجنون، مشترکاً پول انداختند و برای تجلیل، به تهیهٔ نقل، کیک، کلچه، نوشابه، کباب و بولانی مشغول شدند. بالاخره، شام موعود فرا رسید و من نیز همراه با بچه‌های خیمهٔ خود ما روانهٔ کلیسا شدیم. داکتر منصوری و مصطفی خیلی زودتر از ما آماده شده بودند و با پوشیدن پیراهن تنبان خامک دوزی و کلاه قره قلی، با اشتیاق تمام به محفل عقد اختری و نجلا شتافته بودند. در دهن دروازه، تعدادی از خانم‌ها مشغول پذیرایی از دیگران بودند و اکثراً خود را با لباس‌های افغانی و آرایش‌های غلیظ و پر زرق و برق آراسته بودند. برای خواننده‌ها و نوازندگان در صدر محفل جای خاصی در نظر گرفته شده بود و مُرید از (گروه پامیر) با اجرای غزل‌های شاد "بادا بادا" و آهنگ‌هایی از این قبیل، محفل را گرم ساخته بود و شب خاطره‌انگیزی بود. علی و

مهدی (گروه محلی بابا) نیز چند پارچه موسیقی را به عنوان هدیه‌ای به عروس و داماد تقدیم کردند. داکتر منصوری و سـه چهار تن از مردان برای خیرمقدم گویی به عروس و داماد، رقص‌های پی در پی اجرا کردند. بالاخره، عروس و داماد نیز با هم رقص کوتاهی را به نمایش گذاشتند و محفل، حدود ساعت ده و نیم شب خاتمه یافت و مهمانان یکی پس از دیگری ناپدید شدند. عده‌ای نیز با همکاری یکدیگر، صالون را دوباره تمیز نموده و چوکی‌ها را جابه‌جا کردند. من هم، پس از خداحافظی با بقیه، راهی محل کارم شدم.

زندان ظاهراً آرام به نظر می‌رسید، اما در حقیقت، بهانه جویی‌ها و اعتصابات در گوشه و کنار آن هنوز هم دیده می‌شد. این اعتصابات معمولاً به منظور آزادی دیگر زندانیان کوته‌قفلی بود، اما اغلب با واکنش تند و ضرب و شتم از سوی عساکر مواجه می‌شدند و خود معترضین نیز به جمع زندانیان کوته‌قفلی منتقل می‌گردیدند. این جریانات آرام آرام شـدت گرفت، تا آنکه سـه تن از محبوسین به دلیل اعتراض که در قبال هم‌اطاقی‌های خود داشتند، اقدام به دوختن لب‌های خود کردند تا به نوعی صـدای اعتراض شـان را بلند کنند. اما این حرکت با عکس‌العمل شـدید موظفین زندان، یعنی عساکر امریکایی، روبه‌رو شد. آنها محبوسین را شـدیداً تهدید کردند که اگر لب‌های‌شان را باز نکنند و یا نگذارند که توسط داکتر باز شود، به شدت مجازات خواهند شد. من با انجام ترجمانی میان آنها و میانجیگری، التماس می‌کردم که به لحاظ خدا این کار را نکنید، چون بیشـتر اذیت تان خواهند کرد. واضح بود که با دوختن لب‌های خود، زندانیان نه تنها به این عمل دسـت زده بودند، بلکه با خودداری از خوردن و نوشـیدن، عملاً جان خود را نیز به خطر انداخته بودند. شب را با حالتی دلهره و پریشانی به صبح رساندیم. حوالی ساعت پنج صبح، بعد از ادای نماز، دو تن دیگر نیز به جمع آنها پیوسـته و لب‌های خود را دوخته بودند. این اقدام، باعث پریشانی شـدید در بین موظفین زندان، یعنی عسـاکر امریکایی شـد و آنان فوراً راپور تهیه نموده، مقامات بالاتر را در جریان گذاشتند تا تصمیم بگیرند که با این افراد چگونه برخورد صورت گیرد.

ما پس از سپردن راپور به دفتر مربوطه، به اطاق‌های خود برگشتیم. روز را، بعد از خوردن چای صبح، تعویض لباس‌ها، مسواک زدن دندان‌ها، شستن دست و روی و خواب طولانی، به شب رساندم. در منطقهٔ زندان، مسئله بخصوص به چشم نمی‌خورد، جز اینکه آقای اختری و خانم نجلا، واضحاً در حضور دیگران، دست در دست هم قدم می‌زدند. در ضمن، ناگفته نباید گذاشت که آقای اختری صاحب نواسه بود، ولی به گفتهٔ برخی خانم‌ها، نجلا هیچوقت ازدواج نکرده و تا آن زمان "پیر دختر" باقی مانده بود و آقای اختری اولین مرد زندگی او به شمار می‌رفت. با فرا رسیدن وقت کارم، به‌سوی زندان شتافتم و به محض وارد شدن به محوطهٔ داخلی زندان، اوضاع کاملاً دگرگون به نظر می‌رسید؛ بوی زنندهٔ گُه و کثافات به وضاحت به مشام می‌آمد.

چند ساعت قبل از آمدن من، زندانیان برای ابراز خشم و حمایت از زندانیان کوته‌قفلی و همچنین کسانی که لب‌های خود را دوخته بودند، بار دیگر دست به گوپاشی زدند. این بار (سرجنت پارکر) هدف مستقیم آنها قرار گرفته بود. پس از این اقدام، خود عاملین نیز فوراً به سلول‌های کوته‌قفلی منتقل شدند. تعداد لب‌دوختگان به پانزده نفر رسیده بود و این وضعیت، ترس و اضطراب عجیبی در دل‌های موظفین زندان، به ویژه عساکر امریکایی، برپا کرده بود. خواسته‌ی و تقاضای محبوسین، نشستن و صحبت مستقیم با جنرال افغانی، یعنی حاجی صفی، بود. با گزارش آنها، موضوع را از طریق یک مکتوب رسمی از زبان دری به انگلیسی ترجمه نموده و به دفتر مربوطهٔ زندان تسلیم کردیم و خود، در انتظار دریافت دستور اقدامات بعدی ماندیم. بعد از گذشت نیم ساعت یا اندکی بیشتر، (سرجنت گیبسون) به من گفت: "بیا تا با رهبران زندانی‌ها صحبت کنیم." پرسیدم: "چه خبر شده؟" گفت: "هر چیزی که می‌گویم، با صدای بلند برایشان ترجمه کن." گفتم: "حتماً!" (سرجنت گیبسون) در مقابل پنجره‌های سلول چهار و پنج با چند نفر از عساکر محافظ خود ایستاده بود و چنین اخطار صادر کرد: "اگر تا یک ساعت دیگر این ها لب‌های خود

را باز نکنند و از اعتصاب غذا دست نکشند، قطعه‌ی منتظره یا گارد دفاعی با استفاده از (اسپری) و چوب‌های مخصوص ضد شورش حمله‌ور خواهد شد؛ همه را به کوته‌قفلی منتقل خواهیم کرد و لب‌هایشان را به زور باز خواهیم نمود." در مقابل صحبت‌های (سرجنت گیبسون)، آن‌ها فقط یک کلام را تکرار میکردند: "جنرال صفی، جنرال صفی!" بعد از گذشت اضافه‌تر از یک ساعت، گارد مخصوص امریکایی‌ها، مجهز با اسپری‌های (مُرچی)، اسپرهای خیلی بزرگ مخصوص ضد شورشی‌ها، چوب‌های دستی، ماسک‌های تنفسی ضد گاز، ولچک‌های فولادی و پلاستیکی وارد محوطه‌ی زندان دلتا شدند. با کمک گارد حملهٔ اردوی ملی افغان، به اخطار دادن به زندانیان مشغول شدند و با دادن ده دقیقه فرصت، از آن‌ها خواستند که اعتصاب خود را پایان دهند و آرام بمانند. ده دقیقه با کندی تمام گذشت؛ از قیافه‌های زندانیان، خشم و از خودگذشتگی هویدا بود و در آن سوی دیگر، عساکر همه تشنه و آماده برای لت و کوب، منتظر فرمان نهایی بودند. زندانی‌ها نه تنها دست از اعتصاب نکشیدند، بلکه تعداد لب‌دوختگان به (۲۳) نفر رسید؛ وضعیتی که نگرانی و ترس موظفین را دو چندان ساخت. وظیفه‌داران امریکایی زندان، پس از اطلاع‌رسانی به مقامات بالا، در انتظار دریافت تصمیم نهایی ماندند. بعد از مدت کوتاه، با دریافت دستور از مقام‌های بلندپایه‌ی امریکایی، پلان حمله به زندانی‌ها لغو شد و به آن‌ها وعده داده شد که خواسته‌هایشان به جنرال صفی منتقل خواهد گردید و امیدواریم که جنرال صفی فردا یا هرچه زودتر برای دیدار با شما بیاید.

خوشبختانه، آن شب بدون هیچ‌گونه درد سر، جنگ، دعوا و لت و کوب زندانی‌ها به اتمام رسید و ما دوباره به طرف اطاق‌های خود روانه شدیم. در طول راه، من که چندان دلبستگی به خوردن چای صبح نداشتم، اما به دلیل اصرار هادی با او موافقت کرده و روانهٔ چاهال شدیم. اتفاقاً، رحیم و حاجی احمد شاه نیز آنجا بودند. هنگام نوشیدن چای و خوردن صبحانه، رحیم در رابطه

با اعتصـــابات زندانی‌ها پرســید و گفت: "این‌ها، به جز آزادی دوســتان کوته‌قفلی‌شـــان، دیگر چه می‌خواهند؟" در جوابش گفتم: "میگویند تنها خواهان صــحبت نمودن با جنرال صــفی هســتند و گفته‌های خود را به او خواهند گفت." در ضـــمن، اضـــافه نمودم که امروز خواهان رفتن به منطقه (پی ایکس) و بازار هستم، چون هم کاری دارم و هم دق آورده‌ام و دلتنگ شده‌ام. پس اگر تو میخواهی مرا همراهی کنی، بسیار خوب میشود؛ و برای نان چاشت در رستورانت حیدر، مهمان من خواهی بود. قرار ما ساعت یک بعد از ظهر شد.

با گرفتن سرویس، هر دوی ما به سمت (پی ایکس) روانه گشتیم. در داخل سرویس، چند تن دیگر از افغان‌ها نیز به چشم می‌خوردند که به‌سوی (پی ایکس/ وارین) می‌رفتند. بعد از رسیدن به وارین، با گرفتن سرویس سمت شمال، نظر به موقعیت رستورانت حیدر، روانه شدیم. تعداد زیادی از افغان‌ها و امریکایی‌ها منتظر سفارش غذا و یا پرداخت پول‌شان بودند. زینب و قمر خانم نیز در میان آنها دیده می‌شدند. بعد از چند دقیقه انتظار و خالی شدن بخشی از رستورانت، ما به داخل رفتیم و به سفارش غذا مشغول شدیم. رحیم برای خود قابلی با ماهیچه خواست، من کباب با دوغ سفارش دادم. علاوه بر این، رحیم نیز خواهان ســفارش قورمهٔ نخود و نوشــیدن دوغ گردید. پس از ختم غذا، با وجود اینکه من قبلاً گفته بودم که رحیم مهمان من است، او قبول نکرد و سر و صدایی به‌وجود آمد؛ هم او خواهان پرداخت پول بود و هم من. اما بالاخره، من به حیدر، مالک رستورانت، چشمک زده، گفتم که من ماهوار پول می‌دهم، پول ترا حیدر نخواهد گرفت و به این ترتیب قضـیه را تمام کردم. زمانیکه رحیم برای کشـیدن سـگرت بیرون رفت، من پول را تأدیه کرده و به او پیوستم. رحیم تشکری کرده و گفت که دفعه‌ی بعدی مهمان من هستی و پس از ختم سگرت، سری به دفتر (ام-ای-پی) زدیم و آنجا شاهد رسیدن تعدادی از تازه‌واردان بودیم. قیافه‌های همه برای ما ناآشنا بود. یکی از ترجمان‌های تازه رسیده که زیاد به من نگاه می‌کرد، نزدیک آمد و بعد از سلام علیک گفت: "خودت ذبیح جان نیستی؟" گفتم: "چرا؟" گفت: "نشناختی مرا؟" گفتم: "نی."

او کلاهش را از سـر برداشـت و سـر بی‌موی خود را نشـان داده، گفت: "حالا چی؟" گفتم: "معذرت میخواهم، ولی نشـناختم." گفت: "من، حامد هسـتم، حامد شـهر نو... یادت اسـت؟" گفتم: "بسـیار تغییر کردی." گفت: "سـی و پنج سـال بعد می‌بینمت، اما خودت هیچ تغییر نکردی." حامد دوسـت یکی از همصـنفانم به اسم رحمان بود که اکثراً شـب‌های جمعه به جمع ما می‌پیوست. در ضمن، او به دختری علاقه‌مند بود به نام فاطمه که با من بسـیار دوسـت بود (فقط دوسـت). فاطمه که سـاکن شـاه شـهید بود، دوسـت صـمیمی عابده بود و عابده از دوسـت‌های خوب دوران جوانی من به شـمار میرفت. ما معمولاً با آمدن هر فیلم جدید هندی با هم به تماشـا میرفتیم و برای شـنا به حوض پلچرخی مرا با خود می‌برد، زیرا حوض پلچرخی هیچوقت پسـرها را تنها، بدون دختر یا پارتنر، اجازۀ ورود نمیداد. حامد از ندانسـتن سرنوشت خود نیز در هراس بود. من برایش پیشنهاد کردم که امیدوار باقی بماند و پریشان نباشد. گفتم که بعد از سه روز، معمولاً روزهای یکشنبه، برای‌تان می‌گویند که در کجا تبدیل شده‌اید و شروع کار تان در کجا خواهد بود. ولی هر جایی که برایت کار پیشنهاد شد، قبول کن و برو؛ بعداً اگر خوشت نیامد، می‌توانی صرف نظر کنی. اما هیچوقت فوراً پیشنهاد شـان رارد مکن، چون آن وقت، ترا نظر به قانون امضـا شـدۀ (ام‌-ای‌-پی)، به دلیل شـانه‌خالی کردن از مسـئولیت و نرفتن به جبهۀ جنگ، از کار سبک‌دوش نموده و برطرف خواهند کرد. با سـپردن شـماره‌ی تیلفونم، از او خداحافظی کرده و به طرف (پی ایکس) روان شدیم.

در منطقۀ (پی ایکس)، رحیم برای ما چای لاته خریداری نمود و با نشسـتن بر روی چوکی‌های بیرون کافی شـاپ، به نوشـیدن آن مشـغول شدیم. رحیم دوباره سگرت روشن کرد و از کشـیدن آن لذت خاصـی می‌برد. بعد از اینکه چای ما تمام شـد، سـری به دکان فهیم زدیم و بعد از ادای سـلام و احوال‌پرسـی، به طرف بازار سـرباز به راه افتادیم. در آنجا به تمام دکان‌ها سـر زدیم و من از دکان انتیک فروشی یک دانه چلم قدیمی با مُهره دوزی افغانی خریداری کردم و رحیم نیز برای خود یک

چاینک استالفی مقبول خرید. در پایان روز، سری به دکان کتاب و موسیقی زده و هر کدام ما چند عدد (سی-دی)، فیلم‌های هندی و افغانی، همراه با چند جلد کتاب خریداری کرده و رهسپار دیار خود گشتیم. حدود ساعت هفت شام به محل بود و باش خود رسیدیم. بعد از پایین شدن از سرویس نزدیک جای اقامت، من از رحیم خداحافظی نموده و بسوی خیمه خود راه افتادم. حاجی صاحب و میلاد مشغول دیدن یکی از فیلم‌های قدیمی هندی ممتاز بودند که بسیار جالب جلوه می کرد. بعد از ختم فیلم گفتند که برویم نان بخوریم، گفتم من سیر هستم، چاشت زیاد نان خوردیم و می خواهم یکی دو ساعت بخوابم. آن‌ها برای خوردن نان شب بیرون رفتند و من بر بستر دراز کشیدم و خوابیدم. نمی‌دانم چند ساعت خوابم برده بود که زنگ تیلفون بیدارم نمود؛ شماره اشتباهی بود، ولی به موقع، زیرا ساعت ده و نیم شب را نشان میداد. باز هم مجبور شدم از خواب راحت برخیزم. بعد از تعویض لباس‌ها و شستن دست و رو، با شتاب روانۀ کار شدم. دوباره، پس از تلاشی، وارد محوطۀ زندان شدم و تصادفاً در موقع تلاشی با تمیم یکجا شدم. تمیم، پسری قد بلند و خوش‌برخورد بود و اکثراً او را در روزهای جمعه در مسجد بگرام می‌دیدم؛ بعد از ختم نماز چاشت، سفره را برای پذیرایی از دیگران پهن می کرد و با کمک دیگران غذا را می‌چید. زمانی که من در ابتدا با رحیم در (ایس-پی-سی) کار می کردم، او را در همانجا در یکی از دفاتر، مشغول ترجمانی اسناد و کاغذهای مهم می‌دیدم. در هر صورت، بعد از سلام و احوال پرسی، او سوال کرد: "از لب‌دوخته‌ها چه خبر؟" گفتم: "برایشان قول داده شده تا جنرال افغانی را بیاورند." پرسید: "چه میخواهند؟" گفتم: "به هیچ‌کس نمیگویند، جز جنرال صفی". با رسیدن من در قسمت زندان دلتا، از هم خداحافظی نمودیم.

بعد از تک‌تک زدن به دروازه‌ی دلتا، داخل شدم؛ یعنی عسکر مربوطه که در دهن دروازه بود، مرا اجازه ورود داد و با حالت پریشان گفت: "زود برو، ترجمان صاحب، که جنرال صاحب

آمده و با بندی‌ها جلسه دارد." پرسیدم: "هادی کجاست؟" گفت: "در دهلیز." پرسیدم: "کی ترجمانی می‌کند؟" گفت: "تیم صبح." من با (سرجنت گیبسون) و هادی به داخل اطاق جلسه رفتیم. در آنجا دیدم که با وجود داشتن ترجمان‌های ما، جنرال یک ستاره‌ی امریکایی نیز حضور داشت و البته ترجمان مخصوص خودش را نیز با خود آورده بود. نکتهٔ جالب در این بود که ترجمان جنرال امریکایی، یک مرد ایرانی بود که واقعاً مسخره بود. اولاً، ایرانی‌ها لسان ما را به سهولت صحبت نمی‌کنند و بسیاری از لغات و واژه‌ها را نمی‌فهمند. دوماً، با زبان پشتو اصلاً هیچ آشنایی ندارند. سوماً، با ساختار و سیستم اداری امریکایی آشنا نیستند. واقعاً جای تعجب و ناباوری است که یک شغل بسیار مهم و اساسی را به یک ایرانی سپرده‌اند – کسی که نه تنها با عنعنات و فرهنگ ما آشنایی نداشت، بلکه گذشته از آن، با ندانستن لسان و اشتباه در ترجمه، خدا می‌داند که چند انسان بی‌گناه را به زندان انداخته و چه تعداد خراب‌کار را آزاد کرده است. دلیل ذکر این موضوع این بود که شخصاً شاهد اشتباهات ترجمان ایرانی بودم – اشتباهات و بی‌تفاوتی‌اش در ترجمه، نبود صداقت و فریب دادن تمام سیستم امریکایی. موقعی که جلسه به اتمام رسید، جنرال امریکایی خطاب به جنرال افغانی و قوماندان‌های زندان سخنانی را مطرح کرد که ترجمان ایرانی آنها را کاملاً اشتباه ترجمه نمود.

من به فارسی برایش گفتم که اینطور نیست، شما اشتباه می‌گویید، اگر می‌خواهید، می‌توانم کمک کنم. گفت: "نه، خیلی خوب می‌فهمم، چون زبان‌های ما هیچ کدام فرقی ندارند". خوش به حال مفت خوران بی‌وجدان! در هر حال، وقتی ما به داخل اطاق جلسه رفتیم، مسائل تقریباً حل و فصل شده بودند و موظفین زندان به دنبال داکتر رفته بودند تا لب‌های زندانی‌ها را باز کند. از سخنان آنها چنین برداشت می‌شد که خواهان آزادی محبوسین کوته‌قفلی بودند، همچنین غذای حلال، ساعات آزاد بیشتر برای تفریح و اجازهٔ نگهداری کتاب‌های دینی و تفاسیر مذهبی را می‌خواستند. جنرال صفی نیز، البته با مشورت جنرال امریکایی، با درخواست‌های‌شان موافقت نموده و

قضیه را تمام کرد. بعد از جلسه و گشت و گذار در دهلیزهای زندان و خداحافظی از جنرال امریکایی، جنرال صفی به داخل دفتر افغان‌ها آمد و چنین با آنان خطاب نمود: "این چه سر و وضع است؟ آدم از دیدن دفتر تان خجالت می‌کشد! اگر توان خریدن تلویزیون، قالین و مبل را ندارید، از همین ترجمان‌ها بخواهید که برایتان بخرند." سخنان بی‌موردش سرم را بدرد آورده بود و من که از قبل آمادگی برای تاخت و تاز بر بی‌کفایتی آمرین اردوی ملی داشتم، می‌خواستم از این دزدان بی‌وجدان، در بارۀ تغذیه نکردن عساکر با شهامت افغان، بپرسم که چرا این بیچاره‌ها چهارده ساعت با شکم‌های خالی، بدون غذا وظیفه اجرا می‌کنند؟ و پول اعاشه‌ی غذای این‌ها به جیب چه کسی می‌رود؟ بعد از ترجمانی سخنان مزخرفش به (سرجنت گیبسون)، خواستار صحبت با جنرال صفی شدم، اما (سرجنت گیبسون) و قوماندان امین، هر دو مانع شدند که با او صحبت نمایم و در نتیجه، سخنانم با تمام انتقادات و اعتراضاتم، در دل مدفون ماند.

با گرم شدن هوا و سرسبز شدن محلات، زیبایی خاصی در اطراف ما به چشم می‌خورد. این قشنگی بیشتر هنگام رفتن به (بی-ایکس) جلوه‌گر میشد، زیرا خیابان دیسنی که دو طرف آن با درختان کهن‌سال از قدیم الایام غرس شده بودند، زینت خاصی به مسیر بخشیده بودند. همچنان، برخلاف سایر درختان، این‌ها معجزه‌وار دست نخورده و سالم باقی مانده بودند. با سرازیر شدن بهار بسوی تابستان این درختان کهن‌سال و تشنه‌لب، به زیبایی خاصی دست یافته بودند. در کنار آنها، رنگ دل‌انگیز ارغوان از دوردست‌ها به چشم می‌خورد و در لابه‌لای آنها، چندین درخت خوش‌چهرۀ اکاسی نیز دیده میشد که سفیدی رنگ و بوی خوش آن، تا ماه‌ها فضا و ساحه‌ی دلخراش بگرام را در لذت و طراوت فرو می‌برد. واقعاً که بی‌جا نگفته‌اند: - ***مشک تازه می‌بارد ابر بهمن کابل*** - بی‌تردید که قشنگی ارغوان و بوی درختان اکاسی در هیچ نقطه‌ی دنیا پیدا نمی‌شود و این مملکت جنگ‌زده‌ی ما با تمام ماتم و عزایی که دارد، گاه‌گاهی با کشیدن دستی به سر و

صورت خود، با دهن پُر از خنده و فراموشی غم درونی‌اش، به شکوفایی می‌رسد و دوست و دشمن را مسحور خود می‌کند – بی‌شک که وطن ما زیباست! لعنت به حزب خلق و پرچم که مادری به این زیبایی را به دامان روس‌های کثیف انداختند و نفرین بر احزاب هفت‌گانه، احمدشاه مسعود، طالبان و دسته‌های خورد و بزرگ آن‌ها که این مملکت زیبا را با خانه‌جنگی‌ها، شلیک، توپ، خمپاره و راکت به مخروبه‌ای مبدل نمودند – لعنت و نفرین بر هر یک شما!

در چهار اطراف ما، همیشه صدای دلخراش برخورد هاوان و تخریب قسمتی از ساحهٔ بگرام، جزئی از شنیدن و دیدن مسائل روزمره به حساب می‌آمد. موقعی که فیر هاوان می‌شد، از طریق بلندگوها به ما هشدار داده می‌شد تا هرچه زودتر در سنگرها جای‌گیر شویم تا از آسیب هاوان در امان بمانیم. در واقعه‌ای که من خود شاهد حادثه بودم، یعنی بعد از وقوع مسئله، یکی از خیابان‌های (دیسنی) با آمدن راکت یا هاوان، دو اطاق بود و باش بچه‌ها را منهدم نموده و یکی از آنها شدیداً مجروح گردیده بود. اما خود اطاق‌ها، چون همه از چوب‌های نازک ساخته شده بودند، به کلی از بین رفتند. حادثهٔ دومی در اواخر تابستان اتفاق افتاد، در قسمت (اس-سی-بی-۱) (S-C-B-1)، یعنی همان جایی که حق‌العبور موقعیت داشت؛ به این مفهوم که هر کارگر افغان ، زمانی که از کار فارغ می‌شد و یا برای کار کردن داخل محوطهٔ بگرام (یعنی قسمت نظامی) می‌گردید، باید با نشان دادن کارت هویت و پس از تلاشی دقیق، داخل و یا خارج می‌شد. معمولاً، تعداد کثیری پشت در چوبی حق‌العبور ایستاده می‌بودند و فیر راکت نیز در همین منطقه صورت گرفته بود که در اثر اصابت آن، تعداد هفت نفر کشته و یازده نفر مجروح گردیدند. همیشه برای من سؤال خلق شده بود و هنوز هم است که دولت امریکا با این همه تکنالوژی و دسترسی به تمام وسایل و قوای کشفی، چطور از دسیسه‌های دشمن بی‌خبر می‌ماند؟ در ضمن، چهار اطراف محوطهٔ بگرام از دوردست‌ها به چشم می‌خورد، چون همه زمین‌های هموار بودند، جز دوردست‌ها که کوهستانی می‌شد. پس چگونه و از کدام طریق آنها قادر به

نزدیک شدن به محوطهٔ بگرام می‌گردیدند و بی‌باکانه موفق به نصب هاوان گردیده و سپس به آسانی فرار می‌کردند، در حالی که تا هنوز هیچکس را نتوانسته بودند دستگیر کنند و یا پلان آنها را قبل از وقوع کشف و خنثی نمایند؟

بالاخره، با روزشماری و رسیدن ماه اگست، نوبت مرخصی من فرا رسید و بعد از ده ماه مشقت و دوری از فامیل، موفق به رفتن دوباره به امریکا و دیدن خانم، فرزندان نازنین و فامیلم شدم. با پرداخت یک هزار و دوصد دالر جهت خرید تکت پرواز از بگرام تا دُبی، از طریق کمپانی (دی-اف-ایس) (DFS)، که می‌گفتند متعلق به یکی از جنرال‌های امریکایی است، مجبور به اخذ تکت شدم. فاصله‌ای که از بگرام تا دُبی بیشتر از سه ساعت نبود و قیمت اصلی آن از دوصد دالر بیشتر نیست، اما این تکت به مبلغ یک هزار و دوصد دالر فروخته می‌شد و تمام عایدات خالص آن مستقیماً به جیب آنها سرازیر می‌گردید و روز به روز پول‌دارتر و فربه‌تر می‌شدند. اما برای ما، که ماه‌ها و گاهی سال‌ها همچون زندانیان، اسیر کار و بار بودیم، فرقی نمی‌کرد؛ و با نادیده گرفتن قیمت تکت‌ها و با اشتیاق فراوان، تنها خواهان رسیدن و خارج شدن از محیط نظامی بودیم و بهای آزادی موقتی خود را، هرچقدر که می‌خواستند، حاضر به پرداخت بودیم. از بگرام حدود ساعت ده پرواز داشتیم، اما قبلاً به من گفته شده بود که ساعت شش صبح آماده باشم، زیرا موتر کامپانی (ایم-یی-پی) دنبال من خواهد آمد و مرا به میدان خواهد برد. چهار ساعت واقعاً بی‌جهت در دفتر (دی-اف-ایس) منتظر ماندیم؛ دیدن پاسپورت‌ها، تکت‌ها و وزن کردن بکس‌های ما، سرجمع نیم ساعت هم نشد. بالاخره، همهٔ مسافران را سوار بر دو سرویس بزرگ کرده و به داخل میدان هوایی بگرام سوق دادند. بعد از پایین شدن از سرویس‌ها، هر یک از ما در لین‌های مختلف ردیف‌بندی گردیده و با داشتن تکت و پاسپورت‌ها در دست، منتظر خالی شدن طیاره بودیم. در حقیقت، این حالت شبیه سرویس‌های سابق افغانستان بود که در ایستگاه منتظر

می‌ماندیم تا مسافران از سرویس پیاده شوند. بعد از ایستادن اضافه‌تر از نیم ساعت در آفتاب سوزان، نوبت به سوار شدن ما در طیاره رسید. جالب اینجاست که بعد از پرواز و دور شدن از ساحهٔ بگرام، طیاره دوباره در قندهار توقف نمود و با پیاده کردن مسافران قندهار، پُر نمودن جاهای خالی و تیل‌گیری، پس از چهل و پنج دقیقه توقف، دوباره به پرواز درآمده و به سمت دُبی روانه گشت.

در هنگام پرواز از بگرام تا قندهار، بعد از سی‌وسه سال دوری و فراق از وطن، دل بی‌تابم سخت دلتنگش بود و در حسرتش می‌سوخت؛ اما تنها فرصت دیدار وطن عزیزم را از فراز آسمان‌ها یافتم. کابل نازنین، چون رویایی محو در دوردست‌ها پدیدار بود؛ نقاط آشنا و خاطره‌انگیزش به روشنی هویدا نبود، در غبار فاصله‌ها مستور و ناپیدا مانده بود. قندهار، با تمام زیبایی‌های نهفته‌اش، در ابهام سکوت آسمان پنهان ماند؛ و آنچه چشم را پر میکرد، تنها کوه‌های سنگین سر به فلک کشیده بودند — استوار، خاموش و غرق در شکوه تلخ غربت.

بالاخره، ما به دُبی رسیدیم و من اولین بار بود که قدم به سرزمین عرب‌های وحشی می گذاشتم. زن‌ها همه در زیر چادر و مردان با پیراهن‌های دراز و چلتار به سر، در هر گوشه و کنار حضور داشتند. من با وجود تبعهٔ امریکا بودن و داشتن پاسپورت امریکایی، با برخوردی خیلی خشن از سوی مأمورین دولتی دُبی و با یک تلاشی شدید مواجه شدم. از من پرسیدند: "برای چه اینجا آمده‌ای؟" برایشان گفتم: "چون دوباره به امریکا می‌روم." سپس پرسیدند: "در کدام هوتل اقامت داری؟" گفتم: "هنوز نمیدانم." گفتند باید آدرس محل اقامت خود یا شمارهٔ تیلفون یکی از قوم و خویش‌هایت را بدهی." گفتم که هیچکدام از اینها را ندارم. پرسیدند: "دوست یا آشنا داری؟" گفتم: "ندارم." گفتند: "پس مجبور هستی تا از ما تکت هوتل را خریداری کنی." با آنکه واقعاً آزاردهنده بودند، اما با آرامش به آنها گفتم: "این چگونه قانون است؟ در تمام دنیا، توریست موقع

خروج از گمرک و ورود به شــهر، حق انتخاب دارد که در کدام هوتل می‌خواهد اقامت کند. ولی شــما پیشــاپیش برایم هوتل می‌فروشــید، در حالی که من نه از جا و مکانش باخبرم و نه از موقعیتش. شــاید اصــلاً از اقامت در آن‌جا خوشــم نیاید." با بی‌اعتنایی و بی‌حرمتی گفتند: "چاره‌ای دیگر جز این نداری." واقعاً که خونم به جوش آمده بود. من، که از عرب‌ها، آداب و رسوم عربی و زبان عربی بکلی متنفر بودم، با برخورد وحشــیانه و تحقیرآمیز آنها، چاره‌ای جز ســکوت نداشــتم. با پرداخت شــبی صــد و ده دالر و گرفتن ســند تکت هوتل، از آنجا خارج شــدم. راســتی بی‌دلیل نگفته‌اند که برخی از اعراب، خر، اعراب ملخ‌خور و یا وحشــی و صــحرا نشــین، که از جهالت دختران تازه متولدشده را سر میزدند و یا زنده به گور میکردند و با معجزهٔ اسلام بود که آنها را به مسیر تمدن، کار و کاسبی و تجارت کشاند. جهان را به نام اسلام بازی دادند و با دریافت ده‌ها هزار دالر از هر شخص به نام عبادت در کعبه‌ی خدا، قصرهایی آباد ساختند و جهانی از طلا برای خود فراهم کردند. با آنکه بیش از هزار و چهارصــد ســال از ظهور اســلام میگذرد، حاضــر نشــدند یکی از ممالک فقیر مســلمان را به صــورت رایگان به عبادت و زیارت کعبه‌ی خداوند، قبله‌گاهِ مســلمانان، دعوت کنند تا ثواب واقعی را نصــیب خود گردانند. خلاصــه، از آسمان‌خراش‌های سر به فلک کشیده، تا موترهای طلایی، مود و فیشن و تمام چیزهای قیمتی، همه به چشم می‌خورد و قشنگی از هر سو، از بالا و پایین، از دور و نزدیک، می‌بارید؛ ولی خودشان هنوز همچنان دست‌نخورده و وحشی باقی مانده بودند.

با گرفتن تاکســی و دادن آدرس هوتل مذکور، تاکســی فاصــلهٔ زیادی را طی نمود تا بالاخره مرا به محل غریب نشــین پیاده کرد. هوتل مذکور به اســم (Asscort Hotel) (ایس کورت) هوتل بود و دقیقاً در منطقهٔ پاکستانی نشین‌ها، یعنی (مینا بازار) موقعیت داشت. بعد از جابجا کردن اثاثیه‌ام در هوتل — که واقعاً هوتل بدی نبود — برای نوشیدن یا خوردن غذا به بیرون برآمدم. اما متأسفانه، از آن‌جایی

که من دقیقاً در ماه مبارک رمضان به دُبی رسیده بودم، زمین و زمان بسته بود — نه دکان، نه مغازه و نه رستورانت باز بود. نمی‌دانم این همه مسافر، توریست‌های جهانی و غیر مسلمان چگونه و کجا غذا می‌خوردند. به هر جا سـر زدم، گفتند بعد از افطار، ساعت هفت و نیم شب، دکان‌ها و رستورانت‌ها باز می‌گردند. با گرفتن تاکسی، دوباره خود را به هوتل رساندم و چاره‌ای جز انتظار تا ساعت هفت و نیم شب را نداشتم.

بعد از افطار، رستورانت‌ها همه باز شـدند و من با پرس‌وجو از این و آن، برای خوردن غذا چاشنی‌دار، در پشت محل اقامتم یعنی مینا بازار براه افتادم. واقعاً که جای دیدنی بود. من که در تمام عمرم نه پاکستان را دیده بودم و نه هند را، بودن در مینا بازار دُبی برایم هیجان‌انگیز و خوشایند بود. بعد از خوردن دال و برنج با گوشت گوسفند، یعنی (لم کُری) (Lamb curry) با دیدن مردم شرق احساس می‌کردم در کابل سابق هستم. دکان‌های میوه فروشی، دی-فی- دی- فروشی، کشمیره، شیرینی‌باب، سوپر مارکت‌های کلان، جواهر فروشی‌هایی که چشم را خیره میکردند...واقعاً فضای خاصی داشت. ناگفته نباید گذاشت که هوا بیش از حد مرطوب و فوق‌العاده گرم بود. موقعی که از هوتل خارج می‌شدم، برای چند ثانیه اصلاً نمی‌توانستم بیرون را ببینم، زیرا با بیرون شدن از هوای سرد هوتل و با داشتن عینک بر چشم، شیشه‌های عینکم کاملاً غبارآلود می‌شدند. من که هرگز عرق نمی‌کنم، اما در دُبی حتی با نشستن در تاکسی، پیراهنم کاملاً تر می‌شد. بعد از چند ساعتی چکر زدن و خرید کردن، دوباره به هوتل برگشتم و چند ساعت را با دیدن فیلم و خوابیدن گذراندم. در یک موقع از خواب بیدار شدم، کنار پنجره هوتل رفتم و دیدم خیابان‌ها هنوز پُر ازدحام اند، دوباره بیرون رفتم. دکان‌ها معمولاً در ماه مبارک رمضان از ساعت هفت شب باز می‌شدند و تا سحری باز می‌ماندند. در هرحال، دوباره پس از خرید و خوردن و آشامیدن، به‌سوی هوتل روانه شدم و به نوکریوال هوتل گفتم تا برای من ساعت هفت صبح تاکسی بخواهد، زیرا پروازم ساعت ۹ به طرف لوس آنجلس بود. از لوس آنجلس کالیفورنیا چه بگویم — واقعاً، جای زیبا و دیدنی است. ولی با

برگشـــت از قریه‌های خاکی افغانستان و محوطه‌های کوچک نظامی، داشـــتن آزادی گشت‌وگذار تا دوردست‌ها، شرایط و وضعیت عمومی‌ام را خوشایندتر ساخته بود و هر چیز برایم جذابیت خاصی داشت. همه‌جا و همه چیز پاک و تمیز – درختان – سرک‌ها - بازارها - همه و همه قشنگ، بزرگ و زیبا جلوه می‌کردند. البته، دیدن فامیل، همسر و بچه‌هایم، هر آنچه بود، صد برابر بهترش ساخته بود. در هنگام خرید در مغازه‌ها، گاهی بی اختیار به گریه می‌افتادم و از بی‌عدالتی این جهان، دلم به درد می‌آمد و غصـــه‌ام می‌گرفت. مثلاً از یک شیر یا پنیر و یا نان خشـــک، صدها نوع مختلف برای انتخاب ما وجود داشت و مردم با خواندن و توجه نمودن به مقدار کلسترول، ویتامین، کلسیم و این‌گونه موارد، نمی‌دانستند کدام را انتخاب نمایند. اما در افغانستان، مردم عوام در حسرت یک لقمه نان خشک خالی اند، تا اگر خوش‌اقبال باشند، با دوغ یا چای شیرین آن را بخورند. ورنه، با مکیدن تکهای نان خشـــک، شـــکم شـــان را سیر می‌کنند – خدایا، چرا؟ و تا به کی؟

تا چشم برهم زدم، سه هفتۀ رخصتی‌ام پایان یافت و خود را در جمع فامیل، در میدان هوایی، آماده برای لحظۀ تلخ خداحافظی یافتم.

با برگشت به بگرام، دوباره کارم از نو آغاز شد. در جریان رخصتی‌ام، یک زندان دیگر نیز با نام (ایکو فکس) (Eco Fax) به مرحلۀ تکمیل معماری خود رسیده بود. (سرجنت گیبسون)، که قبلاً در زندان دلتا خدمت می‌کرد، اکنون به (ایکو فکس) منتقل شـــده و ســـرپرستی آنجا را به عهده گرفته بود. او برایم پیغام فرستاده بود که باید با او همکاری کنم، همانگونه که در زندان دلتا در ترجمانی و پیشبرد امور اداری کمکش می‌کردم. از اینکه پذیرفته شـــدم تا با او کار کنم، رضایت خود را ابراز کردم؛ یعنی قبلاً همه چیز از طریق (سرجنت سام) اجرا گردیده بود و من چاره‌ای جز همکاری نداشتم. در ضمن، با شیوۀ کار و روحیۀ (سرجنت گیبسون) نیز آشنایی کامل داشتم، پس بدون شک باید

همکاری می‌کردم. بعد از تبدیلی‌ام به زندان (ایکو فکس) و آغاز همکاری مجدد با (سـرجنت گیبسـون)، کارهای ما به آسـانی پیش می‌رفت، زیرا به‌کلی خالی بود و روزانه تعدادی زندانیان را برای ما می‌فرسـتادند. لباس‌های این زندان به رنگ نارنجی تیز بود و این‌ها کسـانی بودند که هنوز مدت حبس آنان تعیین نشـده بود. ضـمناً، کارهای دوسیه و مجازات آنان در مراحل قضـایی و تکمیل اسناد قرار داشت. بعد از گذشت دو هفته، (سرجنت گیبسون) در هنگام تفریح زندانی‌ها و بازگرداندن آنها به داخل زندان — البته با ولچک و بسـته بودن دسـتان‌شان از پشـت — کنترول اعصـاب خود را از دسـت داد. او یکی از زندانی‌ها را بلند کرده به زمین کوبید و زانوی خود را بر گلوی او گذاشـت، که در نتیجه، آن زندانی شـدیداً مجروح شـد. البته، این جریانات از طریق ویدیو و کمره‌های مخفی ضـبط شـده بود و باعث شـد که موضـوع به صورت رسـمی پی‌گیری گردد.

امریکایی‌ها برای اینکه عدالت خود را در این رابطه نشـان بدهند، او را فوراً از کار برطرف کرده و تحت تحقیقات نظامی قرار دادند. دلیل ضـرب و شـتم زندانی دسـت‌بسـته توسـط (سـرجنت گیبسـون)، هیچگاه به ما گفته نشـد و همچون بسـیاری از رازهای دیگر، به عنوان یکی از معماهای زندان بگرام باقی ماند. در عوض (سرجنت گیبسـون)، یک خانم زشت‌رو و بداخلاق مقرر گردید که واقعاً از خارجی‌ها خوشـش نمی‌آمد. با وجود اینکه ما تابعیت امریکایی بودیم، ما را به چشـم خارجی می‌دید و با توهین و تحقیر رفتار می‌کرد — نه تنها خودش، بلکه تمام گروهی که با خود آورده بود نیز همین‌گونه بودند. تیم (سرجنت گیبسـون) پس از آن حادثه، از زندان (ایکو فکس) تبدیل شده بودند و گروه جدید جایگزین آنها شده بود.

تیم تازه وارد، ساعات کاری ما را از هشت به دوازده ساعت افزایش داد و می گفتند چون شما پول بیشتر می گیرید، باید به اندازهٔ ما کار کنید. ما ترجمان‌ها در اعتراض به این مسئله، به (سرجنت سام) شکایت کردیم و موضوع را همچنین به گوش اعضای (ایم-ایی-پی) رساندیم، ولی متأسفانه هیچکس جوابگوی ما نبود. در یکی از شب‌ها که من مشغول کار ترجمانی بودم، یکی از عساکر امریکایی از تیم (ایجوکیشن) (Education)، یعنی تحصیلات، به داخل زندان آمد و از من کمک خواست تا یک زندانی مشخص را مورد سؤال و جواب قرار دهم. تیم (ایجوکیشن) مسئولان قضایی بودند که وظیفهٔ آنها رسیدگی به وضعیت زندانی‌هایی بود که به دلایل مذهبی، زبانی، نژادی، یا قومی با بقیه زندانی‌ها مشکل داشتند و خواهان تبدیلی از یک سلول به سلول دیگر بودند، این تیم برایشان زمینه را مساعد می‌ساخت و آنها را جابه‌جا می‌نمودند — خانهٔ شان آباد! در حقیقت، همین‌ها با گفتن و دامن زدن به این چرندیات، نفاق و دشمنی قومی و مذهبی شیعه و سُنی را افزایش داده و باعث دگرگونی در وضعیت و حالات زندان می‌شدند. خلاصه، شخص مربوط به تیم (ایجوکیشن) یکی از ریش سفیدان را از پنجرهٔ یا سلول سوم بنام صدا زد و گفت که فردا نوبت شورا و مرور وقایع انجام شدهٔ تو می‌باشد و می‌خواهم در این جریان کمکت کنم. مرد ریش سفید با صدای بلند، عصبانیت و نفرت شدید رو به من کرد و چنین گفت: "ترجمان صاحب، برای این فاحشه بگو از اینجا برو — هیچ کمکی از تو نمی‌خواهم. شما پدر لعنت‌ها، همه تان مثل هم هستید! یکی تان مرا بنام طالب به اینجا آورد و می گوید مجرم هستم، حالا دیگری آمده و میخواهد مرا کمک کند — بر پدر تان لعنت! من حالا چهار سال میشود که در اینجا هستم، وقتی که مرا بنام طالب دستگیر کردند، نه طالب بودم و نه هستم. من پدر هفت اولاد هستم که کلان‌ترین شان (۱۳) ساله بود و خوردترین، تنها (۶) ماهه بود. چهار سال از آن روز گذشته و من واقعاً نمیدانم که حال و روزشان چگونه است و چه بدبختی‌هایی را تحمل کرده‌اند؛ آیا کشته شدند؟ مریض شدند؟ کونی و یا فاحشه شدند؟ آواره و بی‌سرنوشت کجا رفتند و چه

میکنند؟" او با همان نفرت افزود: "یک چیز را برای تان وعده می‌دهم — اگر زنده از اینجا آزاد شــدم، باور کنید که هر عضــو فامیلم را علیه شــما طالب می‌ســازم، چون مرا بی‌گناه به اینجا آوردید و فامیل بیچاره‌ام را برباد کردید." شنیدن این حرف‌ها واقعاً اشک را در چشمانم جمع کرده بود، اما مجبور بودم خودداری کنم، چون حتی اندک طرفداری از زندانی‌ها می‌توانست به ضــرر ما تمام شود، با آنهم، دلم بسیار سخت گرفته و اندوهگین شده بود.

اخراجم از زندان بگرام

در یکی از شب‌های دیگر، که مریض بودم و تمام بدن و استخوان‌هایم از درد می‌ترکید، چند تابلیت ضد درد خوردم و با وجود بیماری، به سر کار رفتم. به محض رسیدن، اولین کاری که کردم این بود که به موظفین زندان گفتم: "صحتم چندان خوب نیست، مریض هستم و دارو خورده‌ام." چون کار ما آن شب کم بود، بعد از گذشت چند ساعت، به ترجمان همکارم گفتم که در قسمت آخر زندان میروم تا چند دقیقه دراز بکشم. هنوز دیری نگذشته بود که یکی از مسئولان امریکایی زندان به سراغم آمد و گفت: "اینجا اجازه‌ی دراز کشیدن نداری، برو بالا و مقابل زندانی‌ها بنشین!" من همچنان کردم. نیمه‌های شب بود که دارو بر من اثر کرد، چشمانم سنگین شد و خوابم برد. یکی از موظفین بلند رتبهٔ امریکایی آمد و با کوبیدن لگد در پایهٔ چوکی، مرا از خواب بیدار کرد و با صدای خشن گفت: "اجازه خواب نداری!" من گفتم: "از اول برای همه‌ی شما تشریح کردم که امشب مریض هستم و داروی مسکن خورده‌ام. در ضمن، اگر ترجمانی نیاز دارید، در خدمت تان هستم." اضافه کردم: "اگر کاری برایم دارید، لفظی یا کتبی باشد، فرقی نمیکند. و اگر نه، پس بگذارید راحت باشم." او با استفاده از کلمات زننده و بی‌ادبانه به من گفت که باید متوجه و مراقب زندانی‌ها باشم. برایش گفتم که وظیفهٔ من ترجمانی است، نه نگهداری و نظارت زندانی‌ها. بعد از چند لحظه بگومگو، مرا از زندان، یعنی از کار، خارج نمودند و دروازه‌ها را به رویم بستند. چون نصف شب بود، به خیمه‌ام رفتم و خوابیدم.

فردا، اول صبح به سراغ (سرجنت سام) رفتم و قضیه را برایش توضیح دادم. گفتم که چگونه با الفاظ فحش و ناسزا مرا توهین کرد و از زندان خارج نمود. او از من خواست تا کارت داخلی زندان را به وی بسپارم و گفت تا زمانی که برایت اطلاع نداده‌ام، در منزل بمان و افزود که در این رابطه

غور خواهد کرد. در طول همان روز، من شخصاً به دفتر (ایم-ایی-پی) رفتم و موضوع را تشریح کردم. آن‌ها گفتند که در این رابطه پیگیری می‌کنند. بعد از گذشت سه روز، (سرجنت سام) در کمال بی‌عدالتی مرا از کار زندان سبک‌دوش نمود و گفت مرا به دفتر (ایم-ایی-پی) می‌فرستد. افزود که تمام وسایل و کوچ و بارت را جمع کن و ساعت شش منتظرم باش. به ساعت شش، موتر‌ران آمد، کوچ و بار و اثاثیه‌ام را جمع کرد و سوار موتر کرده و به طرف (ام -ایی-پی) راه افتادیم. بچه‌ها اکثراً ناراحت بودند و خود من نیز از ندانستن سرنوشتم در هراس بودم، چون تنها بیست روز دیگر تا پایان دوره‌ام باقی مانده بود و قرار بود مبلغ پانزده هزار دالر نصیبم شود؛ پولی که می‌توانستم با آن بسیاری از بدبختی‌هایم را حل نمایم. اما اگر از کار کشیده می‌شدم، باید با دست خالی به امریکا بر می‌گشتم. در دفتر، متأسفانه با گرفتن امضای من در زیر ورقه‌ای که از قبل پُر شده بود و با دادن اخطاریه‌ی لفظی و کتبی، مرا وادار به امضای وظیفهٔ جدید کردند و به اورگون در ولایت پکتیکا فرستادند. اما تا رفتنم به ولایت پکتیکا، باید در خیمهٔ ترانزیت اقامت می‌کردم. در این جریان، ده‌ها قسم حرف‌های مفت از سوی مردم و بچه‌های ترجمان منطقهٔ سابولا شنیدم. هر کسی که سر راهم سبز می‌شد، می‌گفت: "بچیم، شنیدیم که ترا در حال شراب‌خوری گیر کردند و کشیدند." دیگری می‌گفت: "شنیدیم در خیمه زن آورده بودی، گیر افتادی و کشیدنت." سومی می‌گفت: "چون تو کابل رفته بودی، در وقت برگشت گیر آمدی و کشیدنت." چهارمی می‌گفت: "جنگ و دعوا و چاقوکشی کردی..." من واقعاً از شنیدن این حرف‌های بی‌اساس و شایعات بی‌پایه متعجب بودم که چطور به این زودی، قربانی شایعه‌پراکنی شدم و اعتبارم در میان همکاران از بین رفت، در حالیکه هیچ گناهی نداشتم. جالب اینجاست که وقتی در امریکا، با خانم و پسرانم صحبت کردم، گفتند که در اینجا آوازه شده که مرا در حال نوشیدن شراب گیر کرده و از کار برکنار نمودند. برایشان توضیح دادم که اینها همه دروغ است؛ اصل ماجرا مربوط به خواب رفتن من در هنگام وظیفه است. ضمناً برایشان گفتم که فعلاً منتظر پرواز هستم و به

یکی از ولایت‌های دیگر، به نام "اورگون" در منطقهٔ پکتیکا، تبدیل شـــده‌ام. در نتیجه، می‌توان گفت کســـانی که زیاد بی‌کارند و بدون یادگیری از اشـــتباهات و تجارب گذشـــته، به‌راحتی خبرهای نادرســـت و حرف‌های مفت را پخش میکنند، بدون اینکه فکر کنند ممکن اســـت باعث بدنامی و خانه‌خرابی کسی شوند. در هرحال، بالاخره روز موعود فرا رسید و من با تمام کوچ و بار و پنج بَگ بزرگ، روانه‌ی میدان هوایی شدم و به انتظار پرواز نشستم.

جریان پرواز ما بســـتگی به عســـاکر امریکایی داشـــت؛ یعنی حق اولویت از آنها بود — اگر در طیاره، بعد از آنها برای ما جا می‌ماند، می‌توانســـتیم پرواز کنیم؛ در غیر آن، باید منتظر طیارهٔ بعدی می‌ماندیم — و این انتظارها گاهی تا دو یا ســـه روز طول می کشـــید. بالاخره، من توســـط طیارهٔ عســـکری از بگرام پرواز نموده و به محل بعدی به نام (شـــارونا) رسیدم. شـــارونا، یک قشـلهٔ عســـکری امریکایی بود که در نزدیکی‌های شـــهر غزنی موقعیت داشـــت. وقتی به آنجا رســـیدم، با شمارهٔ دفتر (ایم-ایی-پی) تماس گرفتم و بعد از نیم ساعت، رانندهٔ دفتر ظاهر شد. کوچ و بارم را با خودم به خیمهٔ ترانزیت منتقل کردم. برایم گفتند که فردا صـــبح ســـاعت چهار و نیم دنبالم می‌آیند، چون پروازم به طرف اورگون خواهد بود. شـــب را تا صـــبح با صـــد فکر و خیال ســـپری نمودم. هنوز هوا تاریک بود که ما جانب میدان هوایی، یا همان (ایچ-ایل- ذی) (H-L-Z) راه افتادیم. در میدان هوایی (شـــارونا)، دوباره همان قدم‌ها را باید رعایت می کردم — یعنی اول عســـاکر امریکایی و بعد در صـــورت موجود بودن جا، نوبت به ما می‌رسید. بعد از انتظار زیاد، موفق به پرواز شـــدم، ولی حمل و نقل تمام وسایلم از میدان هوایی تا داخل طیاره چندان آسان نبود. یکی از خانم‌های نظامی که همانجا با هم آشنا شـده بودیم و بیشتر به یک مدل شباهت داشت تا یک افسر نظامی، تصـــادفاً اهل کالیفورنیا بود، یعنی از شـــهر زیبای (ســـن دییگو) که چندان هم از شـــهر ما، (لوس آنجلس)، فاصـله نداشـت. وقتی متوجه اوضـاع ناگوار من شـد، گفت: "زیاد چرت نزن، من و

عساکرم ترا کمک می‌کنیم و در ضمن، اورگون جای بدی نیست. یک رستورانت افغانی دارد و دو سه مغازۀ کوچک؛ البته از جایی که تو از آن آمدی، بسیار فرق دارد. با سوار شدن در طیاره و بستن کمربند، پرواز ادامه یافت و بالاخره، بعد از نیم ساعت و یک توقف، به (زیروک) (Zerok) در نزدیکی‌های سرحد پاکستان رسیدیم و از آنجا وارد اورگون شدیم. من با گرفتن تمام اموالم وارد اطاق انتظار میدان هوایی شدم و پس از سلام و علیک با کارمندان موظف، از آنها خواستم تا با شمارۀ تیلفونی که در معرفی‌نامه‌ی من نوشته شده بود، تماس گرفته و شخص مذکور را از آمدنم اطلاع دهند، چون هیچکس برای استقبال در میدان حضور نداشت. متأسفانه، تیلفون دستی من قادر به دایل نمودن، یعنی تماس گیری نبود، زیرا در این منطقه، تیلفون‌های کمپنی روشن کار نمیکردند و باید سیم کارت جدیدی را به نام (ایم-تی-ان) (M-T-N) خریداری میکردم. عساکر، بعد از یکی دوبار زنگ زدن و مواجه شدن با پاسخ منفی (یعنی شمارۀ اشتباه)، از ادامۀ کمک به من دریغ کردند.

بالاخره، از آنها خواستم که در صورت امکان، لباس‌ها و اثاثیه‌ام را زیر نظر خود نگه دارند، تا من شخصاً برای پیدا کردن تیلفون شتافته، با نفر مسئول تماس بگیرم و او را پیدا کرده، از این حالت بی‌سرنوشتی نجات یابم. سرجنت مسئول میدان هوایی، مرا همراه با یکی از عساکرش به (ایم-دبلیو-آر) مرکز تیلفون، کامپیوتر یا به اصطلاح به مخابرات، رسانید. با تشکری از او و خداحافظی کردم و خواهان استفاده از تیلفون (ایم-دبلیو-آر) شدم، ولی متأسفانه در مقابل درخواستم جواب رد شنیدم؛ چون از تیلفون‌های مخابرات، ما قادر به زنگ زدن شماره‌های داخلی نبودیم. دوباره خونم به جوش آمده بود و از کارهای احمقانۀ (ایم-ایی-پی) یعنی دفتر ما، حرص می‌خوردم؛ که چطور یک (اورگانیزیشن) (Organization) به این بزرگی، اینقدر بی‌کفایت و بی‌مسئولیت به همه چیز برخورد میکند. بعد از رفتن از این شعبه به آن شعبه، بالاخره یکی از افسران نظامی امریکایی را ملاقات کردم که خوشبختانه در رأس مسئولیت ترجمان‌ها ایفای وظیفه می‌کرد. او خودش را

(کاپیتن لوپیس) معرفی کرد و با گرفتن کاغذی که در دست داشتم، گفت: "این شمارهٔ تیلفونی که داری مربوط به شهر (شارونا) است. نمی‌دانم چرا به تو شمارهٔ تیلفون و اسم شخصی را در (شارونا) داده‌اند، اما خودت را به اورگون فرستاده‌اند!" او با تماس گرفتن با مقامات بالاتر دریافت که هیچکس از آمدن من خبردار نبوده و (ایم-ایی-پی) اصلاً کسی را در جریان نگذاشته بود. در حقیقت، مرا فقط مثل "سنگ پلغمان"، خودسرانه به اورگون پرتاب کرده بودند. خستگی و پریشانی، چون موجی سنگین بر من هجوم آوردند و مرا طاقت‌فرسا ساخته بودند، اما چاره‌ای جز آنکه آرام بمانم و در انتظار سرنوشتم باشم، نداشتم. (کاپیتن لوپیس) بعد از اجازه گرفتن از مقامات بالاتر عسکری، موفق شد مرا به اورگون انتقال دهد. چون دریافت که من امریکایی تبار هستم، با یکی از جگرن‌ها تیلفونی صحبت کرده، موضوع را برایش تشریح نمود و گفت که چون من امریکایی هستم، باید با آن‌ها یکجا کار کنم. در ضمن، برایم جدا از ترجمان‌های افغان، جای اقامت پیدا کرد تا از گزند و آسیب در امان باشم. من از او تشکری نموده، خداحافظی کردم و با (جگرن رابرت) که برایم معرفی شده بود، جهت گرفتن کوچ و بارم، با موتر او بسوی میدان هوایی روانه شدیم. او بسیار زحمت کشید و وقتی که فهمید من از امریکا و شهر لوس آنجلس آمده‌ام، بسیار خوشحال شد. من اولین ترجمان امریکایی تبار آنها بودم و او از حضور من بسیار افتخار می کرد، زیرا آنها قبلاً با ترجمان‌های افغان سروکار داشتند که بسیاری از آنها از سواد کافی برخوردار نبودند و با شیوه‌ی صحیح خواندن و نوشتن آشنا نبودند و فقط ترجمهٔ لفظی می کردند؛ از این‌رو، من برایشان بسیار با ارزش و با اهمیت بودم.

(جگرن رابرت) مرا به داخل دهلیز برد و برایم تذکر داد که او همراه با دو نفر از همکارانش در این دهلیز موقعیت دارد. یکی از آنها (سرجنت نیلسون) و نفر بعدی (دگروال چارلی) می‌باشد، لقبش (ایل-تی-سی) یعنی لوتینت کرونل یا کرنل است که فعلاً در امریکا تشریف دارد، بخاطر مریضی مادرش که در حالت مرگ به سر می‌برد.

یکی از اطاق‌ها را برایم باز کرد و گفت: "فعلاً اینجا مسکن گزین باش تا بعداً دیده شود که چه می‌توانیم برایت انجام دهیم." اطاق مذکور چندان بزرگ نبود، ولی نسبتاً تمیز بود و در واقعیت، تحویلخانه یا دفتر جداگانۀ آنها محسوب می‌شد که از آن استفاده نمیکردند. از من خداحافظی کرد و مرا به حال خودم گذاشت تا رفع خستگی نموده و به خالی کردن بَگ‌هایم رسیدگی نمایم – و چنان هم کردم. جابجا کردن لباس‌ها و بَگ‌هایم زمان زیادی گرفت و طول کشید. (جگرن رابرت)، از آنجایی که خودش در شغل نجاری مهارت داشت، برایم چندین طاقچه در اطاقم ساخت تا بتوانم اشیای لازمه و برخی از لباس‌هایم را تنظیم کنم. عصر همان روز، مرا به داخل قشله‌ی عسکری برد و تمام جاهای لازمه را نشان داده، توضیح داد؛ مثلاً، در کجا شاور بگیرم، تشناب‌ها در کجا قرار دارند، موقعیت طعام خانه و دفتر ما کجاست و در پایان گفت: "فردا با هم به دفتر می‌رویم و ترا به همه معرفی می کنم."

ذبیح رحمانی

برگزیده‌ای از کلام و سروده‌های

ذبیح رحمانی

ذبیح رحمانی

حُسن

در کاب حُسن تو واژه ها را دم نیست
قُرص قمر در حضورت نیز سایه بر سر میکند
سایه ابروی تو تیرگی را شرم داد
ماه اگر جلوه کند، با تو مکدر میکند
باد هم از بوی زلفت مست و ملهوش آمده ست
آسمان در پیش چشمت خاک بر سر میکند
هر که چشمان تو را بیند، نظر باز آیلش
از تماشای تو دل هم ترک باور میکند
با نگاهت دل من بنده فرمان تو شد
عقل با دیدن رویت، ترک دفتر میکند
در نسیم آه من، عطر تو جاری شده ست
هر که از این باد گیرد، دل به لشکر میکند
لاله با داغ تو گل کرد و ز خود بی خود شد
آه مجنون هم حدیث درد کمتر میکند

دل ز خویش آواره شد، چون تو به جانم رسیلی
ذکر تو شب را چراغ، سینه را زر میکند
نام تو محراب جان است و نگاهت قبله گاه
هر که دل را پیش تو آورد، کوثر میکند
در غزل های (رحمانی) فقط از تو نشان
شعر را عشق تو آغاز و هم آخر میکند

جنون

گر چه مرا سنگ طفلان به سر نیست چه باک

چو در عشق تو دست و پا به زنجیر افتاده ام

دردیست مرا، شکر آن که از تو رسد و بس

ورنه به هر کوی و برزن بی تو حقیر افتاده ام

آواره ام از خودم، زین همه شور و جنون

چون سایه ای بر درت، بی مصیر افتاده ام

گفتم که درمان شوم از غم عشقت، اما

باز با دل شکسته، به تقدیر افتاده ام

شاید که چشمی به رحمت گذر اندازد مرا

کز باده ات مست و خاک گیر افتاده ام

بر درگاه ات سر نهادم، نه از ناز، از درد

در سجده ام گر ببینی (رحمانی) افتاده ام

التجا

گوشی را بردار تا صدایت آرامم کند
زین کویر خشک، نم نمک بارانم کند
حاصل زندگی بی تو باشد هیچ و هیچ
ستمگر فراقت، خون در جامم کند
بوی تو میرسد، ز هر نسیم نیمه شب
این هوا شاید که روزی بد نامم کند
صد بار توبه کردم از جفایت تا به صبح
صبحدم باز خنده ناز تو خامم کند
دل چو شمعی در هوایت قطره قطره آب شد
شاید آتش عشقت روزی سر نوشت سازم کند
چشم دوخته ام به جاده که نیستی در آن
لیک وهم دیدار رویت باز شادم کند
رحمانی لحظهٔ آرام، نه آسود تا سحر
تا خیال چشم او باز بیدارم کند

کُفر

سوختم در آتش عشق تو چنان
که بعد مرگ ز من ایمان برفت
مانده ام حیران، آن چشم فریب
کز نگاهش عقل و هم وجدان برفت
رفتی و سوخت دلم ز عشق تو چنان
که بلبل بدون گل ز گلستان برفت
مانده ام با خاطراتت بی پناه
ز آشیان دل، همه سامان برفت
آن نگاهت سخت اسیر ساخت مرا
زندگی ز دستم چو تیر از کمان برفت
(رحمانی) از این غم جان به لب آمد
لیک با عشق از او پیمان برفت

شکست

چه گذشت ز عشقت بر من، به کسی روا ندارم
من اسیر درد عشقم، که دگر دوا ندارم
رفتی و شکستی قلبم، بی خبر ز حال و جانم
با که گویم از غم تو؟ سخنی، نوا ندارم
من بودم پادشاهء خوبان، هزاران کشته به پایم
تو چنان ربودی مُلکم، که دگر گدا ندارم
بود هر نگاهت آتش، سوخت ریشه های جانم
مانده ام میان شعری، که دگر معنا ندارم
در نگاه خسته من، ردی از وفا نمانده
تو نظر افکن به اینسو، که دگر جفا ندارم
در نماز من تو هردم، بشکل خدا نمایی
من همان ملحد دینم، که دگر خدا ندارم
سخن آخر همین است، به گواه شب و آهم
که ترا گوید رحمانی، که دگر نجوا ندارم

داغ وطن

آواره گشتیم و اسیر شد وطن ما
با تیغ (نهی از منکر) افتاد سر ز تن ما
ز فقر عقل و دانش، ز کوتاهی بینش
نه چادر ز عفت ماند، نه عزت به زن ما
حرام شد هر آن آوا که برخاست از حنجر
صدای ساز و موسیقی، رقص و اتن ما
نمانده نغمه ای شاد از بغض حنجر زخمی
خموش گشت هر آوا، در سینه سخن ما
بی پولی و بی مهری و طفلان کوچه گرد
بیکاری است فریادی در جان وطن ما
به وعده بود گفتار، ولی سفره تهی ماند
دروغ شد عدالت و ایمان شد کفن ما
مسیر علم را بستند با جهل مقدس
ز علم و عقل بیزارند، ملا و سخن ما

اگر گفتی چرا، گفتند: این فتنه ست، این کفر است

زبان نقد را بستند با حکم دهن ما

بمانده ست در این ظلمت، امیدی اگر اینجاست

که رسوا کند رحمانی، خصم زین وطن ما

۞ یغما ۞

با یک بار دیدن چنان بر من کردی اثر

که بردی ز من عقل و هوشم بی خبر

دل آرام بودم، ندیدم چه شد

نگاهم ربودی، شدم در به در

تو خورشید بودی و من سایه‌ات

شدم گم در آن تابش شعله‌ور

به یک خنده‌ات عهد دنیا شکستم

نه اندیشه ماند، نه شرم یا دگر

مرا بردی آنگونه تا قعر جان

که جز نام تو نیست در چشم تر

من آنم که دیگر ندانم کی‌ام

نه دیروز مانده، نه راه سفر

به بوسه مرا می‌کشی سوی خود

چه افتاده بر من؟ چه شد این سحر؟

بگو تا کجا می بری این دلم

که گم شده عقل و هوشم ز بر

رحمانی ست این عاشق بی قرار

که شد مست چشمان تو بی سپر

خیال یار

در عالم بیدار ز رُخت دیدارم نبود
دیده بربستم تا در خواب آیی مرا
آن که عقل و هوشم به یغما برد، تویی
چه شود گر باری به خواب آیی مرا
عالم تمام گشتم، حل هجرانت نبود
التماس دارم کنون، گر تو جواب آیی مرا
امید من فسرد ز آن نگاه سرد تو
تا نیکو گردی به من، تواب آیی مرا

﴾ حسرت ﴿

آغوش خالی از تو، پر از داغ آرزو شد

چون مرغ پر شکسته فتاد از آشیان ها

هر شب به شوق دیدار، او می نویسد به دلدار

با اشک، شعر عشقش به دیوار کهکشان ها

افتاد بر لبانش سخن از قصهٔ جدایی

در سینه‌اش شکسته هزاران غزل فشان ها

رحمانی به یاد تو، همه شب ترانه خواند

لیک بی جواب مانده دل او، ز آسمان ها

من کیستم

من نه آنم نه من اینم
نه چنانم نه چنینم
من فقط سنگ زمینم
که تو کرده ای نگینم
نه در طوفان پریشانم
نه در آغوش آیینم
من نه آنم نه من اینم
نه چنانم نه چنینم
من همان درویش دینم
که خالی از نخوت و کینم
نه ز ایران نه ز چینم
من نه آنم نه من اینم
نه چنانم نه چنینم

﷼ فنا ﷼

ز زمین به معراج کشاندی مرا

با یک بوسه چو بر لب نشاندی مرا

تو در گوش جان قصه خواندی مرا

ز دنیا بریدی، بخود رساندی مرا

شد چون دعای که مستجاب است

به سجاده‌ی عشق خواندی مرا

شدم از تو لبریز، از خود تهی

به جامی ز چشمت چشاندی مرا

تویی آن که با عشق، نجاتم دادی

شدی راز شعر (رحمانی) مرا

تمنا

پر شدی، هوا شدم

گُم شدی، صدا شدم

شاه شدی، گدا شدم

در نفس بوی تو، پیر بودم برنا شدم

کور شدی، بینا شدم

ماهی شدی، دریا شدم

دور شدی، تنها شدم

در هوای عشق تو، غافل بودم دانا شدم

زهر شدی، شفا شدم

قهر شدی، وفا شدم

شب شدی، فنا شدم

رفتی، ولی به یاد تو، شعله بودم صبا شدم

سه ستون

بر بنیادم لرزه افتاد، ضمیرم دگرگون شد
ز میلادم پشیمانم، جگرم ز آه خون شد
به اغفال، دو دستی جهانم بدادم به باد
به بهانه این که چنان و چنین و چون شد
به هوس پر شد، پیاله ها ز گریانم
بی سبب باز دلم بر حسن کسی مفتون شد
به تباهی کشیدم هرآنچه عزیز بود با خودم
شکستم آشیانم را، دلم در خویش مدفون شد
نه فریادی، نه فریادرسی مانده برایم باز
دل شب گردم از این بی کسی با درد همخون شد
دهانم بسته ماند از شرم، لب هایم فقط لرزید
دعا گُم گشت در سینه، نگاهی بی سخن دون شد
التجا دارم ز خدا تا باز آرد بر من ضمیرم
مستحکم گردد بنیادم، دور زغم باشد میلادم
به نالیدن رسید امید در طوفانم
ز اشک رحمانی می چکد گل به گلستانم

آغاز قسمت دوم

اردوی ملی افغان

معرفی با کندک سوم - لوای دوم

فردا صبح، ساعت هفت و نیم، (جگرن رابرت) مرا با خود برای صرف چای صبح برد و بعداً با هم بسوی دفتر ایشان روانه شدیم. در آنجا، برای اولین بار با قطعه‌ی پیاده‌ی (۱۲۸) آشنا شده و پس از معرفی شدنم به بقیهٔ اعضای دفتر، (جگرن رابرت) که دفتر را با بقیه مشترکاً استفاده می‌نمود، مرا به داخل دفتر مشخص شدهٔ خودش برد و به (سرجنت نیلسون) که یک افریقایی-امریکایی بود، معرفی نمود و یک دستگاه کامپیوتر را در اختیارم گذاشت. سپس با استفاده از (کود) (Code) یا رمز مخصوص خودش، مرا برای اجرای وظایف تعیین شده آماده ساخت. تقریباً نیم ساعتی را در آنجا سپری کردیم و بعداً با اتفاق (سرجنت نیلسون)، هر سه ما روانهٔ کندک اردوی ملی شدیم. فاصلهٔ کندک عسکری از ما زیاد نبود، یعنی در جلوی دفتر ما موقعیت داشت. (جگرن رابرت)، بعد از مخابره کردن با یکی از اعضای مربوط به باز کردن دروازهٔ دخولی کندک عسکری افغانها برای امریکایی‌ها، ما همه بسوی دروازهٔ بزرگ آهنی به راه افتادیم؛ البته من و (سرجنت نیلسون) در پی او روانه شدیم. کمتر از دو دقیقه بعد، سرباز موظف با سلام دادن و ادای احترام، دروازهٔ آهنین را بر روی ما باز کرد و ما سه نفر قدم به داخل

گذاشته و وارد شدیم. فضای جالبی بود؛ من برای اولین بار در زندگی‌ام داخل قشله‌ی عسکری افغانستان می‌شدم. احساس عجیبی داشتم؛ هیجان و دلهره، همراه با ذوق‌زدگی خاصی برای روبه‌رو شدن با جمعیتی از افغان‌های دلیر و ایثارگر — مردمانی مملو از غم و غصهٔ جنگ‌زدگی، از دست دادن اعضای مقدس خانواده، گرسنگی، آواره بودن و تحمل ظلم و ستم‌های غیر انسانی و غیر اسلامی طالبان — تمام درد و رنج‌شان را در وجودم احساس می‌کردم و با خود همراه داشتم. داخل کندک یا قشله‌ی عسکری، پاک، تمیز و مزین با گل‌های رنگارنگ و درختان سرسبز بود. با وجود نداشتن وسایل و اقتصاد قوی، کوشش زیادی برای سرسبز نگهداشتن و آبادسازی باغچه‌ها صورت گرفته بود — تلاشی که نمایانگر عرق‌ریزی و کار مشقت‌آمیز آنها بود. با سلام و علیک کردن با عساکر افغانی، بسوی مسیر مشخصی که (جگرن رابرت) میدانست، به راه افتادیم. بعد از سپری نمودن اندکی فاصله و پشت سر گذاشتن قاغوش‌های عساکر که به دو طرف حویلی مستقر شده بودند، به وسعت قشلهٔ عسکری رسیدیم؛ محلی که با بیرق‌های مقدس افغانستان و امریکا مزین و بر افراشته شده بود. شعارهای مختلف سرا سر میدان را در بر گرفته بود و هر شعار بیانگر غرور، شهامت، شجاعت و افغانیت ملی بود. اشعاری از قبیل: (افغانستان را ما افغان‌ها فقط می‌توانیم نگهداریم) - (ما از هر نژاد، از هر گروه و مذهبی که هستیم، با هم بوده و افغانیم) - (مرگ بر توطئه‌گران و تفرقه‌اندازان). چند قدم دور تر، لوحه‌ای نظرم را جلب کرد که بر آن نوشته شده بود: (حمام) و در زیر آن، با خطی خوانا درج شده بود : (نظافت جز ایمان است). (جگرن رابرت) به من خطاب کرد: "بیا که به داخل برویم." ما هر سه نفر داخل کابین شدیم که توسط یک دهلیز به دو طرف تقسیم میشد. اطاق اول مربوط به خود جگرن احمد جان بود و اطاق دوم مربوط به راپور (گزارش) تمام قشلهٔ عسکری میشد: از مرخصی تا مرگ، گزمه رفتن‌ها، خرید مواد غذایی، تیل، خلاصه، این اطاق را (لوژستیک) می‌نامیدند. رئیس ارکان در حال حاضر در

مرخصی به سر می‌برد و خود دگروال قاری طایب، گرداننده‌ی قشله‌ی عسکری، بنا به گفته‌ی دیگران، در یک حادثه‌ی ترافیکی دست و کمرش مجروح شده و فعلاً غیر حاضر بود. به همین دلیل، تمام کارها به دوش احمد جان، که زیر دست رئیس ارکان کار میکرد، افتاده بود.

ما وارد اطاق شدیم و با تورن شفیع‌الله معرفی گردیدیم. سپس با ضابط رضا آشنا شدیم که اندکی در رشتهٔ کامپیوتر تخصص داشت. بنا به پرسش (جگرن رابرت) از تورن شفیع‌الله در رابطه به گزمه‌ها و تلاشی‌های منطقه، از من برای ترجمه و تسهیل این مذاکره کمک گرفته شد. بعد از ترجمانی برای شفیع‌الله، او ما را بسوی ضابط رضا فرستاد و گفت: "او تمام اوراق را از طریق کامپیوتر درج کرده و فعلاً گزارش را برایتان ارائه خواهد داد. (جگرن رابرت) خود پشت میز کامپیوتر نشسته، صفحهٔ مربوطه را باز کرده و تمام اوراق را بررسی میکرد. او به ترتیب و دانه دانه از ضابط رضا می‌پرسید و من ترجمانی میکردم. مثلاً: "چند گزمه توسط پیاده یا با موتر انجام شده است؟ آیا مجهز به وسایل مخابراتی بوده‌اند؟ چند خانه مورد تلاشی قرار گرفته است؟" تمام آنها را بصورت هفته‌وار مورد بررسی قرار داده و بعداً از تورن شفیع‌الله پرسید: "آیا تا حالا جدول گزمهٔ هفتهٔ آینده را تهیه کرده‌ای یا خیر؟" جواب او منفی بود و گفت: "تا امشب تهیه می‌کنم."

بعد از اینکه کار ترجمانی ما تمام شد، (سرجنت نیلسون) مودبانه اشاره نموده و گفت که لطفاً با او بروم و من بدنبالش راه افتادم؛ راه زیادی را هم نپیمودیم. در مقابل این دفتر گزارشی، محل طعام‌خانه‌ی عساکر افغان قرار داشت و در بیرون آن، یک نفر نجار مشغول نصب کردن قطعات چوب بر دیوار بود. (سرجنت نیلسون) مرا با او معرفی نموده گفت که این ترجمان ماست. نجار، مرد نسبتاً مُسن و شکسته به نظر می‌رسید. از بالای چوکی‌ای که بر روی آن ایستاده بود

پایین آمده، دستش را به‌سوی من دراز نمود تا دست بدهم. در این جریان متوجه شدم که یکی از انگشتان دستش نیمه است. دستش را با گرمی فشردم، خودم را معرفی نمودم و ضرور نبود که اسم شخصی‌ام را بگویم، چون همه ما را بنام "ترجمان صاحب" می‌شناختند. (سرجنت نیلسون) از او، البته از طریق من، پرسید که به چه تعداد چوب چهار تراش ضرورت دارد و آیا میخ و وسایل دیگر نیز در کار است یا خیر؟ جواب مثبت بود و نجار "چهار کلکه" گفت که حداقل سی تا چهل قطعهٔ چوب و همچنین یک تعداد میخ لازم است و اگر چکش خوب پیدا کردی، با خود بیاور. بعد از ترجمهٔ سخنان نجار برای (سرجنت نیلسون)، او پرسید که چوب‌ها برای چه کاری لازم است؟ نجار اضافه کرد که تعداد عساکر بسیار زیاد است و آنها برای نشستن در کافه‌تریا جای کافی ندارند؛ فلذا این محوطهٔ بیرون را با داخل یکجا کرده، سقف آنرا می‌پوشانند تا از سرما در امان باشند و جای بیشتری برای آنها فراهم شود. با خداحافظی از دیگران، من و (سرجنت نیلسون) سوار جیپ مخصوص گروه ما شدیم و تقریباً هفت دقیقه به‌سوی مقصدی نامعلوم روان شدیم.

بعد از رسیدن به میدانی بزرگ که با دیوارهای سمنتی احاطه شده بود و تعدادی جیپ و لاری‌های کوچک و بزرگ در مقابل آن پارک شده بودند — و معلوم میشد که همه منتظر باز شدن دروازه از داخل اند — با بقیه‌ی عساکر و کارکنان افغان سلام و احوال‌پرسی کردیم. سپس، دروازهٔ دوطرفه باز شد و ما همه با موترها داخل میدانی شدیم. آنجا به احتمال قوی تحویل‌خانه یا انبار وسایل اضافی و غیر قابل استفاده بود، چون از کامپیوتر گرفته تا مرکز گرمی، اطاق‌های چوبی، سنگ، ریگ، چوب و هر آنچه برای ساخت و ساز لازم بود، دیده می‌شد.

من و (سرجنت نیلسون) به طرف چوب‌های چهار تراش روانه شدیم. بعد از پارک کردن موتر در کنار چوب‌ها، او پایین آمده گفت: "بیا کمک کن، مقداری چوب چهار تراش انتخاب کنیم." فکر میکنم حدود (۳۰) یا (۴۰) قطعه چهار تراش نازک و بردار انتخاب کرده، به پشت جیپ انتقال داده، سپس دوباره، از راهی دیگر که مربوط به خود قشله‌ی عسکری میشد و رفت و آمد با موتر به آنجا آسان‌تر بود، به سمت قشله‌ی عسکری افغان‌ها روان شدیم. نجار به زیردستانش خطاب کرده گفت که لطفاً بیایید کمک کنید تا چوب‌ها را جابجا نماییم — تعدادی از

عساکر آمده و چوب‌ها را جابجا نمودند. نجار که اسمش مراد علی بود، اما همه او را "استاد" صدا می‌زدند، از دیدن این‌همه چوب، میخ و بخصوص چکش دلخواه خود، به وجد آمده، به (سرجنت نیلسون) گفت: "تنکیو!"

من به (سرجنت نیلسون) گفتم که تا شما کارتان تمام شود، من از چهار طرف اینجا نظاره می‌کنم. در کنار انبار و یا تحویل خانهٔ استاد مراد علی، قاغوش یا محل صرف غذای عساکر قرار داشت و مقابل آن، دفتر رئیس ارکان. بعداً، به ترتیب، شعبهٔ مخابرات، لوژستیک و دفتر جلسات امریکایی‌ها با افغان‌ها دیده میشد. مقابل آن، یک عراده توپ خیلی قدیمی نصب گردیده بود و بر فراز آن، بیرق ملی ما (افغانستان) برافراشته شده بود. سپس در مقابل آن، حمام قرار داشت و بعد از آن کانتین و در کنار آن نانوایی بنا شده بود.

با کنجکاوی خاص، داخل کانتین شدم. در آنجا هر آنچه که برای نیاز عساکر منطقه ضروری بود، جمع‌آوری شده بود – از تیغ ریش‌تراشی گرفته تا گل سرشوی، کیسه، صابون، سیم کارت، کلچه، برنج، روغن، آرد، انواع بیسکوت‌ها، دوغ، میوه‌های خشک؛ و جالب اینکه در پشت دخل، ضابط رضا نشسته بود. با دیدن من از جا برخاست، سلام کرد و چای تعارف نمود. من هم تشکری کرده، قبول کردم. جالب‌تر اینکه در میان آن همه میوه‌ی خشک، (خسته) - نه بادام - که سالیان از لذت آن دور مانده بودم، نظرم را به خود جلب کرد، پرسیدم: "رضا، این خسته است؟" گفت: "بلی" و مقداری از آن را با کشمش مخلوط کرده در مقابلم گذاشت. وقتی خواستم پول بدهم، ناراحت شد و پول را رد کرد. رضا، که پسر تحصیل کرده‌ای بود و از سنین پایین زندگی را با مشقت در ایران گذرانیده بود، پس از گرفتن مدرک تحصیلی در رشتهٔ کامپیوتر، به افغانستان بازگشته و برای مفید واقع شدن، در صفوف عسکری ثبت نام کرده بود. او تقریباً بیشتر از چهار سال بود که در اورگون ایفای وظیفه می کرد.

از آن روز ببعد، دوستی من و ضابط رضا بیشتر و بیشتر شد؛ تا اندازه‌ی که حتی برخی روزها نان چاشت را با او می‌خوردم، یا برای قصه کردن و یا قطعه بازی به دیدارش می‌رفتم. حدود ساعت دوازده و نیم (سرجنت نیلسون) به کانتین آمده و گفت: "تو اینجا هستی؟ من همه‌جا را گشتم، پیدایت نکردم". گفتم: "ببخش!" و برایش چای ریختم. تشکر نموده، گفت: "وقتی نان چاشت است، باید برویم." گفتم، "البته." قبل از رفتن، پنج دالر به رضا دادم و خواهان خسته با کشمش شدم. او مقداری بیش از آنچه انتظار نداشتم، برایم در یک خریطهٔ پلاستیکی انداخت و با ما خداحافظی نمود. من و (سرجنت نیلسون) با جیپ عسکری روانهٔ چاهال شدیم. چاهال اینجا نسبت به بگرام کوچکتر بود، ولی تمیزتر و غذای بهتری را صرف می‌کردند. کارکنان این جا همه از خود ولایت اورگون بودند. با جبین گشاده و احوال‌پرسی گرم، هر آنچه ما می‌خواستیم، در پتنوس ما می‌گذاشتند. آن روز دقیقاً یادم نیست، اما به احتمال قوی، ماهی گریل شده با مقداری ترکاری، یک دانه جواری و سوپ گرفتم. بعد از صرف غذا، (سرجنت نیلسون) گفت: "برویم ناشتایی (Dessert) بگیریم." با اینکه علاقهٔ آنچنانی به خوردن هیچ چیز شیرین نداشتم ، از روی احترام با او برخاستم و بعد از مرور کیک‌های مخصوص، نظرم به کیکی جلب شد که با مربا و گونه‌ای از چهارمغزهای وحشی تهیه شده بود؛ یک پارچه از آن را با چای گرفته، دوباره سر میز خود نشستیم. بعد از ختم چای و کیک، سرجنت گفت که تا فردا آزاد هستی و هر چه می‌خواهی، میتوانی انجام بدهی.

بعد از خداحافظی از (سرجنت نیلسون) و بیرون شدن از چاهال، پیاده به طرف اطاقم براه افتادم. کمی دورتر از چاهال، بازارکی وجود داشت که تا آن زمان ندیده بودم. این بازار کوچک شامل یک قالین فروشی، وسایل برقی، سی‌دی، دی‌وی‌دی، یک زرگری یا طلا فروشی بود. همچنان در رس آنها، مغازهٔ انتیک‌فروشی، لوازم لاجورد و دستکاری‌هایی از سنگ رخام قرار

داشت. در وسط میدان یک رستورانت و در پایان این بازار، دکان کهنه‌فروشی‌ای مزین گردیده بود که بیشتر به سرای لیلامی شباهت داشت. ناگفته نماند که در پشت چاهال، جیم یا باشگاه ورزشی بسیار بزرگی موقعیت داشت؛ جایی که همه‌ی عساکر برای انجام تمرینات ورزشی و بدن‌سازی، به منظور حفظ صحت و سلامتی خود، در آن جمع می‌شدند. در روبه‌روی این بازار، یک نانوایی قرار داشت که به رستورانت متصل بود و در مقابل آن، یک کلب بیلیارد واقع شده بود. داخل کلب بیلیارد شدم. چند پایهٔ کامپیوتر، یک صالون نیمه مدرن با تلویزیون، چند دانه کوچ و چوکی، یک یخچال و در وسط این کافه، یک میز بزرگ سنوکر (Snooker) قرار داده شده بود. سلام کردم، اما جوابی نشنیدم. بعد از چند دقیقه، جوانی با ریش و پیراهن‌تنبان ظاهر شد، جواب سلامم را داد و خود را حفیظ معرفی کرد. او اولین افغان، غیر از عساکر و کارکنان بود که در آنجا به چشم می‌خورد. چون علاقهٔ مرا به سنوکر دید، گفت که قیمت هر ساعت پنج دالر است و من هم گفتم که بسیار خوب، مشکلی نیست. حفیظ برایم قوانین سنوکر را تشریح کرد و هنگام بازی، متوجه حرکاتم بود. من قبلاً بیلیارد بازی کرده بودم، ولی شرایط بازی سنوکر بکلی با بیلیارد متفاوت بود. بعد از تقریباً چهل و پنج دقیقه بازی، گفتم کمی کار دارم و باید بروم و از آشنایی تان خوشحال شدم. او اضافه کرد که چهار، پنج ترجمان افغان دیگر نیز در اینجا هستند به اسامی سلیمان، امرالله، آمنه، غیاث و دو تن دیگر، که معمولاً عصرها برای دید و بازدید، صحبت، بازی بیلیارد و صرف نان شب با هم، گرد هم می‌آیند تا لحظات خوشی را سپری کنند. اگر خواسته باشی، می‌توانی بیایی و با آنها آشنا شوی. گفتم حتماً، اما در واقع علاقهٔ چندانی نداشتم، چون شناختن واقعی انسان‌ها در چنین شرایط و اوضاع گوناگون، کار ساده نبود، بلکه بسیار مشکل بود.

وقتی به اطاق خود برگشتم، (جگرن رابرت) مشغول ساختن الماری در اطاقم بود. برای آویختن لباس‌ها و جابجا کردن کتاب‌هایم، روک‌های مستحکم و بسیار مناسبی درست کرده بود. من

ذبیح رحمانی

از او تشکری نموده و بابت سپاس از کار نیکش، کلاه شپوی خود را، که او بسیار پسندیده بود، برایش تحفه دادم. در ضمن، به من گفت که رئیس ما فردا عصر از امریکا خواهد رسید. بعد از رفتن او، چند ساعتی خوابیدم. بعد از اینکه بیدار شدم، از اطاقم بیرون برآمده، در اطاق (سرجنت نیلسون) را تک‌تک زدم. پرسید: "کی است؟" گفتم: "منم، ذبیح." او در را باز کرد و معلوم میشد که مشغول عبادت و خواندن (بایبل) (Bible) بود. معذرت خواستم، سپس پرسیدم: "ساعات استفاده از حمام اینجا چگونه است؟" گفت: "هر وقت که بخواهی، می‌توانی شاور بگیری؛ آب همیشه گرم است." با تشکر کردن، او را به حال خودش رها کرده و دوباره به اطاقم برگشتم. لباس تمیز، شامپو، ماشین ریش، لیف و غیره وسایل حمام را با خود گرفته، بسوی حمام که دقیقاً در پشت محل سکونت ما موقعیت داشت، براه افتادم. هوا تاریک شده بود. باید متذکر شوم که در اورگون، بعد از ساعت شش شام، برق یا چراغ وجود نداشت و همه با چراغ دستی رفت و آمد می‌کردند و به آن عادت کرده بودند. اما در حقیقت، در تاریکی شب، با عبور طیاره‌های نظامی و سر و صدای شدید آنها، به آدم احساس ترس و دلهره دست می‌داد. وقتی داخل حمام شدم، بوی چرک و نم به مشامم خورد که خود، معرف فضای عمومی حمام بود؛ تقریباً شبیه حمام‌های افغانستان، ولی بدون داشتن دیگ آب عمومی، چون همه‌ی اطاق‌ها مجهز و شاور داشتند. اما با این تفاوت که به جای دروازه‌های چوبی، پرده‌های ضخیم پلاستیکی در دهانهٔ هر شاور نصب شده بود. در وسط حمام، چوکی‌های چوبی دراز قرار داده شده بود که مردم برای لباس پوشیدن یا درآوردن لباس از آن استفاده می‌کردند. در مقابل غرفه‌های حمام، آینه‌ها و دست‌شویی‌ها نصب شده بودند؛ جایی که می‌توانستی دست و رویت را بشویی، ریشت را بتراشی یا اصلاح نمایی، مویت را مرتب کنی و به سایر کارهای ضروری رسیدگی نمایی. بعد از برگشتن به اطاقم، (سرجنت نیلسون) گفت که برای غذا خوردن می‌رود و پرسید که آیا می‌خواهم همراهش بروم. با خوشی پذیرفتم و با هم بسوی چاهال

رفتیم. در آن‌جا همیشـــه غذاهای مختلف صـــرف میکردند و این بار، فکر میکنم یک مقدار ترکاری با ســـینهٔ مرغ گرفتم. غذا خوردن ما زیاد طول نکشـــید که دوباره راهی کابین‌ها یا اطاق‌های خود شـدیم. شـب را با صـدها اندیشـهٔ گوناگون، تا نیمه‌های شـب گذراندم تا اینکه بالاخره بخواب رفتم. صـبح، دروازهٔ اطاق من تک‌تک شـد، قبل از اینکه من بپرسـم که کی اسـت، (جگرن رابرت) با صـدای بلند "صـبح بخیر" گفت و مرا مجبور به برخاسـتن و صـرف چای صبح نمود. (سرجنت نیلسون)، (جگرن رابرت) و من، هر سه روانهٔ چاهال شـدیم. مثل همیشـه، همه چیز موجود بود — تخم جوشـانده، تخم پخته، شـیر و نان‌های خشـک مختلف. برای نوشـیدن، چای و قهوه با انواع شـربت‌های رنگارنگ و نیز اقسـام کیک، کلچه و پنیرهای متنوع فراهم بود؛ بـا اضـــافـهٔ یـک خوراک شـــبیـه بـه حلیم مـا، کـه بنـام (اوت مییـل) (Oatmeal/Porridge) یاد میشد. این خوراکه در دیگ‌های کلانی که همیشه توسط حرارت گاز یا برق گرم نگهداشـته میشـد و در کنار آن مقداری بورهٔ سـفید و نصـواری، اندکی زردچوبه در ظروف کوچکتر مهیا شـده بود. ناگفته نماند که همیشـه میوه‌های تازه، از قبیل مالته، سـنتره، چکوتره، ســیب، اناناس، تربوز، خربوزه و کیله، نیز زینت‌بخش میزهای چاهال بود. یکی از بچه‌های اورگون به اسم رحمان، که بعداً با او دوست شدم، از اهالی همین منطقهٔ اورگون بود و به شعر و آوازخوانی علاقهٔ خاصی داشت. او در پشت (گریل) (Grill) یا کرایی بزرگ تخم‌پزی ایستاده بود و مسئولیت صرف کردن تخم را به عهده داشت. برای هر شخص، بر اساس اشتها و میلش، به هر مقداری که می‌خواست — چه تنها زردی، یا فقط سفیدی، یا هر دو به صورت مخلوط — تخم را به درســتی و بر اســاس مکلفیتی که داشــت، خوب بریان نموده و به بشـقاب‌هایشـان پیشـکش می‌کرد تا مبادا کسـی مریض شـود. ولی من همیشـه از او خواهش می‌کردم که لطفاً برای من تخم را زیاد نپزد تا سخت نشود.

بعد از صرف چای صبح، مستقیم به طرف دفتر خود روانه شدیم و با فشار دادن دگمه‌هایی که روی قفل دروازه نصب بود، آنرا با شماره‌ی مخصوص خود باز کرده و داخل رفتیم. داشتن شماره‌ها روی قفل، به منظور حفاظت جان ما و حفظ اسرار نظامی بود، تا هر کسی نتواند بدون اجازه وارد شود؛ زیرا در آنجا، روی دیوار بزرگی، تمام مناطق اورگون با علایم مخصوص و شفرگونه نصب شده بود — همراه با رنگ‌های مختلف چون زرد، سبز، سرخ و آبی — که هر کدام نمایانگر اوضاع آن منطقه بود. در گوشهٔ دیگر از آن، دوربین‌های خارجی دفتر، یا هر آن کس و هر آن‌چه در بیرون اتفاق می‌افتاد، توسط افراد فنی این دفتر مورد بررسی قرار می‌گرفت؛ به این مفهوم که حرکت هر شخص، چه کارگر، چه ترجمان، عسکر یا راننده، از دید کمره‌های مخفی آنها در امان و محفوظ نبود. در گوشه‌ای دیگر از این اطاق بزرگ، شخصی مسئولیت گذاشتن فیلم را برای سرگرمی سایرین، که از گزمه یا تعلیمات نظامی برگشته بودند، به عهده داشت. بعد از گذرانیدن سه ساعت، (جگرن رابرت) گفت که کار امروز ما به پایان رسیده و عصر امروز، (دگروال چارلی) دوباره به اینجا خواهد رسید.

بعد از سپری کردن یکی دو ساعت با گشت و گذار در بازار و منطقه و احوال‌پرسی با دکان‌داران افغان، دوباره روانهٔ اطاقم شدم. مثل همیشه، در آنجا مشغول چرت زدن و استراحت بودم که با صدای بلندی از خواب بیدار شدم؛ کسی می‌گفت: "جناب دگروال صاحب، دوباره به اینجا خوش آمدید." لحظاتی چند با خود در تخیلاتم غرق بودم که ناگهان دروازه‌ی اطاقم به صدا درآمد و (جگرن رابرت) با هیجان کامل گفت: "زود بیرون بیا که دگروال صاحب آمد!". نخست نگاهی به خودم در آینه انداختم تا ظاهرم آراسته و مرتب باشد، در را باز کرده و قدم به بیرون دهلیز گذاشتم. (دگروال چارلی) هنوز مشغول جابجا کردن اثاثیه و لوازم خود بود. با دیدن من، با علاقه و اشتیاق فراوان دستم را فشرد و گفت: "در مورد شما از (جگرن رابرت) صفات زیادی شنیده‌ام و از آشنایی با شما خوشحالم.

(دگروال چارلی) شخصی قد بلند، قوی هیکل، خنده‌رو و اجتماعی به نظر میرسید. از حال مادرش پرسیدم و گفت که متأسفانه با مرگ دست به گریبان است؛ خداوند مرگ آرام نصیبش کند. بعد از چند دقیقهٔ صحبت‌های معمولی، از (جگرن رابرت) در مورد قاری طایب پرسید که آیا تا هنوز برگشته است و یا خیر؟ جواب (جگرن رابرت) منفی بود و گفت: "فردا باید تصمیم نهایی را بگیریم که اگر قاری طایب نمی‌آید، جگرن احمد جان را به جای او منصوب کنیم." با گفتن شب بخیر، به اطاقم رجوع کردم و چون اشتها به نان خوردن نداشتم، تصمیم گرفتم بخوابم. حدود ساعت هفت صبح بود که دروازه‌ام دق‌الباب شد. صدای "صبح بخیر" آمد و (جگرن رابرت) افزود که آماده شو، چون امروز روزی بسیار طولانی خواهیم داشت. با عجله خود را به حمام رساندم و با گرفتن شاور آب گرم، کسالت و بی‌خوابی را از تن دور نمودم. سرحال و تازه، دوباره به اطاقم برگشتم و پس از پوشیدن لباس کار، همراه با دیگران روانهٔ چاهال شدیم. من، (دگروال چارلی)، (جگرن رابرت) و (سرجنت نیلسون) دور یک میز نشسته و مشغول صرف غذا بودیم. (دگروال چارلی) بسیار به خوراک و تغذیهٔ خود توجه داشت؛ حدود هفت ـــ هشت دانه تخم مرغ جوشانده، یک دانه چکوتره، یک سیب سبز، یک کاسهٔ (اوت میل) و یک گیلاس شیر برای خود برداشته بود. چند کلمه با من رد و بدل نمود و پرسید که در کجای امریکا اقامت دارم؟ چند فرزند؟ چند سال است که ازدواج کرده‌ام؟ و چه وقت از افغانستان خارج شده‌ام؟ بعد از ختم چای صبح، نخست به دفتر خود رفتیم؛ پس از سلام و احوال‌پرسی با دیگران، نگاهی به نقشهٔ شهر اورگون انداخت و جویای اطلاعات مهمی شد که در چند روز اخیر به وقوع پیوسته بود. سپس، (دگروال چارلی) با اشاره به (جگرن رابرت) و رو به من گفت: "آیا برای خدمت آماده هستی؟" گفتم: "بلی."

ما چهار نفر، همراه با دو افسر پایین‌رتبهٔ امریکایی، بسوی دروازه‌ی ورودی کندک سوم اردوی ملی افغان‌ها رفتیم. پس از پاسخ دادن به پرسش‌های نگهبانان، دروازه‌ی آهنین بر روی ما باز

شد. بعد از دخول، آنها چهار نفر ما را شمرده و پس از گواهی حضور ما، دروازه‌ی بزرگ اردوی ملی دوباره در پشت ما بسته گردید. ما مستقیماً به سمت محل اقامت، جگرن احمد جان و دیگر ساکنان بلندرتبهٔ افغان روانه شدیم و با باز کردن دروازه‌ی چوبی، با صدای بلند سلام و صبح بخیر گویان وارد شدیم. من برای اولین بار جگرن احمد جان را می‌دیدم؛ مردی در حدود سی و چند ساله، با قدی متوسط، چهره‌ای تیره و ریش سیاه بر صورتش که بیانگر و نمایانگر هزاران واقعه و فراز و نشیب زندگی‌اش بود. از دیدن (دگروال چارلی) ابراز خوشحالی کرد و همدیگر را در آغوش گرفتند. از اینکه من ترجمان امریکایی‌ها بودم و از جمع خودشان محسوب می‌شدم ، بسیار خشنود شد؛ زیرا، به گفتهٔ جگرن احمد جان، در گذشته با ترجمان‌های افغان دچار مشکلات زیادی شده بودند و از نظر او، ترجمه‌های لفظی آنها چندان قابل اعتبار و اطمینان صد درصدی نبود. با هم بسوی شعبهٔ عمومی تصمیم‌گیری، دریافت راپور گزمه، نقشهٔ داخل شهر، رخدادهای جدید در میان شهر و مردم و خبرهای تازه رسیده توسط مخبران پیسه‌خور به راه افتادیم. (دگروال چارلی) بشکل نیمه رسمی به احمد جان گفت که ما، یعنی عساکر امریکایی، خواهان انتقال مهمات توسط نیروی عسکری ایالات متحده، با همکاری اردوی ملی، به منطقهٔ (سوریک) هستیم و پس فردا، روز جمعه، با شما جلسه (میتینگ/Meeting) خواهیم داشت. همچنین تأکید کرد که به رئیس ارکان نیز اطلاع داده شود تا حتماً در جلسه حضور داشته باشد. آن روز عصر، پس از فراغت از کار، (دگروال چارلی) با جدیت تمام مرا با خود به جیم یا باشگاه ورزشی برد. از آن روز ببعد، هر روز بعد از ختم کار، حدود ساعت پنج‌ونیم یا شش عصر، او خواب شیرینم را برهم زده، بیدارم می‌کرد و با خود به آنجا می‌کشاند. در ابتدا، مرا به استفاده از وسایل سبک‌تر سپورتی رهنمایی میکرد، اما بعدها، با پیشرفت در تمرینات ورزشی و وزنه برداری، نباید از عملکردهای خودش عقب می‌ماندم. باید اعتراف کنم که با وجود آنکه تمرین‌های فزیکی به قیمت خوابم تمام شد، اما احساس

میکردم از نگاه جسمی قویتر شدهام و ظاهرم متناسبتر به نظر میرسید. به هر شکل که بود، روز موعود فرا رسید و ما همگی به سمت کندک سوم لوای دوم اردوی ملی رفتیم. پس از سلام و عرض احترام، همهٔ ما به داخل اطاق بزرگی که مخصوص جلسات ویژه با مقامات بلندرتبهٔ افغان و امریکایی بود، رهنمون گشتیم. در وسط اطاق، نقشهٔ بزرگی از کشور عزیز ما، افغانستان و در کنار آن، نقشهٔ مشخص شدهی شهر اورگون، بهوضوح به چشم میخورد. برای من، تشریح برخی مسائل عسکری بسیار دشوار بود، چون در حیاتم هرگز رتبهها و اصطلاحات نظامی را به زبان انگلیسی نشنیده بودم، فلذا مجبور بودم برای هر شخص، (کریکتر) یا خصوصیتهای مشخصهی او را توضیح بدهم. حتی در افغانستان، من تنها با واژههایی چون عسکر، ضابط، دگروال و جنرال آشنایی داشتم، ولی در اینجا صحبت از تمام مسائل و اصطلاحات عسکری بود: قول اردو، قطعهٔ منتظره، رئیس ارکان، قوای پیاده، قوای سواره، قوای ثقیله، جگرن، خورد ضابط، تورن و سایر درجات نظامی. خلاصه اینکه، آن روز و آن جلسه را با هزاران مشکل به ترجمانی گذراندم و قرار شد که ما تمام لوازم مورد نیاز عساکر در (سوریک) را فردا ساعت پنج صبح، با همراهی قوای اردوی ملی، بسوی آن شهر انتقال داده و حرکت کنیم.

﷽ انتقال مهمات به کمپ سوریک ﷽

ما ساعت سه صبح از خواب برخاسته، لباس نظامی را همراه با مهمات، از قبیل واسکت ضدگلوله، کلاه فولادی و چانتهٔ پر از مواد اولیهٔ ضروری آماده ساختیم و همراه با (دگروال چارلی)، (جگرن رابرت) و (سرجنت نیلسون) از اطاق‌های ما بیرون شدیم و قدم به‌سوی هدف گذاشتیم. در سرک، تجمعی از سربازان امریکایی و افغان دیده میشد که در کنار کانتینرهای پر از مواد لازمه ایستاده بودند؛ موادی چون خوراک، البسه، شامپو، کریم و برس دندان، گوشت، ترکاری، سلاح و مهمات جنگی. خلاصه، هر آنچه یک عسکر ممکن بود به آن نیاز داشته باشد، در دسترسش بود. چهار عراده و یا دستگاه وسیلهٔ کشف بمب‌های حفر شده در پیشاپیش کاروان حرکت میکردند؛ پس از آن چند دستگاه زره‌پوش و در تعقیب آن، موتر نظامی ضدگلوله ما قرار داشت. در آن موتر، (دگروال چارلی) در کنار راننده نشسته بود و وسایل مخابراتی و مکالمه بر سر و گوشش نهاده شده بود. در پشت سر او، دگروال دیگری به اسم (براون) (Brown) نشسته بود و من نیز در کنار او نشسته بودم. البته، به من نیز وسایل مکالمه را بر سر و گوشم نصب کرده بودند تا از این طریق، هر آنچه جگرن احمد جان می‌گفت به دگروال فیض محمد یا عساکر افغان ترجمانی کنم. در میان ما، یک نفر عسکر مخصوص، متخصص تیراندازی دقیق و نشان‌زن دور و فیر ماشیندار طوری نشسته بود که نیم وجودش، یعنی از کمر به پایین داخل موتر زرهی و از کمر به بالا بیرون از موتر قرار داشت — یا برای توضیح بهتر، او بر چوکی مخصوصی نشسته بود که توسط زنجیرها وصل شده و به گونه‌ای طراحی شده بود که می‌توانست در زاویه‌ی سه‌صد و شصت درجه به دور خود بچرخد.

حمل آذوقه به کمپ سوریک

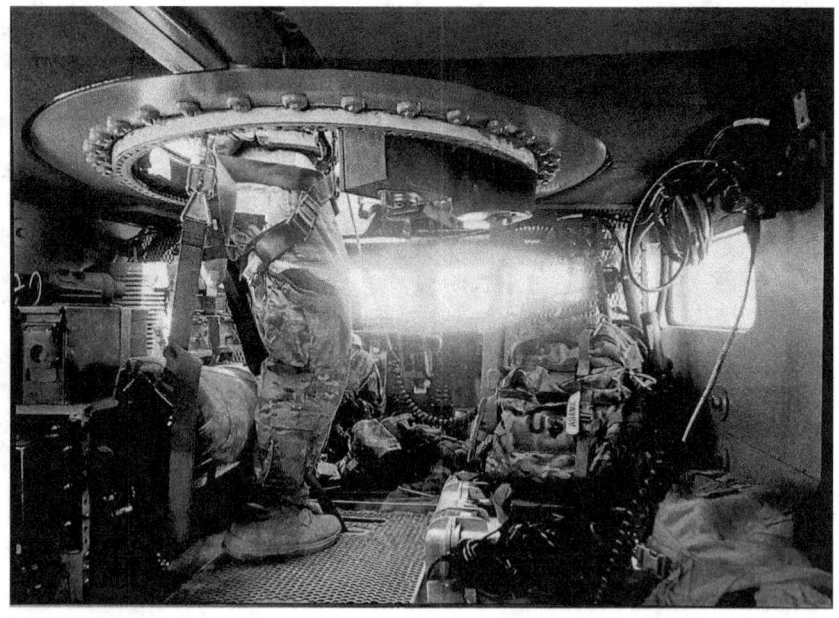

حوالی سوریک

بعد از چک کردن دستگاه سنجش صدا و اطمینان از اتصال سیستم ارتباطی من با (دگروال
چارلی) و جگرن احمد جان، براه افتادیم. در طول مسیر که بجز سرک خامه، دشت و کوهسار
چیز دیگری نبود، بعد از گذشت چهار ساعت، یک دستگاه از موترهای کشف بمب ما در اثر
تماس با یک بمب ثقیل نهفته شده در سرک، منفجر و از کار افتاد. شکر که کسی تلف نشد،

اما دو نفر از عساکر از ناحیهٔ گردن و کمر شدیداً صدمه دیدند. موتر منفجر شده را در همانجا رها کرده و به راه خود ادامه دادیم. تقریباً یک ساعت بعد، در کنار جاده، دو خانهٔ قشلاقی به چشم ما خورد که بچههای خوردسال در اطراف آن مشغول بازی بودند. به درخواست احمد جان، همه توقف نمودیم. (دگروال چارلی)، احمد جان و من از زرهپوش پایین شده و خواهان صحبت با کودکان شدیم. جگرن احمد جان مقداری میوه و چاکلیت را به عنوان هدیه و برای جلب توجه، به کودکان داد و چند سؤال از آنها کرد — اینکه چند نفر اینجا زندگی میکنند، آیا از دست طالبان در امان هستند و یا خیر، چه کسانی اینجا رفت و آمد دارند و از این قبیل پرسشها. با دادن تحفهها و دریافت معلومات مشخص، دوباره به راه خود ادامه دادیم. خلاصه، فاصلهٔ دو ساعته را با گذراندن نه ساعت در راه، به منزل رسیدیم.

کمپ (سوریک) دقیقاً در رأس یک کوه موقعیت داشت؛ رفتن به آنجا بسیار مشکل بود و از آن بلندی، بخوبی میتوانستند هر حرکت را زیر نظر داشته باشند. بعد از رسیدن و گذشتن از حقالعبور، داخل اردوگاه (سوریک) شدیم. همه از دیدن ما ابراز خوشحالی میکردند، زیرا به مهمات و مواد غذایی نیاز شدید داشتند. (دگروال چارلی) به من گفت: "میتوانی بروی استراحت و رفع خستگی کنی، چون فعلاً به تو ضرورتی نداریم. پس از ابراز سپاس از وی، به طرف خیمهی سربازان رفتم. بعد از داخل شدن و گذاشتن بکس خود در گوشهٔ یکی از بسترها، سراغ تشناب را گرفتم. یکی از آنها گفت: "در پشت همین خیمه، آن طرفتر یک دیوار است؛ پشت آن میتوانی رفع حاجت کنی." من به خیال اینکه در آنجا تشناب وجود دارد، به پشت دیوار رفتم، اما جز سوراخهایی که روی کوه حفر شده و تعداد لولههای پلاستیکی که در داخل آنها جاسازی شده بودند، چیز دیگری بچشم نمیخورد. یکی از عساکر آمده و گفت: "عادت میکنی! فقط داخل لولهها میتوانی ادرار کنی و اگر نیاز بیشتر داشتی، آنرا داخل

خریطه‌های پلاستیکی کرده و از کوه به پایین می‌اندازیم." برایم یک اندازه‌ای غیر قابل قبول بود و فکر میکردم حتماً با من شوخی میکند، ولی بعداً فهمیدم که کاملاً حقیقت را بیان کرده بود. همهٔ سربازان امریکایی و افغان از رساندن مهمات، غله‌جات، ادویه، پول نقد و دیگر اشیاء، ابراز خوشحالی و افتخار میکردند. بعد از اندکی استراحت، خوردن مقداری غذا و تفکر، احوال رسید که باید دوباره بسوی اورگون روان شویم. عساکر اردوی ملی و همچنان عساکر امریکایی، پس از دیدار چند ماهه، با هم خداحافظی کرده و برای یکدیگر آرزوی سلامتی نمودند. از آنطرف، حدود ساعت چهار و نیم حرکت کردیم و پاسی از نیمه شب گذشته بود که به اورگونی رسیدیم. ولی عبور از دل دشت و بیابان در تاریکی شب، واقعاً کار حضرت فیل بود؛ ترسناک و مرگبار. احیاناً اگر کسی ضرورت به رفع حاجت پیدا میکرد، یا باید منتظر یک موقعیتی مناسب می‌ماند، یا اگر هم موتر توقف میکرد، نباید از دروازه دورتر می‌رفتیم؛ چون به هیچ وجه اطمینان وجود نداشت که چه اتفاقی ممکن است بیفتد.

در یکی از روزها به ما خبر رسید که دگروال قاری طایب از بستر بیماری برخاسته و دوباره در اردوی ملی به ادامهٔ کار مشغول شده است. در جریان غیبت قاری طایب، ما به کشف یک سلسله از تخلفات وی پی برده و همه را در دفاتر رسمی درج نموده بودیم. قاری طایب، کانتین نظامی را که برای رفع ضرورت عساکر ایجاد شده بود و عواید آن باید به نفع خود عساکر مصرف و محسوب میشد، به شخصی بنام "مجاهد" کرایه داده بود و پول کرایهٔ ماهانهٔ آنرا به جیب شخصی خود می‌ریخت. نه تنها این، بلکه استحقاق عساکر، از جمله برنج، روغن، آرد، شامپو، تیغ ریش‌تراشی، صابون، کیک و کلچه و غیره را نیز دزدیده، به نرخ ارزان‌تر به مجاهد می‌فروخت و پول آن را برای استفادهٔ شخصی خود نگه میداشت. در نتیجه، مجاهد همان مال و مواد متعلق به عساکر را به قیمت دو برابر، دوباره به خودشان میفروخت. همچنین، عساکری که در مناطق دوردست و کوه‌ها ایفای وظیفه میکردند و ماهوار مستحق دریافت

مبلغی به عنوان پول جیب‌خرچ، گوشت، ترکاری، میوه و لوازم اولیهٔ بهداشتی بودند، مانند بقیه عساکر باید از این حقوق مستفید می‌شدند. اما چون رفتن به آن مناطق آسان نبود، باید تمام نیازمندی‌ها و حقوق‌شان به صورت نقدی محاسبه شده و به آنها رسانیده می‌شد. ولی قاری طایب در تمام این مدت، از دولت برای آنان پول گرفته بود، اما هرگز آنرا به ایشان تسلیم نکرده بود. علاوه بر این، چوب‌های چهارتراش در بیرون از قشله بفروش رسیده و تیل مورد استفادهٔ عراده‌جات عسکری نیز روزانه در چندین بیرل، توسط افراد وابسته به قاری طایب به بیرون انتقال یافته و بفروش می‌رسید — این هم از قاری بودن! ما، همراه با احمد جان و در حضور رئیس ارکان، این مسائل را همراه با اسناد برای دگروال قاری طایب بیان نموده و خواهان پاسخ او در رابطه با این جریانات شدیم. او اما، با کمال گستاخی و بی‌شرمی گفت: "من وضعیت روحی و جسمی خوبی ندارم، لذا از کارم استعفا میدهم." بدون هیچ‌گونه محاکمه یا پیگرد، از اردوگاه عساکر افغان خارج شد و هرگز بازنگشت.

احمد جان، مجاهد رشوه‌خور را پس از تلاشی مکمل از کانتین و قشلهٔ عسکری رهانده و به او اخطار داد که دیگر در این اطراف آفتابی نشود. از همان روز ببعد، ضابط رضا رسماً به عنوان گردانندهٔ کانتین و مسئول عایدات آن تعیین گردید. (دگروال چارلی) بسیار کوشش نمود تا احمد جان را جانشین قاری طایب کند؛ از این سبب، هر روز با مقامات افغان و امریکایی در تماس بود و از امانت‌داری و پشت کار و حس مسئولیت پذیری او برایشان اطمینان میداد و این ویژگی‌ها را به تفصیل تشریح میکرد. در یکی از جلسات عمومی، جگرن احمد جان رو به (دگروال چارلی) نموده و از طریق من گفت که شما امریکایی‌ها باید مانع ورود عساکر خوردسال در قشله‌ی عسکری افغان، یعنی اردوی ملی، بشوید. او دلیلش را اینطور بیان کرد: "بچه‌های خوردسال و کم سن یا به زودی مورد تجاوز جنسی قرار می‌گیرند و یا زود به مواد

مخدر معتاد می‌شوند. پس لطفاً از جانب من، این خواهش و صدا را به مقامات بالاتر برسانید تا نظم و ترتیب اردوی ملی مصون و سالم باقی بماند." با تمام کوشش‌ها و نامه‌نگاری‌های (دگروال چارلی)، او نتوانست احمد جان، که بسیار مورد احترامش بود، جانشین قاری طایب کند. ولی تلاشش بی‌نتیجه نماند؛ احمد جان ترفیع گرفت و به‌عنوان دگروال در ولایت لوگر مقرر شد. در نهایت، جانشینی قاری طایب به یکی از افسران تحصیل‌کرده در ترکیه، به نام فیض محمد سپرده شد و قرار گردید که به اورگون منتقل شود.

❧ دگروال فیض محمد ❧

با آمدن دگروال فیض محمد، اوضاع اردوی ملی بکلی تغییر یافت؛ زیرا او فردی بیش از حد با دسپلین و تحصیل کرده بود. در بخش‌هایی چون بالا رفتن از کوه و ساختمان‌های بلند، پرواز با طیاره و فرود با پراشوت، جنگ‌های تن به تن با دشنه و در بکاربردن هر مدل سلاح، چه دورزن و چه نزدیک‌زن، مهارت کامل داشت. او در نخستین جلسه‌ی خود با عساکر افغان چنین بیان نمود: "من علاقه‌مند آبادی، آرامی، صلح و پیشرفت مملکت عزیز ما هستم و رسیدن به این هدف به تنهایی هرگز ممکن نیست، مگر اینکه همه با هم، دوش به دوش، برای حفظ آبرو و حیثیت، آبادی و آرامی مملکت، یکجا و با صمیمیت علیه دشمنان وطن و جاسوسان‌شان مبارزه کنیم. یکی از بزرگترین آرزوهای من این است که در افغانستان عزیز، هیچ‌وقت ضرورت به بوت پاک نداشته باشم؛ یعنی هیچ سرک نباید بدون قیرریزی باقی بماند." با آمدن فیض محمد، جنجال‌های ما تا اندازه‌ای کمتر شده بود، زیرا او بخوبی با دسپلین اصول آمریت یک

اردو آشنایی و اطلاع کامل داشت و همهٔ قضایا را به درستی اداره می کرد. برای استقبال و خوش آمدگویی به دگروال فیض محمد، (دگروال چارلی) یک بز را از بیرون خریداری نموده بود تا برای تجلیل و ضیافت، ذبح شود. با هم روانهٔ اردوی ملی گشتیم. همه در تعجب بودند و دلیل این کار را می‌پرسیدند. (دگروال چارلی) چنین گفت: "چون صاحب اولین نواسه شده‌ام و این خوشی را با آمدن دگروال فیض محمد به فال نیک گرفته‌ام و می‌خواهم با هم تجلیل کنیم." تا آن زمانی که ما مشغول صحبت و ترجمانی بودیم، (دگروال چارلی) یک چاقوی بزرگ و برنده را از موزهٔ خود بیرون کشید و به دگروال فیض محمد تقدیم نمود.

دگروال فیض محمد که مبارزات تن به تن با سلاح خفیف آموخته بود، این هدیه را به عنوان نماد همبستگی پذیرا شد و در پاسخ به احترام و قدردانی، (دگروال چارلی) را در آغوش گرفت. بعد از نوشیدن چای و ختم صحبت‌های دوستانه، دگروال فیض محمد به ضابط مزمل دستور داد و گفت: "لطفاً بگو که قصاب اینجا بیاید." سپس یکی از عساکر را دنبال قصاب، که "میرمحمد" نام داشت، فرستاد. بعد از چند دقیقه، قصاب آمد و با اشتیاق فراوان، دست بر سر و بدن بز نصواری‌رنگ کشید و از سالم بودنش بسیار تعریف و توصیف نمود. با یک چشم برهم زدن، بز را به زمین انداخت، پای راست خود را بر گردنش گذاشت و کارد بسیار تیز و برندهٔ قصابی را، با گفتن "بسم اللّٰه"، بر گلویش نهاد و او را به شیوهٔ اسلامی حلال و قربانی کرد. بز بیچاره، بی خبر از دنیا و هنوز در حال هضم آخرین سبزه‌های بلعیده شده‌اش بود، ناگهان گردنش بریده شد و علف‌ها از درونش نمایان گشت. حالت عجیبی بر من دست داد، چون این اولین بار بود که در زندگی‌ام شاهد ذبح یک زنده‌جان بودم. ریختن خون و جان کندن بز، اثر عمیق و تکان‌دهنده‌ای بر من گذاشت. اشک در چشمانم جمع شده بود و بغض گلویم را گرفته بود. نمیدانم چند دقیقه در آن حالت سردرگمی گذشت، تا اینکه به خود آمدم و دیدم

قصاب یک نی را در زیر پوست پای بز فرو کرده و آنرا با دهن خود پُف می‌کرد. جالب این که چون هوا زیر پوست آن داخل میشد، بدن بز مذکور لحظه به لحظه کلانتر و کلانتر میشد. دیری نگذشت که بز بدبخت تکه‌تکه شد و در لگن‌های فلزی قرار داده شد. پس از خداحافظی، به منظور تجلیل از این برنامه و تعیین وقت ملاقات با تمام اردوی ملی افغان برای فردا شب، به راه افتادیم و وارد قشله‌ی سربازان امریکایی شدیم. هوا بسیار سرد شده بود، اما جای تعجب در این منطقه این بود که با وجود نبودن چراغ بعد از ساعت شش شام، هنوز هم می‌شد همه‌جا را مانند صبح روشن دید؛ چون ارتفاع اورگونی از سطح بحر حدود (۲،۳۱۵) هزار متر بود و آسمان صاف، مهتاب درخشان و ستارگان روشن، به گونه‌ای طبیعی فضا را نورانی میکردند. واقعاً برای این منطقه بسیار کمک‌رسان بود و اگر غلو نباشد، در شب‌های مهتابی، نور آنقدر کافی بود که می‌شد به راحتی کتاب خواند.

بالاخره شب فرا رسید و ما چهار نفر از پشت دفتر ما، که راه گشت و گذار عساکر افغان تا قسمتی از آن ادامه داشت، با موتر نظامی حرکت کردیم. عساکر افغان همه خوشحال بودند، چون برای اکثریت آنها امشب غذای خوب میرسید. از گوشت بز چند نوع غذا تهیه کرده بودند: شوربا، کباب، دوپیازه و از دنبه، گرده و جگر آن کرایی کباب درست کرده بودند که همهٔ آن لذیذ و اشتها برانگیز بود. البته، تربوز، انگور، خربوزه، میوه‌های خشک، کیک و کلچه نیز فراهم گردیده بود. در همین جریان، (دگروال چارلی) رو به من کرده گفت: "این داستانی را که برایت می‌گویم، برای دگروال فیض محمد ترجمه کن." سپس چنین گفت: "در یکی از روزها، من در بازار آزاد در امریکا مشغول خرید و تماشای اشیای قدیمی بودم. در حالیکه یکی از تفنگ‌های مربوط به زمان جنگ افغان و انگلیس خوشم آمده بود و میخواستم پول آنرا بپردازم، ناگهان مردی انگلیسی تفنگ را برداشت، با دقت به آن خیره شد و پرسید: 'قیمتش چند است؟ من می‌خواهم این را بخرم.' من گفتم: 'ببخشید، من این را اول انتخاب کرده‌ام.' او

گفت: 'نخیر، من اول پول را از جیبم بیرون آوردم تا پرداخت کنم.' خلاصـه، جنگ لفظی ما بلند شـد و من به او گفتم که عجب دنیایی شـده، تفنگی که اجداد تان از ترس روی زمین انداخته فرار کردند، حالا تو خواهان خرید دوباره‌ی آن هستی! هیچ دگر، او بسیار زورش داد و عصبانی شد، تفنگ را روی میز انداخته و رفت و من آن را خریدم." با شنیدن این داستان، همه به خنده افتاده و از شجاعت افغان‌ها به خود بالیدند.

کار ترجمانی من به سه قسمت رسیده بود — یعنی بعد از اینکه از دفتر خود ما فارغ میشدم، با میخانیک‌های افغان که خواهان آموزش و تکتیک‌های جدید موترهای جنگی بودند، همکاری می‌نمودم و برایشان ترجمانی میکردم و عصرها همیشه باید یک مرتبه به شفاخانه سر می‌زدم تا اگر کدام مریض به چیزی ضرورت داشـته باشـد و یا عملیات صورت بگیرد، برایشان لفظ به لفظ ترجمانی کنم. در یکی از آن روزها که من در میخانیک شـاپ بودم، (دگروال چارلی) زنگ زده برایم گفت که فوراً باید به شفاخانه مراجعه نمایی، چون به ترجمانی ضرورت دارند. من به عجله خود را به آنجا رساندم، ولی اطلاع یافتم که قبل از من یک ترجمان برای کمک به شفاخانه آمده بود. من در پشت دروازه، جایی که دو تن از افغان‌ها نشسته بودند، نشسته و با آنها صحبت نمودم. قراری که معلوم بود، این‌ها همه فارسی زبان بوده و در اثر یک بمب منفجر شده، دو نفر شان شدیداً زخمی شده و سه تن دیگر بکلی متلاشی گردیده بودند که تکه‌های متلاشـی شـده‌ی بدن آنها را در پتو جمع آوری کرده و با خود آورده بودند. شـکر، دو نفر دیگر زنده مانده بودند و به عملیات ضرورت داشتند. من از سر کنجکاوی داخل شفاخانه گردیده، متوجه شـدم که ترجمان پاکستانی پشتوزبان، با آنها مکالمه میکند. از آن دو نفر پرسیدم: "آیا شـما پشتو هم صحبت میکنید؟" گفتند: "نخیر، ما دری‌زبان هستیم." به سرعت خودم را به داکتر و ترجمان رسـانیده، گفتم: "چرا تو غلط ترجمانی میکنی؟ این‌ها که اصلاً پشتو بلد

نیستند و خودت هم دری بلد نیستی، پس بیهوده چرند می گویی!" چون دروغش برملا شده بود، گفت: "توسط حرکات دست فهمیدم که چه می گویند." من به داکتر شکایت کرده، حقیقت را توضیح دادم و خودم به ترجمانی پرداختم. بسیاری از پاکستانی های پشتوزبان، ترجمانی فارسی‌زبان‌ها را و ایرانی های فارسی‌زبان، ترجمانی پشتون‌ها را به اشتباه، جعلی و از دل خود انجام می‌دادند. این ترجمان‌ها باعث قتل، اعدام، شکنجهٔ بی گناهان و سبب رهایی مجرمین با چنین شیوهٔ ترجمانی شده بودند.

تا دو روز خاطر ما آسوده بود و ضرورت نداشتیم تا به کندک اردوی ملی برای ترجمانی برویم، تا اینکه یکی از عساکر، البته بعد از تلاشی، آمده و خواهان صحبت با (دگروال چارلی) شد و من ترجمانی میکردم. دگروال فیض محمد خواهان ملاقات (دگروال چارلی) در رابطهٔ ترمیمات شفاخانه و برخی جاهای دیگر شده بود که ما فوری با عسکر مذکور روانهٔ کندک سوم اردوی ملی شدیم. با اتفاق هم، یعنی (دگروال چارلی)، (جگرن رابرت)، (سرجنت نیلسون)، دگروال فیض محمد و من، به دیدار شفاخانه و مریضان رفته و جویای احوال و اوضاع آن محل شدیم. شفاخانه واقعاً بیشتر به یک مخروبه شباهت داشت تا هر چیز دیگر. (سرجنت نیلسون) با قلم و کاغذ و پس از اندازه‌گیری بعضی جاها، یک تعداد یادداشت‌های فوری را برای ترمیم شفاخانه برداشت: آوردن چپرکت‌ها، ساختن کابین‌ها برای دارو و لوازم اولیه، نصب پرده برای جدا کردن دو تخت در یک اطاق، نصب (ایرکاندیشنر) ها (Air Conditioners) ها برای دفتر داکتر، اطاق انتظار، مریضان و محافظت داروها. روز تقریباً به آخر رسیده بود و به آنها گفته شد: "فردا در رابطهٔ همین موضوعات صحبت نموده و برای‌تان فراهم خواهیم کرد. فعلاً خداحافظ و شب‌تان بخیر."

فردا بعد از خوردن چای صبح، من با (سرجنت نیلسون) با جیپ نظامی برای تهیه‌ی وسایل مورد ضرورت آنها به گدام عمومی رفتیم. گدامی که بی سر و پا بود و همه چیز در آن وجود داشت! با جمع‌آوری چندین پایه (ایر کاندیشنر)، چپرکت، پرده، یک مقدار چوب و رنگ، دوباره روانهٔ قشلهٔ عسکری اردوی ملی شدیم. چند پایه (ایرکاندیشنر) را برای اطاق‌های مریض‌ها و حفاظت از داروها به داکتر سپردیم و چند عدد دیگر را به نزد تورن مزمل سپردیم تا در جاهای لازمه استفاده شود. چند روز بعد، ما همه به دیدار دگروال فیض محمد رفته و از چگونگی وضعیت شفاخانه جویای احوال شدیم و سپس، با هم بطرف شفاخانه به راه افتادیم. شفاخانه بسیار پاک و تمیز شده بود؛ چپرکت‌های جدید جانشین تخت‌های کهنه و شکسته شده بودند و پرده‌های روشن و رنگ سفید دیوارها همه چیز را بهتر جلوه می‌داد.

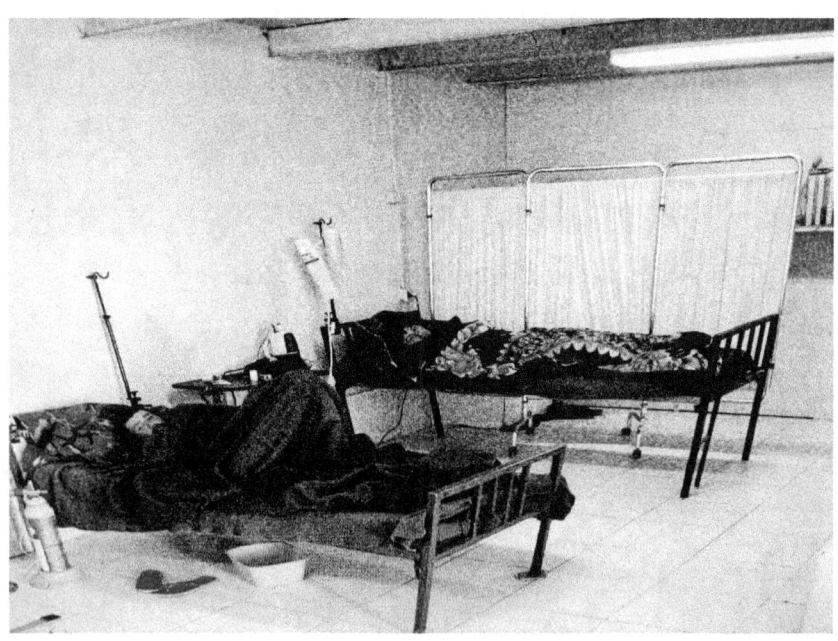

شفاخانهٔ عسکری اورگون

(دگروال چارلی) از نجار و شاگردانش سپاس امتنان نمود. دیری نگذشته بود که داکتر افغان‌ها با حالت عصبی خواهان صحبت با (دگروال چارلی) شد و از من خواست تا برایش ترجمانی نمایم. او از دست تورن مزمل شاکی بود که چند پایه از (ایرکاندیشنر) ها را بزور از شفاخانه به اطاق خود برده بود و ما باید در این مورد پیگیری می‌کردیم. من بعد از رساندن این خبر به (دگروال چارلی)، با هم بسوی اطاق مزمل براه افتادیم. بعد از تک‌تک کردن دروازهٔ اطاق وی، بچهٔ خوردسالی در را باز کرد که گویا او را در خدمت خود گماشته بود؛ چنانکه به او دستور داد تا برای ما چای و شیرینی تهیه نماید. در این جریان، (دگروال چارلی) در زمینهٔ چند پایهٔ (ایرکاندیشنر) از او بازخواست نمود. او چنین پاسخ داد: "چون اطاق من بسیار گرم است، من به یک دستگاه (ایرکاندیشنر) ضرورت دارم." ضمناً، ما متوجه شدیم که در زیر چپرکت خود چهار پایهٔ (ایرکاندیشنر) را پنهان نموده بود. بنا به خواست (دگروال چارلی)، یکی از دستگاه‌ها را برای اطاق دگروال فیض محمد، یکی را برای مزمل، یکی را برای کانتین و حفظ مواد خوراکی تجویز گردید و آخرین دستگاه دوباره به داکتر افغان تسلیم داده شد. دلیل اینکه چرا تورن مزمل سه پایه (ایرکاندیشنر) را برای خود مخفی کرده بود، چیزی جز دزدی و فروش آنها در خارج از محوطه‌ی عسکری (در بازار اورگونی) نبوده است. ما دیگر هر روزه به قشله‌ی اردوی ملی سر نمی‌زدیم و بنا بر ضرورت، به سؤالات یا مشکلات آنها پاسخ می‌دادیم.

در این جریان، (دگروال چارلی) با (جگرن رابرت) در رابطهٔ گم شدن هشت هزار دالر و یا کسر هشت هزار دالر از حساب بودجهٔ دفتر که باید توسط رئیس ارکان انجام میگرفت، تفاوت پیدا کرده بود و فعلاً پول مذکور ناپدید است — فلذا، باید هر چه زودتر به آنجا رفته و مسئله را حل کنیم. حدود ساعت دو بعد از ظهر، البته بعد از خوردن نان چاشت، به سمت نیروی اردوی ملی افغان رفته و بعد از مراسم تشریفات، با رئیس ارکان وارد صحبت و پرس‌وجو در رابطه به

پول مفقودی شـــدیم و چگونگی کمبودی پول را از او جویا شـــدیم. رئیس ارکان قســـم و قرآن می‌خورد که از جریان مفقودی پول بی اطلاع اســـت و هر آنچه او مصـــرف کرده، از تمام آنها مدرک و ســـند دارد. ولی، (دگروال چارلی) به هیچ وجه زیر بار نمی‌رفت و قبول نمی کرد که او بی گناه اسـت. بالاخره، رئیس ارکان بدون توجه به صـحبت‌های (دگروال چارلی) به من گفت که برایش چیزهایی را که می گویم ترجمه کن و اینگونه اضـافه نمود: "من بیشـتر از دوازده سـال در این قریه اجرای وظیفه می‌نمایم؛ از خورد تا بزرگ این شـهر مرا بخوبی می‌شناسـند و من تا به امروز نه مال کســـی را خورده‌ام، نه به وطن خیانت کرده‌ام، نه ســـلاح و مهمات را به بیرون فروخته‌ام و نه به عساکر خوردسال تجاوز کرده‌ام. به همه معلوم است که پارسال در زمستان، ما برای گزمه که به بیرون شهر رفته بودیم، شب، یک عسکر جوان که بسیار خنک خورده بود، در پهلوی خود جایش داده و زیر کمپل خود گرمش کردم بدون اینکه در جانش دســـت بزنم". صحبت‌های رئیس ارکان، که همه از دل و جان و نیت پاکش سرچشمه داشت، ولی بشکلی که بیان میکرد بسـیار خنده‌آور بود. بعد از سـؤال و جواب‌های متمدد، برایش دو روز وقت داده شد تا واقعیت را برملا کرده و بیان نماید.

کار من معمولاً از طرف روز، بعد از رفتن به دفتر ما، سر زدن به میخانیک شاپ شده بود و در قسمت ترجمانی چگونگی ترمیم موترهای عسکری برای افغان‌ها کمک میکردم و بعضی اوقات نیز به شفاخانهٔ امریکایی‌ها برای ترجمانی می‌رفتم. در یکی از روزها که دلم برای بچه‌هایم بسیار تنگ شـده بود و مدتی زیادی از دیدارشـان می گذشـت، بسـوی (MWR) رفته تا اگر موقعیت مناسب باشد، با آنها از طریق کامپیوتر صحبت نموده و موفق به دیدارشان گردم.

﴾ مثبت اندیشی (دگروال چارلی) ﴿

در آنجا، اتفاق جالبی رخ داد و آن، جریان آشنایی من با گلفام شاه بود. گلفام شاه، که موظف به تهیهٔ چای و قهوه برای عساکر و گذاشتن و نمایش دادن فیلم‌ها در سینما برای عساکر امریکایی و ترجمان‌ها بود، مرد خوش قلب، ساده و بی‌آلایشی بود. او برایم چای مخصوص سبز هیل‌دار تهیه کرده و مرا به داخل سینما هدایت کرد. سینما واقعاً بزرگ، پاک و با دستگاه‌های پیشرفته مزین گردیده بود. پرسیدم: "آیا فیلم هندی نیز دارید؟" گفت: "بلی کاکا جان." گلفام شاه، فکر میکنم از لحاظ سن از من بزرگتر بود، اما باز هم مرا "کاکا" خطاب می‌کرد و من هم بروی خود نمی‌آوردم. آن شب تا ساعت چهار و نیم صبح آنجا ماندم و بنا به گفتهٔ گلفام شاه، در اینجا چهار نفر از همین قریهٔ اورگون مشغول وظیفه بودند؛ که دو نفرشان وظیفهٔ پاک کاری و جابجا کردن وزن‌های جیم را داشتند و دو نفر دیگر مکلف به تمیز کردن اطاق‌های کامپیوتر، سینما، میزهای بیلیارد و تهیه‌ی چای و قهوه بودند. گلفام شاه و مطیع الله در این بخش، طارق و نعمان در باشگاه سپورتی مشغول وظیفه بودند. بعد از اینکه با هم دوست شدیم، بعضی اوقات که شوربا تهیه می‌کردند، یک نفر را دنبال من می‌فرستادند که: "کاکا ذبیح، بیا که یک جای نان بخوریم." چون گوشت گوساله یا مرغ از فارم محلی می‌بود و با کیفیت گوشت‌های امریکا بکلی فرق داشت، بسیار لذیذ و خوش‌آیند بود. بعد از یکی دو بار، من برایشان پول میدادم تا مصارف تهیهٔ مواد خوراکی را خریداری نموده، پخته کرده بیاورند و به این طریق دین شانرا ادا میکردم. بعد از گذشت مدتی به آرامی، یک شب صدای فیر تفنگ و ماشیندار از دوردست‌ها به‌گوش ما رسید، که ما از آن بی اطلاع بودیم. اما فردا صبح، یکی از بچه‌های پولیس ملی که با من دوست شده بود و اکثراً در مقابل پول ناچیز بهترین قروت خانگی از شیر بز

را می‌آورد، گفت که دیشب ناوقت‌های شب، از (سپین کلی) – با وجود اینکه در بالای کوه موقعیت دارد و هر جنبنده‌ای بخوبی دیده می‌شــود و گارد محافظ نیز وجود داشــته – طالبان چگونه در آنجا رخنه کرده، شش نفر را کشته و چهار نفر را همراه با سلاح و مهمات عسکری گروگان گرفته به کوه‌ها ناپدید شــده‌اند؟ ســید محمد، پولیس اردوی ملی، گفت که این عمل باید از داخل صــورت گرفته باشــد، چون به هیچ وجه داخل شــدن در آنجا کار آســانی نیســت. جالب مسئله در اینجاســت که گروگان‌ها همان گاردهای محافظ دهن دروازه‌ی دخولی بودند. حادثهٔ دوم که یک روز بعد از آن اتفاق افتاد، این بود که دو نفر از باشندگان پولدار و نسبتاً مهم اورگونی را به قتل رســانیده و قطعات بریده شــده‌ی اجســاد آنها را در کمپل پیچیده و در داخل یک موتر در بین شــهر پنهان کرده بودند، که بعد از کشــف آن، باعث ســر و صــدای بســیار و سؤالات حل‌نشده گردید.

هوا نسبتاً سرد شده بود و سپری کردن وقت زیاد در بیرون ناممکن شده بود. من بعضی اوقات به بیلیارد خانه می‌رفتم و پس از مدتی در آنجا با دیگر افغان‌ها آشــنا شــدم. آنها عبارت بودند از ســلیمان، آمنه، نعمان، غیاث و امرالله که ترجمان‌های امریکایی تبار بودند. به اســتثنای امرالله، باقی همه در نزدیکی یکدیگر سکونت داشتند. سلیمان و امرالله یکجا زندگی می‌کردند و یک روز مرا برای چای و تماشای تلویزیون دعوت کردند. محل سکونت آنها چیزی شبیه خیمهٔ ما در بگرام بود، اما بسیار کوچکتر از آن. چهار اطاق، یک صالون با تلویزیون، یخچال و یک تحویل خانه یا گدام را ضــمیمه داشــت. ســه اطاق آن پر بود و یک خالی و آنها اصــرار داشــتند تا من با آنها زندگی کنم. اما من در جواب ایشــان گفتم که فعلاً بسیار آرام هستم و کســی با من کاری ندارد و خودمختارم که چه وقت بروم یا چه وقت بیایم.

در یکی از روزهای سرد خزان، (دگروال چارلی) به من گفت: "می‌خواهم کاری ماندگار برای این‌ها انجام بدهم. تو چه فکر می‌کنی؟ خوشحال می‌شوم اگر نظریات و پیشنهاداتت را در این مورد با من در میان بگذاری. من به او چنان پاسخ دادم: "اگر شما موافق باشید، من هم در خرج آن، هر چقدر که باشد، کمک می‌کنم؛ بهترین اقدام ماندگار و خالصانه‌ای که می‌توانید برایشان انجام دهید، این است که مسجد عساکر داخل قشلهٔ عسکری را رنگ و روغن کنیم، چون هم از داخل و هم از بیرون در حالت بسیار خراب قرار دارد." نظرم را پسندید و گفت: "بیا به بازار برویم و با رنگ‌فروش صحبت کنیم که چقدر مصرف خواهد شد." سپس با هم روانهٔ بازار شدیم. لازم به یادآوری است که این حرکت، که از سوی یک دگروال امریکایی انجام شده، واقعاً قابل ستایش است و بیانگر این حقیقت می‌باشد که در میان دزدان، غارتگران، تجاوزکاران و قاتلان، هنوز هم انسانیت در کسانی که انتظارش نمی‌رود، مانند این امریکایی، باقی مانده است. از سوی دیگر، من شاهد هستم که برادران افغان خودم دست به دزدی، قتل و نابودی تار و پود هم‌وطنان‌شان می‌زنند.

تا دکان فاصله‌ی زیادی نبود. وقتی از مالک دکان رنگ‌فروشی پرسیدیم که به نظر خودش برای رنگمالی داخل و خارج مسجد چه مقدار رنگ، چند قوطی یا گیلن لازم خواهد بود، دقیقاً یادم نیست، اما حدود چهارصد تا پنج‌صد دالر، شامل زینه، پلاستیک، برس‌های بزرگ و کوچک و هرآنچه که برای رنگمالی لازم بود، فرمایش داده شد. فکر میکنم حدود یک هفته طول کشید تا رنگ‌ها و متباقی لوازم مورد نیاز برای رنگمالی رسید. اکنون باید چند نفر یا چند عسکر را برای رنگمالی وظیفه می‌دادیم و به همین منظور روانهٔ قشله‌ی نظامی اردوی ملی شدیم. دگروال فیض محمد چند روزی به دلیل ولادت خانمش مرخصی گرفته بود و تورن مزمل گرداننده‌ی تمام قشله‌ی نظامی بود. ما بعد از در میان گذاشتن خبر خوش که خواهان رنگمالی مسجد آن‌ها هستیم و تمام مصارف را خود ما به عهده گرفته‌ایم، گفتیم که حالا به کمک

خودت نیاز داریم تا به چند عسکر دستور بدهی که ما را در این امر نیک کمک کنند. تورن مزمل با نهایت چشم‌سفیدی و گستاخی به من گفت: "به (دگروال چارلی) بگو که من شش نفر را برایت هدایت می‌دهم و می‌فرستم تا شما را کمک کنند؛ اما در عوض، باید فی نفر صد دالر به من بدهید". وقتی این موضوع را برای (دگروال چارلی) ترجمه کردم، صورتش از خشم قرمز شد و گفت: "عجب دنیایی شده! ما برای خوشی شما مسلمان‌ها مسجدتان را رنگ و روغن می‌کنیم تا باعث سرافکندگی شما نباشد و شما در عوض از ما پول درخواست می‌کنید؟! این درست مانند آن است که کسی در امریکا دروازه‌ی خانه‌ی مرا تک‌تک کرده و بگوید که تمام مصارف رنگمالی کلیسای مرا پرداخته است تا نو و تازه گردد و من به‌جای تشکر، از او بپرسم که پول من کجاست و چرا به من پول نمی‌دهد! با پایان جملاتش، در حالت بسیار عصبی آنجا را ترک کردیم.

شب، دوباره برای دیدن فیلم هندی پیش گلفام شاه رفتم. گلفام شاه برایم چای آورد، اما متوجه چرتی بودنم شد و پرسید: "کاکا جان، چی گپ است؟ خیریت خو است، إن‌شاءالله؟" در همین جریان، مطیع‌الله نیز با ما یکجا شد و من جریان رنگمالی مسجد را برایشان توضیح دادم. بعد از چند دقیقه، مطیع‌الله گفت: "من این کار را برای‌تان انجام میدهم." گلفام شاه گفت: "من همچنین." مطیع‌الله با تیلفون، طارق و نعمان را نیز از این جریان آگاه ساخت و آنها هم موافقت کردند. قرار شد از هفته‌ی نو، روز شنبه، بعد از ختم کار خود، روزانه چند ساعت برای رنگمالی وقت بگذارند، چون اینها از ساعت پنج شام تا پنج صبح کار می‌کردند. یگانه خواهش آنها این بود که برای چای صبح هر چیزی که بتوانی تهیه کن و در ضمن، مقداری چوب هم فراهم کن تا آتش روشن کنیم و از همه واجب‌تر این بود که انرژی درینک (Energy Drink) باید داشته باشیم. برایشان اطمینان دادم که همهٔ نیازمندی‌ها را فراهم خواهم

کرد و هر چقدر پول بخواهند، برایشان تأدیه خواهم نمود. در جواب گپ من، همه گفتند: "ما این کار را فقط برای رضای خدا و شما انجام می‌دهیم، نه برای قشلهٔ عسکری". شب تا دیر وقت پیش آنها ماندم و بعد از دیدن یک فیلم هندی و شنیدن چند آهنگ افغانی، روانهٔ اطاقم شدم. فردا صبح هنگام چای، خبر مهم مربوط به رنگمالی مسجد را برای (دگروال چارلی) گفتم. او کاملاً متعجب شد و باورش نمی‌شد که مردم ملکی، نه نظامی، داوطلبانه و تنها برای رضای خدا حاضر به انجام این کار شده‌اند. بسیار خوشحال شد و گفت: "هرچه آنها لازم دارند یا می‌خواهند، لطفاً از (سرجنت نیلسون) کمک بگیر و از گدام هر مقداری که لازم است تهیه کن."

به هر شکلی که بود، روز موعود فرا رسید و آنها بعد از ختم کارشان، در پیشروی مسجد منتظر ما بودند. من با کمک (سرجنت نیلسون) چوب‌ها، چای صبح کامل، دو کریت انرژی درینک، یک کارتن کوکا کولا و فانتا، مقداری میوه‌جات مختلف و سایر اشیای ضروری برای رنگمالی را از موتر پایین آوردیم. آنها اولین کاری که کردند، این بود که چوب‌ها را آتش زدند تا خود را گرم کنند. پس از ختم چای صبح، هر کدام با گرفتن یک قوطی انرژی درینک، خود را به رنگ کردن مسجد مشغول ساختند. ابتدا تمام رنگ کهنه را تراشیدند و سپس با ریگمال زدن، رنگمالی را آغاز کردند. در ضمن، آنها گفتند که برای محراب و منبر مسجد به رنگ آبی و طلایی ضرورت دارند که بعداً آنرا رنگ خواهند کرد. آنها از ساعت پنج تا نه صبح به کار رنگمالی مشغول بودند. بعد از گرفتن شاور در حمامی که مربوط به ما بود، سر و صورت خود را تمیز کردند، لباس‌های تمیزی را که با خود آورده بودند برتن نمودند و با ما تا فردا خداحافظی نموده، رفتند. واقعاً که بچه‌های بسیار شریف، با غیرت و انسان دوست بودند. ضمناً متوجه شدم که (دگروال چارلی) دیگر چندان علاقه‌مند رفتن به قشله‌ی عسکری اردوی ملی نبود، مگر اینکه مسئله‌ای مهم و حیاتی پیش می‌آمد.

درد بی‌درمان

در جریان رنگمالی، من از ناحیهٔ دندان پایین دچار درد و التهاب شدیدی شدم و به شفاخانه مراجعه کردم. اما آنها گفتند که در بخش ترمیم و تداوی دندان، متأسفانه بجز داروی ضد درد، به چیز دیگری دسترسی ندارند و باید به شرونا (غزنی) رفته، خود را تداوی کنم. (دگروال چارلی) اجازهٔ رفتن را برایم صادر کرده، گفت: "یک طرف رویت کاملاً ملتهب شده و تفاوت دو طرف به وضاحت معلوم میشود". از سوی دیگر، بعد از سه روز باریدن برف سنگین زمستان که تمام منطقهٔ اورگونی را پوشانیده بود، پرواز من به شهر شرونا به تأخیر افتاد. در این جریان، متوجه شدم که افغان‌های ما، شکر هر کدام به نحوی داکتر هستند؛ یکی، نصوار، دیگری تنباکو، یکی میخک، فیلتر سگرت و دیگری هم ودکا با مرچ سیاه را برای درمان پیشنهاد می‌کردند! روز موعود پرواز من فرا رسید. با جمع‌آوری تمام وسایل سفر، یعنی چانته (بَگ پشتکی) جای خواب، پاسپورت، تعدادی از اشیای شناسایی هویت و کاغذهای مربوط به خدمت نظامی، آماده‌ی رفتن شدم. چنانکه قبلاً نیز متذکر شده بودم، اولین پروازها مربوط به سربازان امریکایی بود و اگر در آن روز پرواز دیگری میداشت و جای خالی می‌بود، ما نیز میتوانستیم پرواز کنیم. خلاصه‌ی کلام، من دو روز در میدان هوایی که بیشتر به یک اطاقک چوبی شباهت داشت، ماندگار شدم. درد شدید دندانم واقعاً عذاب دهنده و طاقت‌فرسا بود. اما چاره‌ای نداشتم جز اینکه درد را تحمل کنم و منتظر بمانم، آن هم در شرایط بسیار ناراحت کننده‌ای که در آن، ساعت‌ها یکی پس از دیگری به کندی و با مشقت می‌گذشتند. بالاخره، به هر طریقی که بود، خودم را به شرونا رساندم، ولی قبل از آنکه از میدان بیرون بیایم، یکی از کارکنان شرکت ما نزد من آمد و گفت: "تو باید به بگرام بروی، چون در اینجا وسایل کافی برای

معالجهٔ دندان موجود نیست." بعداً اضافه کرد: "من یک جا برایت نگه داشته‌ام تا بتوانی به
سهولت دوباره به طرف بگرام پرواز کنی." بجز قبول کردن پیشنهاد او، هیچ کار دیگری
نمی‌توانستم انجام بدهم. با خودم غرق سؤال و جواب فکری بودم که آیا چطور ممکن است
یک پایگاه نظامی بزرگ امریکا با چندین هزار عسکر، قادر به درمان دندان من نباشد؟

در هر حال، نیمه‌های شب، با آن درد طاقت‌فرسا به بگرام رسیدم و به سختی شب را در خیمهٔ
ترانزیت به پایان رساندم. فردا صبح زود، بسوی شفاخانهٔ عسکری بگرام به راه افتادم و بالاخره،
بعد از گذشت یک ساعت سرگردانی از این طرف به آنطرف رفتن در بخش‌های مختلف
شفاخانه، موفق شدم با یکی از داکترها صحبت کنم. او گفت: "تو باید قندهار بروی، چون
در آنجا ما ترجمان‌ها را تداوی می‌کنیم." پرسیدم: "به نظر شما، من یک افغانم یا یک
امریکایی؟ اگر افغانم، پس اجازه بدهید که از کمپ عسکری خارج شوم، به داخل شهر کابل
بروم و دندانم را تداوی کنم — و اگر امریکایی هستم، پس وظیفهٔ شماست که مرا تداوی و
معالجه نمایید." گفت: "متأسفانه، این شفاخانه فقط مربوط به موارد اضطراری می‌شود که
بسیار ضروری می‌باشند." من با شنیدن این جمله، صورتم را که بکلی کج شده بود برایش
نشان داده، گفتم: "پس، این چیست؟" از شدت درد، من توان خوابیدن، خوردن و صحبت
کردن را ندارم؛ من به معالجهٔ فوری احتیاج دارم." گفت: "متأسفانه، اضطراری به مفهوم مرگ
یا حیات است." خلاصه، هرچه دو و دشنام بود نثار شان کرده، آنجا را ترک کردم. مستقیماً
پیش فهیم جواهر فروش رفتم. بیچاره بسیار لطف کرده، گفت: "لالا جان، چرت نزن! یکی از
بچه‌های آشنا در شفاخانهٔ مصری‌ها کار میکند. زنگ میزنم، برو پیش او، إن‌شاءالله کمکت
میکند." بعد از خوردن یک گیلاس چای، روانهٔ شفاخانه مصری‌ها شدم. شفاخانهٔ مصری‌ها
طوری بنا شده بود که مردم بی بضاعت منطقهٔ شمالی، مخصوصاً بگرام و اکثراً هم از کابل،
برای معالجه و تداوی رایگان به اینجا می‌آمدند. دروازه‌ی دخولی آن از سمت دیگر بگرام بود؛

ما و عساکر افغانی می‌توانستیم از این طرف داخل محوطۀ شفاخانۀ مصری‌ها شویم. اکثری ترجمان‌ها که از این جریان آگاه بودند، قوم و خویش‌های خود را از این طریق به داخل محوطۀ شفاخانه خواسته و با هم دید و بازدید می کردند. من به آن شخص زنگ زده، گفتم که داخل شفاخانه هستم، بیچاره با مهربانی بسیار، مرا با خود به درون برد و به یکی از داکترهای مصری معرفی نمود. او بسیار خوب و سلیس به زبان مصری صحبت میکرد و داکتر به من گفت که بعد از چند نفر، مرا خواهد دید. من تشکری کرده، از اطاقش بیرون آمدم و در کنج حویلی به دیوار تکیه دادم.

در عالم مصیبت‌بار و عذاب‌بخش خود غرق بودم که صدای گریۀ کسی، نگاهم را به خود کشاند. به‌سویی که آوای گریه می‌آمد، رویم را برگرداندم و دیدم دختر هفت یا هشت ساله، با جاکت پشمی کهنه و سوراخ سوراخ بر تن و یک تنبان نازک سفید، در آن زمستان سرد، چپلک‌های کهنه و پاره پاره‌ی پلاستیکی به پا داشت و سر خود را به دیوار گذاشته و گریه می‌کرد. پیش از آنکه من از جریان گریۀ او چیزی بپرسم، دختر همسن و سالش نزدیک آمده و او را صدا زد. دخترک که گریه می کرد، می‌گفت که من خودم جاکتت را نگرفتم، مادرت برایم داد که بپوشم و خواهرخوانده‌اش با تعارض او را توهین و تحقیر می‌کرد. من با دیدن این صحنه، درد خودم را کاملاً فراموش کردم. از دخترک پرسیدم: "با کی آمدی؟" گفت: "با مادر خواهرخوانده‌ام." پرسیدم: "کجاست؟" او، در حالیکه هنوز می‌گریست، یک خانم چادری‌پوش را با انگشت نشانم داد. من چهل دالر را بدستش داده ،گفتم: "این پول زیادی است که میتوانی با آن برای خودت جاکت، موزه، تنبان، جوراب، پطلون و دستکش بخری و دیگر لازم نیست لباس‌های کسی دیگر را بپوشی؛ کوشش کن که این پول را به هیچ کس ندهی، مال خودت است". تا من این پول را به آن دخترک دادم، از هر گوشه و کنار شفاخانه،

وضعیتی پیش آمد مانند زمانی که برای کبوتران دانه می‌پاشند و یکباره سیل پرندگان به‌سویت هجوم می‌آورد؛ برای من نیز چنین شد. یکی می‌گفت که شوهرش مرده پول ندارد، یکی می‌گفت پسرش در اثر انفجار بمب پا ندارد، دیگری می‌گفت تمام مردهای خانه‌اش در اثر انفجار بمب که امریکایی‌ها انداخته بودند، شهید شده‌اند و او نان‌آور ندارد و یکی دیگری می‌گفت که به لحاظ خدا، دو روز است نان نخورده‌ایم، به من کمک کن... و من، بی‌اختیار، فقط با گوش کردن به حرف‌های آنها، گریه می‌کردم. متأسفانه، من بیش از دو صد و چهل دالر امریکایی به همراه نداشتم، ولی هرچه در تن داشتم، همراه با تمام پولم به آنها تقدیم کردم — از دستکش گرفته تا بالاپوش، جمپر، جاکت، مفلر و کلاه؛ تنها با یک پطلون، پیراهن و بوت‌هایم طرف اطاق داکتر رفتم.

او با کمال تأسف گفت: "در اینجا تداوی دندان وجود ندارد، اما می‌توانم برایت قرص‌های ضد درد و چندین آمپول بدهم که روزی یک بار یا هر موقع که درد شدید شد، تزریق کنی." و اولین آمپول را خودش تزریق کرد. من با وضع روحی بسیار خراب به جانب خیمهٔ ترانزیت رفتم. در همین جریان، فهیم برایم زنگ زد و گفت: "لالا جان، چرت نزن! من صبا برایت از بیرون یک نوعی قطرهٔ ضد درد می‌آورم که دندان را بکلی کرخت می‌کند، لطفاً تا فردا صبر کن." از او تشکری نموده و چند ساعتی خوابیدم. پس از چند ساعت، در حالت بین خواب و بیداری، تصمیم گرفتم تا با مسئولان شرکت استخدام کننده‌ی ما در این رابطه صحبت کنم که چرا هیچکس قادر به درک کردن دردم نیست؟ و چرا کسی نمی‌تواند راهی برای حل و رفع درد دندانم پیدا کند؟ در آنجا برایم پیشنهاد کردند که اگر بخواهی، می‌توانی از کارت دست بکشی، یعنی استعفا بدهی، تمام وسایل نظامی را تحویل دهی و به امریکا بروی و هر وقت که بازگردی، دوباره استخدام خواهی شد. من مات و مبهوت مانده بودم که این چه طرز برخوردی است که با ما ترجمان‌های امریکایی‌تبار می‌کنند. برخورد ایشان با ما هیچ فرقی با دیگر افغان‌ها

نداشت؛ آنها حداقل آزادی بیشتری نسبت به ما داشتند. من هیچ مشکلی با رفتن به امریکا نداشتم، ولی رخصتی من و سفرم به امریکا برای ماه بعدی برنامه‌ریزی شده بود و قبلاً تکت خریده بودم و در عالم انتظار پروازم، بی‌تاب لحظه‌شماری می‌کردم — و اگر پیشنهاد آنها را قبول می‌کردم، تمام مصارف و هزینه‌های سفرم بیهوده تلف می‌شد. فردا صبح، فهیم چندین قوطی از مواد مخصوص که ساخت پاکستان بود برایم آورد و گفت که امیدوارم زود جور شوی، لالا جان و یکی دو قطره از آن را روی دندانم انداخت و شـب همان روز دوباره روانه‌ی اورگونی شدم.

در جریان رنگمالی مسجد، خبر رسیدن گروه جدیدی از عسـاکر امریکایی همراه با دگروال، جگرن، تورن، ضابط و امثال آن‌ها، به ما رسید. از (دگروال چارلی) پرسیدم که آیا شما هم با آمدن آنها در این محل خواهید بود؟ او در جوابم گفت که به محض اینکه آنها اینجا برسند، ما خواهیم رفت، چون میعاد وظیفهٔ ما به پایان رسیده است. از شنیدن این موضوع، یک اندازه ناراحت شـدم، چون با این‌ها بسیار عادت کرده بودم و واقعاً آدم‌های بسـیار خوبی بودند. در یکی از شب‌ها، گروه جدید رسید و با ما معرفی شدند. شب را در یک خیمه گذراندند و فردا صـبح، پس از رفتن (دگروال چارلی) و تیم او، به محل اقامت ما آمدند و مرا مجبور به ترک اطاقم نمودند؛ یعنی گفتند که همین حالا باید کوچ و بارت را جمع کرده و این جا را تخلیه کنی. چنان که معلوم می‌شد، آنها به من اعتباری نداشتند؛ با یکجا بودن با یک افغان، گرچه امریکایی‌تبار بودم، اصل و نسب خود را بزودی نشانم دادند. این عملکرد آنها مرا به یاد یک ضرب المثل قدیمی انداخت — *گرگ زاده گرگ شود، گرچه با آدمی بزرگ شود* — با کمک سلیمان و امرالله، تمام اموال شخصی خود را جمع‌آوری نموده و از آن روز ببعد با آنها هم‌اطاقی شدم.

گروه جدید اصلاً با من سر و کاری نداشتند و من مانند یک بچهٔ یتیم بدون والدین در کوچه و بازار برای خودم زندگی میکردم. بعد از گذشت سه هفته یا کمی بیشتر، یکی از جگرن‌های تازه وارد به در اطاق من کوبید و گفت: "بیا برای ما ترجمانی کن،" ولی لحن و صحبت او بسیار بی‌ادبانه بود و با زور حرف می‌زد. من بعد از ترجمانی، به اطاق دگروال آنها که اسمش (هافمن) بود رفتم و او را از جریان مطلع ساخته، شکایت کردم. او گفت: "من خودم به یک ترجمان ضرورت دارم، از امروز ببعد می‌توانی برای من ترجمانی کنی." برایش گفتم: "حتماً، ولی قبلش باید بدانی که من ماه بعدی برای مدت سه هفته مرخصی می‌روم و پس از بازگشت در اختیار شما خواهم بود." قرار ما این شد که هر وقت او به من نیاز داشت، کسی را به‌دنبالم بفرستد. با تشکری از(دگروال هافمن) خداحافظی نموده به اطاقم برگشتم.

رنگمالی بسیار خوب به اتمام رسید. مسجد با رنگ سفید، پنجره‌های آبی و گنبد طلایی، در میان قلعهٔ کهنه و فرسودهٔ عساکر، جلوهٔ زیبایی پیدا کرده بود. بچه‌ها هر کدام از من چیزی برای خود خواستند؛ یکی از بازار برای خودش جمپر خرید، مطیع‌الله از من بوت و پطلون کوبایی از امریکا خواست، گلفام شاه مقداری پول نقد تقاضا کرد و نعمان گفت که چیزی نمی‌خواهم، اما اگر خودت خواستی، برایم یک ماشین ریش‌تراش برقی شیک از امریکا بیاور! در ضمن، نباید فراموش کرد که درد دندانم هنوز هم شدید بود.

مسجد اورگون

ذبیح رحمانی – مسجد اورگون پس از رنگمالی

ای ایام رخصتی‌ام در امریکا ای

بالاخره، روز مرخصی من رسید و با اجازه‌نامه، پاسپورت و لوازم شخصی خود، روانهٔ میدان هوایی اورگون شدم و از آنجا توسط هلیکوپتر به شرونا و بعداً به بگرام رسیدم. ما باید از طریق طیارهٔ شخصی یک جنرال امریکایی، از بگرام تا دُبی با پرداخت هزار و دو صد دالر پرواز می‌کردیم. این در حالی بود که پرواز از کابل تا دُبی فقط سه صد دالر هزینه داشت. ولی چنانکه قبلاً نیز متذکر شدم، خیانت، چور و چپاول و زورگویی برای آمرین بالا رتبهٔ نظامی، جز لاینفک زندگی روزمره‌ی آنها شده بود.

پرواز ما یک توقف در قندهار داشت؛ تعدادی از مسافران پیاده شده و تعدادی دیگر سوار شدند. بعد از انداختن تیل و پر کردن تانک، طیاره دوباره به پرواز درآمد و در آسمان قندهار و کابل، ما اجازهٔ نوشیدن دو بوتل بیر را داشتیم. ولی دقیقاً یادم نیست که پول نوشابه‌ها ضمیمهٔ تکت ما بود و یا باید بابت نوشیدن آن پول تأدیه میکردیم. به‌هرحال، به شهر زیبای دُبی رسیدیم و این دومین بار بود که در شهر دُبی مسافر می‌شدم. مثل بقیهٔ مسافرین در صف ایستاده بودم تا ویزهٔ دخولی را بگیرم و هرچه زودتر خودم را به هوتلی که سلیمان، هم‌اطاقی‌ام، توصیه کرده بود، برسانم. این بار برخلاف تصورم، کارمندان میدان هوایی نسبت به دفعهٔ گذشته یک اندازه مؤدب‌تر بودند و مانند قبل سؤالات بیهوده نمی‌پرسیدند. با گرفتن ویزهٔ دخولی، از میدان هوایی خارج شده و با تاکسی خودم را به هوتل (کریک ساید دُبی) رساندم. با تشکری و پرداخت پول رانندهٔ تاکسی، وارد هوتل مجلل شدم و از بودن در آنجا لذت بردم — واقعاً هوتل نام برده بیش از حد مدرن بود. من با جمع‌آوری لباس‌هایم و با گرفتن یک شاور دلپذیر، رفع خستگی کردم. این هوتل در مقابل یک دریاچهٔ نسبتاً بزرگ موقعیت داشت که سیاحان اکثراً با پرداخت مقداری

پول، سوار بر کشتی‌های کوچک و بزرگ می‌شدند و از یک سوی دُبی بسوی دیگر می‌رفتند. این صحنه را زمانی متوجه شدم که برای نوشیدن بیر به منزل دهم هوتل، که یک رستورانت مجلل در آن بنا گردیده بود، رفتم. از آنجا تمام شهر دُبی بخوبی هویدا بود. فردا، بعد از خوردن چای صبح و خرید مقداری هدیه برای عزیزانم، از هوتل خارج شده و به وسیله‌ی تاکسی، خودم را به میدان هوایی بی سر و پای امارات رسانیده و منتظر پرواز نشستم. خوشبختانه، پروازم مستقیماً تا لوس آنجلس بود، ولی مدت پرواز شانزده ساعت و چند دقیقه طول می‌کشید. کارکنان امارات (ایرلینس) بیش از حد مهربان و با لطف بودند و سرویس فوق العاده عالی داشتند. خلاصه، هر آنچه می‌خواستی و به خوردن و نوشیدن علاقه داشتی، بدون هیچ‌گونه ممانعتی می‌توانستی در اختیار داشته باشی. من که بعد از دیدن چند فیلم خوب و نوشیدن چند گیلاس بیر خسته شده بودم، خوابیدم. گاه‌گاهی به منظور رفع ضرورت و رفتن به تشناب، مجبوراً از خواب برخاسته و دوباره با دیدن یک فیلم یا نوشتن چند شعر یا مقاله، دوباره می‌خوابیدم. آنقدر خوابیدم که حتی یکی از خانم‌های شرکت امارات به شوخی به من گفت: "من واقعاً بر شما حسادت ورزیده‌ام." پرسیدم: "چرا؟" گفت: "چون شما در طول این پرواز طولانی مثل یک طفل آرام خوابیده بودید، خوش به حال تان!" ما هر دو از حرف او خوب خندیدیم.

بالاخره، ما به سلامت در میدان هوایی لوس آنجلس رسیدیم. با خداحافظی از کارکنان مهربان هواپیمایی امارات و گرفتن بکس‌هایم، به محض اینکه از گمرک میدان بیرون شدم، دیدم که پسران نازنینم با مادرشان بی‌صبرانه انتظارم را می‌کشند. از همه کس و همه چیز صحبت کردیم تا به منزل خود رسیدیم. با وجود اینکه فامیل بزرگی نداریم، با سه پسرم، خانمم و مادر مهربانش از دیدار دوباره لذت بردیم — گفتیم و خندیدیم. در خلال صحبت‌ها دریافتم که اوضاع و

احوال پدرم ناگوار بوده و در شفاخانه بستری است. در ضمن، چند روز بعد جشن ازدواج برادرزادهٔ نازنین ما، مسیح جان، برگزار می‌شد؛ فلذا همه مشغول تدارک دیدن محفل خوشی او بودند. به این مفهوم که تمام فامیل رحمانی از هر گوشه و کنار دنیا در لوس آنجلس جمع گردیده بودند؛ هم به خاطر دیدن پدرم و هم برای شرکت در مراسم ازدواج یکی از عزیزترین برادرزاده‌های ما. فردا، در اولین فرصت، پس از اصلاح موی و ریشم، به دیدن پدر عزیزم روانهٔ شفاخانه شدم. متأسفانه، بسیار ضعیف و ناتوان گشته بود، ولی فکرش هنوز سر جایش بود و بدرستی کار میکرد. از دیدنم خوشحال شد و گفت: "امیدوارم که برای همیشه آمده باشی." خندیده، گفتم: "خاطر تان آسوده باشد". دو روز بعد، محفل عروسی مسیح جان، برادرزادهٔ عزیز ما، در هوتل (آدوسی) که یک جای بسیار مجلل بود و من بیست و چهار سال پیش در همانجا با گفتن "بلی" به دامادی رسیده بودم، برگزار شد. محفل بسیار خوب و پر از هیجان بود؛ ما، همه‌ی خانواده‌ی رحمانی، پس از سال‌های بی‌شمار دوری و زندگی در گوشه و کنارهای دورافتادهٔ جهان، سرانجام دوباره گرد هم آمدیم و در میان فرزندان و والدین خویش ابراز خوشحالی و سعادتمندی میکردیم. مخصوصاً که پدر نازنین ما نیز از شفاخانه فارغ شده و به جمع ما پیوسته بود. هیچ‌گونه کمی و کاستی در بین ما وجود نداشت. محفل جشن ازدواج، پایکوبی و سرور تا نیمه‌های شب ادامه داشت. فردای آن روز، همه در منزل ما برای چای صبح دعوت شده بودند و در آنجا برایم گفته شد که فامیل شخصی خودم، یعنی خانم و سه فرزند نازنینم، هدیه‌ی برگشتم را از سفر یک هفته‌ای با کشتی عظیم‌الجثهٔ (کارنیوال) (Carnival) از قبل تدارک دیده بودند و قرار بود پس فردا عازم (مکزیکو) (Mexico) شویم.

روز موعود فرا رسید و ما از بندر (لانگ بیچ) سوار کشتی شدیم. با سپردن بکس‌های ما، وارد صالون کشتی غول‌پیکر شده و متوجه شدیم که هزاران مسافر، مثل ما، مشتاقانه منتظر حرکت کشتی هستند. اطاق ما در طبقه‌ی پنجم کشتی، رو به بحر بود و ما می‌توانستیم تماشاگر منظرهٔ

قشنگ طلوع و غروب خورشید باشیم. ولی ما اکثراً برای تماشای کامل قشنگی دمیدن و فرونشستن خورشید به بام کشتی می‌رفتیم. غذاهای گوناگون همه آماده و مهیا بودند، مانند سفرهٔ غذای چاهال سربازان امریکایی در افغانستان؛ اما در اینجا، سفرهٔ خوراک‌ها هزار برابر بهتر و بیشتر از آنچه در تصور می‌گنجید، پیش چشم ما گسترده شده بود. همچنان، همیشه رقص و پایکوبی، چه در طول روز در گرمای آفتاب در کنار حوض و چه شب‌ها در داخل کلب‌های زیبا، ادامه داشت. در طبقهٔ چهارم، اگر اشتباه نکنم، یک صالون بسیار بزرگ و مفشن قمار نیز موجود بود. بعد از دو روز سفر، ما بالاخره به (اسینادا) (مکزیکو) رسیدیم و لنگر انداختیم و در اینجا یک شب و روز اقامت گزیدیم. بعد از گشت و گذار مفصل، خرید و خوراک در هوتل‌ها یا در روی خیابان‌ها، با کرایه گرفتن چند عراده (جت اسکی)، یعنی کشتی‌های کوچک دونفره با انجن موتر سایکل برای حرکت در آب بحر، ساعات خوشی را سپری نموده و شب در هوتل خود ماندگار شدیم. فردا، بعد از صرف چای صبح و گردش به بقیهٔ جاهای دیدنی شهر، دوباره به طرف کشتی خود روانه شدیم. سفر کشتی بسیار آرام بود و اصلاً فهمیده نمی‌شد که ما در بحر در حرکت هستیم. بالاخره، بعد از دو شب و دو روز، به لوس آنجلس برگشتیم.

متأسفانه، در این مدت وضعیت جسمی پدرم بی حد خراب شده بود، تا جایی که روانهٔ شفاخانه و بعداً به (آس‌پیس) (Hospice) یعنی (آسایشگاه مراقبت تسکینی مریضان لاعلاج)، فرستاده شده بود. فردا صبح، به دیدن ایشان رفتیم؛ بسیار خسته و ناتوان بنظر می‌رسید و همواره از اقارب خویش که فوت کرده بودند صحبت میکرد و میگفت که دیشب برای دیدنش آمده بودند و از دختر خالهٔ خود، که تازه فوت کرده بود، یاد میکرد و میگفت که همیشه خبرگیر من است. پدرم، که شخصی فهمیده، تحصیل کرده‌ی رشتهٔ مهندسی و از فارغ‌التحصیلان لیسهٔ

نجات (امانی) بود. تمام عمرش را در خدمت به مردم سپری کرد و در مرحلهٔ آخر زندگی خویش، به سمت مدیر عمومی محاسبه تصفیه‌های واحد انحصارات، یعنی قبل از آمدن روس‌ها، ایفای وظیفه می‌نمود. مرحوم حاجی محمد یاسین (رحمانی)، فرزند حاجی عبدالرحمن و نواسه‌ی حاجی محی‌الدین، از برنج فروشان مندوی و از مردمان محترم و اصیل چهار چته‌ی کابل بودند. در عصر همان روز، در تنهایی و در یک اطاق تنگ و تاریک، جهان فانی را لبیک گفت و با ما وداع کرد – روح‌شان شاد و یادشان همیشه در دل‌های ما جاویدان خواهد ماند. بعد از بررسی طبیبان دولتی، کالبد شکافی و واگذاری جسد و سپردن آن به ما، ما میعاد و روز تشییع جنازه، مراسم خاک‌سپاری و فاتحه‌ی پدرم را تعیین کرده، به همه‌ی اقارب و دوستان اطلاع داده و ابلاغ نمودیم. در تاریخ سی و یکم ماه اگست دو هزار و دوازده (August 31, 2012)، پدر عزیز ما، همه را تنها گذاشته و به رفتگان خویش پیوست – روان ایشان شاد و یاد ایشان گرامی باد.

در جریان این روزهای دشوار، مادر عزیزم در قید حیات بود و در میان ما حضور داشت. من به مادرم بیش از اندازه افتخار می‌کنم، چون حتی در شرایط دشوار، تمام زندگی‌اش را وقف خدمت به خانواده‌اش کرد. او به‌عنوان یک مادر و همسر وفادار، هفت فرزند خود را با مهر و محبت بزرگ کرد، همیشه اطمینان حاصل می‌کرد که ما در آسایش و امنیت باشیم و هیچ کمبودی از لحاظ محبت و مراقبت احساس نکنیم. در سال‌های بعد، با عشق و دلسوزی در تربیت و نوازش نواسه‌هایش سهم گرفت. مادرم نه تنها یک مادر مهربان و دلسوز بود، بلکه یک مادر آزادی‌خواه و مبارز نیز بود که در مُهلک‌ترین و سیاه‌ترین دوران دهشت و کشتار حزب خلق، پرچم و باداران روسی‌شان، همواره به مبارزان سیاسی و آن عده‌ای که مخفیانه و در خفا بر ضد وطن‌فروشان مبارزه میکردند، پناه میداد و در مخفیگاه‌ها از آنان محافظت می‌نمود. در

ضمن، در حالی که بیشتر زنان در افغانستان بی‌سواد بودند، مادرم خانمی باسواد، اهل قلم و دانش بود. به‌جز زبان مادری، به زبان آلمانی نیز علاقهٔ خاصی داشت و با آن آشنا بود — معلم زبان آلمانی‌شان در مکتب، خانم برشنا بود. همان بنیاد استواری که برای ما گذاشت، ما را در گذر از سختی‌های زندگی یاری کرد. روان‌شان شاد و یادشان گرامی باد.

﷽ مادر ﷽

مادر آنکه ما را به واژه انسان آشنا ساخت، تویی

مادر آنکه ما را از گله دزدان جدا ساخت، تویی

در نگاه مهربانت شب تارم سحر افکند

دست‌های روشن تو، پر پرواز دعا ساخت، تویی

گرچه دنیای زمخت از عطوفت تهی‌ست

در دل این بی کسی‌ها، پناهی ز صفا ساخت، تویی

در سکوت نیمه شب‌ها، تو چراغ خانه بودی

با دعای روشنت، شب را سحر پیدا ساخت، تویی

دست‌های پینه‌بسته، دفتر امید ما بود

سطر سطر مهر را با خون دل امضا ساخت، تویی

گرچه خاکی، آسمانی‌تر ز هر افسانه‌ای

آنکه روح را به معنا داد و معنا ساخت، تویی

قطره قطره از خودت رفتی تا ما باشیم و روشن شویم

آن چراغ بی‌صدا در شام تار زندگی ما، تویی

رحمانی هرگز فراموش نکند آن همه درد که کشیدی

در دل روزهای تار، روشن‌ترین روشنی‌ها، تویی

«ذبیح رحمانی»

ذبیح رحمانی

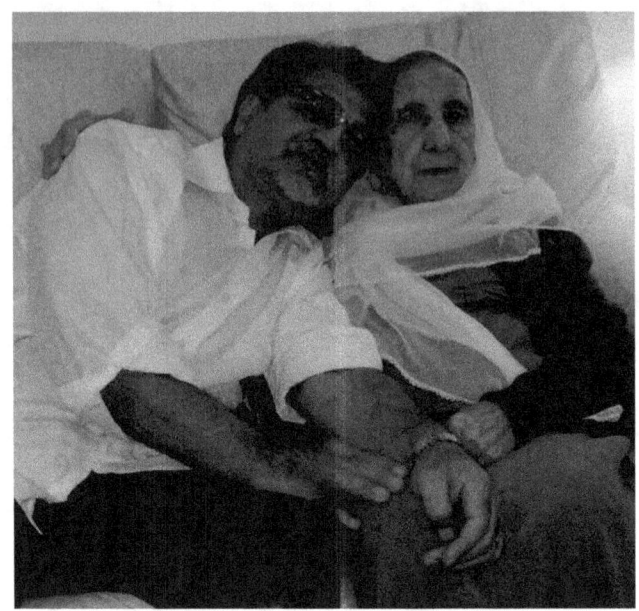

من و مادر عزیزم – مرحومه صالحه رحمانی ملقب به بی بی اعلی
(۱۹۲۷، کابل، افغانستان – ۲۰۱۸، لوس انجلس، امریکا)

فامیل من

سفری که ماه‌های طولانی برایش دقیقه شماری می‌کردم و از بودن در میان فامیل خوش و بی‌خیال، برای هرچه بیشتر شدن خوشی‌های ما برنامه ریزی نموده بودیم، غافل از آنکه خداوند پلان خود را بر ما عملی می‌سازد. آن همه خوشی‌ها، محفل عروسی، سفر کشتی و دید و بازدید با عزیزان ما نقش بر آب شـد، افسـردگی و ماتم جانشیـن آن گردید و من، با تمام ناباوری‌هایم، دوباره از همه خداحافظی نموده و به طرف بگرام روانه شدم.

زمانی که از بگرام پرواز کرده و به شرونا رسیده و منتظر پرواز به اورگونی بودم، در حالیکه سرم را روی بکسم گذاشته و در خیالات خودم غوطه‌ور بودم، صدای صحبت دو افغان توجهم را به خود جلب کرد. بدون آنکه سـرم را بطرف آنها برگردانم، به حرف‌های آنها که از بی سرنوشتی خویش در اورگونی حکایت میکردند، گوش فرا داده و بالاخره از جایم بلند شـده، خودم را معرفی نمودم و رشته‌ی صحبت را در دست گرفتم. برایشان آرامش خاطر داده و اورگونی را، بنا بر برداشت خودم، جایی بی‌خطر معرفی کردم. آنها که غلام محمد، آصف علی، سردار خان و عبدالحکیم نام داشتند، همه از کانادا برای ترجمانی آمده بودند. از آشـنایی با من و اینکه از اورگونی هستم، ابراز خوشحالی نمودند و از اینکه من آنها را به مرکز ترجمان‌ها یا خیمه‌ی مربوط به ترجمان‌های خارجی رهنمون سازم، بسیار خوشحال بودند. با خودم در اندیشه بودم که این همه ترجمان برای اورگونی به چه منظور خواهند آمد، چون اورگونی نه مانند بگرام یا شرونا بزرگ است و به چه کاری آنها را مشغول خواهند ساخت؟

دیری نگذشت که ما با هلیکوپتر بعدی روانهٔ اورگونی شدیم و از داخل هلیکوپتر، در زیر آسمان آبی، همه جا سرسبز و زیبا جلوه میکرد؛ بخصوص تمام کوه‌ها از درختان خودروی جلغوزه ناب پُر بودند. اگر دولت افغانستان یک دولت مردمی می‌بود، سالانه میلیون‌ها دالر از فروش جلغوزهٔ نایاب افغانستان — چه به صـورت خام، چه پخته و یا در قالب تولید روغن، نصـیب‌شـان می‌گردید. متأسفانه، مقدار اعظم آن به صورت قاچاق و دزدی به پاکستان سرازیر شده و بخش

مهم دیگری از آن، بنا به شواهد موجود، به چین فرستاده شده است؛ و مردم خود کشور عزیز ما نه قادر به خوردن و نه توانایی خرید جلغوزۀ وطنی خود را دارند، زیرا آخرین باری که من برای فامیلم جلغوزه خریدم، بابت فی کیلو آن مبلغ سی و یک دالر امریکایی پرداخت کردم. در زمان آرامی و نوجوانی، با خرید پنج افغانی جلغوزه، به مقدار کافی به جیب‌های ما ریخته میشد و تا ختم یک فیلم، مخصوصاً در زمستان‌ها، ادامه پیدا میکرد – یادش بخیر! بالاخره، ما به اورگون رسیدیم و من آنها را به دفتر ترجمان‌ها برده و خودم به طرف اطاقم رفتم. در اطاق کسی نبود، چون همه مشغول کار بودند، اما دیری نگذشت که امرالله و بعداً سلیمان به ما پیوستند. چیزهایی که آنها خواسته بودند و هرآنچه که من به عنوان سوغات برایشان خریده بودم، تقدیم نمودم. در ضمن، چون از موضوع پدرم یاد شد، بسیار ناراحت شدند. فردا، بعد از صرف چای صبح، بطرف اطاق (دگروال هافمن) رفته و او را از آمدنم مطلع نمودم. گفت: "خوشحالم که برگشتی. اگر به چیزی ضرورت داشتم، کسی را دنبالت می‌فرستم." شب، هنگامی که من از ورزش کردن و گشت و گذار در شهر به اطاقم برگشتم، تمام افغان‌هایی که می‌شناختیم، در اطاق ما جمع شده بودند و دلیل آن سلیمان بود که همه را دعوت نموده بود تا بیایند، برای فوت پدرم فاتحه بخوانند و به من تسلیت بدهند.

دو روز بعد، (دگروال هافمن) یکی از عساکر خود را دنبال من فرستاد و خواهان دیدنم شد. با شتاب از اطاق خود خارج شده و بطرف (دگروال هافمن) رفتم. او در تیلفون با یکی از جنرال‌ها مشغول صحبت در رابطه با حملۀ ناگهانی بر طالبان در قریۀ مرگ بود؛ جایی که بعضی‌ها آن را "درۀ مرگ" نیز خطاب می کردند، در منطقه‌ای به نام، مارزک، یک درۀ دورافتادۀ ولایت پکتیکا موقعیت داشت. با اشاره برایم فهماند که بنشینم تا صحبتش با جنرال امریکایی تمام شود. بعد از چند دقیقه صحبت کردن، به من گفت که باید به قشله‌ی اردوی ملی برویم، چون یک تصمیم بسیار قاطع گرفته شده و باید آنها را در جریان بگذاریم.

﷽ درهٔ مرگ ﷽

(دگروال هافمن) با بادی‌گاردش، یک جگرن و من، بدیدن دگروال فیض محمد، بسوی قشلهٔ عسـکری اردوی ملی افغان‌ها به راه افتادیم، خوشبختانه، همه قوای نظامی در آنجا حضـور داشتند. جلسه شروع شد و (دگروال هافمن) برایشان گفت که شما مثل همیشه به طرف درهٔ مرگ از راه زمین حرکت کنید و ما از طریق فضـا بر آن‌ها، که هیچ اطلاعی از ما ندارند، حمله خواهیم کرد. هیچ یک از شما این بار نباید تلف و یا زخمی شوید. او پلان خود را چنین مطرح کرد — ما سربازان امریکایی در تاریکی شب، از طریق هلیکوپتر، در کوه‌های منطقه پایین شده و در قلـه‌ی یکی از آن کوه‌ها مخفی‌گاه امنی برای خود تهیـه می‌کنیم تا به خوبی مراقب چگونگی حملات آنها بر شما باشیم و قوای شما را محافظت نماییم. به خاطر این موضوع، روی نقشـه و از طریق بیان (کروکی)، به همه فهمانده شد که چطور رفتار کنند و چگونه با هم در تماس بـاشـند — البته در این عملیات حمله‌ی مخفی نظامی، آنان روی ترجمهٔ من اعتماد و حساب می‌کردند. همان روز، ما با عساکر امریکایی تمرین سه ثانیه‌ای باز کردن کمربند خود را در حالی که هلیکوپتر در حرکت بود و باید خود را به زمین می‌انداختیم، انجام دادیم. طوری که به ما گفته شد، در نیمه‌های شب، هلیکوپتر بدون روشن کردن چراغ‌هایش، ظرف سه ثانیه ما را به کوه‌ها انداخته و خودش فرار میکند تا هدف حمله و اصابت گلوله قرار نگیرد. همچنین، به من گفته شد که حیثیت و مقام من به درجهٔ دگروال در این عملیات مهم است و بادی‌گارد مخصـوص او مرا نیز چون جان خود حفظ خواهد کرد. چون این نخسـتین بار بود که در چنین عملیاتی شرکت میکردم، عسـاکر نیز برای حفاظت از من توجه خاصی خواهند داشت. همه چیز چندین بار تکرار شـد و ما به هفت تیم تقسـیم گردیدیم. قرار شـد هر آنچه را که برای

خوردن، نوشیدن و لوازم اولیه نیاز است، با خود برداشته و ساعت دو صبح در میدان هوایی حضور پیدا کنیم. پس از ختم تمرینات و فهمیدن تمام جزئیات، به اطاقم برگشتم و پی بردم که امرالله نیز با گروه خود در این عملیات با ما یکجا خواهد بود. ضمناً، این اولین بار بود که قشون عساکر امریکایی برای سرکوب طالبان به درهٔ مرگ می‌رفتند. تا به این روز، هیچ کس نه قادر به رفتن به آنجا بود و نه کسی خواهان رفتن به درهٔ مرگ شده بود. اضطراب و تشویش بیش از حد شامل حالم شده بود و همچنان ترسیده بودم که چه خواهد شد. با هزار فکر و خیال، شب به یک‌ونیم صبح رسید و من، با پوشیدن لباس نظامی، واسکت ضدگلوله، کلاه آهنی، چانتهٔ پر از مواد خوراکی، نوشابه و چند چیز ضروری دیگر، روانهٔ میدان هوایی شدم؛ و در ضمن، متوجه شدم که امرالله زودتر از من از اطاق خارج شده بود.

در میدان هوایی غوغای عجیبی بر پا بود؛ همه کوشش داشتند که هرچه زودتر سوار هلیکوپترها شده و از اورگون پرواز نمایند. تا اینکه نوبت به من رسید و من، همراه با چند نفر دیگر، از جمله دگروال، بادی‌گاردش که تفنگ مخصوص دارای دوربین مخصوص (Telescopic Rifle) یعنی (اسناپیر) (Sniper) یا (تیرانداز مخفی) را همراه داشت، سوار شدیم. بعد از گذشت بیست دقیقه یا بیشتر، در یکی از کوه‌هایی که جز سیاهی چیزی دیگر بچشم نمی‌خورد، ما را به نوبت صدا زدند و باید خود را از هلیکوپتر به سر کوه می‌انداختیم — وقتی نوبت من رسید، متأسفانه در اثر ترس شدید و هراس از مرگ، کمربندم باز نشد و بند مانده بود — خلبان هلیکوپتر با لحن زشت و صدایی بلند فریاد زد: "زود شو! خودت را بینداز قبل از اینکه به ما شلیک شود!" حالتی عجیبی بر من دست داده بود؛ بکلی خودم را از دست داده بودم. تا بالاخره موفق به باز کردن کمربند چوکی هلیکوپتر شدم و خود را به پایین انداختم. برخلاف تمام صحبت‌ها و وعده‌های شیرینی که داده بودند که از من چون جان خود محافظت خواهند کرد، اصلاً کسی منتظر من نبود و خودم را تنها یافتم. بعد از اینکه چشمانم تا اندازهٔ به تاریکی

شب عادت کرد و با تشخیص صدای پای عساکر، من هم به همان طرف کوه به حرکت ادامه دادم. ما اجازه‌ی روشن کردن چراغ دستی یا هیچ‌گونه قوه و منبع روشنایی را نداشتیم؛ خاموش و آرام، ســریع دنبال همدیگر حرکت می‌کردیم. این حرکت‌ها، از کوه بالا رفتن و پایین آمدن، کار آسانی نبود. ولی با رسیدن صبح روشن و دمیدن آفتاب، دیدگاه ما بهتر شد و می‌توانستیم محیط اطراف ما را با دقت خوبتر تشخیص بدهیم. با این حال، رفتن به سر کوه‌ها و پایین شدن از آنها به این سادگی نبود. به مرور، آفتاب گرم و گرم‌تر می‌شد و دیگر توان بالا رفتن به کوه‌های سر به فلک کشیده برای همه مشکل‌تر و طاقت‌فرساتر میگردید. این همه عساکر امریکایی ورزیده و تمرین‌دیده، که هرکدام با بدن‌های ورزیده و قدهای بلند، بیشــتر به بادی‌بیلدرها (Bodybuilders)می‌ماندند، هنگام پایین شــدن از کوه‌ها مانند بچه‌های خوردســال به گریه افتادند و نمی‌دانستند چگونه از کوه پایین بروند؛ چون بدبخت‌ها در عمر خود کوه‌هایی به این سان دشوار ندیده بودند. سربازان اغلب با نشستن به حالت (کون لخشک) تلاش داشتند از کوه‌ها پایین شوند، که متأسفانه باعث میشد تمام خشتک‌های پطلون آنها پاره پاره شود و بدن‌شان نمایان گردد. من هنگام پایین شدن، با استفاده از چانته یا بکس پشتکی خود، موازنهٔ بدنم را کنترول می‌کردم. هر وقت که سرعتم بسیار زیاد می‌شد و احتمال افتادنم می‌رفت، تمام وزنم را با وسیلهٔ چانته در پشت سرم می‌انداختم و به این طریق، به اصطلاح "بریک" میگرفتم؛ یا به صــورت (زیگ‌زاگ) (ZigZag) حرکت میکردم تا از افتادن جلوگیری نمایم. آفتاب تموز تابستان دیگر قابل تحمل نبود؛ همه یا آب می‌نوشیدند یا آب را بر سر و روی خود می‌پاشیدند تا مریض نشــوند و از ضــربهٔ آفتاب جلوگیری کنند. اما مگر می‌شــد؛ چون با حداقل صــد پوند پشتوانه، لباس جنگی و آن همه پوشاک زیرین، گرمای بدن ما هر دقیقه بیشتر و بیشتر می‌شد. من هر نیم ســاعت یک بار، دســتمال گردنم را با آب تر می‌کردم و دور گردن و پیشــانی خود می‌گذاشتم.

قریه‌ها

عبور از کوه‌ها بسوی درۀ مرگ

نیایش با خدا

بالاخره، بعد از سپری کردن سه کوه، به ما اجازه‌ی نشستن و اندکی رفع خستگی داده شد؛ مثل اینکه بر سر همه‌ی ما جشن شده باشد. همه عصبی بودند و از شدت خستگی، مانند آدم‌های نیمه‌جان، در زیر سایه‌ی درختی دراز کشیده بودند؛ کاملاً از نفس افتاده و همه پی‌هم نفسک‌های شدید می‌زدند. واقعاً که حالت طاقت فرسا بود و من دوباره به هرچه بدبختی، فقر و ناداری بود، لعنت می‌فرستادم که باعث آمدن و این همه رنج و عذاب من شده بود. کسی با کسی کاری نداشت، یعنی هیچ کس توانایی و حوصلهٔ صحبت با دیگری را نداشت. در این

جریان، آنهایی که به حالت وخیم، ضــعف، تهوع و کمبود انرژی دچار شــده بودند، توسـط خریطه‌های سیرُم تغذیه و پرستاری می‌شدند. پس واقعاً، این یک حقیقت است که در کتاب‌ها ثبت شده و در طول تاریخ به اثبات رسیده است:

(افغانستان گورستان امپراطوری هاست)

(Afghanistan is the graveyard of empires)

بعد از نیم ساعت رفع خستگی، به ما اطلاع داده شد که باید به راه‌پیمایی ادامه بدهیم؛ ولی کسـی توان یا قدرت برخاسـتن را نداشت. پاها همه زخمی و بی‌حس شـده بودند، اما چاره‌ای جز پیش رفتن نداشتیم. هوا همچنان بر گرمی خود می‌افزود و پشه‌های زننده هم بر سر، صورت و گردن ما سـوار بودند. بالاخره، ما عصــر آن روز، یعنی بعد از نوزده ســاعت راه پیمایی، به بلندترین قله‌ی کوه رسیدیم و از آنجا که درۀ مرگ به وضاحت دیده می‌شد، سنگر گرفته، تمام وسایل جنگی را آماده ساخته و منتظر فرمان بودیم.

عساکر اردوی ملی افغان تا کنون نرسیده بودند و قرار بود ساعت هفت یا هشت صبح برسند؛ فلذا، تعدادی از عسـاکر به پیره‌داری (پاسداری) موظف گردیدند و بقیه به استراحت پرداختند. چون به من اصلاً گفته نشده بود که شب را همان‌جا خواهیم ماند، برای خود (سلیپینگ بیگ) (Sleeping Bag) یا لحافی که انسـان برای خوابیدن در داخل آن درآمده و می‌خوابد — به اصطلاح، هم تشک است و هم لحاف و توسط زنجیر/زیپ از پا تا فرق سر بسته می‌شود — با خود نیاورده بودم. آن همه گرمای طاقت‌فرسـای روز، شب محو شـده و هوای سـرد کشنده جایگزین آن گردیده بود؛ انگار با چاقوی تیز و برنده، تمام اسـتخوان‌های بدنم را ذره ذره می‌تراشید. نیمه‌های شب، که دیگر واقعاً از سردی به ستوه آمده بودم، به خداوند متعال متوسل شده، التجا کردم که هرچه زودتر صبح گردد یا اینکه طالبان حمله کنند و باعث مرگ ما شوند، تا از این مضیقه رهایی یابم.

با هزار مشقت، شفق دمید. لعنت به هر فردی که در فروش این سرزمین دست داشته است. من که از قبل بیدار شده بودم، با نور آفتاب خودم را تا اندازه‌ای گرم کردم و دیگران همه منتظر فرمان (دگروال هافمن) بودند؛ او نیز منتظر مقامات بالاتر بود تا دستور آغاز حملات پیاپی را صادر کنند. تعدادی از سربازان، با روشن کردن آتش کوچک، به گونه‌ای که دود آن بسوی درهٔ مرگ بلند نشود، برای خود قهوه آماده کردند. بعد از ختم عملیات در آن منطقه، تمام چیزهایی را که نشان دهندهٔ حضور ما در آنجا بود، جمع‌آوری کرده و با خود بردیم. ساعت دقیقاً هفت و چهل و پنج دقیقهٔ صبح بود که همه در مواضع خود سنگر گرفته بودند و تمام فیرهای هاوان، ماشیندار و مخصوصاً تفنگ‌های دوربین‌دار، متوجه آمدن قوای اردوی ملی بودند تا مبادا دچار حملات، ناگهانی طالبان شوند.

پلان عملیاتی طوری طرح‌ریزی شده بود که طالبان، بدون آنکه آگاهی داشته باشند ما همه در کوه‌ها سنگر گرفته بودیم و آنها با این تصور که مثل همیشه تنها قطار عساکر افغان می‌خواهد از آن منطقه عبور کنند، آمادگی خود را برای حمله، به غنیمت گرفتن سلاح، مهمات، پول، ادویه و کشتن آنها گرفته بودند. برای انجام حمله، قصد داشتند از سوراخ‌های کوه یا از داخل جنگل بیرون شوند؛ ما از طریق مخابره‌ای که من به دگروال فیض محمد انجام دادم، اطلاع دادیم تا آهسته‌تر حرکت کنند و خود به حالت آماده‌باش برای حضور طالبان درآمدیم.

جنگ آغاز شد – آنها بدون آنکه از آمادگی ما اطلاع داشته باشند، با شتاب از سنگرهای خود بیرون آمده، قصد کشتار عساکر افغان را داشتند، اما توسط (اسناپیرها) مورد هدف قرار گرفتند. همچنان، قطعه‌ای از قوای افغان که در کمین بودند، نیز آنها را زیر رگبار ماشیندار گرفتند و چون مخفیگاه‌های شان برای ما معلوم شده بود، (دگروال هافمن) به قوای هوایی دستور داد تا آنان را توسط جت‌های بمب‌افکن منهدم سازند. هنوز چند لحظه نگذشته بود که

جت‌های بمب‌افکن با سرعتی عجیب، بمب‌ها را بر سرشان رها کردند — صدای وحشتناک اصابت بمب‌ها در آن منطقه، صحنه‌ای دهشتناک و دلخراش را نمایان ساخت. پس از آن، به ما اطلاع رسید که قوای ملی افغان چهار شهید داد، دوازده طالب را سر به نیست کرد و هشت نفر دیگر از طالبان را نیز با دست‌های ولچک‌زده به اسارت گرفته بود.

بعد از ختم عملیات و دستیابی به پیروزی، با جمع‌آوری تمام وسایل، از کوه پایین آمده و بسوی قریهٔ مرگ حرکت کردیم و سپس وارد مرکز شهر شدیم. قریه‌ای نسبتاً بزرگ و همجوار با پاکستان بود؛ سرسبز و پُر از درختان میوه. (دگروال هافمن) به کسانی که پطلون‌هایشان از درز عقب — به اصطلاح "خشتک" — پاره شده و بخشی از بدن‌شان نمایان بود، دستور داد که حق گشت و گذار ندارند و باید روی زمین بنشینند. توسط من و چند مترجم افغان دیگر، با مردمان آنجا صحبت نموده، از احوال‌شان و برخورد طالبان با آنها پرسیدیم. برای کودکان قلم، کتابچه، کاغذ، کتاب، شیرینی‌جات، توپ فوتبال، والیبال و تعدادی اشیای دیگر به عنوان هدیه تقدیم می‌کردیم. بعد از ختم توزیع هدیه‌ها، مردی که نسبت به دیگران سنی بالاتر داشت، با مهربانی برای ما از درخت زردآلو چید و در جویچه‌ای که آب در آن روان بود شست و به ما تقدیم کرد. ما همه زیر درختان، در کنار جویچه نشسته بودیم و آن زردآلوها را با مزه‌ای خاص می‌خوردیم. ناگهان با دیدن یک خر، ضرب‌المثل مشهور افغانی به یادم آمد که می گفتند: ***- خر از همه گنده‌تر، آب خوردنش بالاترا -*** جالب اینکه آن خر مذکور واقعاً در قسمت بالایی جویچه مصرف نوشیدن آب بود و ما در قسمت پایین‌تر جویچه، بعد از خر با تمام کیف آب را می‌نوشیدیم! هههههه! بعد از ساعتی استراحت، از اینجا به قریهٔ بعدی رفتیم و با مردم آنجا در مورد طالبان صحبت کردیم. در طول راه، زمانی که ما از میان خانه‌های مردم عبور می‌کردیم، به نظر من جالب آمد که خانم‌ها همه در کشتزارهای خود بدون پوشش ضخیم چادری مشغول کار بودند و چهره‌های‌شان بخوبی دیده می‌شد.

بعد از رسیدن به محل مشخصی که از قبل در نظر گرفته شده بود، با کلان قوم یا بزرگ قریه دیدار کرده و از او پرسیدیم که چرا با طالبان همکاری می‌کنند و برایشان غذا و مهمات فراهم می‌سازند. در جواب به (دگروال هافمن) گفتند: "شما هر چند سال یک بار به اینجا می‌آیید، اما طالبان هر روز اینجا حضور دارند و ما چاره‌ای جز همکاری و اطاعت از آنها نداریم و کاری از دست ما ساخته نیست. اگر شما در اینجا یک قشلهٔ عسکری بنا کرده و مداوماً عساکر تان امنیت منطقه را به اختیار خود بگیرند، ما با شما همکاری خواهیم کرد و هرآنچه طالب باشد، کشته و از بین خواهیم برد." ما باید از اینجا به منطقهٔ آخری که در دامنه‌ی یک کوه قرار داشت، می‌رفتیم. حوالی ساعت چهار بعد از ظهر به آنجا رسیدیم؛ همه خسته و گرسنه بودیم. مردم قریه در آغاز برای ما دوغ را ذریعهٔ یک کاسهٔ حلبی کج‌وکور با نان تنوری تعارف کردند، که همه با دیدن آن کاسه، حرکات عجیب و غریبی از خود نشان دادند و من، پیش از آنکه مردم قریه برخورد عساکر امریکایی را توهین‌آمیز تلقی کنند، با شتاب کاسه را از دست آنها گرفتم و به نوشیدن دوغ از لب کاسهٔ حلبی مشغول شدم. این کاسه باید دست به دست بین همه می‌گشت، اما امریکایی‌ها دریغ کردند و از طریق من تقاضای چای نمودند؛ در عین حال، چند نفر از افغانها نیز به نوشیدن دوغ مصروف شدند. مردم شریف وطن ما با جبین گشاده، در ظرف چند دقیقه چندین چاینک چای با نان تنوری تازه و گرم برای ما آوردند. چون پیاله زیاد نبود، عساکر امریکایی بطور مشترک با هم می‌نوشیدند.

آشامیدن اجباری دوغ

برگشت ما با هلیکوپترها ساعت شش عصر، در بالای یک تپه‌ی مشخص تعیین شده بود. اما به ما اطلاع داده شـد که طالبان از جریان آمدن هلیکوپترها باخبر شـده‌اند؛ به همین دلیل، برنامهٔ آمدن آنها برهم خورد و به ما گفته شـد که تا مشخص شـدن محل جدید، با ما تماس خواهند گرفت. شـنیدن این خبر دلهره و ترس عجیبی را به دل‌های ما افکند، زیرا با فرا رسیدن تاریکی شب و بیرون آمدن طالبان از مخفیگاه‌هایشان، کار ما یکسره بود و سرنوشت ما روشن:

یعنی نابودی همهٔ ما. (دگروال هافمن) که از طریق مخابره با قوای هوایی در تماس بود و هر طرف او می‌رفت، ما نیز دنباله‌رو او شده بودیم. حالا دیگر هوا کاملاً تاریک شده بود و همه پشت سر هم در حرکت بودیم، تا اینکه دگروال خبر خوشی به ما داد که به زودترین فرصت از فلان محل پرواز خواهیم کرد. همه با هیجان در آن منطقه جمع شده و منتظر آمدن هلیکوپترها بودیم که ناگهان دوباره احوال رسید که طالبان از اینجا نیز باخبر شده‌اند، پس باید فوراً و با شتاب از اینجا فرار کنید. ما دوباره با شتاب و عجله، به دنبال هم بسوی مسیر که (دگروال هافمن) در آن روان بود، حرکت کردیم. نباید هیچ فاصلهٔ میان ما ایجاد می‌شد، چون در تاریکی شب امکان گم شدن ما بسیار زیاد بود. در یکی از نقاط که به اصطلاح کمر کوه بود و راه نسبتاً باریک، من شدیداً ضرورت به خالی کردن مثانه‌ام داشتم؛ فشار آنقدر زیاد شده بود که دیگر تحمل من تمام شده و وضعیت برایم طاقت فرسا گردیده بود. به همین منظور، اندکی بسوی لبهٔ کوه رفتم تا دیگران بتوانند از پشت سرم عبور کنند و خودم مشغول به ادرار کردن شدم. در آن زمان، از شدت خستگی و بیدارخوابی، چشمانم برای چند لحظه به هم پیوست و وقتی دوباره چشم گشودم، دیگر نه اثری و نه هیچ‌گونه نشانه‌ای از عساکر دیده نمی‌شد. من از آنها دور مانده بودم و در آن لحظه، صدای سگ‌های وحشی که از نزدیکی‌ها به گوش می‌رسید، مرا بیش از حد ترسانده بود. در کمرم، جز یک چاقوی نظامی، چیزی برای محافظت از خود نداشتم. با خواندن چند سوره و سپردن خود به خدا، هرچه تندتر به راهم ادامه دادم تا اینکه صدای صحبت دو عسکر به گوشم رسید. با خوشحالی به آن سو دویدم که یکی از آنها صدا زد: "متوجه باش، اینجا چقری است." اما من بدون توجه به هشدار او، خود را به آنها رساندم. نه تنها تعجب‌آور، بلکه قابل ذکر است که با گذشت زمان فهمیدم آنچه بر من تحمیل شد، هم ناعادلانه و هم یک خطر مرگبار بوده است. واقعاً دولت امریکا چطور به خود اجازهٔ به

خطر انداختن جان صدها ترجمان را برای اجرای مسایل عسکری و نبرد با دشمن میدهد و از آنها به مانند نظامیان خود استفاده میکند، بدون هیچ گونه تمرینات نظامی قبلی، بهره‌گیری از فنون جنگی و آموزش کاربرد سلاح گرم یا سرد و یا مساعد ساختن زمینهٔ فراگیری هر گونه تکنیک جنگی در شرایط اضطراری یا در میدان جنگ برای آنها؟ چنانکه قبلاً نیز متذکر شدم، زمانی که من در داخل زندان ایفای وظیفه می‌کردم و شدیداً مریض بودم، آنها از من خواستند که از زندانیان نگهداری کنم، در حالی که وظیفهٔ من تنها ترجمانی بود و بس.

سپس، با هم از کوه پایین شده، از میان گندم‌زار و کشتزار یکی از قریه‌ها، از بین مزارع جواری و گندم با شتاب، یکی پس از دیگری عبور می‌کردیم، که ناگهان صدای هلیکوپترهای دو باله، که به آن (شنوک) (Chinook) می‌گفتند، به گوش رسید. در یک چشم به‌هم زدن، هلیکوپترها فرود آمدند و درهایشان باز شد، درست همانند صحنه‌های فیلم‌های جنگی که در سینما دیده بودیم؛ آنگار صحنهٔ یک فلم زنده را می‌دیدم. در آن زمان، تفنگداران با ماشیندارهای ثقیل از پنجره‌های هلیکوپترها ما را زیر نظر داشتند تا مبادا کسی بر ما حمله کرده و گلوله‌باری کند. (دگروال هافمن) تحت فشار شدید و در وقت بسیار محدود، با مسئولیتی زیاد، تمام تلاش خود را کرد تا همه را در آن دو شنوک غول‌پیکر جابجا نماید. پس از شمردن تعداد عساکر و من، که بیش از هشتاد نفر می‌شدیم، هلیکوپترها به پرواز در آمدند. این‌بار، همه با خوشحالی می‌خندیدند و ما کف‌زنان از آن دره‌ی مرگبار دور شدیم. در عین حال، بدیهی است که این پرسش به میان بیاید که دشمن، یعنی طالبان، چگونه توانستند موقعیت‌های فوری ما را شناسایی کنند؟ اگر اشتباه نکنم و حافظه یاری کند، ما توسط آله‌ای مخصوص، در اثر تغییر ایستیشن یا چرخاندن سویچ آن دستگاه، صدای مخابرهٔ طالبان را بسیار خفیف اما واضح شنیده می‌توانستیم. این دستگاه را (دگروال هافمن) خودش کشف کرده بود

و برای اطمینان خاطر، مرا نزد خود خواسته تا برایش ترجمه کنم. در همان ایستیشن، دو طالب باهم در حال مکالمه بودند و از تعداد تلفات‌شان یاد میکردند. من فکر میکنم که آنها نیز از همین طریق توانسته بودند از موضوع آمدن شنوک‌ها، که قرار بود ما را به اورگون بازگردانند، معلومات حاصل کنند. احتمالاً به همین دلیل، طیاره‌های بزرگ نظامی برای نجات جان ما چند بار مجبور به تغییر محل شده بودند. وقتی به منزلگاه خود، یعنی اورگون رسیدیم، تازه متوجه شدم که انگار تمام این جریانات مانند یک خواب مُهلک بوده؛ طوریکه گویی هیچ اتفاقی نیفتاده و همه چیز واقعیت هم نداشته است. با آن هم، میان مرگ و حیات گیر مانده بودم و تنها در چند لحظه‌ی محدود از مرگ حتمی نجات یافتم؛ خاطره‌ای وهم‌انگیز که تا پایان عمر با من خواهد ماند.

روز جمعه، بعد از ادای نماز چاشت، افسران عالی رتبه‌ی افغان با منصب داران عالی رتبه‌ی امریکایی در کمپ سربازان امریکایی نشست برگزار کردند تا نظرات شان را در مورد رفتن به درۀ مرگ با یکدیگر رد و بدل نمایند. جنرال امریکایی نیز از طریق (اسکایپ) (Skype) به نظرات همه گوش میداد. این روند چنین بود که هر فرد با بلند کردن دست، نوبت میگرفت و نظرش را در مورد عملیات درۀ مرگ ارائه می‌نمود. جالب این بود که من نیز دستم را بلند کرده و خواهان صحبت شدم، که خوشبختانه برایم اجازه داده شد. من مسئله را اینطور ابراز نمودم: "ما در این عملیات دستاوردهای بسیار مثبتی داشتیم. مردم از رفتن ما به آنجا خشنود بودند، مخصوصاً از بابت کشتار و سرکوب نمودن طالبان و همچنین از اینکه از حال و احوال مردم قریه پرس‌وجو صورت گرفت — همه و همه، به خوبی پیش رفت. بجز اینکه در پایان، با فرود شینوک‌ها، ما تمام مزارع و کشتزارهای آن منطقه را تخریب کرده و از بین بردیم. ساکنان و مردم آن قریه تمام سال زحمت کشیده و چشم براه برداشت حاصلات یکساله شان بودند، اما ما تمامی زحمات شان را از بین بردیم و چیزی برای خوراک و آذوقه‌ی آنان باقی نگذاشتیم." این سخن من،

نخست برای جنرال و سپس برای دیگران جالب بود، زیرا تا آن زمان خودشان متوجه این مسئله نشده بودند. در این قبال، تصمیم نهایی گرفته شد تا از طریق جنرال افغان و نیروی اردوی ملی افغانستان، میزان خسارات وارده بررسی گردد و به باشندگان محل، یا به شکل مواد غذایی و یا بصورت پول نقد، جبران شود. از اینکه توانسته بودم برای مردم فقیر و زحمتکش کاری مثبت انجام بدهم، احساس آرامش خاطر و وجدان آسوده می کردم.

چند روز را به آرامی به‌سر بردیم، تا اینکه چهار ترجمان افغان دیگر، سه نفر از کانادا و یک مرد مُسن از امریکا، به اورگون رسیدند. جنبهٔ جالب این مسئله آن بود که آمر یا فرماندار آنها، یک ایرانی بود که خود را به عنوان (مشاور فرهنگی) (Cultural Advisor) افغان‌ها معرفی می کرد، یعنی در همین مسلک ایفای وظیفه می‌نمود. واقعاً مضحک‌تر از این نمیشد که یک ایرانی، نماینده‌ی عنعنات افغان‌ها باشد و گروهی از افغان‌ها را در این زمینه رهنمون گردد.

شب‌های پنجشنبه، این گروه برای مردم اورگون شعر انتخاب می کردند، از طریق رادیویی که مربوط به قشله‌ی عسکری بود، یا از قبل ضبط شده و یا که بصورت زنده اجرا می‌شد. یکی از آنها که پشتوزبان بود و پیدا بود در این رشته مهارت دارد، قصه‌های قدیمی عاشقانه را به پشتو روایت می کرد، مانند داستان (آدم خان و درُخانی). دو نفر دیگر شعر می‌سرودند و یکی از آنها که از امریکا آمده بود، شاعر و نویسنده بود. بر اساس گفتهٔ خودش، چندین کتاب تألیف کرده بود، اما سنش برای آمدن به اورگونی، پذیرفتن چنین وظیفه‌ای و تن دادن به آن مناسب به نظر نمی‌رسید. در یکی از شب‌ها که تصادفاً به مناسبت عید برگزار شده بود، همه شعر سرودند؛ ولی این بار نه برای رادیو، بلکه برای همدیگر. آنها همچنان از من خواهش کرده بودند تا برای تماشای برنامه‌ای که به مناسبت عید برگزار شده بود، بروم و در این نشست شرکت کنم. آن شب، این شعر را برایشان سرودم:

§

عید آمد و عید شد و ما عید نداریم

ما مشتری زهره و ناهید نداریم

هر کس به نوع غارت بکند وطن ما

جز دزدان و شیادان دیگر کاندید نداریم

ملک رفت و هم بخت و هم هما فراری

آنچه ز دست رفت با آن تجدید نداریم

نی لحاف به سرما و نی آرد در انبار

بجز باروت و مرمی دیگر مزید نداریم

رحمانی جگرش سوخت از بیداد جاهلیت

با پول حرام شده ایم کور دیگر دید نداریم

«ذبیح رحمانی»

§

پیش از ختم برنامه، برایشان گفتم: "شما فکر می‌کنید رساندن اشعار و یا قصه‌های قدیمی از طریق رادیو به مردم اورگونی، مرهمی بر دل‌های زخمی‌شان خواهد بود؟ یا اینکه با شب شعر و ادب، سفرهٔ خالی خانواده‌های‌شان رنگین می گردد؟ به نظر من، به جای این کارها، بهتر است

که ما همه، هرکدام بصورت هفته‌وار یا ماه‌وار، مبلغی پول از جیب خود کنار بگذاریم و به مردم قریه کمک کنیم." متأسفانه، در جواب من چنین گفته شد: "ما ترجمان‌های کانادا نسبت به شما امریکایی‌ها پول کمتر می‌گیریم، پس شما باید خودتان در این مورد با دیگر مترجمان امریکایی صحبت نمایید." دیگری افزود: "پولی را که من با این همه مشقت بدست می‌آورم، سزاوار آنها نیست."

ماجرای رساندن آذوقه

(دگروال هافمن)، که اکنون به خود می‌بالید و شجاعتش زبان‌زد همه شده بود، تصمیم گرفت تا آذوقه را به یکی از کمپ‌های نظامی برساند؛ مسیری که از میان کوه‌ها می‌گذشت و همچنان خالی از خطر نبود. این بار، ما شش عرادهٔ نظامی مجهز به دستگاه کشف بمب‌های مخفی در اختیار داشتیم که در ابتدای کاروان حرکت میکردند. پس از آن، حدود ده عراده ضد گلوله نظامی و دو عراده زره‌پوش با تمام سلاح‌های ثقیله و در حالت آماده‌باش، برای حفاظت و تأمین امنیت ما در نظر گرفته شده بود. در طول این سفر کوتاه اما هولناک، موترهای کشف بمب‌های مخفی یکی پس از دیگری منهدم می‌شدند، چرا که این سرک‌ها از قبل توسط طالبان بمب‌گذاری شده بودند.

بعد از منهدم شدن سومین موتر کشف بمب، به ما اطلاع داده شد که نباید پیشروی کنیم، بلکه باید دوباره به اورگونی برگردیم. هنوز نیم ساعتی را نپیموده بودیم که بعضی عراده‌جات تیل تمام کردند و نیاز به پر کردن دوباره داشتند. بنابراین، در محلی که بیشتر به یک میدان خالی و

هموار شباهت داشت، توقف کردیم تا با انداختن تیل در تانک‌های عراده‌جات، دوباره به حرکت ادامه دهیم. یکی از عراده‌جات توسط تانکر مخصوص برای سایر عراده‌جات تیل‌رسانی می‌کرد که در جریان آن، ناگهان چندین شلیک تفنگ به‌سوی ما شد و عساکر دست‌پاچه شده، هر کدام خود را زیر عراده‌جات مخفی کردند. فردی که تیل می‌ریخت، پمپ را رها کرد و پا به فرار گذاشت؛ تیل روی زمین جاری شد. من، که از ترس جانم به شدت هراسیده بودم، فوراً پمپ را به جایش گذاشتم تا جریان تیل قطع شود. موقعیت و وضعیت بسیار اضطراری بوجود آمده بود. پس از حدود یک ساعت، وقتی مطمئن شدند که دیگر خطری ما را تهدید نمی‌کند، به راه خود ادامه دادیم. هوا رو به تاریکی میرفت و بعضی عراده‌جات هنوز هم با کمبود تیل یا پترول مواجه بودند. بنابراین، در یک محل نسبتاً محفوظ، عراده‌جات عسکری به شکلی ایستاده کردند که دقیقاً شکل یک دایرۀ بزرگ را به‌خود گرفتند. روی تمام عراده‌جات به سمت بیرون قرار داشت و پشت آن‌ها تقریباً به هم چسبیده بود؛ سربازان نیز به نوبت پیره‌داری میکردند. ما نه تنها با کمبود مواد خوراکی و آشامیدنی مواجه شده بودیم، بلکه ضرورت به رفتن تشناب نیز دست از سر ما بر نمی‌داشت. همانطور که قبلاً ذکر کردم، دیگران بدون هیچ گونه شرم و حیا، در برابر چشم یکدیگر نشسته یا ایستاده رفع ضرورت میکردند؛ اما من، که با آداب و رسوم متفاوتی بزرگ شده بودم، برایم تا حدی دشوار بود که در حضور دیگران بنشینم و کارم را انجام دهم. در ضمن، بزرگترین ترس من از مار بود؛ مبادا در اطراف ما باشد.

با هزار عذر و زاری به تفنگدار موتر ما فهماندم که باید کمی دورتر بروم تا به صورت خصوصی و دور از دید دیگران رفع حاجت کنم. خواهشمند شدم تا لطف کرده و با (اسنایپر) مراقبم باشد — او تأکید کرد: "برو، اما زیاد دور نشو، چون معلوم نیست طالبان از زیر کدام بوته یا سوراخی از زمین سر برآورند." با هزار ترس و لرز کارم را تمام کرده، با سرعت بر گشتم. تعدادی از عساکر

روی زمین خوابیده بودند، اما من به پشت موتر عسکری رفتم؛ همان‌جایی که تمام زباله‌ها را می‌انداختند. با آنکه بوی ناخوشایند آنجا قابل تحمل نبود، اما از ترس مار جرأت نکردم روی زمین بخوابم.

فردا صبح زود، همه بسوی شرونا، کمپ بزرگ عسکری امریکایی‌ها، به حرکت ادامه دادیم و حدود ساعت سه و نیم بعد از ظهر به آنجا رسیدیم. همه از این بابت اظهار خوشحالی می‌نمودند، چون در آنجا دسترسی به همه‌چیز داشتیم: انواع غذا، تشناب، شاور و استراحت‌گاه. شب را با آرامش کامل خوابیدیم و پس از چک کردن عراده‌جات و ریختن تیل در بعضی از آن‌ها، به سمت اورگونی حرکت کردیم — این مسیر یک روزه، برای ما سه روز به طول انجامید تا خود را سالم و بدون تلفات به اورگونی رساندیم.

﷽ کابل عزیز ﷽

بعد از چند روز آرامش در اورگونی، (دگروال هافمن) مرا به دفترش احضار کرد و گفت که باید با دو عسکر افغان به کابل بروم و برای بهبود وضعیت مردم اورگونی رأی جمع‌آوری نمایم؛ چون آن‌ها به تنهایی نمی‌توانستند از طریق هوا پرواز نمایند، یعنی حتماً باید یک نفر امریکایی‌تبار همراه‌شان می‌بود؛ (دگروال هافمن) مرا برای این مأموریت انتخاب کرده بود. تصمیم گرفته شد که فردا برای ما سه نفر، به منظور پرواز به شرونا و از آنجا به بگرام، اسم نویسی صورت گیرد تا با کدام مشکلی برخورد نکنیم. قرار ما این بود که من آن‌ها را تا میدان هوایی بگرام همراهی کنم و خودم در همانجا منتظر شان بمانم تا کارشان تمام شود و از طریق تیلفون با هم در ارتباط باشیم.

فردا صبح، من با گرفتن پاسپورت، کارت عسکری، اجازه نامه‌ی پرواز و پوشیدن لباس نظامی، دقیقاً ساعت ده خود را به میدان هوایی اورگون رسانیدم و همراه با دو عسکر افغان منتظر پرواز نشستیم. بازهم، همان جریان تکرار شد: اول باید عساکر امریکایی پرواز کنند و اگر جای اضافی باقی ماند، ما می‌توانستیم پرواز کنیم. خلاصه، رسیدن ما به میدان هوایی بگرام بسیار طولانی‌تر از آن چیزی بود که فکر میکردیم، ولی پرواز ما از بگرام تا به میدان هوایی بین المللی کابل، بسیار ساده و آرام سپری شد؛ شب را در خیمهٔ ترانزیت گذراندیم. با رسیدن به پایگاه نظامی بین المللی کابل، احساس عجیبی در من جوانه زد — بوی کابل، هوای کابل، آسمان کابل... در ضمن، از پشت دیوارهای میدان هوایی، خانه‌هایی که برسر کوه‌ها آباد شده بودند، بخوبی هویدا بود، اما من اجازه نداشتم به وطن خود پا بگذارم. این، بزرگترین شکنجه‌ی روحی برایم بود. آنها از من خداحافظی کرده و وارد شهر کابل شدند و من در حسرت زادگاه مقدس خود، با چشمانی پُر از اشک و ناامیدی، در محوطه‌ی کمپ نظامی به گشت‌وگذار پرداختم.
در این کمپ، نه تنها امریکایی‌ها، بلکه نیروهایی از سراسر جهان برای کمک به آبادی افغانستان و سرکوب طالبان و اشرار حضور داشتند و هر کشور، بیرق مخصوص خود را در آسمان کابل به اهتزاز درآورده بود. این واقعاً منظره‌ای شگفت‌انگیز بود؛ چنان می‌نمود که این سرزمین به تمام جهان تعلق دارد. اما من، فرزند افغانستان، از عبور از مرزی که برایم تعیین شده بود، محروم و منع شده بودم. طرز ساخت این کمپ مرا بیاد مکتبم، لیسهٔ عالی امانی، می انداخت؛ چون همه با خشت پخته و سمنت دیزاین شده بود و اقسام گل‌ها و درختان، زمین آنرا مزین می‌نمود. غذای آنجا همانند سایر جاها بود، فقط با این تفاوت که شب‌ها موسیقی زنده، یا به اصطلاح "دیسکو" نیز داشتند. همچنین، چندین پایه میز بیلیارد بزرگ و مجلل توجه مرا بخود جلب نمود. در اینجا، بجز مشروبات الکلی، همه‌چیز فراهم بود؛ بعضی از آنها رایگان و برخی دیگر با قیمت ارزان عرضه می‌شدند.

اما نوشیدنی انرژی‌زای (رید بول) (Red Bull) به مبلغ پنج دالر امریکایی بفروش می‌رفت، در حالیکه این نوشابه‌ها مربوط به عساکر بوده و در اصل باید به صورت مجانی در اختیار آنها قرار می‌گرفتند. متأسفانه، به دلیل چور و چپاول و سوءاستفاده از صلاحیت، یکی از جنرال‌های امریکایی، این مواد رایگان را از گدام‌های دولتی بیرون آورده و به مبلغ پنج دالر به همه می‌فروخت. سپس پول آنرا یا مستقیماً در جیب خود می‌گذاشت، یا با کسانی که در این کار شریک جرمش بودند، تقسیم می‌کرد. دانستن این موضوع دود از دماغم بلند کرد؛ که به چه اندازه دزدی و چپاول در این مملکت جریان دارد و هیچکس بابت این مسئله نه تنها انتقاد نمی‌کند، بلکه اعتراض هم ندارد.

فردا صبح، عساکر افغان تیلفون کرده و به من گفتند که کارهای‌شان در کابل چندین روز به طول خواهد انجامید و هر زمان که کارشان تمام شد، با من تماس خواهند گرفت تا اسامی ما را برای پرواز برگشت به اورگونی در لست ثبت کنم. من، که بعد از شنیدن این پیام دچار یک اندازه بی‌سرنوشتی شده بودم، ناگهان بیاد دوست دوران نوجوانی‌ام افتادم — برادرخوانده و هم مکتبی‌ام — که او نیز از استرالیا برای دیدار مادر نازنینش به کابل عزیز عودت نموده بود. بنابراین، برای او تیلفون کردم و از حال یکدیگر باخبر شدیم. گفت: "در کابل شکر، بکلی خیریت است و چون مادرم یک اندازه سالخورده شده، دلواپس شان بودم. در ضمن، سال‌های زیادی می‌شد که از وطن دور بودم." از من پرسید که در کجا هستم و روزگارم چگونه می‌گذرد؟ گفتم: "بوی وطن دیوانه‌ام کرده و من در پشت دیوارهای میدان هوایی هستم." گفت: "اگر موقعیت برایت مناسب است، یک بار بیا که ببینمت." برایش قول دادم که حتماً اطلاع خواهم داد. آن روز، از پنج یا شش نفر افغان را که کارکنان رستورانت میدان هوایی بودند، به صورت غیرمستقیم در مورد بیرون رفتن به کابل پرس و جو کردم که به چه شکل است. یکی از آنها گفت: "ما معمولاً با سرویس داخل و خارج میدان می‌شویم، ولی اگر احیاناً از دروازهٔ عمومی

خارج شویم، کسی سؤال نمی‌کند؛ فقط هنگام برگشت، کارت شناسایی ما را مطالبه می‌کنند. یعنی همه به همین طریق رفت و آ مد میکنیم؛ کاری دشواری نیست، آسان هم است." سپس، محل توقف سرویس را برایم نشان داد. بعد از بسیار فکر کردن، دل را به دریا زدم و تصمیم گرفتم تا از این فرصت طلایی استفاده کرده، وارد شهر کابل عزیز– زادگاه اصلی‌ام – شوم و دوری چندین ساله را از جان و روانم بزدایم و خود را در آغوش وطن رها کنم. به همین منظور، با دوستم تماس گرفتم و گفتم که بسوی دروازۀ خروجی روان هستم و به زودی همدیگر را خواهیم دید. گفت: "تا وقتی که برسی، من یک مقدار کار دارم که باید انجام دهم؛ لطفاً در پشت سینمای پارک بیا، منتظرت می‌باشم".

با هزاران ترس و دلهره از دروازه‌ی خروجی میدان خارج شدم و دفعتاً خودم را در میان مردم وطنم یافتم – انگار خواب می‌دیدم؟! دیدن این همه افغان، مغازه‌ها، آواز موسیقی... همه و همه مرا به وجد آورده بود. بنابر گفتۀ دوستم، سوار تاکسی شدم و خود را به شهر نو، زادگاه ما، شهر ما، وطن ما رساندم. با پرداخت کرایه‌ی راه، می‌خواستم در برابر مکتب امانی از تاکسی پیاده شوم و به داخل مکتب رفته، خاطرات بیش از سی‌ساله‌ام را تازه کنم. ولی دریافتم که برخی از قسمت‌ها، مخصوصاً منطقۀ وزیر اکبر خان، تحت کنترول شدید امریکایی‌ها قرار دارد و ورود به آنجا کار هر کسی نیست؛ باید اجازه‌نامۀ مخصوص داشته باشی. در ضمن، یک کمپ بزرگ نظامی نیز در همان جا بنا شده بود و من فقط از دور می‌توانستم مکتب عزیز ما را نظاره کنم. بعد از آن، آهسته آهسته به طرف سینمای زینب به راه افتادم و در مسیر، با یکی دو نفر در باره‌ی محاصره‌ی وزیر اکبر خان پرسیدم. گفتند که سالیانی از این ماجرا میگذرد؛ به گفتۀ برخی دیگر، دولت امریکا اکثر خانه‌های وزیر اکبر خان را یا خریداری کرده و یا به کرایه گرفته، سپس آنها را به یکدیگر وصل نموده و به شکل یک کمپ نظامی درآورده است. دیدن دو

طرف سرک برایم بسیار جالب بود. بارها خودم را در میان مردم آن روزها، زمانی‌که شاگرد مکتب بودم، مجسم می‌کردم — شب‌های جمعه با شور و شعف منتظر رسیدن تایم فیلم در برابر سینما پارک یا زینب می‌ماندیم. همچنین، در طول هفته همیشه در این اطراف رفت و آمد داشتیم. لعنت بر خائنین وطن، به ویژه حزب خلق و پرچم که بنیان گذاران این همه مصیبت، محرومیت و سیاه‌روزی شده بودند. با گذر از (مؤسسه‌ی نسوان) — مکتبی که برای خانم‌های مزدوج فراهم کرده بودند تا بتوانند به آسانی صنف دوازدهم را ختم نموده و فارغ التحصیل شوند. هدف اصلی از ایجاد این مؤسسه، رسیدگی به وضعیت دخترانی بود که از صنف ده، یازده یا دوازده ازدواج می‌کردند و اغلب به زودی باردار می‌شدند. دولت وقت صلاح نمی‌دید که آنها با بقیه شاگردان مجرد در یک صنف به تحصیل ادامه دهند؛ لذا، این مکتب مخصوص را برایشان ایجاد کرده بود.

متأسفانه، سینما زینب مسدود و از کار افتاده بود. چند لحظه با لمس دیوارها دلم را تسلی دادم و آرام آرام بسوی سینمای پارک به راه افتادم. وقتی از جلوی مغازهٔ بوت فروشی دو دوست عزیزم، عبدالله و ابوبکر، که پسران کاکا بودند و مغازهٔ آنها به نام (سلمندر) مسمّی بود، گذشتم، اشک در چشمانم حلقه زد و خاطرات‌شان دوباره در ذهنم زنده شد. بعد از عبور از مغازهٔ (سلمندر)، چشمم به آیسکریم فروشی مدرن (کُمار) افتاد؛ جایی که شب‌های جمعه چه غوغایی در داخل مغازه و یا در پیشروی آن، با تجمعی از شیک‌ترین، کاکه‌ترین و مقبول‌ترین دختران و پسران جوان، جلوهٔ خاصی به‌خود می‌گرفت. از این طرف خیابان، به آنطرف، به سمت سینمای پارک رفتم و خودم را با هزاران خاطره در آنجا رو برو دیدم — در و دیوار سینما را بوسیدم و برای لحظاتی طولانی بر روی سنگفرش‌های زینهٔ سینما نشستم و گذاشتم گذشته مرا با خود ببرد و در زیبایی خاطراتی که برای همیشه از میان رفته بودند، غرقم سازد. در آن موقع یاد روزگاران شیرین دوران لیسهٔ امانی به خاطرم آمد؛ زمانی که بیشتر اوقات من و فهیم، مشهور به

(بچهٔ نعیم)، از دیگران جدا می‌شدیم و از پشت سینمای پارک به طرف چهار راهی انصاری و رستورانت دلارام می‌رفتیم. در طول راه، با دختران لیسهٔ عالی زرغونه یکجا شده و با شناختی که از آنها داشتیم، با گفتن چند فکاهی و قصه‌های جالب، خود را به مقصد می‌رساندیم و با دوست‌دخترهای خود دیدار می‌کردیم. آن روزهای درخشان را دود جنگ تیره کرد، اما نور خاطره‌ها هنوز در خاک دل تابان است.

سینما پارک – شهر نو- کابل

سرانجام متوجه شدم که مسئله تعجب آور، از دیدگاه من بعد از گذشت سی‌وچهار سال، کوچک شدن ساختمان‌ها، مغازه‌ها، سرک‌ها، سینماها، رستورانت‌ها و دیگر مکان‌هایی بود که انگار آنها را بشکل کاردستی ساخته بودند؛ در حالیکه در آن زمان، همه و همه در چشم من بسیار بزرگتر از امروز جلوه میکردند. اما هرچه بود، در کابل، مخصوصاً در شهر نو، در مقابل سینمای پارک، ایستاده بودم و در مقابلم رستورانت یا کبابی مشهور (داد خدای چاریکاری) قرار داشت که هنوز هم لوحهٔ آن، نمایانگر خاطرات آن زمان بود. در افکار نوجوانی غرق بودم که زنگ تیلفون دوستم مرا به خود آورد. او پرسید که کجا رسیده‌ام و من گفتم که در مقابل سینمای پارک هستم و حالا به‌سویش در حرکت می‌باشم.

دوستم در موتر جیپ (فوررانر) (4Runner) جاپانی منتظرم بود. به محض دیدنم، از موتر پایین شد و همدیگر را پس از سالیان متمادی در آغوش گرفتیم و از خوشی گریستیم. گفتم که موتر را باید در جایی پارک کنیم که با پای پیاده در شهر نو گشت و گذار کنیم. گفت که اول باید به خانه برویم، چون مادرش منتظرم است. ما با عبور از چهارراهی حاجی یعقوب، بطرف قلعه‌ی فتح الله خان به حرکت ادامه دادیم و پس از چند لحظه، در برابر خانهٔ دوست و برادر خوانده‌ی عزیزم رسیدیم؛ داخل حویلی شدیم، موتر را متوقف کردیم و پیاده شدیم.

همان خانه، همان صفا، همان صمیمیتی که سالیان نوجوانی خود را در آن با هم گذرانده بودیم. مادر مهربان او که نزد من حکم مادر را داشت، دروازه را به روی ما باز کرد و مرا با صمیمت در آغوش گرفت؛ ده‌ها بار سر و صورتم را غرق بوسه کرد و با شکرگزاری از خدا می گفت که مرا بعد از سی‌وچهار سال دوباره زنده و سالم می بیند. من که دلم برای تمام خاطرات خوش و بربادرفته‌ی آن زمان تنگ شده بود و دور از آغوش پُر مهر مادر خود، اکنون در آغوش مادرانه‌ای او بودم – موج‌های پی‌درپی اندوه و فقدان از دل شکسته‌ام جاری شدند و من سخت گریستم و گریستم...

پارک شهر نو - کابل

بعد از صــرف غذایی که مادر جان از قبل برای ما تهیه دیده بود، به پیشــنهاد من برای دیدن اطراف خانه، به قدم زدن برآمدیم. در همین کوچه، یکی از همصــنفی‌های ما که اکنون از جمله داکتران موفق در فرانکفورت است، نیز سکونت داشت؛ کسی که صبح‌ها همه با هم به طرف مکتب امانی می‌رفتیم. دیدن آن خانه‌ها، کوچه‌ها و مرور هزاران خاطرۀ خوش، کار آسانی نبود؛ اما جز دیدن و یادآوری آنها، با دوستم کاری دیگری نمی‌توانستم بکنم. سرک‌ها اکثراً خراب شده و از قیرریزی آثاری نمانده بود. پیاده بطرف انصاری (دلارام) قدیم رفتیم؛ جایی که

زمانی محل ملاقات پسـران و دختران جوان و نوجوان بود و اکثراً در آنجا با هم دید و بازدید داشـتیم. در بارهٔ آن روزها خاطرات را مرور می‌کردیم و می‌خندیدیم. (دلارام) یک رسـتورانت کوچک و مدرن بود که انواع ساندویچ‌ها و چپس را با نوشابه‌های غیرالکلی، چای و شیر صرف عرضه می‌کرد؛ و مشهورترین غذای آن، ساندویچ زبان بود... یادش بخیر! بعداً، از سمت چپ بطرف شهر نو به راه خود ادامه دادیم، یعنی از پیشروی تانک تیل و فاتحه‌خانه‌ی زنانه‌ای که در آن زمان معروف بود. پارک شـهر نو حالتی بسیار شکسـته و ناخوش داشـت — نه نشـانی از آن طراوت و سرسبزی بود، نه اثری از آن مردمان اصیل کابل، نه خبری از آن خنده‌ها و شوخی‌ها، نه از فوتبال‌کردن‌ها و نه از کودکان پاک و معصـومی که همیشـه با شـور و شـوق، در حالت مسـتی کودکانه دنبال هم می‌دویدند. از ظاهرش غم می‌بارید؛ مردم در هر گوشـه و کنارش یا خوابیده بودند، یا چرس می‌کشـیدند و یا در برابر دیدگان همه، ایسـتاده یا نشـسـته ادرار می‌کردند. آهسته‌آهسته به کوچهٔ مرغ‌ها رسیدیم.

من که اشـتیاق دیدار این کوچه را سـالیان درازی در دل پرورانده بودم، خود را کاملاً با محلی متفاوت روبه‌رو دیدم. همه چیز تغییر کرده بود؛ آن همدلی و اُنسِ، آن پاکی و نظم دکان‌ها وجود نداشت. در ضمن، متوجه شدم که سبک مکالمهٔ مردم نیز بکلی تغییر یافته است؛ لغات و جملاتی که در میان خود استفاده می‌کردند، برایم ناآشنا و غیرقابل فهم و تفکیک بود. گویی تمام شـهر کابل را مردمان شـمالی فرا گرفته بودند و به ندرت می‌توانسـتی کابلی اصـلی را پیدا کنی. در یک مغازهٔ انتیک فروشی، چشـمم به انگشـتری از یاقوت افتاد که با نقره طراحی شـده بود و از جمله کارهای قدیمی به شـمار می‌رفت؛ مورد پسـندم واقع شـد و آن را خریدم. پس از خرید انگشتر، آن دکان را ترک کردیم و به سمت مکتب ملالی روان شدیم.

هنوز به پایان سرک نرسیده بودیم که چشمم به دکانی افتاد که در زمان ما به نام (شیرفروشی شیرآغا) مشهور بود. در اواخر آن سالها، قبل از فرار اجباری از وطن، بیشتر بچه‌های همسن ما، مخصوصاً بچه‌های شهر نو، عصرها به اینجا می‌آمدند و شیر داغ یا ماست می‌خوردند. متأسفانه، نتوانستیم بسوی لیسهٔ عالی ملالی برویم، زیرا آنطرف خیابان‌ها نیز، مانند منطقهٔ وزیر اکبر خان، مسدود شده و عبور و مرور بر روی عموم بسته بود. آهسته و آرام دوباره بسوی سینمای پارک برگشتیم و متوجه شدم که چهار طرف محوطهٔ سینمای پارک را، از جلو تا سرک انصاری، با پنجره‌های فلزی احاطه کرده‌اند و قشنگی و نمای قدیمی آنرا از بین برده بودند. در پیشروی سینما پارک، در سر کراچی‌ها، بولانی‌فروش‌های پیوسته دیده می‌شدند؛ اما نه آن بولانی‌های نازک، خوشمزه ورقی آن زمان، بلکه بولانی‌هایی بسیار کلان و ضخیم. آن قسمتی که روزگاری محل فروش بولانی، پکوره، شور نخود، لوبیا و منتو بود، کاملاً از بین رفته بود و غرفهٔ (حشمت ساسج) اصلاً وجود نداشت. غرفه‌های میوه‌فروشی، آب‌میوه و زردک‌فروشی از بین رفته بودند و به‌جای آنها یک صالون شیریخ‌فروشی باز شده بود. من با اشتیاق فراوان، با دوستم به‌داخل آن رفتم و با هیجان زیاد، شیریخ به سبک قدیم را سفارش دادم. بی‌صبرانه، بیاد آن روزگار، دقیقه‌شماری می‌کردم تا آماده شود. به همان مقبولی، به همان بلندی، دو دانه شیریخ را پهلوی هم در برابر ما قرار دادند. با هیجان و شوق خاصی، یک قاشق از آن شیریخ را به دهن گذاشتم و منتظر همان لذت آشنای گذشته بودم؛ اما متأسفانه، اصلاً طعم شیریخ‌های زمان قدیم را نداشت. گویا مواد استفاده شده از شیر خالص و قیماق نبود، بلکه بیشتر از (فنیلا) (Vanilla) استفاده کرده بودند. نصف شیریخ را خوردم، ولی نه از آن مزه خبری بود و نه از شیریخ‌های اصیل گذشته — چه ماتمی بر سر آن همه خوبی و لذت روزگار پیشین آمده است؟ بر آن همه فرهنگ و تمدن غنی نسل‌های پیشین، زیبایی‌های زادگاهم، آن الفت و همدلی، چهره‌های صمیمی و آواهای مردمم، آن رنگ‌ها و بوهای لطیف آشنای وطنم؟

عساکر افغان دوباره با من در تماس شده، گفتند که تا دو روز دیگر امکان ختم کارشان وجود دارد، اما در هر صورت تماس خواهند گرفت. دلم از بابت آنها جمع شد، بخصوص اینکه می‌توانستم دو روز دیگر را نیز در کابل سپری کنم. با خرید مقداری مواد لازمه برای مصرف خانهٔ دوستم، دوباره به‌طرف خانهٔ آنها رفتیم، چون مادرش منتظر ما بود.

برای شب، غذای مفصل و خوش‌مزه‌ای برایم تهیه کرده بودند. دوست و برادرخوانده‌ام و همچنان مادر جانش اصلاً تغییر نکرده بودند؛ مانند گذشته، انسان، افغان و مهربان باقی مانده بودند. بشقابم را خالی نمی‌گذاشتند؛ گاهی دوستم، گاهی مادر مهربانش لقمه‌ای به دهانم می‌گذاشتند و در میان صحبت‌ها، به یاد سی و چند سال پیش، گاه می‌خندیدیم و گاه می‌گریستیم. شب می‌خواستند که من در داخل خانه و در اطاق مهمان بخوابم، اما قبول نکردم و ترجیح دادم تا در اطاق دوستم که در کنج حویلی موقعیت داشت، بخوابم؛ چرا که از آنجا صدها افسانه و خاطره داشتم. شب را به خوشی سپری کردم، فردا صبح، دوستم برایم آب گرم حمام را آماده نموده بود. بعد از حمام گرفتن و پوشیدن لباس تمیز، برای دست‌بوسی مادر جان و عرض سلام، به اطاق صالون رفتم. مادر مهربان ما از قبل صبحانهٔ مفصلی با شیر قیماق، تخم مرغ و نان خاصهٔ خاش‌خاش‌دار و سیاه‌دانه‌دار تازه برای ما تهیه کرده بود؛ هیچ چیزی کم و کاست نداشت — مرا به یاد دوران آرامی و طلایی قبل از فروش مملکت ما توسط دلال‌های مادرفروش حزب خلق و پرچم و دار و دسته‌هایشان می‌انداخت؛ زمانی‌که همه، چه با صفا، در دور دسترخوان، با اتفاق و جبین گشاده، روز را با خوردن صبحانه آغاز می‌کردند. نه ترسی از جنگ و بمب‌گذاری بود، نه انتحاری و نه دلواپسی از اینکه خدای ناخواسته یکی از عزیزانت شب به منزل برنگردد. حیف که آن مملکت عزیز را چه مفت و آسان به اجنبی فروختند — و تا امروز، زجر و شکنجه‌های روحی و روانی آن‌را متحمل هستیم.

بعد از خوردن چای صبح مفصل و خوشمزه، با مادر خداحافظی نموده و برای گشت و گذار به بیرون شهر رفتیم. دوستم در راه، دو نفر دیگر را نیز با خود برداشت؛ یکی‌شان، به گفتهٔ خودش، "دریورش" بود و دومی، برادر یکی از دوستان قدیمی ما که از آلمان آمده بود. مرا به اصطلاح "شهرگشت" بردند — داخل شهر کابل، مخصوصاً در جادهٔ میوند، مندوی، سینمای پامیر، پل باغ عمومی و دو طرف دریا کابل، آنقدر ازدحام بود که مردم مورچه‌وار از کنار هم رد می‌شدند. بر اساس گفتهٔ دوستم، نفوس کابل به بیش از سه میلیون نفر رسیده بود، در حالیکه در زمان ما، جمعیت آن به حدود (نه‌صد و هفتاد هزار) می‌رسید. اولین جایی که توقف کردیم، زیارت (عاشقان و عارفان) بود؛ هم برای زیارت و هم برای رفتن به سر مقبرهٔ پدر دوستم و دعا کردن برای مغفرت روح ایشان. پدر دوستم بعد از آنکه من از کابل خارج شدم، وفات کرده بود و من هیچگاه نتوانسته بودم به مزارش شرف‌یاب شوم. از آنجا، مرا با خود به دیدن باغ بابر برد. دیدن باغ بابر برایم بسیار جالب بود، چون توسط جاپانی‌ها دوباره بازسازی شده بود. این باغ، در زمان جنگ‌های داخلی میان خودفروختگان اجنبی چون گلبدین، احمد شاه مسعود و دیگران، به مخروبه‌ای مبدل گردیده بود — نه تنها اینجا، بلکه تمام کابل. حوض بالایی که بزرگترین حوض باغ بود، متأسفانه مسدود شده و آب آن به خندقی بدبوی زننده تبدیل شده بود. خانه‌های سر کوه با رنگ‌های مختلف و به ویژه پنجره‌های آبی رنگ، جلوهٔ خاصی به دامنهٔ کوه‌ها بخشیده بودند؛ و تا چشم کار می‌کرد، خانه‌های فراوانی در کوه‌ها اعمار شده بودند. نان چاشت را داخل هوتل مجلل باغ بابر خوردیم و دوباره بطرف شهر نو حرکت کردیم. در طول راه، دوستم برایم گفت که باید یکبار تا خیرخانه برود و چند چیز را خریداری کند. ما در خیرخانه، در قسمت صندوق‌سازی، توقف کردیم. خیرخانهٔ که من در گذشته دیده بودم، با خیرخانهٔ امروزی از زمین تا آسمان فرق داشت — اصلاً شناخته نمی‌شد. در آنجا، یکی از

دوستان دیگرش منتظر او بود. پس از معرفی، با هم بسوی گدام چوب‌فروشی رفتیم؛ جایی که تخته‌های چوب چهارتراش بسیار ضخیم ذخیره شده بودند.

آن‌ها چهار یا پنج تخته چوب چهارتراش را انتخاب کردند. من متوجه شدم که مردم بیچاره نه بوت مخصوص داشتند، نه کلاه آهنی، نه دستکش برای محافظت از دست‌هایشان و نه موتر مخصوص برای پایین‌آوردن چوب‌های ضخیم و سنگین – مانند (فورکلیفت) (Forklift). آنها فقط با چنگک‌های مخصوص به چوب‌ها می‌زدند و آنها را بلند برده، روی شانه‌های خود حمل می‌کردند و پس از برش با اره‌ی برقی، به صاحب سفارش‌دهنده تحویل میداند. در همان هنگام که آنها مشغول خریدن چوب بودند، چشمم به آن دیوارهای سمنتی سرک‌های کمپ بگرام افتاد که اطراف آن را احاطه کرده بودند. چند نفر از افغان‌های ما مشغول ساختن همین دیوارهای سمنتی بودند. پرسیدم: "آیا این دیوارها را برای کمپ عساکر امریکایی‌ها در بگرام می‌سازید؟" گفتند: "آن‌ها از ما نمی‌خرند، با آنکه قیمت ما چهارصد دالر فی دیوار است، اما از تُرک‌ها به قیمت هزار دالر خریداری می‌کنند". اشک در چشمانم حلقه زد و در درونم طوفانی عجیب برپا شد؛ آخر چرا ما مردم اینقدر بر خود ظلم می‌کنیم؟ چرا بخاطر چند دالر کثیف، خود و وطن خود را به فروش می‌گذاریم؟ جالب است بدانید که ترک‌ها در مملکت ما از سنگ ریزه (جغل)، سنگ، ریگ، سمنت و حتی آب خود ما استفاده می‌کنند؛ مواد خامی که مسئول استخراج و تهیه‌اش مردم خود ما هستند. سپس همان مواد را دوباره به خود ما، به قیمت دو برابر، می‌فروشند. دولت خودفروخته و مزدور اجنبی هیچ‌گونه ممانعت در این رابطه نکرده است. جهان با پول ما هر روز غنی‌تر می‌شود، ولی مردم ما فقیرتر و نادارتر. آخر انصاف کجاست؟ وجدان به کجا رفته است؟ افغانیت و شجاعت چه شد؟ چنانچه قبلاً متذکر شدم، افغانستان به مرکز تجارت جهانی تبدیل شده بود و دلالان بی‌وجدان، تمام دار و ندار ما را بصورت مجانی به لیلام گذاشته بودند. از همین راه، زندگی‌های مرفه برای خود فراهم کرده و

ساختمان‌ها و بلاک‌های مدرن از سنگ رخام و مرمر ساخته بودند — در همان کوچه‌هایی که اطفال گدای وطن، پابرهنه راه می‌رفتند و با یک تکه نان خشک، روز را به شب می‌رساندند. آنها در شرایط غیرانسانی زندگی می‌کردند و بدون هیچ لحظهٔ آرامش و امیدی با بدبختی‌ها دست و پنجه نرم می‌کردند. از دیدن و شنیدن این همه اخبار دلخراش، چیزی در درونم شکست و خاموش شدم.

عصر آن روز، به اصرار زیاد من، مرا برای دیدن خانهٔ پدری‌ام به تایمنی برد. به هیچوجه قابل قبول نبود که این همه پول و ثروت چگونه بدست یک عده افراد خودفروخته رسیده باشد. در تمام سرک‌ها، به جای خانه‌های زیبای آن زمان، ساختمان‌های چندین منزله با رنگهای شوخ، مزخرف و معماری پاکستانی ساخته شده بودند و هوتل‌های عظیم و بی سروپا برای رقص و پایکوبی اشراف بنا گردیده بودند. از قلعه فتح الله تا تایمنی، این مسیر برایم بسیار هیجان‌انگیز بود، اما تقریباً تمام بخش‌ها کاملاً تغییر کرده بودند، بجز از چند محل — خانهٔ یکی از همصنفان ما به اسم (ایمل ابوی) هنوز به همان شکل پا برجا بود و همچنان سفارت چکسلواکیا؛ جایی که در سوم حوت، (ازمری صاعقه) به خاطر ندای آزادی، تسلیم نشدن و سر خم نکردن در برابر احزاب خودفروخته‌ی خلق و پرچم، مورد اصابت مرمی‌های کلاشنیکوف (AK-47) قرار گرفت. من نیز در همان روز، در میان صفوف مظاهره‌کنندگان حضور داشتم. مردم غیور تایمنی با پیوستن به مردم شجاع وزیر آباد و قلعه موسی، به رهبری (ازمری شهید) و چند تن دیگر، به سفارت چکسلواکیا حمله‌ور شدند. در جریان این درگیری، از بخت بد، ازمری جوانمرگ شد؛ اما عشق به خاک وطن، او را به شهادت رساند و نامش را برای همیشه در سطرهای روشن تاریخ نگاشت. دیگران با رسیدن بیشتر اعضای مسلح حزب و فیرهای پی‌درپی پراکنده شدند. برخی از ما دستگیر شده و روانهٔ زندان پلچرخی گردیدیم. از آن جمله (رفیع رشیدی) بود که ما در تمام این رویدادها همراه بودیم، ولی پس از پراکنده شدن جمعیت،

از هم جدا شدیم و بعدها احوال او از زندان پلچرخی رسید. روح ایشان شاد و یاد ایشان گرامی باد. لعنت به هر کس و هر موجود وطن‌فروش و خائن.

چهارراهی حاجی محمد داد و خانهٔ او قابل تشخیص بود. چند خانه و دکان فرسودهٔ آن زمان و نیز دواخانهٔ مشهور توفیق که در ابتدای کوچه ما موقعیت داشت، هنوز پا برجا بودند. وارد سرک خانهٔ پدری و مادری ما شدیم – خانه‌های لوکس، جایگزین خانه‌های آن زمان گردیده بودند. اما در انتهای سرک، چند خانه خوشبختانه هنوز تخریب نشده بودند: خانهٔ کاکا حسن خیاط، خانهٔ کاکا عبدالواحد، خانهٔ کاکا یونس و به شمول خانهٔ (مرحوم محمد یاسین رحمانی) یعنی مسکن ما. در مقابل خانه توقف کردیم. من که اشتیاق شدیدی برای داخل شدن را به خانهٔ ما داشتم، با شتاب خواستم داخل شوم؛ اما دوستم گفت: "زمانه بسیار فرق کرده، فکر نمی کنم درست باشد که تنها داخل بروی. صبر کن، یک دقیقه فکر کنیم با چه بهانه‌ای برویم." همان لحظه، دفعتاً چشمم به غلام سخی، پسر کاکا حسن، افتاد که از دروازهٔ خانه‌شان بیرون آمد. او نیز متوجه ما شد، پیش آمد و خواست بداند که ما کی هستیم و چرا در آنجا توقف کرده‌ایم. من با صدا زدن اسمش گفتم: "من ذبیح هستم." گفت: "شناختم". جویای احوال خانواده‌اش شدم، گفت: "من اینجا تنها زندگی میکنم، پدر و مادرم هر دو فوت کرده اند، بصیر، برادرم، در فرانسه زنگی میکند و داکتر است. خواهرانم ازدواج کرده‌اند و هرکدام زندگی جداگانهٔ خود را دارند. خودم هم در همین جا به داکتری و خدمت به مردم مشغول هستم. غلام سخی لطف کرده و قبول نمود که کمک کند؛ من، با بی‌تابی، زنگ دروازه‌ی خانه‌ی ما را به صدا درآوردم. گویی ابدیتی گذشته بود تا اینکه پسر نسبتاً جوانی دروازه را باز کرد.

من با احترام خود را معرفی نموده و گفتم که من صاحب این خانه هستم، ولی کاری با کسی ندارم. بعد از سی‌وچهار سال به وطن، برگشته‌ام، فقط اگر لطف کنید و اجازه بدهید چند دقیقه وارد شوم؛ من در این خانه زندگی کرده‌ام، همین جا بزرگ شده‌ام و میلیون‌ها خاطره دارم. در همین اثنا، برادر بزرگ‌ترش نیز به ما پیوست و گفت: "این خانه اکنون متعلق به ماست. ما

پنجمین مالکان اینجا هستیم؛ این خانه تا به حالا چندین بار خرید و فروش شده و ما آنرا چند سال پیش خریدیم." چون غلام سخی با ما بود و آنها دیدند که واقعاً من چیزی از آنها نمی‌خواهم، گفتند: "یک لحظه صبر کنید تا سیاه‌سرها در حویلی نباشند". غلام سخی، دوستم و من داخل حویلی شدیم. من با دیدن فضای درونی حویلی ما، دیگر تاب نیاورده و آرام و بی‌صدا گریستم. اولین کاری که کردم، مقداری خاک حویلی را برداشته، بوسیدم و بر چشمانم مالیدم. از هر گوشه و کنار خانه، صدای خواهران و برادرانم به گوش می‌رسید؛ بالخصوص صدای جاروب کردن مرحومه مادر نازنینم که به وضوح در ذهنم طنین می‌انداخت. ساکنان خانه با مهربانی به من اجازه دادند که سر به تمام اطاق‌ها بزنم. از همه اطاق‌ها عکس گرفتم: از اطاقی که من و دو برادرم در آن یکجا زندگی می‌کردیم و بزرگ شدیم، اطاق خواهرانم، صالون، اطاق پدر و مادرم و اطاق پُر از خاطرهٔ برادر بزرگترم. حتی از آشپزخانهٔ ما، جایی که بیشتر روزها در کنار مادرم می‌نشستم و با هم قصه می‌کردیم، عکس گرفتم. مادر مهربانم همیشه مشغول تهیهٔ نان برای همه بود. از کلکین آشپزخانه بطرف کوچه نظر انداختم و بیاد روزهای نوجوانی‌ام افتادم؛ همان روزهایی که از همین جا با دختر همسایه سلام‌وعلیک می‌کردیم و گاه‌کاهی راز و نیاز داشتیم. از همهٔ آن انسان‌های نیک، با چشمان پُر از اشک تشکر کردم و در آغوش گرفتن غلام سخی، دوست دوران طفولیتم، با او خداحافظی نموده، سوار موتر شدیم. با دوستم روانهٔ خانه آنها شدیم و پس از خداحافظی با دیگران، داخل حویلی رفتیم. مادر مهربانش برای شب، آشک تهیه کرده بود که واقعاً بیش از حد خوشمزه بود.

در جریان خوردن نان شب و صحبت‌های مختلف، از دوستم خواستم تا مرا برای دیدن پغمان ببرد، چون از همه تعریف و توصیف آنجا را زیاد شنیده بودم. او گفت: "فعلاً اوضاع پغمان چندان جالب نیست، اما فردا ترا تا چاریکار می‌برم؛ که فکر می‌کنم برایت دیدنی باشد."

وسوسه‌های دو صد و پنجاه هزار دالری

نمای منزل فامیل رحمانی از سرک

گوشه‌ای از حویلی خانهٔ ما

شب را بیاد دوران خوش بچه‌ها و دختران مکتب‌های زرغونه و امانی گذراندم؛ با مرور خاطرات آن زمان — کنسرت‌ها، تظاهرات و مخصوصاً روزی که شاگردان لیسه‌ی زرغونه تا دروازه‌ی مکتب ما، لیسه‌ی امانی، آمده بودند. ما، بچه‌ها، در اعتراض، خود را از دیوارهای مکتب پایین انداختیم و به جمع دختران شجاع و دلیر میهن ما پیوستیم. با آنکه هزاران فیر مرمی و لت‌وکوب از سوی حزب خلق و پرچم در جریان بود، من با سر دادن شعارهای تند علیه دولت دست‌نشانده و رژیم خودفروختۀ حزب خلق و پرچم، رهبری جمعیت را به دست گرفتم و خواهان رفتن بسوی رادیو افغانستان شدم؛ تا از طریق آن، صدا، اعتراض و مبارزۀ خود را به گوش همگان برسانیم و مشوق دیگران برای برخاستن علیه دولت دست‌نشانده و وابسته به روس‌ها گردیم. دیری نگذشته بود که چندین موتر پولیس (غند ضربه) با تمام تجهیزات به ما حمله‌ور شدند و با فیرهای مسلسل، همه را از هم پراکنده ساختند. در این جریان، دست یکی از دختران مبارز، آزادی‌خواه و شجاع وطن ما، (رویا)، مورد اصابت گلوله قرار گرفت؛ و من، همراه با (عبدالله عظیمی)، (میرویس آشپز)، (فریدون بچه‌ی گلو)، (عمر بوت‌نارنجی)، به دام خودفروختگان و کاسه‌لیسان کرملین افتادیم.

با ولچک زدن به دستان ما و کوبیدن قنداق تفنگچه به فرق سر ما، به طرف وزیر اکبر خان کشانده شدیم. در مقابل سفارت آلمان، ما را به یکی از شکنجه‌گاه‌های ناحیۀ حزبی منتقل کردند؛ در یک اطاق، که در آن جمعی دیگر از متعلمین و محصلین نیز حضور داشتند، ما را جابجا کردند. یکی پس از دیگری برای تحقیق فراخوانده شدیم. در جریان بازجویی، از ما در بارۀ اشتراک در تظاهرات امروز پرسیده می‌شد و می‌خواستند بدانند که با کدام گروه یا حزب در تماس هستیم و رهبران ما چه کسانی هستند. در این جریان، همۀ ما مورد شکنجه و ضرب و شتم شدید قرار گرفتیم. هر کدام از ما که برای تحقیقات برده میشد، پس از چند لحظه، صدای

دلخراش و نعره‌هایی که ناشـی از ظلم، سـتم و شـکنجه‌های غیرانسـانی بود، بلند میشـد و به گوش میرسید؛ سپس دیگر آن شخص را نمی‌دیدیم.

بالاخره، نوبت به من رسـید. مرا به داخل اطاق شـکنجه بردند. در آنجا، چهار نفر از خودفروختگان روسی با قیافه‌های زشت و بروت‌های پرپشت و دراز نیز حضور داشتند. من که در آن زمان با شـوق، ریش گذاشـته بودم، یکی از آنها چنگ به صـورتم انداخت و از ریشـم محکم گرفت. سپس، فحش و دشـنام بی‌نهایت توهین‌آمیز به مادر نازنینم داد و با خشـونت گفت: "حالا نشانت می‌دهیم!" آنگاه امر کرد: "از دست و پایش بگیرید." چهار نفر مرا چنان محکم گرفته بودند که دو نفر پاهایم و دو نفر دیگر دسـتانم را گرفته و در هوا معلق نگه داشـته بودند. خود فرماندۀ آنها با کیبل فلزی به تمام بدنم، به ویژه در قسـمت کمر و سـرین، ضربه می‌زد و با صـدای خشمناک و عصبی، پشت سر هم می‌گفت: "بگو که عضو کدام سازمان هسـتی؟ رهبر تان کیسـت؟ چرا آرامش و پیشـرفت را قبول نداريد؟" هر چند بعد، وسـیله‌ی شـکنجه‌اش را با چوب، چماق یا میله‌ی آهنی عوض می‌کرد. اما من چیزی برای گفتن نداشتم، چون آزادی حق هر انسان است و ما نمی‌خواستیم بردۀ روس‌ها و غلام حلقه به‌گوش آنها باشیم. بعد از آنکه نتوانسـتند چیزی از من حاصل کنند، تفنگچۀ روسی خود را با رد کردن مرمی و به شکل رولت روسی (بازی مرگبار روسی) بر شقیقه‌ام گذاشت و گفت: "اقرار کن، وگرنه جابجا می‌کشمت،" و ماشه را کشـید — در آن لحظه، احسـاسی غیر طبیعی و غیر منتظره به من دست داد؛ همان نداشـتن ترس و هیچ‌گونه بیمی از مرگ — آن نامرد، چون دید کار دیگری از دستش سـاخته نیسـت، گفت: "ببرینش برای برق دادن." شـیوۀ برق دادن آنها به اشـکال گوناگون صورت می‌گرفت.

شیوهٔ برق دادن

اول– سیم‌های برق را در بند دست‌ها وصل می‌کردند و فیوز را روشن می‌نمودند؛ در این حالت، انسان دچار شوک شدید و درد ناکی می‌شد.

دوم– سیم‌های برق را به پشت گوش‌ها و نوک سینه‌ها وصل کرده و به برق دادن ادامه می‌دادند؛ این روش معمولاً در زندان پلچرخی برای شکنجهٔ خانم‌ها به کار می‌رفت.

سوم– قوی‌ترین روش این بود که تمام لباس‌هایت را کشیده، بدن برهنه‌ات را با آب تر می‌کردند، سپس ترا به تخت فلزی دست بند زده و برق می‌دادند؛ در این حالت، انسان حتی قادر به کنترول ادرار و مواد غایطه‌اش نبود؛ یعنی مدفوع نیز بی‌اختیار خارج می‌شد.

طبعاً، بعد از رهایی از آن شکنجه‌ها، انسان دچار دردی طاقت‌فرسا، نفس تنگی، فرسودگی و خصوصاً تشنگی همراه با سوزشی بی نهایت عجیب می‌شد. اینگونه شکنجه‌ها و عملکردها بارها و بارها به صورت تکراری بر من اعمال شد. در جریان شکنجه‌های وحشیانه و جان‌فرسا، فریاد زدم، گریه کردم، خاموش شدم، در خود شکستم و از خداوند طلب رحمت نمودم... آنان گویی انسان نبودند؛ ذره‌ای ترحم در وجودشان دیده نمی‌شد.

ذبیح رحمانی – کابل

بالاخره، پس از پوشاندن لباس‌هایم، بدن نیمه جانم را به اطاق دیگری بردند؛ جایی که دوباره همهٔ ما را، که دیگر حتی قادر به نشـــستن نبودیم، در یک اطاق بزرگ جمع کرده بودند. بی‌سرنوشت نشسته بودیم و هر چند دقیقه بر تعداد ما افزوده می‌شد. ما به مدت دو روز، بدون آب و غذا، در ناحیهٔ حزبی آنها ماندیم؛ تا اینکه یک روز دروازه را باز کرده و به ما گفتند که شـــما را به مکان دیگری انتقال می‌دهیم، هر چه زودتر حرکت کنید. ما را از آنجا به کوچه‌ی طُرهبازخان، که در مقابل آن وزارت خارجه موقعیت داشـت، بردند. پس از گرفتن اسامی، همهٔ ما را سوار سرویس‌ها کرده و بسوی مکان نامعلومی حرکت دادند. هر کس در دل خود، باوری خاص داشت. بعضی‌ها فکر می‌کردند که ما را به خانه‌های ما تسلیم می‌کنند، بعضی دیگر

می‌گفتند که ما را به مکتب‌های ما می‌برند و یک تعداد دیگر، که یا از قبل می‌دانستند یا به آنها گفته شده بود، معتقد بودند که ما رهسپار زندان مخوف پلچرخی هستیم. وقتی سرویس از محدوده‌ی شهر کابل دور شد، مطمئن شدیم که حدس آخر درست بوده است؛ یعنی زندان پلچرخی. در همان لحظه، ناگهان به فکرم خطور کرد که چگونه می‌توان فامیل‌ها و مردم را از جریان زندانی شدن ما باخبر ساخت. من در صفحات کتابچه‌ای که یکی از بچه‌ها با خود داشت، چنین نوشتم: ***"ما، بچه‌های صنف دوازدهم الف لیسهٔ امانی، به دام احزاب خون‌آشام خلق و پرچم افتاده‌ایم و روانهٔ زندان پلچرخی شده‌ایم. لطفاً هر کسی که این نامه به دستش می‌رسد، با فامیل‌های ما در تماس شوید."*** ما هر کدام: (عبدالله عظیمی) (شماره تیلفون)، (فریدون فقیری) (شماره تیلفون)، (ذبیح رحمانی) (شماره تیلفون)، (میرویس) و متباقی... لطفاً با این شماره‌ها در تماس شوید. من از این نامه چندین کاپی نوشتم و از کلکین‌های سرویس به بیرون انداختیم. بالاخره، بعد از نیم ساعت یا کمی بیشتر، خود را در برابر محوطه‌ی خوفناک پلچرخی دیدیم. سرویس، پس از باز شدن دروازه‌ی عمومی، وارد صحن زندان شد و پس از عبور از چند سرک کوتاه، ما را در مقابل یک بلدینگ سمنتی رنگ و رو رفته پیاده کرد. با خواندن اسم و اسم پدر ما، یکی‌یکی از دروازه‌ی فلزی به داخل سوق داده شدیم. ما تازه‌واردان، همگی پشت به دیوار و رو به‌سوی بلدینگ یا بلاک سوم زندان (که بعدها نام آن را فهمیدیم) ایستاده بودیم. به نظر میرسید که آن لحظه، وقت تفریح زندانیان این بلاک بود.

❧ زندان خوفناک پلچرخی ❧

نگاره‌هایی از زندان پلچرخی

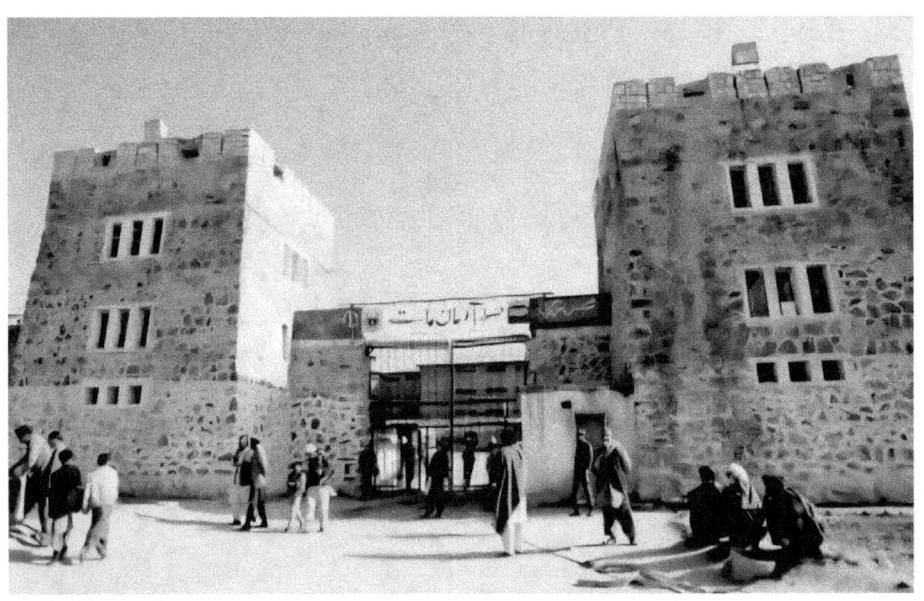

داخل محوطهٔ زندان پلچرخی

قیافه‌ها همه سرد، شکسته و آثار زخم و شکنجه‌های (باستیل گونهٔ) پلچرخی از سر و صورتشان هویدا بود. در میان آن همه زندانی، چشمم به یک چهرهٔ آشنا افتاد. خوب که نظری انداختم، دقیقاً شناختمش — خودش بود، کاکا صاعقه، پدر (ازمری شهید). خیلی پیر و ناتوان به نظر می‌رسید و دست راستش به درستی کار نمیکرد. کمی جلوتر رفته، خودم را معرفی کردم و دستانش را بوسیدم. از اینکه تا آن موقع زنده بودم، خوشحال شد و گفت که در منزل دوم است و حتماً دیدنم خواهد آمد. بالاخره، ما را دسته جمعی به منزل سوم، بلاک سوم پلچرخی بردند و به اطاق‌های مختلف تقسیم کردند. در دیوار اطاق ما، بالای در ورودی نوشته شده بود: ***(تعداد داخلی: ۵۷ نفر)***، در حالی که جمعیت ما بیشتر از **(یکصد و هشتاد و نه)** نفر بالغ بود. از دروازهٔ آهنین به داخل زندان شدیم؛ جایی که انسان‌هایی از هر قبیله، قشر و طبقه‌ای حضور داشتند — پیر و جوان، تحصیل کرده تا بی‌سواد، مردمان فقیر و کارگر تا افراد حرفه‌ای و صاحب مقام — خلاصه، همه در افکار، اندیشه‌ها و هراس‌های خود غرق بودند. برای ما دوشک داده شد — البته اگر بتوان آن را دوشک نامید! چه عرض کنم، چیزی بسیار نازک بود که وقتی می‌خواستیم آنرا بر روی زمین پهن کنیم، تمام پنبه‌اش به یک طرف لول می‌خورد؛ یعنی پخته‌هایی که با گذشت زمان آنقدر سفت و کلوله شده بودند که دیگر قابل استفاده نبودند. هر کدام از ما برای خود جایی انتخاب کرده بود و ما همصنفی‌ها برای آرامش روحی، در کنار همدیگر بر روی زمین سمنتی دراز کشیدیم. با هزاران تشویش، به آیندهٔ نامعلوم فکر می کردیم و اسیر افکار خوفناک و دلهره‌آور خود شده بودیم.

دیری نگذشته بود که کاکا صاعقه آمد و ما را با خود به منزل دوم، جایی که خودشان سکونت داشتند، برد. برای ما چای با شیرینی گک‌های جواهردار، لوبیا قوطی ساخت بلغاریا و نان سیلوی عسکری فراهم کرد و ما را از گرسنگی شدیدی نجات داد که تا لب مرگ رسانده بود. کاکا صاعقه گفت: "خودت از جریان پسر جوانم، (ازمری جان)، باخبری که چگونه به دست

این بردگان روسی به شهادت رسید. هنوز جسد پسرم در خون غوطه‌ور بود که مرا با دست‌بند بسته، پس از ضربه‌ای که به دست راستم زده و آن را آسیب رسانده بودند، به اینجا آوردند. حتی نگذاشتند که (ازمری جان) را کفن و دفن کنم. ما هیچ گناهی نداشتیم، تنها گناه ما، آرمان آزادی بود. اما ما را، به جرم آرزو برای حق، گناهکار شناختند، در حالی که تنها پابندی به رسم آزادی و ایمان راسخ به وطن داشتیم، نه سلاح. لعنت و نفرین بر این خودفروختگان و بی‌غیرتان روسی و تمام دار و دستۀ آنها." در چنین شرایط ناگوار، او ما را به بردباری، حوصله و استقامت تشویق می‌نمود.

شب فرا رسید و ما مجبور بودیم با چراغ روشن بخوابیم. از هر گوشۀ اطاق صداهای عجیبی به گوش می‌رسید — کسی گریه می‌کرد، کسی آواز می‌خواند، کسی ناله می‌زد و بعضی دیگر مشغول صحبت‌های دسته‌جمعی بودند. شاور یا حمام وجود نداشت، تشناب نیز فاصلۀ زیادی با ما داشت؛ یعنی ابتدا باید از دهلیزی طولانی عبور می‌کردیم، سپس به سمت چپ می‌رفتیم. سوراخ‌های کمودهای فرشی همه بند شده و مواد غایطه و ادرار زندانیان بر سطح آب شناور و در حرکت بود. نظر به گفته دیگران، سردار داؤود خان نقشۀ این زندان را از (باستیل) (Bastille) فرانسه کاپی و برداشت نموده و خواهان ساختن یک زندان بزرگ و مدرن بوده است که شامل تمام امکانات می‌شد. ولی بنابر دلیلی، ساخت آن متوقف گردید. در داخل سلول‌ها، (مرکز گرمی) یا سیستم گرمایش مرکزی نصب شده بود، اما کار نمی‌کرد. یعنی پلان سنجیده و ورزیده‌ای داشته، اما سؤال اینجاست: چرا این همه مصرف برای زندانی کردن انسان‌ها؟ در حالی که با همین بودجه میشد چندین فابریکه و پروژه‌های سودمند برای منفعت ملت افغان ساخت. چنانچه از قدیم گفته‌اند: "چاه کن، در چاه است"— زیرا پس از کودتای هفتم ثور، باقی مانده‌های فامیل سردار داؤود خان (همان وطن‌پرستی که وطن را فروخت و در مرز باریک

میان وطن‌پرستی و وطن‌فروشی، همه را تا این دم به تباهی بی‌پایان کشانید)، در همین‌جا زندانی گردیدند.

§

بهرام که گور می‌گرفتی همه عمر
دیدی که چگونه گور بهرام گرفت؟

§

با دمیدن شفق صبحگاهی فردا، ما رسماً در شمار زندانی‌های (باستیل) پلچرخی درآمدیم؛ یعنی برای ما غذا داده می‌شد و روزانه دوبار مستحق غذا بودیم. خوراکی که برای ما داده می‌شد، شامل یک قوطی لوبیا ساخت بلغاریا، نیم دانه نان سیاه عسکری و یک کاسه شوربای ترکاری بود که بیشتر از پوست کچالو و یک قسم سبزی‌های دراز بدمزه تهیه شده بود؛ سبزی‌هایی که یک سر آن در کاسه و سر دیگر آن در دهان ما بود. با تماس قاشق به ته کاسه، به وضوح صدای قرچ قرچ ریگ شنیده می‌شد و میوه‌ی روزانه‌ی ما نیز یک دانه کیله‌ی بیش از حد رسیده و گندیده بود که اصلاً قابل خوردن نبود.

زندان پلچرخی به گونه‌ای طراحی شده بود که در وسط میدانی خالی قرار داشت؛ میدانی که هیچ شکل ارتباطی با بیرون نداشت و فرار از آن ناممکن بود. همه چیز و همه کس در هر ساعت شبانه روز از برج‌های نگهبانی بخوبی دیده می‌شد و از نظر پنهان نمی‌ماند. بالاخره، مدتی بعد دریافتم که این زندان مخوف، در اصل در دوران ریاست جمهوری سردار داؤود خان، با همکاری مهندسین اتحاد جماهیر شوروی طراحی و ساخت آن آغاز شده بود. این زندان مدرن، پرهزینه و غیرانسانی، سرانجام به دست کاسه‌لیسان کرملین — یعنی باندهای

خودفروش تروریستی خلق و پرچم – به خانهٔ همیشگی اکثر هم‌وطنان بی‌گناه، با غیرت و آزادی‌خواه ما بدل شد. مرگ و نفرین بر آنانی که با سرمایهٔ ملی بازی کردند و به جای تأسیس مکاتب، سرک‌سازی، قیرریزی جاده‌ها، یا حداقل ساختن چند تشناب عمومی برای رفع ضرورت عامه، تن به اجرای ساخت یک زندان وحشتناک به دست خون‌آلود متجاوزین شوروی دادند.

یگانه دلخوشی ما همصنفی‌ها، دیدن چراغ‌های خانه‌های سر کوه و بخصوص برج تلویزیون بود. در ضمن، ما بچه‌ها همه در سنین شانزده یا هفده سالگی قرار داشتیم؛ یعنی هنوز به رشد کامل فکری، جسمی و روحی نرسیده، پرپر می‌شدیم. هر شب، یکی از آمرین می‌آمد و چند نفر را با خود می‌برد و ما دیگر هرگز آنها را نمی‌دیدیم. در هر گوشهٔ اطاق‌ها و دهلیزها، خون ریخته شده‌ی زندانی‌ها به چشم می‌خورد. در کنج اطاق ما، به گفتهٔ کسانی که از مدتی طولانی در آنجا زندانی بودند، لکه‌هایی که بر دیوار نقش بسته بود، همگی مربوط به مغزهای متلاشی شده‌ی زندانیانی بود که بر اثر شلیک گلوله‌های تفنگچه (سروری) بر سرشان، به قتل رسیده بودند. برای ما روزانه نیم ساعت وقت تفریح داده می‌شد؛ یعنی حق داشتیم در محوطهٔ بلاک سوم خود قدم بزنیم و بدور خود بچرخیم. در دیوارهای حویلی، سوراخ‌های زیادی ناشی از اصابت گلوله‌های کلاشنیکوف بخوبی دیده می‌شد؛ آثاری که از تیراندازی دسته‌جمعی به‌سوی زندانیانی حکایت داشت که در همان جا، به طرز حیوان‌صفتانه‌ای سلاخی شده بودند. وقتی از پایین بطرف منزل سوم می‌رفتیم، از زیر زینه‌ها بوی مرطوب و فاسد شدهٔ گوشت انسان به مشام می‌رسید و حتی چند تکه استخوان جمجمه و دست نیز دیده می‌شد. فریدون، همصنفی ما، وضعیت روحی چندان خوبی نداشت؛ کنترول فکری خود را از دست داده بود و پریشان‌حال شده بود. علاوه بر آن، به دلیل کثافت زندان و نبود آب پاک و صحی، در صورتش

چیزی شبیه به یک دانهٔ بزرگ و ریم‌دار برآمده بود که موجب ناراحتی بیشترش می گردید. ضمناً، در آن حالت هولناک و زیر فشار روحی خودم، تلاش می کردم دوستم را کمک کنم تا مبادا نور امید در او فروبمیرد.

اوضاع بکلی وخیم و ناگوار شده بود و با گذشت هر روز، ما افسرده‌تر و خاموش‌تر می‌شدیم. این فکر آزار ما میداد که چه بر سر ما خواهد آمد؟ آیا اصلاً فامیل‌های ما از بودن ما در پلچرخی باخبر هستند؟ یا اینکه برای یافتن ما به هر جا سر زده‌اند و دست خالی بازمی‌گردند؟ (عبدالله عظیمی)، بعد از سپری کردن یک شب در زندان پلچرخی، بیرون کشانده شد و از میان ما ناپدید شد. ولی دو روز بعد از آن، (هادی چرسی)، یکی دیگر از بچه‌های مکتب امانی و نیز یک پسر سیزده ساله به اسم (غلام کریمی) به جمع ما پیوستند. ما از آن‌ها حمایت کرده و هر آنچه لازم بود، برایشان تهیه کردیم. چنانکه قبلاً اشاره کرده‌ام، رفتن به تشناب و رفع ضرورت، کار حضرت فیل بود؛ هم به دلیل دوری راه و هم برای ما خطرناک بود که به تنهایی به آنجا برویم. اکثر زندانی‌ها قوطی‌های خالی لوبیا را نگه می‌داشتند و پس از رفع حاجت، مواد غایطهٔ خود را در آن جابجا کرده، در گوشهٔ اطاق زندان می‌انداختند؛ جایی که به مرور زمان به زباله‌دانی بدبو و غیر صحی مبدل شده بود. دلایل زیادی برای ترسیدن ما پسرهای خوردسال وجود داشت؛ مثلاً: ترس از هجوم محافظان زندان، ترس از قصه‌های وحشتناک شهدا و ارواح سرگردان‌شان، ترس از گم شدن در تاریکی دهلیزهای فرسوده، ترس از شنیدین صدای‌های دلخراش شکنجه زنان در بلاک سوم، ترس از بچه‌بازها و افتادن در جوی کثافت. همین دلایل باعث می‌شد که هیچ کدام از ما به تنهایی به تشناب‌های خطرناک زندان پلچرخی نرویم.

ده روز از بودن ما در زندان پلچرخی می گذشت که در یکی از بعد ظهرها صداهای بلند بگومگو به گوش ما رسید. همه از پنجره‌های زندان به بیرون نظر انداخته و دریافتیم که

خودفروختگان و کاسه‌لیسان کرملین، یعنی اعضای حزب خلق و پرچم، تمام بچه‌های فاکولته را با دوازده سرویس به اینجا آورده بودند که بعدها فهمیدیم تعداد آنها بیشتر از دو هزار محصل بوده است. در میان آن‌ها چشـمم به پسـر مامای پدرم، (همایون نور)، افتاد که ما او را "بچۀ ماما" خطاب می‌کردیم و محصل سـال پنجم فاکولتۀ مهندسـی بود. از همان پنجره‌های بالا، احوالش را پرسیدم. گفت: "بسیار گرسنه هستیم." ما از طبقۀ سوم برایشان نان سیلو و کیله‌هایی را که با خود داشـتیم، پایین انداختیم و آنها با هم قسـمت کردند. با آمدن بچه‌های فاکولته، اوضـاع و احوال زندان بکلی تغییر کرده بود؛ بیشتر پُر سـر و صـدا شـده بود تا خاموشـی دهشتناک. آواز می‌خواندند، شـعر می‌سـرودند، فکاهی می‌گفتند و قطعه‌بازی می‌کردند. در همین جریان، من با یکی از بچه‌های (لیسۀ عالی حبیبیه) به نام (حبیب قصاب) آشـنا شـدم. حبیب با بچه‌های قد بلند و قوی هیکل که ظاهرشـان شـبیه بادی‌بیلدرها بود، بسـیار رفیق و صـمیمی بود؛ من آنها را (گلادیاتورها) (Gladiators) نامیده بودم. در گوشۀ اطاق عمومی ما، یک اطاق آهنی وجود داشت که از درون قفل می‌شد و ظرفیت سه نفر را داشت، اما گلادیاتورها با چهار نفر در آنجا سکونت داشتند. هرگاه کسـی در بین ما زندانیان مرتکب تخلفی یا جرمی می‌شـد، او را بدسـت گلادیاتورها می‌سـپردند و در همان اطاق زندانی می‌کردند تا به جزای اعمالش برسد. البته این مجازات همه بیشتر جنبۀ شوخی داشت و برای همه نوعی سرگرمی بود. دو چهرۀ آشـنای دیگر نیز در میان ما بودند: یکی از بزرگان ادب، دانش، شـعر و فلسفه، آقای (واصف باختری) و دومی، والیبالیست مشهور مکتب حبیبیه، (صوفی صاحب).

در یکی از شب‌ها که من در حالت خواب بودم، حبیب خودش را به من رسانده و گفت: "زود برخیز، که بچۀ مامایت را کوته‌قفلی بردند." با شـتاب از خواب برخاسـتم و همراه با فریدون، دوسـتم و حبیب، به محلی رفتیم که همایون را برده بودند. او را به پایین‌ترین منزل بلاک سـوم،

یعنی به داخل یکی از اطاق‌های کوته‌قفلی یا جزای انفرادی، منتقل کرده بودند. او که تنها یک پطلون به تن داشت و زیر پایش آب زیادی رها کرده بودند، از شدت سرما می‌لرزید. من برایش کمپل، پیراهن و چپلک بردم. او را چهار روز در همان جا در جزای انفرادی نگه داشتند. در این میان، تقریباً دو هفته پس از بازداشت ما، نخستین خبر خوش به برخی از ما رسید؛ نامه‌هایی که از طرف خانواده‌ها فرستاده شده بودند. مادر نازنینم، همراه با خواهر مهربانم و خواهر غلام زرلشت کریمی، که با ما آشنای فامیلی داشتند ،تا پشت میله‌های زندان پلچرخی آمده بودند و برایم لباس‌های تمیز و پاک، با مقداری پول نقد فرستاده بودند. من نیز با سپاس فراوان، از سلامت بودنم به آنان اطلاع دادم و شماره‌های تیلفون چند تن از زندانیان را نوشته بودم و از ایشان خواستم تا با فامیل‌های‌شان تماس بگیرند و آنها را از سلامتی عزیزان‌شان باخبر سازند. در آن زمان، کشور در محاصره بود و همه برای جان خود و عزیزان‌شان در هراس بودند. هنگامی که مادران و پدران، از دور و نزدیک، خود را تا پشت میله‌های زندان رسانده بودند، برخی نمی‌دانستند که فرزندان بی‌گناه‌شان پیش از آن شکنجه شده و بی‌رحمانه اعدام گردیده‌اند — غافل از آنکه آهِ مادر، دامنگیر است.

شبانه، بعضی از زندانیان را برای شکنجه می‌بردند و آن‌ها اغلب ناپدید می‌شدند. صداهای دلخراش شکنجهٔ زنان از بلاک دوم به وضاحت شنیده می‌شد؛ صدایی که اثرات عمیق روانی، روحی و جسمی بر زندانیان گذاشته بود. گفته می‌شد که بسیاری از زنان به گونه‌ای گروهی مورد تجاوز قرار می‌گرفتند و با وصل کردن سیم‌های برق به نوک پستان‌های‌شان و با استفاده از آلات و وسایل مانند بوتل، چوب دستی پولیس‌ها و دیگر وسایلی که سر مدور داشت، آن‌ها را در فرج خانم‌ها فرو می‌کردند و در معرض بدترین شکنجهٔ جنسی قرار می‌دادند. این، نمود کامل بی‌غیرتی، بی‌شرمی و سقوط اخلاق و شرافت کسانی بود که مدعی نمایندگی از مردم و کشور بودند؛ و اوج بی‌احترامی و بی‌عزتی در برابر مادران و خواهران‌شان، یعنی ناموس‌شان بود.

بعد از گذشت یک‌ونیم ماه در زندان پلچرخی، یک روز مرا برای تحقیق با خود بردند. با عبور از چندین دهلیز و منزل، بالاخره مرا به اطاقی بردند که چند حزبی مسلح و دو هیئت تحقیق در پشت میزی نشسته بودند. تصادفاً، یکی از اعضای هیئت تحقیق همسایهٔ دیوار به دیوار ما، (کاکا صمد)، بود. در رابطه به جرم من چنین نوشته بود: "این پسر چون هنوز به سن قانونی نرسیده و هیچ‌گونه خط و مشی سیاسی از خود ندارد، به هیچ‌یک از احزاب اسلامی وابسته نیست. آن روز، تنها برای خرید نان خشک و بادرنگ از مکتب بیرون آمده بود که تصادفاً در محاصره‌ی تظاهرکننده‌گان لیسه قرار گرفت و پس از رسیدن رفقای سازمان، به زندان منتقل شد. من، با شناختی که از او دارم، ضمانتش را می‌کنم". زمانی که تازه به آلمان رسیده بودم، در باره‌ی (کاکا صمد) شنیدم که او بسیاری از مردم بی‌گناه را کمک کرده از چنگال دولت خودفروخته نجات داده بود؛ تا آنکه رژیم مزدور و نوکران کرملین او را در خانه‌اش دستگیر کردند و بسان میلیون‌ها انسان وطن‌پرست، به شهادت رساندند. روح‌شان شاد و یادشان گرامی باد.

ضمانت کردن (کاکا صمد) مؤثر واقع شد و مرا با بقیه بچه‌های مکتب ما و تعدادی دیگر، پس از سه ماه آزاد کردند. از ما تعهدنامه گرفتند که با هیچ یک از گروه‌ها و احزاب اسلامی در تماس نباشیم، زیرا آن‌ها ما را تحت نظر داشته و مراقب حرکات ما خواهند بود. این جریانات مانند یک فیلم ترسناک در جلوی پرده‌ی افکارم رژه می‌رفتند که با صدای دوستم به خود آمدم. او می‌گفت: "شب بسیار ناوقت شده، بیا برویم و بخوابیم، فردا بخیر طرف چاریکار رفتنی هستیم." با دوستم خداحافظی کرده، به اطاقم رفتم.

پس از رهایی‌ام از زندان پلچرخی، آواره در ایران و رهسپار آلمان

در آنجا، چگونگی بربادی جسـمی، روحی و روانی‌ام را تحلیل و بررسـی کردم؛ اینکه به چه ترتیب بهار جوانی‌ام در شرایطی دشوار و فراتر از طاقت انسانی پرپر شد، پژمرده گردید و چطور از هفده به هفتاد سـالگی رسـیدم ــ پیر و تکیده شـدم و راهی چندین سـاله را در سـه ماه طی کردم. خاطرات خوفناک زندان پلچرخی، شکنجه‌های غیرانسانی حزب خلق و پرچم،

کشتارهای دسته‌جمعی، زیر خاک کردن هزاران انسان زنده با بولدوزر، شهید ساختن دوستان و اقوام و متواری ساختن میلیون‌ها انسان از وطن عزیز ما، من جمله خودم، همواره در ذهنم زنده‌اند. علاوه بر آن، دوری از فامیلم، خصوصاً از مادر مهربان و عزیزم، مشکلات و راه‌پیمایی در دشت‌های هرات و ایران، برخوردهای غیرانسانی ایرانی‌ها با افغان‌ها، آوارگی و بی‌بضاعت بودنم در ایران و ترکیه و بالاخره رسیدنم به آلمان — کشوری که از نوجوانی ذهن ما را شست‌وشوی فکری داده، باغ‌های سبز و سرخ را به نمایش گذاشته بودند و دولت آلمان را یکی از بهترین‌های روی زمین قلمداد می‌کردند. اما این تصویر به زودی برملا شد؛ با وجود گرفتن ویزۀ کار و قبولی، ما دو سال و نیم در لاگرها، آواره و همچون زندانی، زندگی کردیم. برخورد غیرانسانی فاشیست‌های آلمان با خارجی‌ها، همه و همه ناشی از بی‌رحمی، بی‌کفایتی، کشت‌وکشتار، اعدام‌ها و بخصوص فروش مادر وطن به دست حرام‌زاده‌های روس (خلق و پرچم) بود؛ جنایاتی که تمام پلان‌ها، علایق، استعداد و مؤثر بودنم را در مملکت عزیزم منهدم کرد — دیگر هیچگاه نتوانستم همچون یک انسان آزاد، در محیطی سالم، در میان فامیلی پر از مهر و محبت، با تخیلات بچگانه‌ام زندگی کنم و رشد و نمو یابم. زندگی من، مانند زندگی میلیون‌ها نوجوان افغان دیگر، بخشی از برنامۀ وطن عزیز ما بود؛ وطن که باید از ما محافظت می‌کرد، آموزش می‌داد و راهنمایی می‌نمود، تا بتوانم، مانند پدرم و بزرگان خدمت‌گزار این میهن، در راه عدالت، دانش و آبادی آن تلاش نمایم. اما، در عوض، هموطنان خودفروختۀ بی‌وجدان حزب خلق و پرچم، مادر میهن را که بیش از هر چیز دوست می‌داشتم، بخاطر رتبه و منزلت شخصی خود فروختند و مرا، همراه با میلیون‌ها انسان همانند من، بی‌مادر و آواره در ممالک اجنبی داغدار ساختند. تا آنجا که حتی رفتن من برای فرار از تنگدستی و رهایی از چنگال نبرد اقتصادی و تن دادن به انجام وظیفه‌ی غیرانسانی در بگرام نیز، خالی از اثرات به اصطلاح "لطف و برکت" زندان پلچرخی و شکنجه‌های آن نبود.

فردا صبح، بعد از صرف چای که مثل همیشه مادر عزیز ما زحمت کشیده و هر آنچه را که میتوان تصور کرد برای ما تهیه کرده بود، با او خداحافظی نموده، بسوی چاریکار روانه شدیم. در وسط راه، در جایی بنام (چشمهٔ دوغ)، دوستم نظر به شناختی که از من داشت و می‌دانست که تا چه اندازه ماست و دوغ را خوش دارم، موتر را متوقف کرده و داخل یکی از دکان‌ها شد. چندین بولانی را با دوغ نوش جان نموده و بیاد دوران مکتب افتادیم؛ دورانی که بعد از رخصتی، هر دو تا به (قلعه فتح‌الله خان) می‌رفتیم و از ماست فروشی‌ای که در نزدیکی کوچه‌شان بود و عکس بزرگ یک گاو سیاه و سفید هم بر دیوار آن نقاشی شده بود، ماست و دوغ می‌خریدیم و با لذتی خاص می‌خوردیم. از آنجا دوباره بطرف چاریکار حرکت کردیم.

چاریکار، آن شهری نبود که من پیش از این دیده بودم؛ حالا مانند کابل پرجمعیت شده بود، با ازدحام فراوان، افزایش وسایل، هزاران ساختمان و به گفتهٔ خودشان "بلند منزل‌ها "، اما با این همه، جالب و دیدنی بود. جالب‌تر از همه اینکه در منزل دوم یک ساختمان در شهر چاریکار، نام برادرم به عنوان داکتر دندان در لوحه‌ای بزرگ نوشته شده بود: **داکتر دندان: *خلیل رحمانی*.** چشمانم به صدها مغازه، دکان و رستورانت‌های کبابی و شیریخ وطنی افتاد و دوباره شوق خوردن شیریخ به سرم زد. دوستم گفت: "صبر کن، چون شیریخ شهر نو به دلت نچسبید و خوشت نیامد، ترا به یک شیریخ‌فروشی مشهور به نام (بچهٔ بیوه) می‌برم." موتر را متوقف کرده و با پای پیاده بطرف دکان شیریخ‌فروشی رفتیم. بعد از سلام‌وعلیک، داخل شدیم. دکان (بچهٔ بیوه) بیش از حد مزدحم و پراز مشتری بود و دو طبقه داشت. ما در طبقهٔ پایین، نزدیک کلکین نشسته بودیم و من بخوبی می‌توانستم شیوهٔ تهیه و انداختن شیریخ را در کاسه‌ها ببینم؛ اینکه با چه مهارت خاص و زیبایی آن را تهیه می‌کردند و با اضافه کردن پستهٔ وطنی و قیماق، به رنگ و ذائقه‌ی آن می‌افزودند. بعد از چند دقیقه، شیریخ ما رسید؛ واقعاً خوشمزه بود و طعم آن زمان‌های قدیم را داشت. در همین جریان، من متوجه یک مسئله شدم که کاملاً فراموشم شده

بود — در سر هر میز، یک جگ آب با یک گیلاس فلزی برای مشتریان گذاشته شده بود، به این مفهوم که همه از آن بصورت دسته‌جمعی استفاده می‌کردند. وقتی گارسون یا شاگرد رستورانت کاسه‌های خالی و قاشق‌های استفاده شده را از روی میز جمع می‌کرد، آنها را داخل یک تشت پلاستیکی پُر از آب می‌انداخت و شخص مسئول پول‌گیری پشت دخل، دوباره همانها را بدون شستن برای دیگران می‌فرستاد. نه کسی اعتراض می‌کرد، نه غالباً کسی مریض میشد و نه چیزی بنام (سوو) (Sue) کردن وجود داشت! با این حال، دیدن یک جمعیت کامل که در اثر دهه‌ها جنگ، ناآرامی، نبود مکاتب برای همگان و فقر— که خود یکی از چالش‌های بزرگ جامعه است — از آموزش محروم مانده‌اند، واقعاً دردآور و تأسف‌برانگیز است. این موضوع نشانه‌ای آشکار از عقب‌ماندگی است؛ در حالی که بیشتر کشورهای دیگر جهان بسوی پیشرفت شتاب گرفته‌اند.

بعد از گشت‌وگذار و خریدن چند چیز زینتی، دوستم گفت: "حالا باید بدیدن کسی برویم" و با موتر بسوی خانهٔ آن شخص روانه شدیم. بعد از چند دقیقه رانندگی در سرک عمومی، به سمت چپ پیچیدیم و پس از عبور از یک پل چوبی کوچک، لرزانک و فرسوده، در گوشهٔ یک مسجد توقف کردیم. دوستم با یکی از بچه‌هایی که در بیرون ایستاده بود، صحبت کرد و سراغ آن شخص را گرفت. او با تیلفونش با وی تماس گرفت و به ما گفت که برویم داخل، حالا می‌آید و ما را بسوی دروازهٔ بزرگ داخلی راهنمایی کرد. وقتی ما داخل حویلی پا گذاشتیم، اصلاً قابل باور نبود که چنین باغ و ساختمان در چاریکار بنا شده باشد. باغی که من تا هنوز در هیچ کشوری نظیرش را ندیده بودم، آراسته بود با گل‌های خوشبو و رنگارنگ که به گفتهٔ دوستم، آن شخص آنها را از هر مملکتی وارد کرده و در باغ خود پرورش داده بود. اقسام درختان میوه، تاک‌های گوناگون انگور، زمین پوشیده از سنگ رخام و در صالون آن، آب چشمه در

جویچه‌های مرمرین در جریان بود؛ خلاصه، دنیایی بود پُر از قشنگی و خوشبویی بود. برای ما چای آوردند و ما مشغول نوشیدن چای بودیم که یک مرد کوتاه قد، با پیراهن تنبانی نه‌چندان نو به تن، چپلی‌های کهنه در پا، یخن باز و آلهٔ گوش، به سبب کم‌شنوایی، در گوش، در مقابل ما ظاهر شد. او دوستم را در آغوش کشید و با من دست داده، خوش آمدید گفت.

آن‌ها سرگرم صحبت بودند که من متوجه کف پاهای او شدم؛ پاهایی که از بی‌توجهی پاره پاره و حالت زننده‌ای بخود گرفته بود! چشمان متحیرم را از پاهای ناخوشایند حریف، با دقت بسوی بافت تاک‌های انگور که با مهارتی خاص به هم وصل شده بودند، متمرکز نمودم. ضمناً، او که متوجه نگاهی سرگردان من شده بود، به پیشخدمتش، یا هر کاره‌ای که بود، امر کرد تا برای ما انگور بیاورند. بالاخره، ما را برای گردش و نمایش حویلی‌اش برد و من، با اجازهٔ او، چندین قطعه عکس از تمام محل گرفتم. پس از یک ساعت یا بیشتر، با او خداحافظی نموده، بسوی کابل به حرکت درآمدیم — با خاطره‌ای ماندگار از انواع انگور، باغی بی‌نظیر و البته... آن پاهای پاره پاره! در جریان راه، من از دوستم پرسیدم: "این شخص با این سر و وضع، این همه پول را از کجا آورده؟" دوستم گفت: "او با احمد شاه مسعود همسنگر بوده و حالا تمام جهادی‌هایی که با مسعود بودند، روزگار و زندگی‌های بسیار مرفه و راحت دارند. این شخص، نظر به ارتباط و شناختی که با یکی از مقامات بلندرتبه و بانفوذ دولت داشت، توانست قرارداد سنگ‌چل‌ها را برای قشله‌های نظامی امریکایی‌ها بدست آورد و از این راه میلیون‌ها دالر به جیب بزند." دهانم با سخنان او از تعجب باز مانده بود و خودم خاموش شدم.

در طول راه، عساکر افغان به من زنگ زده گفتند که آن‌ها آماده‌اند تا فردا در کمپ نظامی بین‌المللی حاضر شویم و روانهٔ بگرام گردیم. این، آخرین شبی بود که من و دوستم با هم سپری می‌کردیم. باز هم مادر نازنینش زحمت کشیده و برای ما پاچه پلو تهیه کرده بود که بیش از حد

لذیذ و خوش‌ذائقه بود. شب را زودتر خوابیدم و صبح، پس از بیدار شــدن، با جمع‌آوری
لباس‌هایم و دست بوسی مادر جان، با دوستم روانهٔ میدان هوایی کابل شدم. برای برگشت به
کمپ نظامی بین‌المللی، یک اندازه دلهره داشتم که نکند سؤال‌هایی در پیش باشد. جمعیت
کثیری از افغان‌ها در جلوی دروازهٔ داخلی ایستاده و منتظر تلاشی بودند تا داخل شوند. من نیز
در پشت سر آن‌ها ایستاده، در انتظار ماندم که یکی از بچه‌های افغان گفت: "کاکا جان، شما
لازم نیست منتظر بمانید، فقط کارت عسکری‌تان را نشان دهید و تیر شوید". واقعاً راست گفته
بود، چون من با نشان دادن کارت عسکری‌ام، بدون هیچ‌گونه‌ای سؤال و پرسش داخل شدم،
خود را به اطاقم رساندم و منتظر ماندم تا عساکر افغان برسند. با آمدن آن‌ها، با هم بسوی دروازهٔ
داخلی پرواز هلیکوپترها روان شدیم و شانس آوردیم که به زودی نوبت پرواز ما رسید و به آسانی
خود را به شرونا و سپس به اورگونی رساندیم.

بعد از رسیدن به اطاقم، سوغاتی‌هایی را که برای سلیمان و امرالله خریداری کرده بودم، به آن‌ها
تقدیم کردم. در ضمن، عکس‌هایی را که از کابل، چاریکار، شهر نو و مخصوصاً از خانهٔ خود
گرفته بودم، همه را به امرالله دادم تا از طریق کامپیوتر در (هارد درایف) شخصی‌ام انتقال دهد
— او در این زمینه بلدیت داشت، چون دفعه‌ی قبلی نیز ویدیو و عکس‌هایم را از امریکا برایم
انتقال و تنظیم کرده بود. شــب را با دیدن فیلم و عکس‌هایی که جمع آوری کرده بودم،
گذراندیم. فردای آن روز، راپوری را که عساکر به من داده بودند به انگلیسی ترجمه کرده و به
(دگروال هافمن) تقدیم نمودم و پرسیدم: "آیا با من کدام کاری دیگر دارید تا انجام بدهم؟" او
گفت: "فعلاً نه، ولی آماده و منتظر باش." مدتی در آرامی گذشــت تا اینکه یک روز، یکی
دیگر از ترجمان‌های امریکایی تبار به منطقهٔ اورگون از کالیفورنیای شــمالی رســید. این آقا به
درستی نمی‌توانست راه برود و سن و سالش نیز از ما بیشتر بود. من با دیدن او، تمام اسباب و

وسـایلش را به اطاقی که قبلاً برایش در نظر گرفته بودند انتقال دادم و به اصـرار خودش، چند دقیقه‌ای را با هم به صـحبت گذراندیم. او که مرد فهیم و دانا بود، به گفته‌ی خودش، ادیب، شـاعر و نویسـنده بود و چندین اثرش نیز به چاپ رسـیده بود، خود را اسـحاق رهبر معرفی نمود. من برایش صـالون غذا خوری، حمام، رستورانت و بازار شـهر اورگونی را نشـان داده و گفتم که هر زمانی به چیزی ضرورت داشته باشید، من در خدمت‌تان خواهم بود. دیری نگذشته بود که (دگروال هافمن) کسـی را به دنبالم فرسـتاد و پیغام داد که شـما همه باید دوباره به کابل بر گردید، معلومات بیشتری جمع‌آوری نمایید و روز پرواز ما را برای هفتهٔ آینده تعیین کرد.

(دگروال هافمن) همراه با سایر افسران عالی رتبهٔ اردوی ملی افغان و امریکایی‌ها، نقشهٔ رساندن مهمات را به یکی از قریه‌ها مهم، خطرناک و دوردست زیر بررسی داشت و آمادگی و وضعیت ترمیمات را روزمره ارزیابی می‌نمود. تصادفاً، روز حمل و نقل مهمات عسکری، با روز پرواز من بطرف شـهر کابل همزمان شـد. شـب، هنگام صـرف چای و تماشـای تلویزیون، امرالله از من پرسید: "فردا صبح تو هم با (دگروال هافمن) می‌روی؟" من با کمال صداقت و راستی برایش گفتم: "نخیر، من باید صبح زود به کابل بروم". او گفتارش را ادامه داد و گفت: "این حملهٔ ما کمتر از رفتن به درهٔ مرگ نیسـت و تو به کابل برای چکر می‌روی... خوش به حالت!" تغییرات عجیبی در سر و صـورتش ظاهر شـده بود؛ با وجود سـعی و تلاش برای حفظ خونسـردی، آثار نارضـایتی از چهره‌اش هویدا بود. بدون آنکه شـب بخیر بگوید، به اطاق خود رفت و دروازه را بسـت. ضـمناً، این بار یکی از ترجمان‌های کانادایی تبار به نام نور نیز به جمع ما افزوده شـده بود که بنابر خواست (دگروال هافمن)، می‌بایست همسفر ما می‌بود.

گالری عکس‌ها

ـ درۀ مرگ

ـ اورگنی

ـ کابل

ـ باغ خانگی در چاریکار

ذبیح رحمانی

اجرای عملیات نظامی – درهٔ مرگ

اورگون

حفاظت‌گاهی حق‌الحبور قشلهٔ عسکری

داخل کندک سوم

در ورودی کانتین قشلهٔ عسکری

داخل کانتین قشلهٔ عسکری

تشناب‌های عمومی قشلهٔ عساکر افغان

عساکر/کارکنان مربوط آشپزخانهٔ عسکری اورگون

- داخل آشپزخانه - عسکر/قصاب آشپزخانهٔ قشلهٔ عسکری اورگون

- مرکز بودوباش بعضی از عساکر - نانوایی قشلهٔ عسکری اورگون

من در جریان ترجمانی

ذبیح رحمانی

میدان هوایی اورگون

عراده‌جات - اورگون

درۀ مرگ – پکتیکا

درهٔ مرگ – پکتیکا - ذبیح رحمانی – تصویر با جنبهٔ نمایشی

ذبیح رحمانی – تصویر با جنبهٔ نمایشی

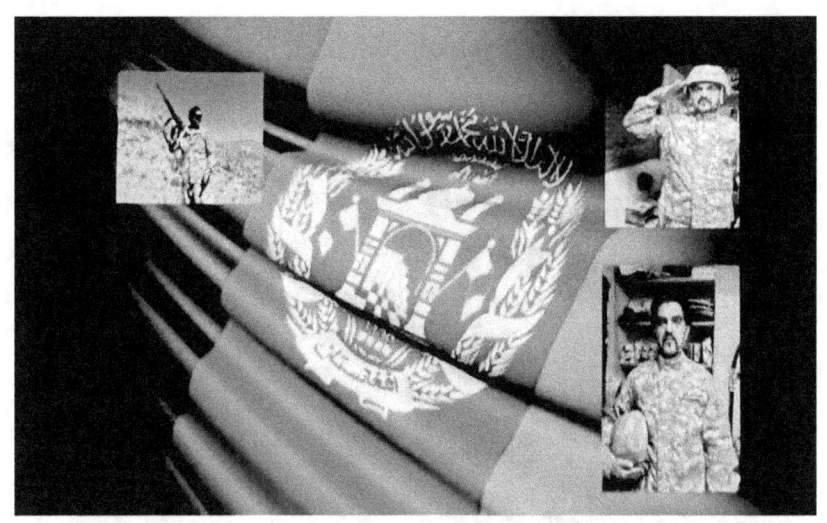

میدان هوایی بین‌المللی عسکری کابل - افغانستان

شهر کابل - افغانستان

دریای کابل

ذبیح رحمانی

دیوار باغ بابر

نگاره‌هایی از شهر نو - کابل

لیسهٔ عالی امانی – صنف من (۱۲ الف) در طبقهٔ دوم، سمت چپ

خانهٔ پدری

کوچهٔ مرغ‌ها – شهر نو

کبابی داد خدا چاریکاری

سرای صادق - کمبود آگاهی و بی اعتنایی مردم به حفظ الصحهٔ کشور

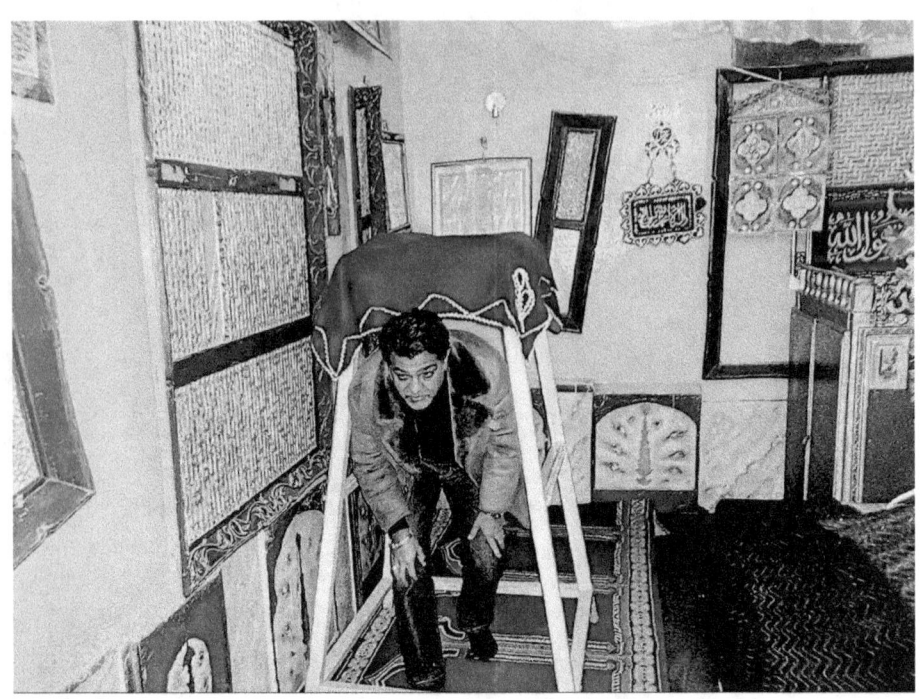

عاشقان و عارفان

§

آواره گشتیم و اسیر شد وطن ما

با امر به معروف، زدند سر ز تن ما

با فقر سواد خویش و کوتاهی منطق

نه چادر عفت ماند و نه حرمت به زن ما

«ذبیح رحمانی»

§

چاریکار – سفر فراموش‌نشدنی به منزل پا کفیده!

آغاز قسمت سوم

بازگشت به مسیر سرنوشت

فردا صبح، زود از خواب برخاستم و چون هنوز نیم ساعت وقت اضافی داشتم، با پوشیدن لباس عسکری برای خوردن چای صبح رهسپار چاهال شدم. پس از ختم چای، خود را به میدان هوایی اورگونی رساندم و متوجه شدم که همه آنجا آمادهٔ رفتن به کابل هستند. هوا بیش از حد سرد شده بود و تقریباً در همه‌جا قندیل‌های یخ آویزان بودند. پرواز ما بعد از یک مدت طولانی، با موفقیت انجام شد و به شهر شرونا رسیدیم. متأسفانه، تا فردا، به دلیل باد شدید و بارش برف، هیچ پروازی اجازه داده نشد و ما ناچار به انتظار ماندیم. امکان آنکه شب را در خیمهٔ ترانزیت سپری کنیم، وجود داشت؛ اما به گفته‌ی موظفین میدان هوایی شرونا، اگر می‌رفتیم، ممکن بود نوبت خود را از دست بدهیم، چون هر که اول بیاید، اول نوبتش خواهد بود، یعنی: (First come, first served) داخل اطاق، هوا گرم بود، اما بوی تند بخاری دیزلی و باد معده‌های عساکر، نفس کشیدن را تا اندازه‌ای دشوار ساخته بود! تشناب‌های سیار و پلاستیکی در بیرون میدان وجود داشت که برای رفع حاجت گذاشته شده بودند، ولی با بارش شدید برف، من شخصاً از رفتن به آنجا دریغ نموده و تا رسیدن به کابل، خودم را تنبیه و تحمل کردم. یک پرواز

به ساعت هفت و چهل و پنج دقیقهٔ صبح بود که متأسفانه نوبت ما به آن نرسید؛ اما در پرواز دوم، به ساعت یازده و ده دقیقه، شانس پرواز را یافته و خود را به کابل رساندیم.

هوای کابل صاف و آفتابی بود، اما بیش از حد سرد. به هر طریقی که بود، خود را به خیمهٔ ترانزیت کابل رساندیم. عساکر افغان بدون هیچ‌گونه توقف، با ما خداحافظی کرده و از میدان خارج شدند. من و نور همچنان در کمپ باقی ماندیم. شب را با دیدن یک فیلم و بازی بیلیارد به صبح رساندیم. نور به من گفت که خواهان رفتن و دیدن فامیل خود در کارتهٔ سه است، اما تأکید کرد که لطفاً هیچ‌کس نباید از این موضوع باخبر شود. گفتم: "خاطرت آسوده باشد، شاید من هم بروم، ولی در ارتباط می‌باشیم. او قبول کرد و با هم خداحافظی نمودیم. من، پس از حمام کردن و تعویض لباس، به دوستم تیلفون کردم که خوشبختانه در کابل بود. از رسیدن دو بارهٔ من به کابل ابراز خوشحالی کرده و گفت: "من خودم دنبالت می‌آیم، فقط از میدان بیرون شو و در جلوی سرک منتظرم باش." این بار، بدون هیچ‌گونه ترس و دلهره، راه کمپ را بسرعت طی کرده و به سرک بیرون میدان هوایی رسیدم. دوستم با آغوش باز مرا در بغل گرفت و بعد از احوال پرسی، سوار موترش شدیم. پرسید که آیا گرسنه هستم، گفتم نه چندان، اما نان کابل جان را، هر چه باشد می‌خورم. او پیشنهاد کرد که برویم کباب بخوریم تا مادر جان در این میان چیزی برای ما آماده کند. برای نان چاشت، مرا به شهر نو، مقابل تانک تیل انصاری، برای خوردن یک "چاینکی" دعوت کرد. دیدن مردم، هیجان آنها و بیروبار مغازه‌ها برایم بسیار جالب و دلنشین بود. گرچه قبلاً هم چاینکی خورده بودم، اما نه با این همه لذت و پاکی. بعد از ختم ناهار و گرفتن چند قطعه عکس، به دیدن مادر جان ما رفتیم و از دیدارشان، مسرتی عمیق در دلم پیدا شد.

بعد از یک مدتی صحبت، تصمیم گرفتیم لبی تر کنیم و بیاد جوانی، پیک دوستی را دوباره سر بکشیم، اما یکی دو جایی که او بلد بود، متأسفانه بسته شده بود. در این هنگام، به یاد حرف

نور افتادم که گفته بود اگر در کابل به چیزی ضـرورت داشـتی، حتماً برایم زنگ بزن. بعد از تماس با نور، او آدرس یکی از مغازه‌های خوراکه‌فروشی را در کارته سه برای ما داد و اضافه کرد که چگونه باید پرسید، چون به آدم‌های ناآشنا مشروب نمی‌فروشند. بعد از نیم ساعت، ما به آدرسی که نور داده بود رفتیم و در منزل دوم آن مغازه، مطابق به سفارش او، دو بوتل ویسکی و یک بوتل ودکا خریدیم. در آن‌جا به ویسکی (سرخ) و به ودکا (سفید) می‌گفتند. نکتۀ تعجب آور این بود که مشروبات همه سر بسته، در بوتل‌های مخصوص ویسکی و ودکا، با چسب و برچسب‌هایی به نام اسکاتلند و روسیه بودند، اما ساخت چین! از راه، مقداری کباب از دکان (داد خدای چاریکاری) که هنوز هم در اخبار کباب را می پیچاندند، گرفته و همچنان از ویدیو فروشـی، چند دانه (دی-وی-دی) فیلمی خریده و رهسـپار خانه شـدیم. مادر به کارهای خود سرگرم بود و از دیدن ما بسیار خوشحال شده، برای ما مقداری ماست و بادرنگ، چپس، چتنی و ملی سفید تهیه کرد و ما را به حال خود ما رها نمود. صحبت‌ها همه در بارۀ زمان‌های آرامش و دوران پیش از بدبختی‌ها و فروش وطن عزیز ما بود. شبی بسیار خوب را سپری کردیم و البته با نوشیدن مقداری از آن مشـروبات، سردی شـب را چندان احسـاس نکرده، بخواب رفتیم. فردا صبح، نور برایم زنگ زد و گفت که دوباره به کمپ عسـکری می‌رود و متوجه خواهد بود؛ اگر اتفاقی افتاد، مرا در جریان خواهد گذاشـت. از او تشـکری کردم و تأکید نمودم که به محض شنیدن هرگونه خبری، فوراً با من در تماس شود و اطمینان دادم که من فردا زود خواهم آمد. روز را، پس از صرف چای، به دیدن شهر کابل رفتیم و از جاهایی که بیشترین خاطرات را داشتم، بازدید کردیم.

حدود سـاعت چهار عصـر، نور برایم تیلفون کرد و گفت: "خودت را هرچه زودتر به کمپ برسـان، چون از رفتنت به بیرون مطلع شـده‌اند و عکس‌هایت را در خارج از کمپ دیده‌اند". پرسـیدم: "کی این حرف‌ها را زده؟ آیا تو هم عکس‌های مرا دیدی؟" گفت: "نخیر، اما فرد

مسئول گروه ما، ترجمان‌های خارجی‌تبار، برایم ایمیل فرستاده و مرا در جریان گذاشته؛ از احوال خودت جویا شده است." با عجله خودم را به کمپ امریکایی‌ها رساندم و در طول راه، به این تفکر بودم که چگونه مرا شناسایی کرده‌اند و چگونه عکسی از من به دست‌شان رسیده است. اولاً، در فکرم چنین خطور کرد که به احتمال قوی، هنگام بیرون رفتن از کمپ، چون کمره در سر دروازهٔ ورودی و خروجی نصب است، مرا شناسایی کرده و از روی صحفهٔ تیلویزیون عکس‌برداری شده باشد. با هزار چرت و خیال، خودم را به نزد نور رسانده و خواهان ایمیل سرجنت ما شدم. بعد از مطالعهٔ مکتوب او، برایش زنگ زده پرسیدم: "آیا کسی برای شما گفته، یا خودتان شخصاً عکسی از مرا مشاهده کرده‌اید؟" گفت: "بلی، من خودم دیدم." از او خواهش کردم که یک کاپی از آن را برایم بفرستد. بعد از چند لحظه، عکس‌هایی که از من گرفته شده بود رسید، اما در کمال ناباوری، تمام آن عکس‌هایی بودند که من خودم در دفعهٔ قبل از کابل گرفته و برای تبدیل از کمره به (هارد درایف) به امرالله داده بودم. او، از روی حسادت زیاد، عکس‌هایی را که من در شهرنو، تایمنی و مقابل خانهٔ خود ما گرفته بودم و یک کاپی آنها در کامپیوترش موجود بود، به مرکز (میشن اسنشل) (Mission Essential) فرستاده بود، با این ادعا که من بدون هیچ‌گونه اجازه، از کمپ خارج شده و در عیش‌ونوش بسر برده‌ام. در زیر یکی از عکس‌ها چنین نوشته شده بود: (ذبیح، یکی از ترجمان‌های اورگونی، در حال گشت و گذار در شهر نو کابل). واقعاً دچار شوک عصبی شده بودم؛ چگونه ممکن است یک رفیق، یک هم‌اطاقی و یک افغان از خود ما، مرا چنین برباد کرده و راپورم را به ادارات بفرستد؟ حدس من زمانی به یقین تبدیل شد که نوشتهٔ زیر عکس را خواندم؛ نوشته‌ای که پُر از اشتباهات املایی بود و من می‌دانستم امرالله سواد آن‌چنانی ندارد و مکتب را نیز به پایان نرسانیده بود. چند ساعت را با صحبت و نامه‌نگاری با سرجنت ما گذراندم، تا اینکه او گفت: "فردا باید به شهر شرونا رفته و با موظفین (میشن اسینشل) که ما را استخدام کرده بودند، در این رابطه صحبت نمایم.

فردا، با هزار تشویش و دلهره، عازم شرونا شدم و خودم را به دفتر سرجنت رساندم؛ کسی که مسئول بازرسی و پیگیری عملکردها و وظایف ما بود. تحقیقات آغاز شد – اینکه چرا و به چه اساس به کابل رفته‌ام؟ در جواب گفتم که من با اجازهٔ (دگروال هافمن) عازم کابل شده‌ام. پرسید: "برای چه؟" گفتم: "این یک راز نظامی است و فکر نمی‌کنم مربوط به شما شود یا من اجازهٔ افشای آنرا داشته باشم. اگر خواهان دانستن واقعیت ماجرای رفتن من به کابل هستید، لطفاً با (دگروال هافمن) در تماس شوید." برای چندین ساعت مرا تحت تحقیق و پرسش شدید قرار دادند و بالاخره به من گفتند که باید تمام جریانات را از ابتدا تا انتها روی کاغذ بنویسم. جواب من دوباره همان بود که قبلاً گفته بودم: "این یک راز نظامی است و من به امر و دستور(دگروال هافمن) به کابل روانه شدم." چون تقریباً شب شده بود، گفت که حالا میتوانی بروی، ولی فردا ساعت هشت اینجا حاضر باشی.

شب، با یکی از سرجنت‌هایی که برای (دگروال هافمن) کار می‌کرد و او نیز از این جریان باخبر بود، تماس گرفته و گفتم: "این‌ها مرا زیر فشار قرار داده‌اند تا موضوع رفتن به کابل را برایشان افشا کنم. لطفاً با دفتر (میشن اسنشیل) در تماس شوید، یا (دگروال هافمن) شخصاً کسی را بدنبال من به اینجا بفرستد تا موضوع در همین‌جا خاتمه یابد." گفت: "حتماً موضوع را به (دگروال هافمن) خواهم رسانید." شب را دل‌نگران، با هزاران فکر و خیال مشوش تا به صبح رساندم. در ضمن، به امرالله تیلفون کردم، اما متأسفانه تیلفونش را جواب نداد، چون میدانست که من به خیانت او پی برده‌ام. یک بار دیگر، دلیل ویرانی وطن عزیز ما برایم آشکار گردید؛ اینکه بی‌صداقتی، گستاخی و اشتیاق تخریب یکدیگر، بدبختانه در ذات بیش از نیمی از ملت ستمدیده‌ی ما نهفته است و روزبه‌روز بیشتر می‌شود.

فردا ساعت هشت، خودم را به دفتر رساندم و باز هم همان سؤالات تکرار شد: "چرا به کابل رفته بودی و دلیلش چه بود؟ باید حقیقت را اقرار نمایی." جواب‌ها من همچنان همان بود که

قبلاً گفته بودم: "اجازه ندارم در رابطه با افشـای کار نظامی (دگروال هافمن) صـحبت کنم و شـما خودتان با او در تماس شـوید." مأمور مسـئول دفتر، بعد از تماس تیلفونی با بگرام، به من چنین گفت: "اگر اقرار نکنی، من به هیچ وجه نمی‌توانم از تو دفاع کنم و از من خواسته‌اند که ترا همین لحظه به بگرام بفرستم." برایم نه تنها تکان دهنده، بلکه کاملاً غیر مترقبه بود که همان روز مرا به بگرام فرستادند. در بگرام، دوباره همان سؤالات تکرار شـدند و پاسخ من همان بود که قبلاً داده بودم. اما این‌بار، مرا بصورت جداگانه و مثل فیلم‌های امریکایی زیر تحقیق بردند و من باز هم همه چیز را انکار کردم. چند ساعت بعد، دو مأمور(سـی-آی-هی) (CIA) به دفتر (میشن اسنشیل) آمده و مرا با خود به یکی از شـعبات مخصوص، با هزاران دوربین و کمره‌های مخفی، بردند و مورد بازجویی قرار دادند.

بالاخره، من به سـتوه آمده گفتم: "اگر شـما جای من می‌بودید و در چهارچوکات شـهر و مملکت خود، هوای وطن و خاطرات نوجوانی تان را از زادگاه تان استشمام می‌کردید، ولی حق پا گذاشـتن را به وطن و زادگاه مقدس تان نمی‌داشتید، آیا هیچوقت به فکر تان خطور نمی‌کرد که مردم و جاهای پر از خاطرۀ زندگی تان را ببینید؟ آیا دل تان نمی‌خواسـت تا خاطرات تان را، پس از سی‌وچهار سال، دوباره زنده و تازه کنید؟ اینکه سی و چند سال جنگ خانمان‌سوز چه بر سـر کشـور تان آورده و چه ارزش‌های معنوی، فرهنگی، اقتصـادی و عنعنوی را از دسـت داده‌اید، باز هم بی‌تفاوت می‌ماندید و با برداشتن صد قدم، این مسافت کوتاه را طی نمی‌کردید تا به زادگاه خود سـری بزنید؟" در جواب چنین گفتند: "شـاید ما نیز چون تو عمل می‌کردیم، ولی ما باید بدانیم که در بیرون با چه کسانی در تماس بوده‌ای و با کی‌ها رفت و آمد داشته‌ای؟" گفتم: "من فقط برای دیدن دوسـتم به کابل رفته بودم؛ و بر اسـاس موقعیت و کاملاً به طور اتفاقی، پس از دهه‌ها دوری و زندگی در گوشـه و کنارهای دورافتادۀ جهان، ما دوباره همدیگر را دیدیم." به من گفتند: "ما باید تمام چیزهایی را که مربوط به نظام عسکری امریکا می‌شود، از تو بگیریم و خودت باید فوری افغانستان را ترک کرده و عازم امریکا شوی."

دو نکته را نباید ناگفته گذاشــت: یکی اینکه من در هفتهٔ آینده، در همین بگرام مصاحبه‌ای داشتم و قرار بود به مقام بالاتر ترفیع یابم و به معاشم سی هزار دالر در سال اضافه گردد — که هیچگاه به آن نرسیدم. دوم اینکه رئیس با وجدان و با شفقت من، (دگروال هافمن)، که خود شاهد صداقت و فداکاری‌ام در وظیفه‌ام بود، حتی زمانی که جانم را به خطر انداخته بودم — نه تماسی با من گرفت و نه از من دفاعی کرد، بلکه مرا بی‌هیچ حمایتی تنها گذاشت.

بدبختانه، حتی اجازه ندادند تا به اورگونی برگردم و تمام اثاثیه‌ام را جمع‌آوری نموده و با خود به بگرام بیاورم. آنها کسی را فرستادند و من از طریق تیلفون، به یکی از دوستانم که اکثراً شب‌ها با هم فیلم می‌دیدیم و به بازی بیلیارد می‌پرداختیم، ســفارش کردم تا چه چیزهایی را به مردم مجانی بدهد و اسباب با ارزش و پُر از خاطره را برایم بفرستد. در ضمن، تلویزیون پنجاه و چند اینچی را که با پول خودم خریداری نموده بودم، خواستم به دوستم هدیه بدهم، اما او در جوابم گفت که امرالله ادعا دارد که تلویزیون را او خواهد گرفت، چون من مقداری پول از او قرضــدار هستم. کامپیوتر (لپ‌تاپ) (Laptop) خودم را به ضابط رضا سفارش کردم تا تسلیم داده شود. بالاپوشم را به یکی از کارمندان افغان و شــال گردن بزرگ سیاه و سفیدم را به یکی از عســاکر افغان که آن‌را بســیار پســندیده بود، دادم. تعدادی از جواهرات که به عنوان تحفه برای عزیزانم خریده بودم، مانند گلوبند، انگشــتر، گوشــواره و تعدادی اشیاء دیگر، به سرقت رفته بود و من مات و مبهوت مانده بودم که از چه کسی بازخواست کنم و یا از چه کسی گله داشته باشم. در وطن برباد رفتهٔ من، طوفان‌های زمان، صــداقت، وجدان و همهٔ خوبی‌ها را، به جز بدی‌ها، از میان ما به نابودی کشــانده بود. یک تجربهٔ دیگر — تلخ و تکان‌دهنده — واقعاً افکار آشفته‌ام نمی‌توانستند درک کنند که بار دیگر از سرزمین مادری‌ام، این بار توسط نظام امریکایی، یعنی وطن دومم، رانده می‌شوم — تنها به خاطر عشقی رام‌ناشدنی و اشتیاق عمیق برای وصل شدن دوباره با جایی که تمام خوبی‌های گذشــته در خاطرم زنده بودند؛ همان جایی که ســال‌های زیادی در آرزوی بازگشت به آن چشم‌انتظاری کشیده بودم.

ضمناً، به من دستور رفتن به قطر صادر شد، زیرا در آنجا باید بیشتر وسایل و تجهیزات نظامی را تحویل میدادم و تنها ماسک ضد گاز، باقی مانده بود که میبایست در تگزاس، امریکا، واپس داده میشـــد. در جریان انتظار پروازم به قطر، دو اتفاق جالب رخ داد ــ اولاً، یکی از آن روزها که گرسنه شده بودم و با آنکه نباید از محوطهٔ میدان بگرام برای خوردن غذا یا خرید اشیاء خارج میشـدیم، به سـمت مغازههای داخل میدان هوایی رفتم که در آنجا (پیتزا هت)، (سب وی) و چند جای دیگر قرار داشت. دیدم که یک افغان دیگر نیز مشغول مرور لیست غذاهای روی دیوار بود. با هم سـلام و علیکی کرده و معرفی شـدیم. او خودش را وحید معرفی نمود و از تازه واردان ترجمانهای امریکاییتبار بود که دو روز پس از رسـیدنش، احوال ناخوشـی مادرش، که به احتمال قوی با مرگ دست و پنجه نرم میکرد، به او رسیده بود. او منتظر پروازش همراه با ما به قطر و از آنجا به امریکا بود. دیدم که محتویات بکسـک پولش را زیر و رو میکند، فوراً درک کردم که او پول کافی ندارد، چون خودم قبلاً این گذر را تجربه کرده بودم. بنابراین، به شـکل شـوخیآمیز، تا احسـاس توهین یا رنجش در او ایجاد نشـود، به او گفتم: "برادر، مهمان من هسـتید و هر چه میل دارید، آزادانه انتخاب کنید." با انتخاب چند خوراک و نوشـابهٔ مختلف، دوباره بسوی میدان برگشتیم. بعد از ختم غذا، در خفا، مبلغ سهصد دالر امریکایی را که در جیب داشتم، برایش دادم تا بتواند خود را به سرمنزل مقصودش برساند. با چشمانی پُر از اشـک، چون چنین برخوردی از سـوی من برایش کاملاً غیرمنتظره بود، پول را پذیرفت و گفت که باید آدرسـم را برایش بدهم، چون این کمک را هیچوقت نمیتواند فراموش کند. در جوابش گفتم که لزومی ندارد آدرس مرا داشـته باشی؛ اگر روزی کسی دستش بند شد و خودت توان کمک به او را داشتی، دریغ مکن ــ چون من نیز، بسان تو، با جیب خالی به اینجا آمده بودم. شـب را دوباره در میدان هوایی، در انتظار پرواز، روی زمین خوابیدم. فردا صبح، برای نوشیدن چای به کافی شاپ مقابل میدان هوایی که در داخل محدودهی میدان موقعیت داشت، رفتم و

به دیگران گفتم که اگر نوبت پرواز ما رسید، لطفاً مرا خبر دهند. اتفاق دومی این بود که در همین اثنا، یکی از بچه‌های افغان مرا به اسم صدا زده و گفت: "ذبیح، تو ذبیح نیستی؟" به عقب برگشتم و به چهره‌ای ناآشنا نگاه کردم و گفتم: "بلی، اما خودت را نشناختم." گفت: "من جمیل هستم، هم‌صنفی‌ات." اندکی نزدیک‌تر رفته، او را در آغوش گرفتم. جمیل در دوران مکتب همیشه موهای دراز تا سر شانه داشت که ما به او (جمیل یال کشال) می‌گفتیم. از او پرسیدم: "زلف‌هایت کجا شد؟ چقدر تغییر کردی و مرا چطور شناسایی کردی؟" گفت: "از صدایت شناختمت." از آن لحظه ببعد، من و جمیل با هم بودیم و تمام قصه‌های دوران مکتب برای ما زنده شد. اولین کاری که کردیم، این بود که به دوستم در کابل زنگ زدیم؛ و چون این دو با هم همسایه بودند، دقایق مفصل با هم صحبت کردند. حدود دو و نیم بعد از ظهر به ما اطلاع دادند که آماده‌ی پرواز باشید، چون پرواز بعدی به قطر تا چند روز دیگر انجام نخواهد شد. ما همه مشغول جمع کردن اثاثیه‌ی شخصی خود شدیم، چرا که تمام مسائل و وسایل نظامی‌ای را که در طول این مدت به ما داده بودند، قبلاً در میدان تحویل داده بودیم تا برای ما به قطر انتقال داده شود.

طی زمانی که منتظر پرواز به سوی قطر بودم، یکی از خانم‌های افغان که او نیز منتظر پرواز خود بود، به من و جمیل خیره شده و گفت: "خوش به حال تان که پس از مدت‌ها دوباره همدیگر را پیدا کردید؛ کاش من هم دوستان دوران مکتبم را پیدا میکردم". پرسیدم: "از کدام لیسه فارغ شده‌اید؟" گفت: "لیسه زرغونه، اما من از شما بزرگترم." خودش را نجیبه معرفی کرد و گفت که ساکن آلمان، شهر (ماربورگ) است و در ضمن برادرش شکیب از بچه‌های دوران ما بوده است. با پرسیدن چند سؤال و جواب، توانستم که نجیبه را از چندین جهت بشناسم. شوهر خواهرش یکی از دوستان صمیمی و نزدیک شوهر خواهر من بود و از جملۀ آزادی‌خواهان و اعضای گروه محصلین افغان در آلمان به شمار میرفت؛ متأسفانه، چندین سال پیش، خواهر

نجیبه را همراه با شوهرش، که همان دوست شوهر خواهرم بود، بشکل مرموز و به گفتهٔ بعضی‌ها، توسط شریک دکان‌شان، به قتل رساندند. روح ایشان شاد و یاد ایشان گرامی باد. بالاخره، وقت پرواز ما رسید. نجیبه، جمیل و من، هر سه بسوی دروازه‌ی خروجی رفتیم و سوار سرویس مخصوص عساکر شدیم. پس از طی مسافتی، به یک طیاره‌ی بزرگ نظامی رسیدیم و به نوبت، سوار این هواپیمای غول‌پیکر شدیم. سفر ما زیاد به طول نینجامید. در زمان فرود در میدان هوایی عسکری قطر، متوجه شدیم که باران باریده و زمین‌ها را تر و مرطوب کرده بود. به گفتهٔ مردم منطقه، این باران، نخستین بارانی محسوب می‌شد که پس از چندین سال در قطر باریده بود و در این مدت، بی‌سابقه بود. به اتفاق هم، بدنبال مال و اموال خود رفتیم تا وسایل خود را گرفته و به خیمه‌های ترانزیت برویم. من متوجه شدم که در اثر انداختن بی‌توجهانه بکس‌ها، دو پایهٔ یکی از بکس‌های بزرگم شکسته بود و حمل آن به مشکل ممکن بود. بکسم را در همانجا گذاشته، همراه با جمیل به سمت خیمهٔ ترانزیت رفتیم، اشیای شخصی خود را جابجا کردیم و دوباره به بیرون برگشتیم. از یکی سراغ بکس‌فروشی را گرفتیم، گفتند که در فلان قسمت، بر روی زمین، بازار کوچکی از دست‌فروش‌ها برپا است؛ یعنی فروشندگانی که بدون مغازه یا دکان، اجناس خود را عرضه می‌کنند. با هم بسوی آن بازار رفتیم و پس از دیدن چندین بکس، یکی را به اندازهٔ بکس خودم انتخاب و خریداری کرده، بسوی بکس پایه‌شکستهٔ خود رفتیم.

تمام اثاثیه را به بکس جدید منتقل کرده و به پیشنهاد جمیل، همه را به پُست‌خانه برده، در بکس‌های مخصوص جایگذاری نموده و به آدرس خانه‌ام در لوس آنجلس فرستادم. خودم را کاملاً سبک کرده بودم و تنها با یک چانته، در انتظار پروازم به امریکا، دقیقه شماری می‌کردم. دو روز را در حالت بی‌سرنوشتی سپری کردیم، اما من و جمیل هر روز با ورزش، بیلیارد و قصه‌هایی از دوران مکتب، ایام خود را به خوشی می‌گذراندیم. فردا صبح، اولین کاری که

کردیم، تحویل دادن تمام وسـایل نظامی بود. همان سـه (دیفل بَگ) بزرگ را که در آغاز استخدام به ما داده بودند، یکی یکی و دانه به دانه، مطابق لیستی که در اختیار داشتند، از ما تحویل گرفتند. تنها چیزی که در میان اموال من نبود، گیلاس فلزی بود که در آن آب جوشـانده و مثل فیلم‌ها برای خود قهوه درسـت می‌کردند. شـاید هم هیچوقت آن گیلاس را نگرفته بودم، شـاید هم گم شـده بود و تعاون آنرا از من می‌خواسـتند؛ یا چیزی مشـابه آن را و یا باید به میزان ارزش آن پرداخت می‌کردم، که مبلغ هفت دالر و هشـتاد و نه سـنت امریکایی می‌شـد. با آنکه برایم مسـئله‌ای مهم نبود، فقط می‌خواسـتم این ماجرا را تمام کنم و از شـر آنها نجات یابم. اما این موضوع بار دیگر روی دیگر از نظام امریکا را نشـان داد؛ اینکه چقدر می‌تواند کوچک فکر و ناعادلانه باشـد، در حالیکه خود را نماد صـلح و امید برای جهان می‌داند. بنابراین، پول را از جیبم درآورده، خواستم تقدیم آنها کنم که با اعتراض آنها مواجه شدم. گفتند پول نقد قابل قبول نیسـت، باید (منی آردر) (Money Order) بیاوری. با خود گفتم: عجب گرفتار شـدم، حالا از کجا آنرا بیاورم... به آنها گفتم که دو برابرش برای تان پول می‌دهم، اما در جواب گفتند که قابل قبول نیسـت؛ لطفاً به (پی ایکس) برو و به همان مبلغ، حوالهٔ پولی (منی آردر) تهیه کن. خدا را شـکر کردم که حداقل (پی ایکس) زیاد دور نبود؛ پول را پرداخت کردم و (منی آردر) را گرفته و دوباره برگشتم و آنرا به ایشان سپردم. کاپی لیست اموال نظامی تحویل داده شده را نیز برای اسناد خودم گرفتم.

در تاریخ بیسـت و هشـتم دسـامبر دوهزار و دوازده، به ما اطلاع دادند که تا پنجم جنوری سـال دو هزار و سیزده، اصلاً پرواز بسوی امریکا ممکن نخواهد بود. اگر کسی خواهان رفتن زودتر به امریکا باشد، می‌تواند از شرکت‌های شخصی تکت خریداری نمایند، اما (میشن اسنشیل) به هیچ وجه مصـارف آن را به عهده نمیگیرد و شـما خود باید قیمت آن را تأدیه نمایید. جمیل گفت برای من هیچ فرقی نمیکند، چون نه زن داشـت و نه کسـی که به قول خودش، منتظرش

باشـد. ضـمناً گفت که پول اضـافی برای رفتن به امریکا ندارد و نمی‌خواهد آنرا بپردازد. من در رابطه تکت‌ها معلومات حاصـل کردم؛ قیمت‌ها بیش از حد گران بود، زیرا موسـم کریسـمس و رخصتی‌های آخر سال بود. یک تکت از قطر تا دُبی پیدا کردم که پروازم فردا ساعت یازده و نیم صـبح بود. در همان لحظه با خود گفتم که فعلاً اینجا را ترک کرده و بروم، تا ببینم چه خواهد شـد. به یکی از دوسـتانم، حمید که در دُبی به خرید و فروش موترهای دسـت‌دوم مشغول بود، تیلفون نموده و گفتم که من فردا دُبی می‌آیم و سـاعت رسیدنم را که فکر میکنم دوازده و چهل پنج دقیقه بعد از ظهر بود، به اطلاعش رساندم. ابراز خوشحالی کرده و گفت که خودش دنبالم می‌آید. حمید نه تنها دوستم بود، بلکه پدرش پسر مامای مادرم و خودش ایور خواهرم بود. شب را با جمیل، دوباره به گذشته‌ها برگشته، خاطره‌های دوران مکتب را زنده کردیم؛ زیاد خندیدیم و یاد دوسـتان را گرامی داشـتیم. فردا، بعد از خوردن چای صـبح، بکسـم را جمع نموده و با خداحافظی و در آغوش گرفتن جمیل، توسط رانندهٔ (میشن اسنشیل) رهسپار میدان هوایی قطر گردیدم.

میدان هوایی قطر، در مقایسـه با میدان هوایی دُبی بسـیار کوچک‌تر و معمولی‌تر بود. سـفر ما بسـیار کوتاه بود و بعد از تقریباً یک سـاعت پرواز، به زمین نشـسـتیم و پیاده شـدیم. با بیرون بر آمدن از دروازهٔ خروجی میدان، متوجه شـدم که حمید در بیرون منتظرم اسـت و با هم به آپارتمانش رفتیم. آپارتمان او در یکی از مناطق فامیل‌نشـین قرار داشـت، یعنی منطقه‌ای بسـیار قابل اعتماد و مذهبی؛ به عبارت دیگر، آوردن زن اجنبی، سـر و صـدای بلند و هرگونه رفتار نامشروع ممنوع بود. یک خدمهٔ روسی در خدمتش بود که تمام کارهای خانه و آشپزی را برایش انجام می‌داد. برای ما غذای شـب را (سـوپ گولاش) (Goulash Soup) با کچالو و چند غذاهای رنگارنگ اروپایی تهیه کرده بود. شـب را با نوشیدن مقدار کمی مشروب و قصه‌های شخصی و فامیلی تا دم دم‌های صبح رساندیم و در ضمن، با خانواده‌ام تماس گرفته، جریان را

برایشـان توضـیح دادم. گفتند که تصـمیم درسـتی گرفته‌ای؛ ما از اینجا برایت تکت پیدا کرده و تهیه می کنیم.

فردا صبح، به تاریخ بیسـت و نهم دسـامبر، برایم اطلاع دادند که پرواز ساعت هفت و پانزده دقیقه‌ی شام همان روز، از دُبی تا لوس آنجلس خواهد بود. با تشکری از آنها خداحافظی نموده و جریان را برای حمید توضـیح دادم. او اصـرار داشـت که شـب سـال نو را با او بگذرانم، ولی دیدن بچه‌های نازنینم و متباقی فامیل برایم مهم‌تر بود. بعد از ظهر را در یک رسـتورانت ایرانی برای خوردن غذا رفتیم؛ یک رسـتورانت دو منزله بود که تمام کارکنانش افغان‌ها بودند و من از این بابت خوشحال بودم که با افغان‌های خود ما به زبان مادری ما صحبت کرده و غذا سفارش می‌دادیم. براساس گفتار و پیشنهاد دوستان هموطنم، من کباب (فیله مینیان) (Filet Mignon) با ماست و بادرنگ و بادنجان سیاه سفارش دادم. دقیقاً بخاطر ندارم که حمید برای خودش چه خواست، اما از انتخاب خود راضی بود. غذای‌شان عالی بود و فضـای رستورانت با آواز دلپذیر احمد ظاهر فقید پُر شـده بود. بعد از ختم غذا، خواهان پرداخت پول غذاهای خود شـدیم، اما برادران مهربان افغان ما از گرفتن آن ابا ورزیدند، با وجود اینکه خودشـان فقط کارمندان ساده‌ی آنجا بودند – بی‌جهت نیسـت که مردانگی و مهمان‌نوازی افغان‌ها در همه‌جا ورد زبان‌هاسـت. قبض سـفارش غذا را همراه با مبلغی پول هنگفت، به‌پاس رویه‌ی جوانمردانه‌ی آنها، روی میز گذاشـته و با هم خداحافظی نمودیم. ما با گشـت و گذار در بازارهای دُبی و خرید مختصـر سـوغاتی، دوباره به آپارتمان حمید برگشـتیم. لوازم خودم را جمع‌آوری نموده و برای رفتن، دقیقه‌شماری می کردم، تا اینکه وقت حرکت من بسوی میدان هوایی فرا رسید. حمید مرا با موتر خود تا میدان بدرقه کرد و با هم خداحافظی کردیم. بازهم ناگفته نماند که میدان هوایی دُبی بیش از حد زیبا بود – بر اسـاس معلومات اندکی که خوانده بودم، میدان هوایی دُبی را گروهی از معماران، مهندسان و انجینیران بین‌المللی، تحت رهبری یکی از شیوخ آن کشور، به هدف

ســاختن یک مرکز جهانی طراحی و ســاخته بودند. این‌بار، پرواز من با (ویرجین ایرلاینز) بود. با این شــرکت هواپیمایی قبلاً نیز ســفر کرده بودم؛ ســرویس خوب و کارکنان حرفه‌ای و پروفشــنال داشــتند، اما به پای کلاس عالی "امارات" نمی‌رســیدند. بعد از دیدن چند فیلم، خوردن و خوابیدن، بالاخره ســفر طویل‌المدت ما به پایان رســید و در میدان بین‌المللی لوس آنجلس فرود آمدیم.

در بیرون میدان، عزیزانم منتظرم بودند و با در آغوش گرفتن یکدیگر، روانهٔ خانه شدیم. دقیقاً من به روز (ســی‌ام دســامبر دوهزار و دوازده) (December 30, 2012) دوباره و برای همیشــه به لوس آنجلس رسیدم. ضمناً، به من گفته شد که فردا شب، همهٔ عزیزان در خانهٔ ما برای تجلیل شب سال نو دعوت شده‌اند و همگی دور هم خواهیم بود. از شنیدن این خبر بسیار خوشحال شدم که بعد از مدتی دوباره با خانواده‌ام یکجا میباشم. غذای شب را با هم در یکی از رستورانت‌های نزدیک خانه نوش جان نموده و بطرف خانه روانه شدیم. شب را با خاطر آسوده و در جای پاک و تمیز، در فضای دوستانه، با آرامش خاطر به خواب خوش فرو رفتم. فردا، پس از گرفتن حمام، تمیز کردن سر و صورتم و خوردن چای صبح، برای خرید و تهیه‌ی چیزهای ضروری شب سال نو، بسوی مغازه‌ها رفتیم. بعد از ناهار و تمیزکاری اطاق‌ها و دهلیزها، به تزئین صالون پرداختیم. ساعت هفت و نیم شب، برادران همراه با خواهر و بچه‌های‌شان و دوستان بسیار نزدیک ما، با آمدن شان به محفل خوشی ما رونق فراوان بخشیدند. خوردن، نوشیدن و پایکوبی ادامه داشت تا اینکه صدای آتش بازی‌ها از هر گوشه و کنار شنیده شد و ما نیز با شور و هیجان، اعداد را از ده تا یک برعکس شــمردیم و برای فرا رسیدن ســال نو (۲۰۱۳) ذوق‌زده بودیم. تا اینکه از طریق تلویزیون، اعلام آمدن ســال نو به‌گوش جهانیان رســید و ما هم به یکدیگر تبریک گفته، تا چند ساعت دیگر به محفل خود ادامه دادیم، تا جایی که دیگر توان و انرژی چندانی در بدن ما باقی نمانده بود. تعدادی از مهمانان بسوی خانه‌های خود رفتند و شماری هم شب را با ما گذراندند.

در هفتهٔ دوم ماه جنوری سال دو هزار و سیزده، تصمیم گرفتم به تگزاس بروم تا ماسک ضد گاز را به آنها تسلیم کرده و به گفتهٔ افغان‌ها (گوشم را بی غم کنم). آدرس آنجا را برای ما داده بودند و گفته بودند که ضرورت به وقت گرفتن نیست؛ هر زمان که خواستید، می‌توانید به کمپ نظامی تگزاس رفته و ماسک ضد گاز را تحویل دهید. تکت رفتن تا آن‌جا چندان ارزان نبود و ما باید مصرف دو طرفه را از جیب خود می‌پرداختیم. با آنهم، من روز سه شنبه (چهاردهم جنوری) به‌طرف کمپ عسکری تگزاس پرواز نمودم و تکت برگشتم را برای روز پنجشنبه گرفته بودم، تا اگر احیاناً با مشکلاتی برخورد کنم، یک روز اضافی در اختیارداشته باشم. از میدان تا کمپ فاصله چندانی نبود؛ با تاکسی رفتم و جریان را به شخص موظف کنترول عبور و مرور کمپ عسکری توضیح دادم. اما متأسفانه گفت که فعلاً باید در خیمهٔ ترانزیت بروی و بعد از ثبت نام، با تو تماس خواهند گرفت. من دوباره داخل کمپ عسکری شدم و همان داستان همیشگی تکرار شد — خیمهٔ ترانزیت، غذاهای چاهال و انتظار نا معلوم. فردا، چهار شنبه بعد از ظهر به دفتر آنها مراجعه کرده و قضیهٔ پروازم را برایشان گفتم. در کمال ناباوری گفتند که ما مسئولیت پرواز ترا نداریم؛ باید صبر کنی تا نوبتت برسد و بعد از پُر کردن فورمه‌های تسلیمی اشیای نظامی، به قضیه‌ات توجه خواهد شد. فعلاً صبور باش. جریان را به فامیلم اطلاع داده و گفتم شاید دیرتر از پنجشنبه به خانه برگردم، اما هم‌اکنون در حالت سرگردانی به‌سر می‌برم؛ در هر حال شما را در جریان خواهم گذاشت.

چهار شنبه نیز به اتمام رسید. پنجشنبه صبح، بعد از صرف چای، در حالی‌که در دنیای خودم با هزار فکر و پریشانی غرق بودم، صدای یک افغان مرا بخود آورد که پرسید: "آیا شما برادر خلیل جان نیستید؟" گفتم: "بلی، هستم." با اجازه گرفتن، روبروی من نشست. از من در مورد رفتن به افغانستان سؤالاتی داشت که برایش پاسخ دادم. همان نصیحت و یا پیشنهاد را که در ابتدا به من شده بود، برایش گفتم: "اگر دستت به دهانت می‌رسد، یعنی یک لقمه نان را در

همین‌جا پیدا کرده می‌توانی، قانع باش و از رفتن صرف نظر کن، مخصوصاً اگر متأهل هستی و بچه‌های خوردسال داری." بعد از ظهر دوباره به دفتر نظامی رفته، جویای جریان پس دادن ماسک شدم. گفتند فردا جمعه، به احتمال قوی، هیئت مخصوص ترا از نزدیک خواهد دید. جمعه نیز با پریشانی و دقیقه‌شماری گذشت. شنبه، مرا به نام صدا زدند و به دفتر خواستند و در ظرف پنج دقیقه تمام کارهایم به پایان رسید. کاپی اسناد امضاشده را برایم داده، خداحافظی کردند و من، بار دیگر، واقعاً مات و مبهوت مانده بودم که این همه مدت انتظار، فقط برای پنج دقیقه کار؟! دلیل اصلی آنرا تا امروز نیز نتوانستم دریابم. فکر می‌کنم زورگویی، "پشت نخود سیاه فرستادن" و بی‌عدالتی در برابر یک خارجی بود و بس. من با پرداخت پول اضافی دوباره به منزل برگشتم.

عاقبت‌الامر، از شر جنگ بی‌مورد و خانمان‌سوز، سلاح و مهمات، توپ و طیاره، کُشت و کُشتار، استبداد، خیانت، چور و چپاول، آدم ربایی، ظلم و ستم و بی‌بضاعت بودن، دور شدم. متأسفانه، میهنم و مردم درمانده و زحمتکش آن هنوز هم با همه‌ی مصیبت‌ها و مسائل ذکر شده، دست به گریبان هستند.

آغاز قسمت چهارم

نتیجه‌گیری نهایی و اندیشه‌ها

آنچه از بدی، بدبختی و تیره‌روزی دامنگیر ما افغان‌ها در داخل و خارج وطن شده و پایانی برای آن بعید به نظر می‌رسد، عاملان اصلی و واقعی‌اش فقط و فقط زنازادگان حزب خلق و پرچم می‌باشند؛ جاسوسان دولت سوسیال امپریالیستی روسیه، که در (هفتم ثور ۱۳۵۷ هجری شمسی)، مطابق (۲۷ اپریل ۱۹۷۸ میلادی)، با کودتای خونین خویش قدرت سیاسی را از سردار محمد داؤود خان به قبضهٔ خود درآوردند. این خاک‌فروشان، بر بنیاد سیاست وطن‌فروشی، ضد مردمی و به دستور باداران‌شان، در پیشبرد مقاصد استعماری از هیچ‌گونه ظلم و جنایتی فروگذار نکردند. نتیجه‌ی طبیعی آن، مقاومت گسترده و آزادمنشانه‌ی افغان‌ها بود که در راه نایل شدن به آزادی، شریفانه و با ایثار جان و مال و با پذیرش بزرگ‌ترین قربانی‌ها، در سنگر مبارزه علیه نوکران بومی سوسیال امپریالیسم روسیه قرار گرفتند.

مقاومت‌ها به زودی شکل خود را به سخت‌ترین جنگ‌های مسلحانهٔ سراسری تغییر داد و در کوتاه‌ترین زمان، ادارهٔ کشور از دست کودتاچیان بی‌کفایت و ضد مردمی خارج گردید. این‌بار، دیگر بطور مسلم، دست به‌کار شدن باداران‌شان را شخصاً در پی داشت؛ چنانکه با حمله‌ی

نظامی بیش از صد هزار سرباز و فرماندهان جنگی، در (ششم جدی ۱۳۵۸هجری شمسی)، مطابق (۲۷ دسامبر ۱۹۷۹ میلادی)، کشور عزیز ما افغانستان را اشغال کرده و تحت سلطه‌ی خویش درآوردند تا از سقوط رژیم مزدور و غلامان حلقه‌به‌گوش خلق و پرچم، که دیگر اصالت و دون‌همتی‌شان بر همگان روشن و آشکار شده بود، جلوگیری کنند. زهی خیال باطل! جنگ مسلحانهٔ افغان‌ها باعث فروپاشی سوسیال امپریالیسم شوروی، این دژ و نقطهٔ اتکای برده‌های وطن‌فروش گردید؛ جنگی که به‌زودی حکومت کودتاچیان را بهم ریخت و باداران‌شان را نیز، پس از شکست فاحش، با روسیاهی و بدنامی عام و تام از کشور بیرون راند.

بدبختانه، کشور و زمام امور آن، با برنامه‌ریزی‌های استعمار جدید امپریالیسم امریکا و شرکایش، به دست عدهٔ دیگری اراذل، اوباش و دزدان سرگردنه، معروف به (مجاهدین) افتاد. مجاهدین در آغاز، هدفی شرافتمندانه داشتند – آنان با تمام توان و تلاش نهایی جنگیدند، جان و مال خود را فدای آزادی کردند و بیش از حد قربانی و آواره شدند تا وطن خود را از چنگال خون‌آلود روس‌های بی‌رحم رهایی بخشند. مجاهدین، همان‌هایی که متعاقباً شرافت را زیر پا گذاشتند و برای کسب قدرت، برای بربادی و ویرانی کامل میهن و مردم و به خاک و خون کشیدن هستی مادی و معنوی افغان‌ها، به دستور استخبارات داخلی و جهانی آستین بالا زدند و پاچه بر زدند؛ شهرها و دهات را به ویرانه مبدل ساختند، گلیم غم را در خانه‌ها گستردند و در تاراج و چپاول، در مسخ فرهنگ و نابودی عظمت تاریخ سرزمین ما، از هیچ‌گونه جنایت، خیانت و دنائت فروگذار نکردند – به گونه‌ای که روی خاک‌فروشان پیشین را با هفت آب شستند.

مجاهدین و مدافعان اسلام، همان‌هایی بودند که در حکومت کرزی و غنی با خلقیان و پرچمیان یکجا از یک کوزه آب می‌نوشیدند، از یک کاسه می‌خوردند و از یک منبع اعاشه می‌شدند. آخرین ضربات کوبنده‌ی وطن‌فروشان خلق و پرچم، معیارها و تعادل‌های سالم را در میان مردم ریشه‌کن کردند – تعادل میان طبقات و اقشار گوناگون، میان دهقان و زمین‌دار،

کارگر و کارفرما، استاد و شاگرد، بین فرزندان و والدین، زوج‌ها، همسایه‌ها و... این تعادل‌ها را به نام تساوی حقوق، مبارزهٔ طبقاتی و حقوق بشر از بین بردند و نابود کردند، زیرا خودشان نه به آنچه می‌گفتند باور داشتند و نه آگاهی کافی داشتند. آن‌ها خود را تنها با چند شعار آراسته بودند، بدون اینکه شعور درک آن را داشته باشند. ای‌کاش موضوع در همین جا خاتمه می‌یافت، اما چنین نشد؛ چرا که فرزندان حرام و نسل فاسد همان قاتلان — گروه نام نهاد مجاهدین — بر مبنای فساد و بدبویی فکری و سیاسی‌شان، هیولای دیگری را بنام "طالبان" در بطن خود جا داده و زاده کردند. این درندگان نوزاد، به زودی چهرهٔ واقعی و خطرناک خود را نشان دادند. پرورش، نگهداری، سرپرستی و تقویت آنان توسط القاعده — سیاه‌ترین نیروی کره‌ی زمین که خلق شده‌ی امپریالیسم امریکا و نه تنها امریکا بلکه دیگر شرکای جهانی‌اش بود — این گروه را به هیولایی جهانی بدل ساخت. هیولایی که باعث کشتار، آتش‌زدن، اسید پاشی، بینی بریدن خانم‌ها، بچه‌بازی (لواط)، مسدود ساختن مکاتب دخترانه، گسترش بی‌سوادی در نسل جوان، افزایش فقر و بدبختی، آمیزش جنسی با حیوانات، ازدواج اجباری با طفلان (۱۳-۸) ساله، اذیت و آزار بچه‌های آموزندهٔ قرآن، محروم ساختن زنان شجاع و بااستعداد از حق کار، حضور اجتماعی و حق بیان و هزاران کثافت و پلیدی دیگر شد که همه زیر نام اسلام صورت می‌گیرند. این فجایع تا کنون دامنگیر ما بوده‌اند و به مرور به نابودی بنیادهای زندگی و هستی ما خواهد انجامید، اگر ما ملت افغان از خواب غفلت بیدار نشویم و قیام عمومی برپا نکنیم.

و من... همانند شما، شاید پیش از آنکه سپیده‌دم صلح را در سرزمین زخم‌خورده‌ی ما ببینم، از این جهان رخت بربندم. افغانستان — همان عزیزترین خاکی که دوستش داریم — گویی هرگز آرامش را در آغوش نخواهد گرفت.

﷼ سرود مرگ ﷼

تا کی سرود مرگ را تحمل می‌کنی؟

برخیز و فریاد برآور

زنجیرها را پاره کن خود بشو داور

تا کی سرود مرگ را تحمل می‌کنی؟

طفلان پا برهنهٔ وطن را که

با پاهای زخمی و پینه بسته

با عبور از روی خانه‌های فرو ریخته

که از خون خویش دنباله راه عبور را

بر دیگران مساعد و هموار ساخته فراموش می‌کنی؟

تا کی زخم زبان و در اسارت زیستن را

با پوست و خون وجودت نوش می‌کنی؟

تا کی سرود مرگ را تحمل می‌کنی؟

برخیز از بستر غم و فریاد برآور

برخیز و چهرهٔ دزدان را از نقاب برآور

با صدای غرش باد همسان شو

با صد هم سلول هم زبان شو

دگمه‌های پولادین روپوش های سیاه اسارت را

از هم پاره کن

برخیز فریاد برآور و فکر چاره کن

تا کی سرود مرگ را تحمل میکنی؟

تا کی توهین و تحقیر تازیانه‌های

ایران و طالبان را که در ظلمت شب‌های تار

روشن‌تر از روز سپید بر بدن تو و

هزاران چو تو نقش و نگار بسته فراموش میکنی؟

تا کی این جام ننگ را نوش میکنی؟

تا کی به پستی و ذلت گوش میکنی؟

برخیز و گرد و غبار اسارت را

با باران خون شهیدان وطن شست و شو ده

برخیز و بیوه گان چمپاته‌زدهٔ اسارت را

به فردای روشن امید ده

تا کی سرود مرگ را تحمل میکنی؟

تا کی امروز را به فردا تغافل می‌کنی؟

برخیز و شاهین گونه پرواز کن

برخیز تو بال و پر باز کن

برخیز با چنگ و منقار جنگ آغاز کن

تا کی سرود مرگ را تحمل می‌کنی؟

تا کی در گوشهٔ این لانه تزلزل می‌کنی؟

برخیز و فریاد برآور

برخیز و سرود خود بیاور

برخیز و سرود آزادی بنواز

برخیز و انقلاب را کن آغاز

تا کی سرود مرگ را تحمل می‌کنی؟

تا کی امروز را به فردا تغافل می‌کنی؟

«ذبیح رحمانی»

زندگی‌نامه

ذبیح رحمانی

مؤلف: ذبیح رحمانی

****

من، ذبیح رحمانی، متولد (۱۳۴۱ هجری شمسی) در شهر کابل، از دانش‌آموزان لیسهٔ عالی امانی بودم. در سال (۱۳۵۹) ، هنگامی که در صنف دوازدهم این مکتب مشغول آموزش بودم، به همراه جمعی از همصنفان آزادی‌خواه خود، در مخالفت با تجاوز نیروهای اشغالگر شوروی و حاکمیت گروه‌های تروریستی خلق و پرچم، دست به اعتراض و قیام زدیم. این اعتراض به زندانی شدن من و یارانم منجر شد؛ اما شعلهٔ باور به آزادی و استقلال وطن در دل من هرگز خاموش نشد. من همواره در برابر بی‌عدالتی‌های روزگار و دولت‌های خودفروخته و چپاولگر مبارزه کرده، استوار ایستادم و در نبرد بودم.

گرچه با داشتن سن بسیار کم و در نوجوانی از آغوش مادر وطن ربوده شدم، ولی عشق به میهن همچنان مرا به خواندن کتاب‌هایی چون (برمی‌گردیم گل نسرین بچینیم)، (آنها که زنده‌اند)، (حماسه مقاومت)، (اشرف دهقانی) و ده‌ها کتاب دیگر سیاسی وادار کرد؛ کتاب‌هایی که مطالعهٔ آنها برایم در آن محدودهٔ سنی مشکل نبود و قابل هضم بود. من از آغاز نوجوانی علاقه‌مند شعر و شاعری بودم و اولین آموزگارم برادر بزرگم، (زلمی رحمانی)، بود. ایشان نویسنده‌ای توانا، هنرمند مقتدر تیاتر، شاعر چیره‌دست و یک شخص آزاداندیش و آزدای‌خواه بود که متأسفانه

ده سـال از عمر نازنین خود را به خاطر عشـق به میهن در پشـت میله‌های زندان هولناک پلچرخی سپری نمود.

من، علاوه بر مسایل مدرسـه و مشـغولیت‌های روزمرهٔ خود، متباقی وقتم را نیز با خواندن دیوان اشعار کلاسیک و معاصر سپری می‌کردم، تا اینکه خود توانستم در این جاده‌ی پُر خم و پیچ، قدم‌های نخست را بگذارم. پس از گذشت سی‌وسه سـال، من به عنوان مترجم، بار دیگر به زادگاهم بازگشـتم، اما آنچه در زندان‌های بگرام به چشم خود دیدم، زخم عمیق‌تری بر روحم نشاند.

کتاب (وسوسه‌های دو صد و پنجاه هزار دالری)، نخسـتین اثر من اسـت؛ روایتی صریح و بی‌پرده از تجربه‌های شخصی و مشاهداتی که سال‌ها در سایه مانده بودند — نگاشـته با صداقت و دردی که حاصـل دهه‌ها سکوت، رنج و آگاهی اسـت.

این اثر، تلاشـی اسـت برای بازگوکردن واقعیت‌هایی که در پس خنده‌ها، اشک‌ها، دوستی‌ها و خیانت‌ها بودند؛ داستانی در بارهٔ کشـمکش انسان با وسوسه‌های دنیای مادی و جدال وجدان با بقای او و در محیطی نابرابر. کتابم پژواکی‌ست از آنچه دیدم، شـنیدم و بر من گذشـت — نه برای مظلوم‌نمایی، بلکه برای روایت حقیقتی که اغلب ناگفته باقی می‌ماند.

ذبيح رحماني

توضیحات و یادداشت‌های پایانی

منابع تصاویر:

برخی از تصاویر زندان‌های پلچرخی و بگرام با استفاده از منابع عمومی گوگل (Google) تهیه شده‌اند.

بیانیهٔ حقوقی تصاویر:

اکثر تصاویر موجود در این کتاب، تصاویر شخصی نویسنده هستند و مشمول قوانین حق چاپ و حقوق انحصاری می‌باشند. هرگونه کاپی‌برداری، بازنشر یا استفاده از این تصاویر بدون اجازهٔ کتبی ممنوع می‌باشد.

دعوت به اشتراک‌گذاری و نقد:

خوشحال می‌شویم اگر لطفاً یک نظر کوتاه (Book review) در آمازون و سایر وب‌سایت‌های بین‌المللی ثبت نمایید. همچنین، ما همواره سپاسگزار خواهیم بود اگر این کتاب را که از طریق آمازون (Amazon) و سایر وب‌سایت‌های جهانی فروش کتاب

(Worldwide book-selling websites) در دسترس است، با دوستان و علاقه‌مندان خود به اشتراک بگذارید.

متن معرفی تهیه کننده و ناشر کتاب:

ویراستاری، طراحی روی جلد، صفحه‌آرایی داخلی و نشر این کتاب توسط (زلیخا صمد سلوزی) و از طریق شرکت انتشاراتی (SunRayZ, LLC) انجام شده است و کلیهٔ حقوق آن محفوظ است.

لطفاً اگر اشتباهی در کتاب مشاهده کردید، آن را در صفحهٔ یادداشت‌ها بنویسید و در صورت تمایل، به آدرس ایمیل ذیل با ما در میان بگذارید: sunrayzllc@yahoo.com سپاسگزاریم.

عکاس: ذبیح رحمانی

میهنم، ای مادر خفته در رنج

ریشه‌هایت زخمی‌تر از همیشه، اما هنوز پابرجاست

دلت شکسته، ولی هنوز پُرصداترین آوازهاست

خاکت آغشته به اشک یتیمان، فریاد خاموش بیوه‌گان است

باغت در قید و زنجیر است، جهل و نادانی امیر است

چشم امید به‌سوی ما دوخته، گرچه بهارش سوخته است

عطر گل‌های آزادی هنوز به مشام می‌رسد

وطن باز به آزادی عام و تام می‌رسد

« ذبیح رحمانی »

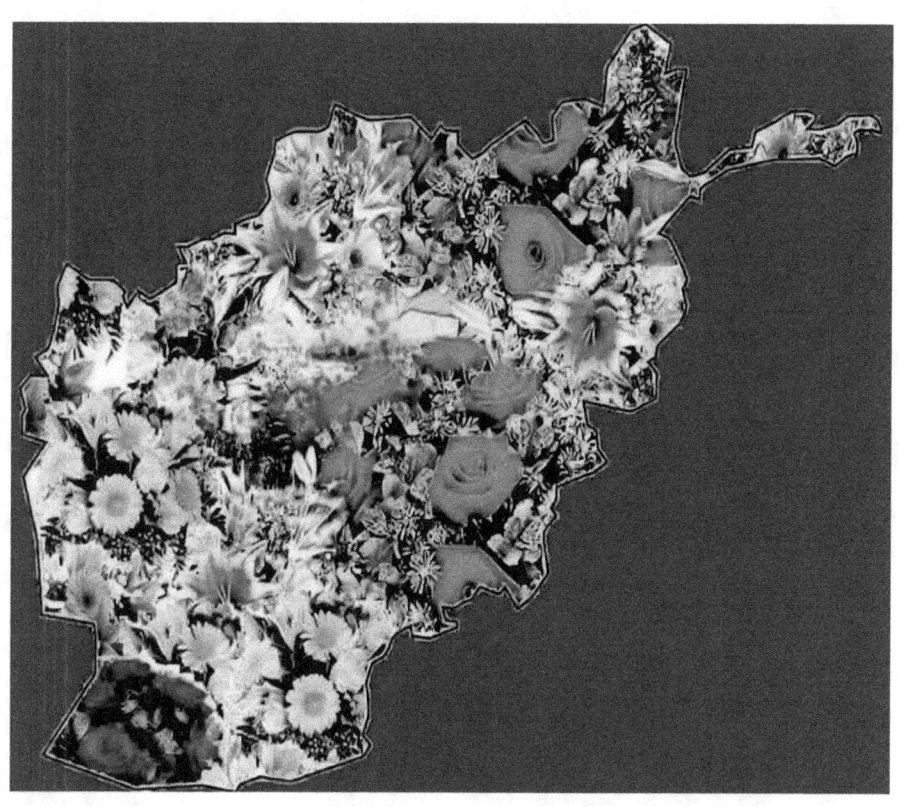

صفحهٔ یادداشت‌ها

پایان